L m² 113.   Mq. les pages 157 – 168.
                Lacération constatée le 26
                sept. 1890.
                                J. E. Barringer.

                            à conserver

DOCUMENS
HISTORIQUES ET GÉNÉALOGIQUES
SUR LES FAMILLES
DU ROUERGUE.

DOCUMENS HISTORIQUES ET GÉNÉALOGIQUES

SUR LES FAMILLES ET LES HOMMES REMARQUABLES

DU ROUERGUE

DANS LES TEMPS ANCIENS ET MODERNES.

TOME QUATRIÈME.

RODEZ,
Imprimerie de N. RATERY, rue de l'Embergue, 21.

1860.

AVANT-PROPOS.

DE LA LÉGISLATION NOBILIAIRE.

« L'aristocratie a trois âges successifs : l'âge des supériorités, l'âge des priviléges, l'âge des vanités. Sortie du premier, elle dégénère dans le second et s'éteint dans le troisième (1). »

On peut bien affirmer, sans crainte d'être démenti, que nous sommes arrivés à cette troisième phase de l'existence nobiliaire. Elle prit naissance le jour où l'action de la noblesse cessa d'être nécessaire et, depuis, elle n'a cessé de présenter une confusion toujours croissante dans les droits et un pêle-mêle de prétentions presque toujours exagérées quand elles ne sont pas ridicules.

L'usurpation des titres était parvenue à tel point sous le

---

(1) Châteaubriand, *Mém. d'Outre-Tombe*.

règne de Louis XIV, que ce monarque se vit obligé, pour mettre un terme à cette extravagante manie, d'ordonner, dans tout le royaume, la vérification des titres de la noblesse, recherche qui dura jusqu'à la fin de son règne et dont les résultats bien et dûment constatés existent encore dans les archives du royaume.

Cette fureur nobiliaire s'est réveillée de nos jours, malgré le terrible niveau que la Révolution a fait passer sur nos institutions et sur nos mœurs. Mais l'orgueil, dans ses différentes formes, est de tous les temps et de tous les lieux.

Les comtes, les marquis, les vicomtes, les barons surgissent de toutes parts; les nobles couronnes brillent sur tous les blasons, chacun cherche à reculer son origine ou à l'environner d'un éclat trop souvent mensonger.

Cependant, il demeure bien avéré que nul ne peut prendre un titre quelconque s'il n'a été affecté à sa famille par la possession légitime d'un fief ou par suite d'une érection royale.

Partant de ce principe incontestable, on serait étonné du petit nombre de familles qui ont droit aujourd'hui à des distinctions honorifiques. Car, de ce que certaines d'entre elles, même anciennes, se sont adjugé des qualifications que la tolérance et l'usage ont, en quelque sorte, consacré, il ne s'en suit pas qu'elles aient droit légal de se parer de ce titre. On ne peut se dire comte, marquis ou baron, nous le répétons, sans qu'il y ait eu des comtés, des marquisats ou des baronnies dans le patrimoine héréditaire, ou sans que ces qualifications aient été conférées par lettres patentes.

Cette situation a progressivement amené dans la société française un état de confusion et de désordre auquel il était opportun d'apporter un remède énergique.

« Est-il possible, disait à ce sujet M. le premier président Delangle, dans un rapport présenté au Sénat, le 28 février 1855, est-il possible, dans un état bien réglé et quand l'existence de la noblesse est consacrée par la Constitution elle-même, que le premier venu puisse, à son gré, s'affubler de titres auxquels il n'a pas droit; que, pour satisfaire à des convenances prétendues de famille, de fortune, de position, sans autre règle que son caprice, il s'intitule baron, comte, marquis? Est-ce que l'ordre public ne proteste pas contre un tel scandale?

» Que la noblesse apparaisse comme le prix du courage, des services rendus à la patrie, du devoir poussé jusqu'au sacrifice; que l'espoir de la conquérir excite et soutienne l'émulation, une telle idée mérite faveur, elle profite à la société. Mais que les titres soient laissés en pâture à l'intrigue et à la sottise, l'intérêt public et l'intérêt privé s'en offensent également. C'est un mal d'avilir ce qui peut servir de but et de récompense à de généreux efforts, et l'espèce des bourgeois-gentilshommes n'est pas, après tout, si précieuse qu'il faille s'efforcer de la perpétuer. »

Ces considérations avaient porté le Sénat à renvoyer au ministre d'Etat et au garde-des-sceaux une pétition demandant le rétablissement de l'article 259 du Code pénal dans son intégralité (1).

« Depuis ce renvoi, dit M. le garde-des-sceaux Abbatucci, dans son rapport à l'empereur au mois d'avril 1857, le mal, déjà si étendu, paraît s'être aggravé encore; jamais peut-être la tendance à sortir de sa condition et à se parer de titres auxquels on n'a pas droit ne s'est manifestée d'une manière plus remarquable que depuis ces dernières années; et si ces usurpations de noblesse prennent le plus souvent leur source dans une ridicule vanité, on ne peut s'empêcher de reconnaître qu'elles n'ont, dans bien des cas, d'autre cause que la mauvaise foi, l'intérêt et le calcul. Il y a donc tout à la fois, aujourd'hui, un intérêt politique et une nécessité sociale à opposer une digue à ce débordement. »

Le conseil d'Etat, saisi de la question, adopta, dans la séance du 11 mars 1858, un projet de loi qu'il adressa au Corps législatif en le faisant précéder d'un exposé de motifs où l'on remarquait, entre autres, le passage suivant:

« Il n'est ni politique, ni moral d'abandonner aux empié-

---

(1) Pétition adressée au Sénat par M. Voysin de Gartempe, en 1855.

tèmens de la vanité ou aux entreprises de la fraude une institution à laquelle se rattachent les grands souvenirs de l'ancienne monarchie, que les gloires de l'empire ont entourée d'un nouvel éclat, et qui s'appuie tout à la fois sur le respect que commande l'ancienneté des traditions et sur l'obéissance qui est due aux actes les plus solennels de la législation contemporaine. »

Le Corps législatif ayant entendu, dans sa séance du 19 mars 1858, la lecture du projet de loi qui lui était transmis par M. le ministre d'Etat, le renvoya à une commission qui le modifia, et fit disparaître les mots *titres de noblesse* comme ayant une tendance trop aristocratique, et les remplaça par ceux de *distinctions honorifiques*.

Ce projet modifié fut présenté dans la séance du 5 mai 1858, par M. du Miral, qui lut à l'appui un long rapport.

Il expliquait le caractère de la falsification des noms que la loi devait atteindre ; le délit ne pourra subsister qu'à la double condition que la particule nobiliaire sera frauduleusement introduite, ou qu'un nom de terre sera relié par la particule.

Dans sa séance du 7 mai 1858, le Corps législatif discuta le projet de loi ; MM. de Beauverger, Rigaud, du Miral et le général Parchappe l'appuyèrent ; MM. Belmontet, Lélut et Emile Olivier le combattirent. On passa au vote, et le scrutin donna 214 suffrages contre 23.

Le Sénat, appelé à son tour à se prononcer, chargea de l'examen une commission qui proposa au Sénat de déclarer qu'il ne s'opposait pas à la promulgation de la loi, et ses conclusions ayant été adoptées à une grande majorité, la loi fut insérée au *Bulletin des Lois* du 6 juin.

Mais avant d'en donner le texte, nous allons présenter un court résumé de notre législation nobiliaire. Une telle publication ne saurait être plus opportune.

SOMMAIRE DES PRINCIPALES DISPOSITIONS LÉGISLATIVES EN MATIÈRE NOBILIAIRE, DEPUIS LE XIIIe SIÈCLE JUSQU'À NOS JOURS.

Ennoblissement par possession de fiefs. — Statut de saint Louis de 1270, portant que les roturiers, possesseurs de fiefs, étaient autorisés à jouir de la noblesse à la *tierce foi*, c'est-à-dire transmissible au troisième degré.

Usurpation de noms. — Ordonnance d'Amboise, du 26 mars 1555, rendue par Henri II, pour mettre un terme à l'habitude générale qui s'était introduite de changer de nom, en prenant arbitrairement des noms nouveaux ou en prenant le nom d'une terre.

Usurpation de noms et de titres. — Ordonnance d'Orléans, janvier 1560. L'article 110 portait : « Et où aucuns usurperont faussement et contre vérité le nom et titre de noblesse, prendront ou porteront armoiries timbrées, ils seront par nos juges mulctés d'amendes arbitraires et au paiement d'icelles contraints par toutes voies. »

Cessation de l'ennoblissement par possession de fiefs. — Ordonnance de Blois, rendue par Henri III en 1579, portant que les roturiers ou non nobles, achetant des fiefs nobles ou en devenant possesseurs, ne seraient pour ce anoblis, ni mis au rang des nobles.

L'article 211 enjoint à tout gentilhomme de signer son nom propre dans les actes sous peine de nullité.

Conditions des terres titrées. — Un arrêt du conseil privé, du 10 mars 1578, porte qu'une terre qui sera érigée en châtellenie doit avoir d'ancienneté haute, moyenne et basse-justice sur les sujets de cette seigneurie, avec marché, foire, péage, prévôté, église, etc., qu'elle doit être tenue à un seul hommage du roi ; que la baronnie sera composée de trois châtellenies pour le moins ; que le comté le sera de deux baronnies et de trois châtellenies, ou d'une baronnie et de six châtellenies, le tout tenu du roi, et que le marquisat sera de trois baronnies et de trois châtellenies, ou de deux baronnies et de six châtellenies.

Ennoblissement par services militaires. — En 1600, Henri IV donna un édit portant règlement sur le fait des tailles, par lequel il déclara que la profession des armes n'ennoblirait plus celui qui l'exercerait, et même qu'elle ne serait point censée avoir anobli parfaitement ceux qui ne l'auraient exercée que depuis 1568, c'est-à-dire depuis l'époque des guerres de religion. Louis XIV revint sur cette mesure, et, par un édit du 20 novembre 1750, il accorda la noblesse aux officiers après un certain nombre d'années de service.

Obligation imposée aux nobles de signer par leurs noms propres.— Mesure demeurée sans effet.—Louis XIII, sur la réclamation des Etats généraux de 1614, fit une ordonnance, le 19 janvier 1629, pour contraindre les particuliers à signer en tous actes et contrats le nom de leurs familles. Mais la plupart des nobles, n'ayant d'autre dénomination que celle des terres dont ils étaient seigneurs, se trouvèrent encore en dehors de la loi par suite de la transmission et de la mobilité des fiefs. Ils continuèrent à choisir arbitrairement dans leurs possessions seigneuriales celles dont ils préféraient porter leur nom, à cause de son importance, etc. Dans les familles nobles, chacun prit une dénomination féodale particulière pour se distinguer des autres membres de sa famille, et il ne fut bientôt plus connu que sous cette dénomination adoptive. Cet usage, sanctionné par le temps, existait encore en 1789, et plusieurs arrêts récens ont reconnu qu'il devait être considéré comme ayant force de loi. C'est ainsi que les usurpations de noms et de titres, frappées en droit d'une amende, furent en fait autorisées par la tolérance et justifiées par l'usage général jusqu'en 1790.

Défense du Parlement de prendre des titres sans droit. — Pour mettre un frein aux usurpations de titres, un arrêt du parlement de Paris, du 13 août 1663, fit défense à tous propriétaires de terres de se qualifier barons, comtes, marquis, et d'en prendre les couronnes sur leurs armes, sinon en vertu de lettres patentes bien et dûment vérifiées en cour; à tous gentilshommes de prendre la qualité de messires et de chevaliers, sinon en vertu de valables titres, etc., à peine de 1,500 livres d'amende. Cet arrêt fut confirmé par diverses déclarations du roi, notamment par celle du 8 décembre 1699. La négligence qu'on mit à faire exécuter ces défenses ne fit que laisser empirer le mal.

Usurpation de titres à suite d'un usage établi dans l'obtension des honneurs de la cour. — Un usage qui s'introduisit dans les admissions aux honneurs de la cour sembla justifier les usurpations en les régularisant en certains cas. Le premier gentilhomme de service, chargé d'introduire la personne présentée, la nommait à haute voix en lui donnant la qualification qui se trouvait portée dans le certificat du généalogiste ; et si l'impétrant n'avait pas eu jusqu'alors de titres, il en choisissait un parmi ceux de marquis, comte ou baron, celui de duc excepté. Cette qualification restait personnelle, il est vrai, au gentilhomme admis aux honneurs de la cour, à moins qu'il ne se pourvût en obtention de lettres patentes et qu'il ne payât le droit de marc d'or prescrit par l'édit royal du mois de septembre 1770. Mais les déclarations et arrêts n'étaient pas mieux suivis sur ce point que sur les autres, et presque toujours les fils conservèrent les titres que leurs pères avaient ainsi obtenus.

Conditions exigées pour être réputé noble. — Pour être réputé noble, il fallait établir sa descendance noble depuis l'année 1560, conformément aux déclarations du roi de 1660 et 1664.

Pour obtenir les honneurs de la cour, il fallait prouver devant le généalogiste des ordres du roi sa descendance noble depuis 1400 inclusivement.

Verriers. — C'était un privilége des verriers de ne point déroger à la noblesse.

Dérogation. — On y dérogeait en exerçant un métier ou un art mécanique ou en prenant des terres à ferme.

Par un édit de 1669, le roi déclara qu'on ne dérogeait pas par le trafic, pourvu qu'on ne vendît pas en détail.

Bâtards. — Les enfans naturels des gentilshommes ont joui en France, dès les plus anciens temps, des priviléges de la noblesse, et ont conservé les prérogatives du nom et armes (avec une brisure) des maisons dont ils tiraient leur origine. Cet état de choses dura jusqu'à l'année 1660, époque à laquelle, par ordonnance du mois de mars,

Henri IV déclara les bâtards des gentilshommes roturiers et sujets à la taille.

Recherche des faux nobles. — L'abus des usurpations nobiliaires était devenu si criant, depuis surtout la fin du XVI° siècle, que le roi Louis XIV fit faire la recherche des faux nobles, et, pour établir leurs droits, toutes les familles furent obligées de prouver leur descendance noble depuis l'année 1560.

Toutes les dispositions relatives à cette recherche sont contenues dans les déclarations du roi du 15 mars 1655, 30 décembre 1656, 8 février 1661 et 2 juin 1664.

Un autre arrêt et réglement du 22 mars 1666 chargea de la recherche générale les intendans et commissaires départis dans les provinces, en 1re instance, et sur l'appel, les commissaires généraux du conseil.

Ce grand travail, entrepris sous le règne de Louis XIV, ne s'acheva que vers l'époque de sa mort. Les armoiries de la noblesse furent alors enregistrées dans l'armorial général du royaume.

La dernière déclaration du roi Louis XIV sur cette matière est du 14 septembre 1714. Elle porte que tous ceux qui avant cette époque remontent par une filiation noble jusqu'à l'an 1614 sans avoir été recherchés ni condamnés avant ladite déclaration, doivent être réputés nobles.

Abolition de la noblesse à l'époque de la Révolution. — 4 août 1789. — Abolition des privilèges de la noblesse; mais ses avantages honorifiques sont conservés.

5 novembre 1789. — Loi qui supprime toute distinction d'ordre ou de caste parmi les Français.

19-23 juin 1790. — Proscription des titres, des qualifications féodales, des armoiries, des livrées, etc. Aucun citoyen ne pourra prendre d'autre nom que celui de sa famille.

27 septembre 1791. — Loi qui prononce contre ceux qui se servent de qualifications nobiliaires une amende égale à six fois la valeur de leur contribution foncière.

Noblesse impériale. — 30 mars 1806. — Déclaration

par laquelle l'empereur réserve dans les États de Venise et dans le royaume de Naples, qu'il venait de conquérir, des grands fiefs dont il pourra concéder la possession héréditaire.

14 août 1806. — Sénatus-consulte qui rétablit les substitutions de titres héréditaires et autorise les créations de majorats.

1er mars 1808. — Deux décrets, l'un sur les titres, l'autre sur les majorats, qui développent les principes du Sénatus-consulte précédent.

16 février 1810. — Article 259 du Code pénal contre les usurpateurs de costumes, décorations ou titres *impériaux*.

3 mars 1810. — Décret qui complète l'organisation des majorats et des titres.

Rétablissement de l'ancienne noblesse en 1814. — 4 juin 1814, art. 2 de la Charte. — L'ancienne noblesse reprend ses titres; la nouvelle conserve les siens.

25 août 1817. — Ordonnance qui impose aux pairs de France l'obligation de créer un majorat pour que leur dignité soit héréditaire.

10 février 1824. — Ordonnance qui impose désormais à toute concession de titre l'obligation d'être suivie d'une création de majorat pour qu'elle soit héréditaire.

Lois contre la noblesse sous le règne de Louis-Philippe. — 17 avril 1832. — Loi qui fait disparaître de l'art. 259 du Code pénal les dispositions relatives aux usurpateurs de titres.

12 mai 1835. — Loi qui interdit la création de nouveaux majorats, et qui, sans supprimer ceux qui existent, défend que les majorats créés sur demande puissent s'étendre au-delà de deux degrés, non compris le premier titulaire.

Abolition des titres en 1848. — 29 février 1848. — Décret du gouvernement provisoire qui abolit tous les anciens titres de noblesse, parmi lesquels beaucoup d'officiers de l'état civil comprennent la particule dite *nobiliaire*.

4 novembre 1848. — Constitution de la République française, dont l'article 10 déclare que sont abolis à toujours

tous titres nobiliaires, toute distinction de naissance, classe ou caste.

11 mai 1849. — Loi qui abolit les majorats de biens particuliers qui ont été déjà transmis à deux degrés successifs, à partir du premier titulaire, et qui régle qu'à l'avenir la transmission, limitée à deux degrés, n'aura lieu qu'en faveur des appelés déjà nés ou conçus lors de la promulgation de la loi.

Réhabilitation des titres de noblesse par Louis-Napoléon, président de la République. — 24 janvier 1852. — Décret du président de la République abrogeant celui du 29 février 1848.

Loi contre les usurpateurs de costumes, décorations, noms et titres. — Loi du 28 mai 1858, article unique. — L'article 259 du Code pénal est modifié ainsi qu'il suit :

Art. 259. — Toute personne qui aura publiquement porté un costume, un uniforme ou une décoration qui ne lui appartiendrait pas, sera punie d'un emprisonnement de six mois à deux ans.

Sera puni d'une amende de 500 fr. à 10,000 fr. quiconque, sans droit et en vue de s'attribuer une distinction honorifique, aura publiquement pris un titre, changé, altéré ou modifié le nom que lui assignent les actes de l'état civil.

Mention du jugement en marge des actes authentiques ou des actes de l'état civil dans lesquels le titre aura été pris indûment ou le nom altéré.

Insertion du jugement dans les journaux désignés par le tribunal.

Le tout aux frais du condamné.

RÉTABLISSEMENT DU CONSEIL DU SCEAU DES TITRES.

La promulgation de cette loi ne suffisait pas ; il fallait s'occuper de son exécution pour qu'elle ne restât pas une vaine menace, une espèce de lettre morte.

Les variations qu'a subi la législation relative aux titres et aux noms, ont créé des situations sur lesquelles les délibérations et les avis d'un conseil spécial seront utilement provoqués.

Ces considérations et plusieurs autres ont déterminé M. le garde des sceaux à demander, dans un rapport adressé à l'empereur, le rétablissement du sceau des titres (1), qui a été immédiatement rétabli par décret du 8 janvier 1859. Il a paru même nécessaire d'étendre les attributions de l'ancien conseil du sceau, de les mettre en harmonie avec les lois actuelles et de donner d'une manière générale au garde des sceaux le droit de soumettre au nouveau conseil toutes les difficultés se rattachant à cet ordre de matières. C'est l'objet des articles 5, 6 et 7 du décret dont nous allons donner la substance.

Art. 1er. — Le conseil du sceau des titres est rétabli. Il est composé de trois sénateurs, de deux conseillers d'Etat, de deux membres de la cour de cassation, de trois maîtres des requêtes, d'un commissaire impérial, d'un secrétaire.

Des auditeurs au conseil d'Etat peuvent être attachés au conseil du sceau.

Art. 2. — Les membres du conseil du sceau sont nommés par décret impérial.

Art. 3. — Le conseil du sceau est convoqué et présidé par notre garde des sceaux, ministre de la justice. Il est présidé, en l'absence du garde des sceaux, par celui de ses membres que nous aurons désigné.

Le commissaire impérial remplit les fonctions précédemment attribuées au procureur général du sceau des titres.

Le secrétaire tient le registre des délibérations, qui reste déposé au ministère de la justice.

---

(1) Le conseil du sceau des titres, présidé par l'archichancelier, avait été organisé par un décret du 27 mars 1808. Une ordonnance, du 15 juillet 1814, le remplaça par une commission présidée par le garde des sceaux, qui fut elle-même supprimée le 31 octobre 1830.

Art. 4. — Les avis du conseil du sceau sont rendus à la majorité des voix. La présence de cinq membres au moins est nécessaire pour la délibération.

Les maîtres des requêtes ont voix délibérative dans les affaires dont le rapport leur est confié.

En cas de partage, la voix du président est prépondérante.

Art. 5. — Le conseil du sceau a, dans tout ce qui n'est pas contraire à la législation actuelle, les attributions qui appartenaient aux anciens conseil et commission du sceau.

Art. 6. — Il délibère et donne son avis :

1° Sur les demandes en collation, confirmation et reconnaissance de titres que nous aurons renvoyé à son examen ;

2° Sur les demandes en vérification de titres ;

3° Sur les demandes en remise partielle ou totale des droits de sceau, dans les cas prévus par les deux paragraphes précédens, et généralement sur toutes les questions qui lui sont soumises par notre garde des sceaux.

Il peut être consulté sur les demandes en changement ou addition de noms ayant pour effet d'attribuer une distinction honorifique.

Art. 7. — Toute personne peut se pourvoir auprès de notre garde des sceaux pour provoquer la vérification de son titre par le conseil du sceau.

Art. 8. — Les référendaires institués par les ordonnances des 15 juillet 1814, 11 décembre 1815 et 31 décembre 1830, sont chargés de l'instruction des demandes soumises au conseil du sceau.

La forme de procéder est réglée par arrêté de notre garde des sceaux, le conseil du sceau entendu.

Les réglemens antérieurs sont, au surplus, maintenus en tout ce qui n'est pas contraire au présent décret.

Art. 9. — Les demandes en addition ou changement de noms sont insérés au *Moniteur* et dans les journaux désignés pour l'insertion des annonces judiciaires de l'arrondissement où réside le pétitionnaire et de celui où il est né.

Il ne peut être statué sur les demandes que trois mois après la date des insertions.

Art. 10. — Pendant deux ans, à partir de la promulgation du présent décret, notre garde des sceaux pourra, sur l'avis du conseil du sceau des titres, dispenser des insertions prescrites par l'article précédent, lorsque les demandes seront fondées sur une possession ancienne ou notoire et consacrée par d'importans services.

DÉCRET DU 5 MARS 1859 SUR LES TITRES ÉTRANGERS.

Ce décret résume tout ce qui avait été précédemment établi par notre législation sur la même matière.

Art. 1er. — Aucun Français ne peut porter, en France, un titre conféré par un souverain étranger sans y avoir été autorisé par un décret impérial, rendu après avis du conseil du sceau des titres.

Cette autorisation n'est accordée que pour des causes graves et exceptionnelles.

Art. 2. — L'impétrant est assujetti au droit du sceau qui serait perçu en France pour la collation du même titre ou du titre correspondant.

Art. 3. — L'ordonnance du 31 janvier 1819 est abrogée.

RECTIFICATION DES ACTES DE L'ÉTAT CIVIL.

Nous terminerons cette incursion dans le champ de la législation nobiliaire par quelques mots sur un autre sujet qui, depuis surtout 1789, a pris un grand caractère d'actualité et se lie bien souvent à la question des titres. Nous voulons parler des noms de famille et des dispositions législatives qui ont été prises pour en empêcher l'altération,

Loi du 6 fructidor an II, contre ceux qui substituaient à leurs noms patronymiques d'autres noms. — « Art. 1er. — Aucun citoyen ne pourra porter de nom, ni de prénom autres que ceux exprimés dans son acte de naissance. Ceux qui les auraient quittés seraient tenus de les reprendre.

» Art. 2. — Il est également défendu d'ajouter aucun surnom à son nom propre, à moins qu'il n'ait servi jusqu'ici à distinguer les membres d'une même famille *sans rappeler des qualifications féodales ou nobiliaires.*

» Art 3. — Ceux qui enfreindront les dispositions des deux articles précédens seront condamnés à six mois d'emprisonnement et à une amende égale au quart de leurs revenus.

» La récidive sera punie de la dégradation civique. »

Les peines rigoureuses de cette loi ne reçurent jamais d'application dans la pratique et elles pouvaient difficilement en recevoir. Sans parler des vieux usages qu'elle blessait dans une foule de cas, on se trouvait en présence de difficultés de tous genres.

Il fallait cependant pourvoir aux cas où pouvait se présenter la nécessité de modifier ou changer son nom et de faire rectifier les actes de l'état civil mal rédigés. Ce fut la loi du 11 germinal an XI (1er avril 1803), qui régla la procédure pour les additions et substitutions de noms devant la chancellerie et le conseil d'État.

Rectification d'un acte de l'état civil. — Quant à la marche à suivre pour obtenir la rectification d'un acte de l'état civil, elle fut tracée par les articles 855 à 858 du Code de procédure, promulgués le 2 mai 1806, et qui sont ainsi conçus :

« Art. 855. — Celui qui voudra faire ordonner la rectification d'un acte de l'état civil présentera requête au président du tribunal de première instance.

» Art. 856. — Il y sera statué sur le rapport et sur les conclusions du ministère public. Les juges ordonneront, s'ils l'estiment convenable, que les parties intéressées seront appelées, et que le conseil de famille sera préalablement convoqué.

» S'il y a lieu d'appeler les parties intéressées, la demande sera formée par exploit, sans préliminaire de conciliation. Elle sera faite par acte d'avoué si les parties sont en instance.

» Art. 857. — Aucune rectification, aucun changement ne pourront être faits sur l'acte ; mais les jugemens de rectification seront inscrits sur les registres par l'officier de l'état civil aussitôt qu'ils lui auront été remis ; mention en sera faite en marge de l'état réformé, et l'acte ne sera plus délivré qu'avec les rectifications ordonnées, à peine de dommages-intérêts contre l'officier qui l'aurait délivré.

» Art. 858. — Dans le cas où il n'y aurait d'autre partie que le demandeur en rectification, et où il croirait avoir à se plaindre du jugement, il pourra, dans les trois mois, depuis la date de ce jugement, se pourvoir à la cour royale en présentant au président une requête sur laquelle sera indiqué un jour auquel il sera statué à l'audience sur les conclusions du ministère public. »

Telle est encore de nos jours la législation en vigueur. Elle est claire et complète.

Par suite des lois qui furent promulguées sous le régime révolutionnaire, beaucoup de familles ont perdu, dans les actes de l'état civil, les qualifications et même la particule dite nobiliaire dont elles avaient joui jusques-là. Pour être réintégrées dans leur droit, il est nécessaire qu'elles demandent devant les tribunaux la rectification des actes de l'état civil, et il leur suffira, pour l'obtenir, de produire les actes de l'ancien état civil où leurs prédécesseurs figurent avec les noms et qualités qu'elles désirent reprendre.

DE MONLAUSEUR,

Seigneurs de Lunac, barons de Vabre et Flausins, coseigneurs de Lescure.

ARMES : *D'argent, au laurier de sinople planté sur une montagne du même, au chef d'azur chargé de deux étoiles d'or* (1).

I. ANTOINE DE MONLAUSEUR, fils de Jean, seigneur de La Salle, paroisse de Marin, épousa, le 12 février 1510, Jeanne Rulhe, de la même paroisse. Il fit son testament au lieu de La Salle, le 15 mai 1555, et laissa pour enfans :

1° ANTOINE, alors homme d'armes, qu'il fit son héritier, et qui se maria avec Antoinette de La Sarrette ; 2° PIERRE, ci-après.

II. PIERRE DE MONLAUSEUR, seigneur de La Mothe, habitant de Lunac, commanda le fort de ce lieu du temps de la ligue à la tête d'une troupe d'hommes d'armes, porta secours à Villefranche, et combattit à Peyrac, en Quercy. Il épousa Anne de Serignol, de Saint-Salvadou, fille de Jean et de Catherine de Coderq, et en eut :

1° BERTRAND, qui suit ; 2° PIERRE DE MONLAUSEUR, qui transigea, en 1611, avec son frère sur l'hérédité paternelle, et fit branche.

III. BERTRAND DE MONLAUSEUR, seigneur de La Mothe, s'allia, le 5 février 1613, avec Marguerite Foucras, fille de noble Antoine de Foucras, seigneur de Serin, près de La Capelle-Saint-Martin, et y habitant. Bertrand fit le dénombre-

---

(1) Ces armes sont produites dans un mémoire de famille. On trouve ailleurs : *Tranché d'or et de sinople, à la montagne de l'un et de l'autre*

ment de ses biens, le 15 mai 1639, devant Pierre Durieu, juge-mage. Il avait testé en 1634. Ses enfans furent :

1° CLAUDE, dont on va parler ; 2° CHARLES DE MONLAUSEUR, qui était capitaine au régiment de Saint-Luc, en 1652, décédé l'année suivante ; 3° autre CLAUDE, seigneur de La Coste, marié, le 11 décembre 1653, à Marie Durieu, fille de noble Paul Durieu et de Marguerite de Boussac, après avoir servi dans les chevau-légers sous le duc d'Epernon ; 4° JEANNE, femme, en 1640, de Louis de Lautrec, seigneur de Latour, fils d'Antoine, seigneur de Lavaur, en Albigeois, juridiction de Cordes, et de feue Marquise de Lafon ; 5° MARIE DE MONLAUSEUR, qui épousa, le 7 février 1651, Jean d'Agens, fils d'autre Jean, seigneur de Loupiac, et de Gabrielle de Nogaret de Trélans ; 6° MARGUERITE, mariée, le 14 décembre 1645, à noble Gabriel de Barasc, seigneur de La Raynie.

IV. CLAUDE DE MONLAUSEUR, seigneur de La Mothe, était, en 1665, conseiller du roi au sénéchal et siège présidial de Rouergue, et commissaire subdélégué de l'intendant de Montauban dans les élections de Villefranche et de Millau pour la recherche des faux nobles. Il avait pris alliance, le 18 février 1639, avec Antoinette de Molinery, fille de Jean-François de Molinery, docteur et avocat, seigneur de Murols, et de Françoise Dardenne. De ce mariage, Charles, ci-après :

V. CHARLES DE MONLAUSEUR, président-trésorier de France à Montauban, épousa, le 15 avril 1666, Françoise de Barthélemy, fille d'Antoine de Barthélemy, viguier de Sévérac, et de Catherine Evesque. Il testa en 1713 et vivait encore en 1720. Ses enfans furent :

1° ANTOINE DE MONLAUSEUR, qui continua la descendance ; 2° CHARLES, docteur en théologie, chanoine sacristain de l'église cathédrale de Rodez ; 3° CLAUDE, bachelier de Sorbonne, chanoine de la cathérale de Montauban ; 4° MARGUERITE, religieuse à Villemur ; 5° MARIE, religieuse à la Visitation de Villefranche.

VI. ANTOINE DE MONLAUSEUR, II° du nom, seigneur de La Mothe, Lunac, Tizac, Lescure, Vabre et Flausins, né en 1670, conseiller du roi en la cour des aides de Montauban, testa en 1750, mourut le 23 novembre 1756, et fut enterré dans l'église des Frères Prêcheurs de Montauban, à la descente du sanctuaire, au tombeau de sa famille. Il avait épousé, le 8 mars 1712, Thérèse de Blasy, fille de Jean de Blasy, conseiller en la cour des aides; et d'Anne de Constans, dont :

1° Joseph-Charles, qui suit; 2° Marie-Charlotte.

VII. JOSEPH-CHARLES DE MONLAUSEUR, qualifié baron de Vabre et de Flausins, seigneur de La Mothe, Lunac, Tizac, Lescure, successivement capitaine de cavalerie aux régimens commissaire-général, Dauphin et Montcalm, chevalier de Saint-Louis le 1er août 1757, lieutenant des maréchaux de France à Montauban, en 1765, épousa, le 10 avril 1756, Louise-Jeanne-Françoise de Marsa, fille de Jean-Baptiste de Marsa, seigneur de Lestang, et de Catherine-Louise de Gentou, de Villefranche, assistée de Henri-Antoine de La Capelle, seigneur de Cas et Cuzoul, son beau-frère (1).

Il fit hommage au roi, le 9 juillet 1772, pour Lunac et ses dépendances, de Tizac avec toute justice, et testa à Lunac le 16 décembre 1775.

Il n'eut de son mariage qu'une fille, Jeanne-Thérèse-Antoinette de Monlauseur qui, par contrat du 16 décembre 1776, épousa Jacques-Scipion, baron de Chazelle, major du régiment d'Angoumois, chevalier de Saint-Louis, habitant de la ville de Montauban, fils de Jacques de Chazelle, seigneur de Luc et de La Boissière; et de feue Catherine de Saint-Castor.

M. de Chazelle s'établit au château de Lunac et eut, entre autres enfans, N. de Chazelle, préfet du Morbihan sous la Restauration (2), et une fille, mariée au vicomte Jérôme de Lastic-Saint-Jal.

Cette famille a quitté le pays; ses biens ont été vendus, et

---

(1) Joseph Charles de Monlauseur était assisté de Me Joseph Delpech de Frayssinet, écuyer, avocat au parlement, habitant de La Borie, paroisse de Lunac.

(2) Le comte de Chazelle-Lunac, né en 1778, sous-préfet de Murat et baron de l'Empire en 1812, transféré à la sous-préfecture de Lorient en 1817, fut appelé, le 12 août 1818, à la préfecture du Morbihan, qu'il conserva jusqu'à la Révolution de 1830. M. de Chazelle était commandeur de la Légion-d'Honneur et gentilhomme de la chambre du roi.

le château de Lunac est aujourd'hui possédé par M. Granier, qui l'habite depuis une vingtaine d'années.

BRANCHE DE MÉJANET.

De Pierre de Monlauseur, deuxième fils de Pierre et d'Anne de Serignol, descendait François de Monlauseur, qui fut juge royal de Rieupeyroux, et s'allia, en 1676, à Jeannne de Roumégous, fille de noble Charles de Vidal de Roumégous et de Gabrielle de Sameri, du Quercy.

Cette branche subsistait encore à l'époque de la Révolution, représentée par Jean-François de Monlauseur, seigneur de Méjanet et de La Tapie (*Extrait des titres de la famille de Monlauseur*).

DURAND DE MONLAUSEUR.

Durand de Monlauseur, docteur en médecine, exerçait son art à Villefranche vers la fin du XVIe siècle et au commencement du XVIIe; il fut le confrère et le contemporain de Claude Desbruyères, auteur de mémoires manuscrits sur l'histoire de Villefranche. Premier consul de cette ville, en 1613, il soutint, pendant la durée de sa magistrature, un long procès avec les messieurs du Présidial au sujet de la préséance. Monlauseur rendit de grands services pendant la peste de 1628 ; ce fut sur sa proposition et d'après ses avis que les consuls organisèrent les secours publics au début de l'épidémie. Les mesures de police qui prescrivaient l'isolement des pestiférés ayant été la cause de quelques mouvemens, le peuple, qui ne voulait pas croire à la contagion, faillit le rendre victime de son zèle et de son patriotisme. Après que la maladie eut complètement disparu, il publia le résultat de ses observations et le dédia aux habitans de Villefranche (1); son opuscule, qui renferme quelques documens précieux sur l'histoire de Villefranche pendant l'épidémie, contient en outre quelques considérations sur la nature et le traitement des maladies pestilentielles; il est devenu très rare. Monlauseur fut l'un des fondateurs de la confrérie religieuse des Pénitens bleus, qui subsiste encore aujourd'hui; il mourut à Villefranche au mois de juillet 1631.

(1) *Manifeste de ce qui s'est passé en la maladie de la peste à Villefranche-de-Rouergue, avec quelques questions curieuses de cette mesme maladie.* A Tolose, par R. Colomiez, imprimeur ordinaire du Roy, 1629. 1 vol. in-18.

DE MICHEL ou MICHEAU,

Seigneurs de La Coste de Comps, de Cabanes, de Marzials, de Veyrières, etc.

(Maintenus le 31 mai 1698, par l'intendant Lepelletier, sur preuves remontant à 1544).

ARMES : *De gueules, au lion d'or rampant, armé d'une épée d'argent, la garde en haut; au chef d'azur chargé de trois étoiles d'or.*

I. Noble JEAN DE MICHEAU, seigneur de Comps, près de Ségur, épousa, vers 1514, Catherine d'Arpajon. De ce mariage naquit Pierre de Micheau, qui suit :

II. Noble PIERRE DE MICHEAU, seigneur de Comps, épousa, le 24 octobre 1544, Agnès Martine, sœur de noble Bernard Martin (1), seigneur de La Coste de Comps, paroisse de Saint-Agnan. Il testa au fort de Beaumont, lieu de sa résidence, le 10 avril 1598, instituant pour héritier Bernard de Michel, fils de François, son fils. Ce testament contient un legs en faveur de Julienne de Blanc de Montagut, sa femme, ce qui prouve qu'il s'était remarié.

Il avait eu du premier lit :

1° FRANÇOIS DE MICHEL, qui suit :

Et du second lit :

2° JEAN DE MICHEL, capitaine du Vabrais, qui épousa Madeleine de Motilly, et testa à Ségur, en 1588, en faveur de Pierre de Michel, son père, à la charge par lui de rendre l'hérédité aux enfans de lui, testateur, et par substitution à Bernard de Michel, son neveu, fils de François, son frère.

(1) Voir la note ci-après sur la famille Martin.

III. FRANÇOIS DE MICHEAU, seigneur de Comps, fut commis, le 25 novembre 1590, par le sénéchal du Rouergue, au commandement du Vabrais, et joua un rôle fort actif à cette époque de nos guerres religieuses. Il fut aussi capitaine d'une compagnie de gens à cheval et gouverneur des places de Compeyre et de Saint-Beauzély. Il avait épousé, le 15 novembre 1570, Léone de Monteausson, dont naquirent les enfans qui suivent :

1° BERNARD ou BERNARDIN DE MICHEAU, qui suit; 2° MARIE DE MICHEAU, qui fut mariée à noble Duclaux de Gailhac. Elle fonda un service du Rosaire dans l'église de Saint-Naamazi; 3° MARGUERITE DE MICHEAU; 4° ANTOINETTE DE MICHEAU.

IV. BERNARDIN DE MICHEAU, seigneur de Comps et de La Coste, épousa, par contrat du 14 novembre 1599, Marie de Glandières, fille de noble Louis de Glandières, seigneur de Balsac, Canet, Prades et autres lieux, et de noble et puissante dame Hélène de Morlhon-Sanvensa. Marie de Glandières testa au château de La Coste de Ségur en 1657, laissant de Bernardin, son époux :

1° ALEXANDRE DE MICHEAU, qui fut héritier de son père par testament olographe du 11 novembre 1653; 2° CÉSAR DE MICHEAU, sieur de Trapés, qui testa, en 1670, au château de La Coste, en faveur de Berdardin de Micheau, son neveu, en lui substituant Alexandre et Gabriel, ses frères; 3° CHARLES DE MICHEAU, sieur de La Coste et de Cabanes, qui fut héritier universel de noble Jacques Duclaux, sieur de Gailhac, son cousin, habitant au château de Méjanel, par testament olographe du 26 novembre 1673; 4° ANTOINETTE DE MICHEAU, mariée au sieur de Boureze.

V. ALEXANDRE DE MICHEAU, écuyer, seigneur de Comps, de Lacam, de La Coste et autres lieux, épousa, le 5 novembre 1651, Sibile ou Cécile de Roquemaurel d'Espinassol, d'une famille d'Auvergne, qui le rendit père de :

1° BERNARDIN, qui suit; 1° ALEXANDRE DE MICHEAU, sieur d'Espinassettes, prêtre, docteur en théologie, habitant au château de La Coste; 3° GABRIEL DE MICHEAU.

VI. BERNARDIN DE MICHEAU, seigneur de Comps, de

La Coste et autres lieux, épousa demoiselle Anne Blanche ou de Blancher de Magnac, par contrat de Desmazes, notaire royal à Montauban, du 5 février 1688. De ce mariage naquit:

ELISABETH DE MICHEAU, qui fut mariée, le 1er août 1709, à noble Jean-Jacques de Faramond, baron de Joqueviel, seigneur de Balsac, Prades, Canet, etc., dont une fille, nommée Françoise, fut mariée, en 1730, à noble Pierre-Firmin-Marie de Barrau, de Carcenac, seigneur de Frayssinous, etc.

BRANCHE DE CABANES.

V. CHARLES DE MICHEAU, sieur de La Coste, de Cabanes, épousa Madeleine de Buscailet, dont il eut :

1° LOUIS-ANTOINE, qui fut héritier de ses père et mère; 2° JEAN-JACQUES DE MICHEAU DE CABANES, sieur de Polentines (1), prêtre, prieur de Saint-Pierre de Ségur. Il testa au château de Cabanes, le 11 août 1738, en faveur de celui de ses neveux qui serait héritier de son père ou de sa mère. Il fit des legs particuliers à noble Louis de Micheau, son frère, ainsi qu'à tous ses neveux et nièces : Charles-Louis de Micheau, prêtre ; Alexandre de Micheau, Amans-Joseph, sieur de Verrières; Marianne de Micheau; Marie-Marguerite et Madeleine de Méjanel, veuve du sieur Pragenc, d'Agen; 3° ALEXANDRE DE MICHEAU DE CABANES, qui fut capitaine d'infanterie au régiment de Beaurepère. Se trouvant malade à Strasbourg, il testa, le 31 novembre 1697, par-devant Didier Dutil, notaire royal, et institua héritier universel Louis de Martials, son frère aîné, et fit des legs particuliers en faveur de Jacques de Polentines, son frère, prêtre et prieur de Ségur, et de sa sœur Marion de Cabanes, mariée au sieur Méjanès des Combettes. Il nomma pour son exécuteur testamentaire le sieur de Mazerand, son cousin-germain, capitaine au régiment de cavalerie de Hornes, alors à Strasbourg, et chargea le sieur de Barrau, lieutenant-colonel du régiment de Beaurepère, de vendre son équipage, recueillir ses dettes et les envoyer au sieur de La Coste, son père ; 4° MARIE DE MICHEAU DE CABANES, mariée au sieur Méjanès des Combettes.

VI. LOUIS-ANTOINE DE MICHEAU, seigneur de Martials, Cabanes et autres lieux. Il épousa, le 23 septembre 1691,

(1) Polentines, près de Lavaysse.

demoiselle Marie-Marguerite de Baldit, fille de Jean de Baldit, seigneur de Vérières. Il fit bâtir en son château de Cabanes une chapelle en l'honneur de saint Jean-Baptiste, qu'il pourvut d'ornemens et vases sacrés et dota d'un capital de 500 livres, par acte du 4 juin 1721. Il testa le 2 août 1740, et établit son héritier universel et général Amans-Joseph de Micheau, son fils. Il eut de son mariage avec mademoiselle de Baldit de Vérières :

1° FRANÇOIS DE MICHEAU, qui mourut sans alliance ; 2° CHARLES-LOUIS DE MICHEAU, prêtre, docteur en théologie, prieur de Saint-Pierre-de-Ségur. Par acte passé à Ségur dans la maison prieurale, le 6 août 1746, il céda tous ses biens et droits, moyennant pension, à la dame Jeanne-Madeleine de Loupiac, sa belle-sœur, et aux enfans à naître de son mariage avec Amans-Joseph de Micheau, seigneur de Vérières, son frère. Parmi les témoins présens au contrat, on remarque noble Jean-Louis de Girels de Ségur ; 3° ALEXANDRE-JOSEPH DE MICHEAU, seigneur de La Roquette. Par acte passé au château de Cabanes, par-devant Mᵉ Sorin, notaire royal à la résidence de Salles-Curan, le 29 avril 1767, il fit donation de tous ses biens, noms, voix, droits, raisons et actions à François-Emmanuel de Micheau, son neveu, fils aîné de Joseph-Amans de Micheau, sieur de Vérières, son frère, décédé ; ledit François-Emmanuel, alors mineur, étant assisté de maître Antoine Rozié, curé de Saint-Agnan, son curateur nommé ; 4° AMANS-JOSEPH DE MICHEAU, qui continue la filiation ; 5° MARIANNE DE MICHEAU DE CABANES, mariée au sieur Pierre de Flavin, seigneur de La Capelle-Viaur, de Lencou et autres places ; 6° MARIE-JEANNE DE MICHEAU, mariée, le 27 septembre 1728, à noble Jacques de La Rafinie, seigneur de La Planque, fils de noble Victor de La Rafinie et de dame Catherine de Pruines, habitant au château de La Planque, paroisse de Pradinas ; 7° MARIE-MARGUERITE DE MICHEAU, mariée à M. de Salvagnac ; 8° MARIE DE MICHEAU DE LA ROQUETTE, morte sans alliance. Elle testa, le 15 novembre 1757, au château de La Capelle-Viaur en faveur de celui de ses neveux qui serait héritier de son frère Amans-Joseph de Micheau, de Vérières. Elle fit en outre un legs particulier à chacun de ses neveux et nièces, ainsi nommés : François-Emmanuel, Augustin-Charles, Jean-Joseph, Marie-Louise, Marianne-Charlotte, Madeleine, Ursule, Françoise, Joseph, Simon de Flavin, Agathe de Flavin et Louise de Flavin, mariée au sieur du Carriol, avocat ; 9° et 10° NN. DE MICHEAU DE CABANES, religieuses à Villefranche.

VII. AMANS-JOSEPH DE MICHEAU, seigneur de Marzials, Vérières, Cabanes, La Roquette et autres lieux, fit bâtir la partie méridionale du château de Cabanes et son beau portail. Il épousa, le 17 février 1746, demoiselle Jeanne-Madeleine de Loupiac, fille de messire Jean de Loupiac, seigneur de Loupiac et de Ladevèze, et de dame Marie de L'Espinasse de La Bégonie.

De ce mariage naquirent :

1° FRANÇOIS-EMMANUEL DE MICHEAU, qui fut mousquetaire du roi et mourut sans alliance au château de Cabanes. Son nom se lit encore sur la cloche de l'église de Saint-Agnan, dont il fut parrain, avec celui de sa sœur Marie-Louise, qui fut marraine, en 1770 ; 2° MARIE-LOUISE DE MICHEAU DE CABANES, mariée, par contrat du 17 février 1771, à messire Alexandre de Puel, seigneur de Peyrelade, fils de messire Louis de Puel de Peyrelade et de Marianne de Mostuéjouls ; 3° MARIANNE-CHARLOTTE DE MICHEAU, mariée à noble Augustin-Alexandre de Faramond, baron de Joqueviel, son cousin, morte sans postérité au château de Vérières ; 4° CHARLES-AUGUSTIN DE MICHEAU, qui continue la filiation ; 5° JEAN-JOSEPH DE MICHEAU, prêtre, docteur de Sorbonne, décédé au château de Vérières, en 1842 ; 6° FRANÇOISE-MADELEINE DE MICHEAU, dite mademoiselle de Vérières, morte sans alliance au château de Vérières ; 7° ANTOINETTE-URSULE DE MICHEAU, dite mademoiselle de Méjanel, morte sans alliance au château de Vérières ; 8° MARTHE-FRANÇOISE DE MICHEAU, dite mademoiselle de La Roquette, morte sans alliance au château de Vérières en 1840.

VIII. CHARLES-AUGUSTIN DE MICHEAU, seigneur de Cabanes, de Vérières, de Marzials, de La Roquette et autres lieux, garde-du-corps du roi Louis XVI, reçu chevalier de Saint-Louis au château de Vesins, par le comte de Vesins, le 10 janvier 1816. Il avait épousé, le 28 juin 1778, Justine-Elisabeth-Henriette de Maillan, fille de Jean-Baptiste de Maillan, chevalier, seigneur de Lacaze et de Grandlac, et de Marie de Mostuéjouls, et sœur de M. l'abbé de Maillan, aumônier de Madame, mort, le 14 octobre 1819, évêque de Saint-Flour, au moment où il allait être sacré.

De ce mariage sont issus :

1° Victor de Micheau de Cabanes, mort, en 1814, dans la campagne de Russie ; 2° Charles de Micheau de Cabanes, garde-du-corps des rois Louis XVIII et Charles X, capitaine de cavalerie depuis 1830, habitant le château de Cabanes ; 3° Henriette de Micheau de Cabanes, mariée, le 20 avril 1819, à M. Jean-François Saquet, fils de M. Antoine Saquet, et de dame Marie-Sabine de Marsan, du lieu de Candas ; 4° Alexandre-Agnan de Micheau de Cabanes, dont l'article suit ; 5° Caroline de Micheau de Cabanes.

IX. ALEXANDRE-AGNAN DE MICHEAU DE CABANES, marié, le 28 juin 1836, à demoiselle Marie-Delphine-Agathe Bion de Marlavagne, sa cousine, fille de M. Pierre-Abel Bion de Marlavagne et de dame Marguerite-Sophie de Puel de Peyrelade. De ce mariage sont issus :

1° Marie-Joséphine de Micheau de Cabanes, née le 6 septembre 1840 ; 2° Marie-Alexandre-Henri de Micheau de Cabanes, né le 17 février 1842.

(*Arch. des maisons de Faramond et de Cabanes.*—Notes de M. Louis Bion).

MARTIN DE LA COSTE.

Noble Bernard de Martin, seigneur du château de La Coste, près de Ségur, avait épousé Antoinette de Monteausson, qui fit son testament en 1608. Bernard fut le dernier de sa maison, et la seigneurie de La Coste passa après lui à Bernard de Micheau, neveu de sa femme et petit-fils de sa sœur Agnès Martine.

(*Titres de la maison de Faramond*).

Ce nom de Martin rappelle un monument qu'on voit près de Trébosc, du côté des Palanges, et qui est connu sous le nom de tombeau *du cavalier Martin*. On ne sait autre chose sur ce monument, assez grossièrement construit, sinon que le guerrier dont il recouvre les restes voulut être enterré là où il mourrait, et qu'on exécuta ponctuellement sa dernière volonté. Le cavalier ou chevalier Martin pourrait bien être sorti du château de La Coste, situé non loin de la forêt des Palanges.

(*Voir pour autre Martin l'article Raffin*, t. II, p. 616).

DE PUYBÉRAIL,

Seigneurs de Bleyssol.

Bleyssol, petite paroisse du canton de Rieupeyroux, avait autrefois son manoir féodal et ses seigneurs.

Il existe un bail à cens de l'an 1409 ; fait par noble Hélène de Puybérail, demoiselle, femme de Bernard-Hugues *Flassada*, et par Jean de Puybérail, comme père et légitime administrateur des biens de Raymond, de Jean et d'Almuisse de Puybérail, ses enfans.

Noble Guy de Puybérail, seigneur de Bleyssol, acquit, en 1515, de Jean de Patras, marchand de Najac, une rente de vingt setiers seigle, etc., que ce dernier avait dans la seigneurie de Bleyssol.

Dans des titres de la baronnie de Calmont-de-Plancatge de 1514, il est qualifié maître d'hôtel du haut et puissant seigneur Jean d'Arpajon (*Arch. de Planèses*).

Gui acheta, en 1535, à Hélix Audiguière le fief de Pradines.

Il figure sur le rôle d'hommes d'armes de 1552. Guy de Puybérail avait épousé Claude de Roquefort, dont il eut :

1° Guiral de Puybérail, écuyer, seigneur de Bleyssol, qui paraît avoir succédé à son père en 1553.

Il reçut, en effet, un grand nombre de reconnaissances pour ses terres en 1553 et 1554. La dernière, reçue par procureur, est du 1er septembre, ce qui prouve que Guiral était alors atteint d'une maladie dont il mourut, car le 4 décembre de la même année, 1554, c'est noble Pierre de La Croix, comme mari d'Isabeau de Puybérail, héritière, qui continua à recevoir les reconnaissances (1).

---

(1) Il ne paraît pourtant pas que la postérité masculine de la maison de Puybérail eût pris fin, car on trouve plus tard un Charles de Puybérail qui acheta, en 1609, à Jean-François de Gautier, la terre de Savignac (*Arch. de Planèses*).

2° Isabeau de Puybérail, qui recueillit la succession de son frère Guiral, et sur laquelle nous allons revenir;

3° Jeanne, mariée, le 5 novembre 1562, à Vinance de La Ramière, d'où vint Antoinette, femme d'Olivier de Donat de Valerne, lequel fut père d'autre Antoinette, mariée à Mathieu d'Imbert, fils de Pierre d'Imbert;

4° et 5° Françoise et Denise de Puybérail.

Isabeau de Puybérail se maria deux fois :

1° Avec noble François de Narbonne, dont vint Lucrèce de Narbonne, mariée, en 1601, à noble Pierre Raynaud, sieur de La Borie, père de Marguerite, qui épousa le sieur Vernhol;

2° Avec noble Pierre de La Croix, originaire du lieu de Pradines, paroisse de Saint-André, qui fut père de Jean de La Croix.

Jean de La Croix, seigneur de Bleyssol, épousa Françoise de Veilhan, qui était veuve de lui en 1588, et avait eu de son mariage Jean, Alquier ou Laeger et Claudine de La Croix.

Le sieur Vernhol sus-mentionné, par suite de ses reprises, fut mis en possession de la seigneurie de Bleyssol et des rentes de Pradines, le 17 septembre 1636. Il céda ses droits l'année suivante à Hélène de Cadrieu, veuve du sieur Maurel, juge de Villeneuve, laquelle les céda en échange, en 1639, à la dame de Lescure qui en jouit jusqu'à sa mort.

M. de Castaigner, acquéreur de tous les biens de la maison de Lescure, en fit vente, en 1724, à la dame de Barthélemy, veuve de Charles de Monlauseur, dans la famille duquel ils sont restés jusqu'à l'époque de la Révolution *(Arch. de la famille de Monlauseur à Lunac).*

DE MAILLAN ou MALHANE,

Seigneurs de Grandlac et du Joug, en Rouergue.
(Maintenus par M. de Bezons, intendant du Languedoc, le 2 janvier 1669).

ARMES : *D'or, à l'aigle éployé de sable, armé de gueules, écartelé d'azur à trois mollettes d'éperon d'or, et un maillet de même en cœur.*

Cette maison était originaire du Gévaudan, où elle possédait la seigneurie de Lacaze.
Pierre Maillan, damoiseau, reçut des reconnaissances des habitans de Lacanourgue en 1293 et 1304, et fut compris, en 1317, dans l'hommage que lesdits habitans rendirent au roi.
Bernard Maillan reçut une reconnaissance de la ville de Lacanourgue, en 1377.
Jean Maillan, fils de Bernard, fit une vente en 1398.

I. JEAN DE MAILLAN Ier testa le 3 janvier 1516, et eut pour fils :

II. JEAN MAILLAN IIe qui testa le 4 novembre 1529. Il avait épousé Jeanne Suac, qui le rendit père de :

III. GILBERT MAILLAN, marié, le 21 septembre 1539, avec Anne Desgois, de laquelle il eut Jean, qui suit :

IV. JEAN MAILLAN DE GRANDLAC, IIIe du nom, écuyer, seigneur de La Case, Pastades et Maleville, épousa, 1° le 12 novembre 1570, Jacquette de Mostuéjouls, dont :
1° DAVID-SYLVESTRE MAILLAN, qui suit ; 2° GILBERT MAILLAN, sieur de Passades, maintenu dans sa noblesse le 2 janvier 1669.

Deuxième lit.

2° Le 8 octobre 1598 Anne des Ondes, dame du Joug, à laquelle il fit procuration, le 20 novembre 1628, pour consentir au mariage qui se traitait entre Jean Maillan, son fils, et Catherine d'Anduse. Il en eut :

3° JEAN MAILLAN-SOULAGES, baron de Saint-Cernin, du chef de Madeleine de Lustrac, sa femme, qu'il épousa le 22 juin 1638, chef d'une branche qui sera rapportée ci-après; 4° ABEL MAILLAN, seigneur du Joug, auteur d'un rameau établi à Mandailles. Jean Maillan testa le 29 novembre 1611.

V. DAVID-SYLVESTRE MAILLAN, seigneur de Grandlac, La Case, Maleville, épousa, le 22 octobre 1618, Marguerite de Garceval, et testa le 29 mars 1667. Il eut de son mariage :

1° FRANÇOIS MAILLAN, seigneur de La Case, qui épousa, le 29 décembre 1654, Françoise de Loubeirat; 2° JEAN-BAPTISTE MAILLAN, maintenu noble avec son frère et son père le 2 janvier 1669, dont l'article suit.

VI. JEAN-BAPTISTE DE MAILLAN, chevalier, seigneur de Grandlac, La Case, Maleville, Le Maricquiran, Pessades, Las Colombes, etc., eut, de Jeanne de Brun de Montesquiou, du château de La Malène, Jean-Baptiste, qui suit :

VII. JEAN-BAPTISTE DE MAILLAN, chevalier, seigneur de Grandlac, etc., épousa, le 16 août 1742, devant Antoine Ignace, notaire royal de Banassac, en Gévaudan, Marie de Mostuéjouls, fille de messire Honoré de Mostuéjouls, chevalier, baron dudit Mostuéjouls, seigneur de Liaucous, Capluc, etc., et de Madeleine de Buisson de Bournazel, à laquelle on constitua en dot 20,000 liv. Il y eut de ce mariage :

1° JEAN-BAPTISTE, qui suit ; 2° L'ABBÉ DE MAILLAN, né en Rouergue en 1747, premier aumônier de Madame, comtesse de Provence (en survivance de l'abbé de Mostuéjouls), comte de Brioude, évêque nommé de Saint-Flour en 1819, mort le 14 octobre de ladite année avant d'avoir pris possession de son diocèse; 3° CHARLES DE MAILLAN DE GRANDLAC, chevalier de Malte, officier au régiment de Bassigny, qui a laissé un fils nommé Jules ; 4° N. DE MAILLAN, officier au régiment de Vexin, mort sans postérité; 5° N. DE MAILLAN, mariée à M. de Girels, à Ségur, dont deux fils : Hippolyte, marié à Mlle de Framond, à Maruéjols, et Charles, sous-préfet à Lavaur ; 6° HENRIETTE DE MAILLAN, mariée, au château de Cabanes, avec Charles-Augustin de Micheau de Cabanes, chevalier de Saint-Louis, dont plusieurs enfans.

VIII. JEAN-BAPTISTE DE MAILLAN, capitaine de cavalerie, mourut jeune, laissant de son mariage avec N. Drouin, qu'il avait épousée à Sedan :

1° JEAN-BAPTISTE, page du roi en 1785, officier au régiment du roi, infanterie, chevalier de Saint-Louis, mort en 1837 sans postérité ; 2° LE CHEVALIER DE MAILLAN, marié à la Martinique, chevalier de Saint-Louis, mort en 1832, laissant un fils âgé d'environ 17 ans.

MAILLAN ou MALHANE-SAINT-CERNIN.

V. JEAN DE MAILLAN, troisième fils de Jean de Maillan de Grandlac et d'Anne des Ondes ; dame du Joug, sa seconde femme, épousa, le 22 juin 1638, Madeleine de Lustrac, fille du second lit de Gabriel de Lustrac, baron de Saint-Cernin, laquelle eut pour son partage la baronnie de Saint-Cernin (1). Il fut maintenu dans sa noblesse, le 5 novembre 1668, et eut pour fils Jean, qui suit :

VI. JEAN DE MAILLAN, que l'on a orthographié ensuite Malhane, baron de Saint-Cernin, épousa, en 1673, Marie

---

(1) Saint-Cernin est une ancienne baronnie en Languedoc, que Bourguine d'Humières, sœur du maréchal de France, et fille aînée de Gaspard d'Humières, baron de Saint-Cernin, et de Marie d'Ebrard de Saint-Sulpice, porta en dot à son mari, Durand de Lustrac, chevalier des ordres du roi, père de Gabriel de Lustrac et de Lucrèce de Lustrac, qui fut mariée à Jean de Roquefeuil, seigneur de La Salle-Padiez, commandant pour le roi dans le pays de Vabre. Gabriel de Lustrac, baron de Saint-Cernin, seigneur de Saint-Hypoli, gentilhomme de la chambre d'Henri IV, n'ayant pas eu d'enfans d'Anne de Rabastens, sa première femme, se remaria avec Françoise de Solages, dont la fille, Madeleine de Lustrac, épousa Jean de Malhane.

Izarn, troisième fille de Benoît Izarn, seigneur de Varagnes, dont il eut :

1° Jean Benoit de Malhane, créé marquis et pair de Saint-Cernin en 1720, lieutenant-général des armées du roi, le 18 octobre 1734, gouverneur de Belle-Isle, dont il empêcha les Anglais de s'emparer, en 1746 ; 2° Gilles ; 3° Gilbert ; 4° Louis ; 5° Jeanne, mariée à Louis de Bérail, seigneur de Mazerolles.

On a consulté pour la généalogie ci-dessus :

1° *Pièces fugitives pour servir à l'Histoire de France* (par d'Aubais), tome II ; *Jugemens de la noblesse de Languedoc*, par M. de Brésons ; *Généralité de Montpellier*, n° 361, p. 194, idem, tom. III ; *Journal de Faurin sur les guerres de Castres*, dans les notes, p. 49, deuxième colonne ;

2° *Dictionnaire de la noblesse*, par La Chenaye-des-Bois, deuxième édition, Paris, 1775, tom. IX, p. 309 ;

3° *Mémoire généalogique dressé au mois de juin* 1780 *sur titres présentés*, par M. l'abbé de Mostuéjouls, premier aumônier de Madame. (*Original conservé aux archives du royaume*).

4° *Dictionnaire généalogique héraldique*, art. Malhane.

NOTES.

Il ne faut point confondre la famille de Maillan ou Malhane avec celle de Porcellet, qui prenait le nom de *Maillane*, d'une terre située en Provence, diocèse d'Arles, viguerie de Tarascon, qu'apporta dans cette maison Matheline de Guigonet, fille d'Elzéar de Guigonet, seigneur de Maillane, en épousant, le 14 octobre 1441, Pierre Ier de Porcellet, chevalier, dont les descendans ont tous été qualifiés depuis seigneurs ou marquis de Maillane.

Il existait, au XIIIe siècle, une famille de Maillan ou Mallian, qui possédait, en Rouergue, le château de Caylus, sur le Tarn. Bernard de Mallian, chevalier, en fit l'achat, en 1284, ainsi que de ses dépendances, les Mases, le Vilaret, Péguayroles et le mas de Quézaguet, pour le prix de 23 livres Melgoriennes, à Huc, damoiseau de Caylus, fils de Pons de Madières, damoiseau ; acte reçu par Calvet, notaire public de Millau. Ces Mallian habitaient au mas du Cambon.

En 1323, Ricard et Philippe de Mallian frères, fils de Bernard Mallian, de Caylus, écuyer, firent hommage au vicomte Géraud d'Armagnac pour plusieurs fiefs du voisinage (*Tit. de la maison de Malhac*).

NOTE SUR LA FAMILLE DE GIRELS.

Les Girels, seigneurs de La Cassagne, près Ségur, furent maintenus dans leur noblesse, le 22 juin 1700, par l'intendant Le Gendre, sur preuves remontant à 1453.

Ils portent *d'argent, à l'écusson gironné d'or et d'azur mis en cœur.*

Durand de Girels, seigneur del Rocous, eut d'Hélis de Rogier Antoinette de Girels, mariée, en 1638, à Jacques de Raymond, de la famille de ce nom, établie plus tard à Montjaux.

On voit un noble Jean-Louis de Girels, vivant à Ségur en 1746.

N. de Girels de La Cassagne épousa, en 1776, Marie-Madeleine de Bonne de Saint-Martin.

N. de Girels, de Ségur, eut de N. de Maillan, sa femme, qu'il avait épousée vers l'époque de la Révolution :

1° Hippolyte de Girels, marié à demoiselle de Framond, à Marvéjols ;

2° Charles, sous-préfet de Lavaur, nommé chevalier de la Légion-d'Honneur en 1846.

On voit une famille de Girels, à Cassagnes-Bégonhès, vers l'année 1700. Elle occupait une grande maison située au Foiral. Dorothée de Girels épousa, à cette époque, Bernard Vernhes, notaire de Salmiech. En 1724, vivait noble Jean de Girels, sieur de la Calçade, paroisse de la Capelle-Farcel (*Etat civil de Salmiech*).

Au commencement du même siècle, N. de Girels, du lieu de Lapanouse, était procureur du roi en la justice royale de Saint-Geniez. Il fut père de Pierre-Thomas de Girels, avocat en Parlement, et de Catherine, mariée à N. Raynal, bourgeois, dont naquit, le 15 avril 1713, à Lapanouse, le fameux Guillaume-Thomas Raynal (*Etat civil de Lapanouse*).

D'ARRIBAT.

ARMES : *D'azur, au lion naissant d'argent, lampassé, armé et couronné d'or.*

Les d'Arribat, seigneurs de Camil, en Quercy, furent maintenus dans leur noblesse, le 28 mars 1699, sur preuves filiatives remontées à l'année 1518.

Jean-Aimeri d'Arribat, trésorier du domaine, en Rouergue, fit les mêmes preuves et fut maintenu le 4 décembre 1700 (*Nobiliaire de la génér. de Montauban*).

Cette famille apparaît dans les *Annales* de Villefranche, au commencement du xv° siècle.

Guillaume d'Arribat fut premier consul en 1412.

Bernard d'Arribat, son descendant, docteur en droit, premier consul en 1581, 85, 89 et 93, fut un de ceux qui contribuèrent le plus, au milieu des dissensions civiles et religieuses, à maintenir Villefranche dans le devoir. Après le meurtre du sénéchal Jean de Morlhon, il fut contraint de sortir de la ville, parce que dans l'assemblée générale qui se tint aux Cordeliers, le 3 février 1597, il demanda la punition des assassins. Il n'y rentra qu'au mois de novembre de la même année, à suite d'un arrêt du Parlement de Toulouse.

Il a laissé des Annales manuscrites de Villefranche pour la dernière moitié du xvi° siècle (1).

Etienne d'Arribat, docteur en droit, petit-fils de Bernard, fut premier consul en 1661 et en 1687.

Guillaume d'Arribat, fils d'Etienne, seigneur de Salvagnac, conseiller en la cour des aides de Montauban, fut maire perpétuel de Villefranche depuis 1697 jusqu'à 1701. Il se maria, en premières noces, avec N. de Campmas, dont il eut deux enfans :

---

(1) Ces Annales appartiennent aujourd'hui aux archives de la ville.

L'aîné, savant magistrat, fut juge-mage et lieutenant-général en la sénéchaussée de Rouergue depuis 1739 jusqu'en 1745, époque où il vendit sa charge à Charles-Joseph Dubruel.

Etienne d'Arribat, second fils, fut conseiller au présidial et exerça les fonctions consulaires en 1731, 32, 33 et 34.

Guillaume d'Arribat épousa, en secondes noces, Marie d'Alary, dont il eut N. d'Arribat-d'Escamps, lieutenant-colonel dans le régiment de royal-dragons, lequel se maria avec N. des Armoises, en Lorraine, et devint lieutenant du roi, à Huningue (1).

Il ne restait plus de cette famille, à l'époque de la Révolution, qu'Etienne d'Arribat, ancien capitaine de dragons et chevalier de Saint-Louis, qui prit part, en 1789, aux opérations de la noblesse pour l'élection des députés aux Etats-généraux.

(1) M. Guirondet, *Notices biographiques*.

DE BRASSIER,

Seigneurs de Saint-Simon, de Camboulan, de Vallade, etc., en Rouergue et en Allemagne.

ARMES : *D'azur, au chevron d'or, accompagné en chef de deux merlettes, affrontées du même, et en pointe de trois larmes mal ordonnées d'argent. L'écu timbré d'un casque taré de front et orné, ses lambrequins d'or, d'argent et d'azur.*
SUPPORTS ET CIMIER : *Trois lions.*

La famille de Brassier-Saint-Simon, dont une branche s'est établie d'abord dans la Haute-Alsace, puis en Allemagne, où elle réside de nos jours, est originaire de Condômois. Sa noblesse, constatée depuis le commencement du xvi° siècle, a été maintenue, en 1667 et 1700, par deux jugemens souverains, qui établissent les cinq premiers degrés de cette généalogie, ainsi qu'il suit :

I. Noble MAURICE DE BRASSIER, I°¹ du nom, vivant vers 1520, eut, entre autres enfans, Jacques, qui suit :

II. Noble JACQUES DE BRASSIER épousa, par contrat du 12 février 1550, noble demoiselle Marguerite d'Orty (1),

---

(1) De La Boissonnade, sieurs d'Orty, en Rouergue : au 1 et 4 d'or, au bélier de sable, accorné d'argent; au chef d'azur, chargé de trois étoiles du champ, qui est de La Boissonnade; au 2 de gueules à une tour d'argent, et au 3 d'or à 2 merlettes de sable l'une sur l'autre, les 2° et 5° quartiers sont de la maison d'Orty. — (*La Chenaye.*)

d'une très-ancienne famille noble du Rouergue. Il fut secrétaire de la reine Marguerite de Valois, suivant des lettres de *committimus* qu'il obtint en la chancellerie, le 19 décembre 1583. Il eut, entre autres enfans, Maurice II, qui suit :

III. MAURICE DE BRASSIER, II° du nom, seigneur de Vallade, épousa : 1° Marie de Clèdes ; 2° par contrat du 18 novembre 1608, où se trouve rappelée sa première femme, Catherine de Barbotau, issue d'une maison d'ancienne chevalerie. Ses enfans furent :

Du premier lit :

SIGISMOND DE BRASSIER, vivant en 1667, et domicilié alors à Gabarret, élection et sénéchaussée de Mont-de-Marsan ; BERNARD DE BRASSIER, vivant le 20 janvier 1654.

Du deuxième lit :

LOUIS, qui a continué la descendance ; GUILLAUME, vivant en 1681.

IV. LOUIS DE BRASSIER, écuyer, seigneur de Vallade et de Saint-Simon, élection de Condom, sénéchaussée de Nérac, fut compris, le 3 novembre 1639, au rôle de la noblesse, que M. de Fimarcon emmena en Roussillon, ce que constate un certificat du prince de Condé, du 6 du même mois. Le roi le promut, par commission du 12 juin 1640, au grade de sergent-major du régiment de Montagnac, et, depuis, il fut chargé de lever une compagnie de carabins sous M. de Gaudrin, gouverneur d'Armagnac. Il fit son testament le 24 décembre 1648. Il avait épousé, par contrat du 2 juin 1632, Jeanne de Gardièges, qui le rendit père de :

1° BERNARD I°ʳ, qui suit ; 2° LOUIS DE BRASSIER-SAINT-SIMON, vivant en 1682 ; 3° PIERRE DE BRASSIER, auteur de la branche des seigneurs de Saint-Simon, établie en Alsace, et qui avait épousé, le 2 mars 1684, Henriette de Delmont, de Rabastens.

V. BERNARD DE BRASSIER, I°ʳ du nom, seigneur de La Plane, né à Rabastens, le 20 janvier 1654, fut cadet à l'école d'artillerie en 1687, ensuite cornette de chevau-légers en 1689, lieutenant au régiment de Montbar, cavalerie, en

1691, capitaine au régiment d'Artois, dragons, en 1694, chevalier de Saint-Louis et chevalier de justice de l'ordre des Hospitaliers de Montpellier, enfin commandeur de Lille en Jourdain, de cet ordre, en 1698. M. Le Gendre, intendant à Montauban, le maintint dans sa noblesse, par jugement du 6 mai 1700, sur la production de ses titres, depuis noble Maurice de Brassier, qui forme le premier degré de cette généalogie. Il fut fait colonel du régiment de Feuquières en 1702, et il était lieutenant-colonel du régiment de Brancas lorsque, par brevet donné à Paris, le 22 juillet 1714, le prince d'Orange le pourvut de la charge de son grand écuyer, en récompense des services qu'il avait rendus à ce prince. Il avait épousé, par contrat du 9 mars 1684, passé devant Jean Clavé, notaire à Mauvesin, Marie-Diane de Sentes, fille de François de Sentes, avocat au Parlement de Toulouse, et de feue dame Marie de Péris. De ce mariage sont provenus :

1° BERNARD II, qui suit; 2° ANTOINETTE DE BRASSIER DE LA PLANE, reçue élève dans la maison royale de Saint-Cyr, par brevet du 12 mars 1706.

VI. BERNARD DE BRASSIER-SAINT-SIMON, II° du nom, seigneur du Pin, au diocèse de Lombez, et de Camboulan, en Rouergue, né au Pouget, le 18 février 1696, fut d'abord page de M. le duc d'Orléans en 1710, puis lieutenant réformé avec appointemens au régiment d'Orléans, cavalerie, en 1723. Il s'allia, par contrat passé devant Calom, notaire royal à Villemur, le 1er juin 1727, avec Jeanne de Fleyres, de Camboulan, fille de feu Jean de Fleyres, et de feue Anne de Clarac. Il fit son testament en son château de Camboulan, le 3 décembre 1758, devant Bonnet, notaire royal. Ses enfants furent :

1° ANTOINE, dont l'article suit; 2° FRANÇOIS-HONORÉ, dit le *chevalier de Brassier-Saint-Simon*, légataire de son père en 1758.

VII. ANTOINE DE BRASSIER DE SAINT-SIMON, seigneur de Camboulan, né au Pouget, le 1er avril 1732, épousa, par contrat passé devant Canneis, notaire à Villefranche, le 1er janvier 1761, Jeanne du Fau, fille de Jean-François du

Fau, seigneur de la Roque-Toirac et de Saint-Affre, en Quercy, et de Marie d'Alary. De leur mariage sont issus :

1° Honoré, dont l'article suit ; 2° Emmanuel de Brassier, chevalier de Saint-Simon, né le 13 septembre 1764. Il fut officier au régiment de Bourgogne, et il a émigré. Il est chevalier de Saint-Louis, retraité chef de bataillon, établi en Allemagne, et n'est pas marié ; 3° Marie-Marguerite, née le 8 février 1763, religieuse à Sainte-Claire de Villefranche ; 4° Françoise, née à Camboulan, le 6 février 1767, décédée.

VIII. HONORÉ DE BRASSIER DE SAINT-SIMON, seigneur de Camboulan, né le 3 janvier 1762, officier au régiment de Vivarais, infanterie, émigra en 1791, et, par suite, sa terre de Camboulan fut confisquée et vendue révolutionnairement. Après sa rentrée, il fixa sa résidence à Villefranche, où il se maria, le 25 février 1810, avec Philippine du Fau, obtint sa retraite avec le grade de chef d'escadron à la rentrée des Bourbons, fut nommé chevalier de Saint-Louis, le 31 janvier 1816, et, la même année, commandant des gardes nationales de l'Aveyron. De son mariage sont issus :

1° Honoré, mort jeune ; 2° Gaspard-François, qui suit :

IX. GASPARD-FRANÇOIS DE BRASSIER DE SAINT-SIMON, né le 11 janvier 1816, a épousé, le 14 juillet 1846, Marie-Louise-Adrienne-Léontine d'Ablanc de Labouysse, dont:

1° Georges, né le 14 mai 1847 ; 2° Bernard, né le 31 mai 1849, mort jeune ; 3° Louise, née le 29 mai 1850 ; 4° Madeleine, née le 14 janvier 1852 (*Histoire généalogique, etc.*, par M. de Courcelles, t. 5).

(Voir pour le château de Camboulan la notice sur la maison de Rolland, t. 2, p. 552).

Les Brassier possédaient cette terre en toute justice. Un arrêt du Parlement, du 23 décembre 1750, ordonna que tous les droits honorifiques seraient rendus à noble Bernard Brassier de Saint-Simon, comme seigneur haut-justicier, moyen et bas, de la terre de Camboulan.

DE PÉLAMOURGUE,

Seigneurs du Pouget, de Luganhac, de Paulhe, de Veirac, du Cambon, coseigneurs de Peyrelade.

ARMES : *De gueules, au lion d'argent* (1).

Noble famille, originaire du Gévaudan, dont une branche s'établit en Rouergue au commencement du XVIe siècle, et une autre à Cassagnouse, près des bords du Lot, sur les confins du Rouergue et de l'Auvergne.

Elle fut maintenue dans sa noblesse par M. Le Pelletier, commissaire du roi, le 3 juin 1698, après avoir fait ses preuves depuis 1521.

Le comte de Boulainvilliers, dans son *Etat de la France sous le règne de Louis XIV*, t. V, cite, entre autres gentilshommes considérables de la généralité de Montauban, le seigneur de Luganhac, du nom de Pélamourgue.

I. Noble ASTOMÉE DE PÉLAMOURGUE, seigneur de Malevieille, en Gévaudan, et noble Louise de Valitor, sa femme, testèrent, en 1484, laissant de leur mariage :

II. MICHEL DE PÉLAMOURGUE, qui épousa, en 1478, Souveraine de Maillan, dame du Pouget, d'où vint Raymond.

III. RAYMOND DE PÉLAMOURGUE s'allia, le 15 août 1502, à N. de Rutgé, seigneuresse de Paulhe, dont :

1° MICHEL DE PÉLAMOURGUE, mort en 1520, gouverneur de Clermont-d'Auvergne ; 2° SIMON, qui suit :

---

(1) Le *Nobiliaire d'Auvergne* de M. Lainé donne aux seigneurs du Pouget *d'azur, au lion d'or*.

IV. SIMON DE PÉLAMOURGUE, seigneur du Pouget et Paulhe, prit alliance avec Toinette d'Humières, et testa en 1587 et 1600. De ce mariage :

1° Hérail, dont l'article suit; 2° Pierre de Pélamourgue, marié en Auvergne, et qui fut la tige des comtes de Cassagnouse (1).

V. HÉRAIL DE PÉLAMOURGUE, seigneur du Pouget, de Luganhac, de Paulhe, etc., se maria, le 23 avril 1606, avec Françoise d'Estaing, fille de feu Louis d'Estaing et de Catherine de Granier (2). Celle-ci fit hommage au roi, comme vicomte de Creyssels, pour ses terres, en 1612, et vivait encore, étant veuve, en 1634, avec Nicolas, son fils, dont on va parler (*Titres de la maison de Malhac*).

VI. NICOLAS DE PÉLAMOURGUE, seigneur de Luganhac, du Pouget, etc., épousa, le 11 juillet 1634, Antoinette de Tauriac, fille de Jean, seigneur de Saint-Rome, le Monna, etc., baron de Saint-Beauzély, et de Jeanne de Saint-Étienne de Saint-Martial. De ce mariage vint Jean-François, ci-après :

IV. JEAN-FRANÇOIS DE PÉLAMOURGUE, seigneur du Pouget, de Luganhac, du Cambon, coseigneur de Peyrelade, épousa, le 7 février 1663, Félicie de Douzel-Chantariège-Gabriac, d'Alais, dont il eut :

1° Jean-Félix, ci-après; 2° Jean-Antoine de Pélamougue de Vuriac, gouverneur de Beaumont, en Hainault, en 1695, et ensuite de Bouillon; 3° Simon de Pélamourgue de Lintrade, tué au siège de Candie; 4° Pierre dit *le chevalier de Péla-*

---

(1) En 1568, un Pierre de Pélamourgue commandait pour les catholiques à Peyrelade, Caylus et Luganhac, places qui dépendaient de Creyssels (Gaujal, *Annales du Rouergue*). Ce Pierre acheta, en 1603, la coseigneurie de Peyrelade, de noble Antoine de Fcoux et de Diane de Garceval, sa femme. Il avait épousé une fille du président d'Olmières, sœur d'Antoinette, qui s'était alliée à Jean de Bonald.

(2) A ce mariage assistaient noble Antoine d'Estaing, seigneur de Miègemont, frère de Françoise, et Madeleine de Conquans, sa femme.

mourgue; 5° MICHEL-FÉLIX, capitaine, mort le 4 mars 1690; 6° TOINETTE, religieuse à l'Arpajonie; 7° ELÉONOR, décédée sans être mariée; 8° MARIE-FÉLICIE, femme, en 1685, d'Honoré de Bonald; 9° CHARLOTTE-FÉLICIE, qui épousa, le 4 février 1700, Sébastien de Bonne, IV° du nom, seigneur de Saint-Martin.

Il eut encore un fils naturel qu'il légitima, M. de Labarthe de Luganhac, officier de mérite, qui mourut à l'âge de 80 ans, en 1743.

V. JEAN-FÉLIX DE PÉLAMOURGUE, seigneur du Pouget, de Luganhac, de Veyrac, du Cambon, etc., capitaine de dragons dans le régiment de Valence, épousa, le 26 octobre 1796, Marie de Brunet, fille de Jean Samuel de Brunet-de-Castelpers-de-Lévis, comte de Panat, etc., et de Jacqueline d'Espinchal. Jean-Félix de Pélamourgue avait servi avec distinction; il mourut en septembre 1752, à l'âge de 84 ans, laissant de son mariage :

1° PIERRE-ANDRÉ, mort à Paris fort jeune; 2° MARIE-ELISABETH DE PÉLAMOURGUE, dernier rejeton de la famille, qui épousa, par contrat du 25 janvier 1723, noble Charles de Malbosc, seigneur de Malbosc, de Miral, de Finiels (1), colonel d'un régiment de milice bourgeoise du diocèse de Mende, dont : 1° Marie-Thérèse de Malbosc de Miral, mariée, en 1743, à Jean-Hercule-Antoine d'Altier-de-Borne-de-Budos, marquis de Serres, comte du Champ, seigneur d'Altier; 2° Félix de Malbosc de Miral, né le 18 août 1726, et qui fut héritier universel des biens et titres de Jean-Félix de Pélamourgue, son grand-père maternel.

Félix de Malbosc de Miral mourut sans postérité. Louis de Puel lui avait acheté, par contrat du 18 février 1753, les droits seigneuriaux qu'il avait à Peyrelade, et ce fut à peu près à cette époque que ce dernier fit bâtir dans la plaine un nouveau manoir, à qui sa belle position au milieu des vignes fit donner le nom de *Vignals*. Le château de Luganhac passa, quelque temps après, avec la part de justice que le seigneur de Luganhac avait à Peyrelade, à la maison de Peyrot-Vailhauzy.

---

(1) On voit un noble Antoine de Malbosc, du lieu de Brousse, rendre hommage à Jean d'Arpajon en 1438.

CHATEAU DE LUGANHAC.

Entre Rivière et Palhas, sur une haute colline qui domine la rive droite du Tarn, s'élève le château de Luganhac, antique manoir seigneurial, flanqué de deux tours crénelées et massives, mais d'une forme élégante.

On voit dans un acte passé devant Cornéli, notaire, en présence de Jean de Gozon, damoiseau, et de plusieurs chevaliers, que le comte Jean d'Armagnac transigea, en 1363, avec Gui de Sévérac, au sujet d'une forteresse que noble Pierre Guitard faisait bâtir à Luganhac.

Ces Guitard sont les plus anciens seigneurs connus de Luganhac, car on ne sait autre chose sur une famille antérieure du nom de Luganhac, sinon que noble Bernard de Luganhac est mentionné dans un titre de l'Arpajonie de l'an 1273 (1).

Les Guitard sont tous qualifiés dans les titres chevaliers ou damoiseaux (*Archives de Saint-Second*). Ils disparurent vers la fin du xve siècle, et, en 1493, noble Guillaume de Montvalat prenait le titre de seigneur de Luganhac (*Archives de la maison de Malhac*). Vint ensuite, dans le courant du xvie siècle, la famille de Pélamourgue, dont le dernier rejeton, messire Jean-Félix de Pélamourgue, capitaine de dragons, mourut vers le milieu du xviiie siècle.

Outre plusieurs droits féodaux dont ils jouissaient dans le ressort de Peyrelade, de Caylus et de Compeyre, les Pélamourgue avaient aussi la seigneurie du Pouget, près de Rivière, et de Paulhac, en Bedène.

Après les Pélamourgue, vint M. de Vailhausy, membre du Parlement de Toulouse, qui acquit d'eux ou de leurs successeurs Lugagnac et une partie de ses dépendances. Il fut une des victimes du tribunal révolutionnaire de Paris, en 1793.

L'autorité des seigneurs de Luganhac, dit l'auteur de la *Statistique de la rivière du Tarn*, au lieu d'être despotique, fut, au contraire, à ce qu'il paraît, une autorité douce et paternelle. Du moins le peuple de la contrée n'a conservé d'eux que de bons souvenirs.

(1) Le jeudi avant la Saint-Luc 1297, Fizas, fille de Bernard de Luganhac, du lieu de Compeyre, et femme de Hugues de Peyre, chevalier, testa, du consentement de son père, et fit donation de tous ses biens à Bernard de Luganhac, son fils (*Archives de la maison de Malhac*).

BRANCHE DE CASSAGNOUSE.

Pierre de Pélamourgue, auteur de cette branche, était frère d'Hérail. Il s'établit en Auvergne au commencement du xviie siècle, et fut seigneur de La Roque, dans la paroisse de Cassagnouse.

Antoine de Pélamourgue, son fils, seigneur de Cassagnouse, et coseigneur de l'entier mandement de Peyrelade, fit vente de plusieurs rentes féodales, en 1660 et 1667, à François de Malhac, baron de Vessac.

De lui descendait ce comte de Cassagnouse qui eut un sort si tragique sur la fin de la première révolution. Rentré de l'émigration vers les derniers mois de l'an VII, il trouva l'héritage de ses pères occupé par un ancien fermier qui avait trahi sa confiance (1). D'un caractère impétueux, le cœur ulcéré par le malheur, il jura d'en tirer une éclatante vengeance.

Par une soirée de vendémiaire an IX, il apparaît tout-à-coup dans son ancien château. Revel, l'acquéreur, était tranquille au milieu de ses domestiques. Cassagnouse lui crie d'une voix tonnante de demander pardon à Dieu, et, un instant après, il l'étend roide mort d'un coup de feu. Il prend ensuite possession du vieux manoir, commande en maître, et telle était la crainte qu'il inspirait ou l'ascendant qu'il exerçait sur les esprits, que pas une voix ne s'éleva en faveur du malheureux fermier, et tout rentra bientôt dans l'ordre accoutumé.

Cependant, la justice informée dirigea d'actives poursuites contre le meurtrier. Les pouvoirs d'alors avaient un puissant intérêt à ne point laisser de pareils attentats impunis. Le 18 floréal de la même année, Cassagnouse fut surpris par la gendarmerie dans une maison où il avait coutume de se retirer. Sommé de se rendre, il répondit en tirant sur la troupe, tua deux gendarmes, en blessa plusieurs autres, mais, enfin, accablé par le nombre et grièvement blessé, il fut pris, jugé et porté mort ou mourant sur l'échafaud.

(1) Cassagnouse avait confié, en partant, son argenterie et même de l'argent à ce fermier, nommé Revel. Mme de Cassagnouse écrivit à son mari qu'elle ne pouvait rien tirer de cet homme, et c'est ce qui mit le comble à l'exaspération du comte.

D'URRE DE MÉZERAC.

Armes : *Ecartelé aux 1 et 4 d'azur, au lion d'argent; aux 2 et 3 d'or, à deux truites de sable en fasce, au chef d'azur, chargé d'un croissant entre deux étoiles d'argent* (*Nobiliaire de Montauban,* par M. Lainé (1).

La maison d'Urre, originaire du Dauphiné, où la terre de son nom est située près de Crest, au diocèse de Valence, est une des plus distinguées du royaume par ses alliances, ses services et ses nombreuses possessions. Elle est connue depuis Gui ou Guyon d'Urre, vivant en 1200, et a formé treize branches répandues en diverses provinces. L'aînée de ces branches, existante en Dauphiné, a été élevée à la pairie, le 5 novembre 1827, dans la personne du comte Henri d'Urre.

Les d'Urre étaient très-connus dans l'ordre de Malte, de 1563 à 1725. On voit dix-neuf chevaliers de cet ordre fournis par les diverses branches de la maison d'Urre.

L'une d'elles, depuis fort longtemps établie à Mézerac, près Gaillac-du-Caussé, en Rouergue, fut maintenue, le 21 mars 1699, par l'intendant Lepelletier, sur preuves remontant à 1532.

Jacques d'Urre, écuyer, seigneur de Mézerac, avait épousé Marie de Lescure, fille et héritière de Pierre de Lescure, seigneur de Roquetaillade, et de Louise de Roquefeuil-Versols. Il eut de ce mariage Claude d'Urre et Louise, mariée, en 1618, à Pierre de Julien de Pégayroles.

On trouve ensuite Alexandre d'Urre, qui, de Marie de Prévinquières, eut pour enfans :

1° Jacques; 2° Jean-Baptiste d'Urre, sieur de la Bastissou;

---

(1) D'après le même M. Lainé, *Nobiliaire de Picardie,* la branche mère, en Dauphiné, porte : *D'argent, à la bande de gueules, chargée de trois étoiles d'or.*

3° Jean-François. Ces derniers s'accordèrent, en 1681, pour leur légitime avec Françoise des Mazels, alors veuve de Jacques, leur frère aîné.

Jacques d'Urre, seigneur de Mézerac, épousa Françoise des Mazels, qui le rendit père de Louis (1). Il habitait Ayssènes (*Archives de Landorre*).

Louis d'Urre, marquis d'Urre, seigneur de Mézerac, Lissirou, La Garrigue, etc., eut de Jeanne de Frézals, de Saint-Geniez, qu'il avait épousée, le 17 mai 1692, Françoise d'Urre, mariée, en 1721, à Hyacinthe d'Azémar de Montréal, qui devint ainsi seigneur de Mézerac. Louis d'Urre avait fait l'acquisition de la terre et château de Sanhes, près de Rodez, qui furent vendus par ses successeurs, en 1780, à M. Constans du Séguy.

Etienne d'Urre, de la même famille, marquis d'Urre, seigneur de la Capelle-Montauriol, du Puech, d'Astruc, de Lamothe-Livers, demeurant à Millau, et vivant encore en 1789, eut pour enfans :

1° Pierre-Honoré-César, comte d'Urre, officier d'infanterie, qui émigra dans la Vendée, où il servit comme volontaire dans la division de Zingaut-Saint-Maur, et fut amnistié par les consuls le 7 nivôse an VIII. Il est mort, sans enfans, de Thérèse-Gabrielle-Eléonore-Antoinette-Luce de Paulo, sa femme, dont il s'était séparé en 1809, et qui est décédée à Millau, le 17 septembre 1847, âgée de 78 ans. Celle-ci était sœur de la comtesse de Pégayrolles ; 2° le baron d'Urre, qui donna dans la Révolution, fut dans la suite sous-préfet de Barcelonnette, et puis secrétaire général de la préfecture des Bouches-du-Rhône. Mort également sans postérité.

Le château de Mézerac, dont il reste à peine des traces, avait jadis appartenu à la famille de Gorsac. C'était une terre seigneuriale avec haute, moyenne et basse justice.

Noble Bertrand de Gorsac, seigneur de Valescure et de Mézerac, était patriarche (2) de Saint-Geniez en 1380.

De lui descendaient :

---

(1) Cette famille possédait alors la métairie de Mercouls et autres biens à Ayssènes, à Peyrebrune, à Touels, à Espinouzet. Louis d'Urre vendit les rentes d'Espinouzet à la famille de Gaston, en 1696.

(2) Chef d'une confrérie religieuse fort anciennement établie, dans la ville de Saint-Geniez.

Noble Pierre de Gorsac, prieur de Saint-Geniez en 1459; autre Pierre, neveu du précédent, prieur en 1529; Antoine de Gorsac, curé de Saint-Geniez en 1550 (*Archives de Saint-Geniez*).

AZÉMAR DE MÉZERAC.

Armes : *Ecartelé au 1 d'argent à la bande de gueules, chargée de trois étoiles d'or,* qui est d'Urre; *au 2 d'Arragon,* qui sont les armes de Carcassonne; *au 3 d'azur, aux trois fleurs de lis d'or, au chef du même,* qui est Bourbon, par alliance avec la maison de Sévérac; *au 4 de La Tour-d'Auvergne, et sur le tout d'Azémar qui porte d'azur à la bande d'argent, chargée de trois croissants de sable, surmontée d'un lion d'or, grimpant, éperonné et bécqueté de gueules.*

C'était une branche de la maison d'Azémar de Montréal, l'une des plus considérables du Languedoc par son ancienneté, ses services et ses alliances. Elle faisait remonter son origine au XIIe siècle, et avait possédé les seigneuries de Montarnaud, de Saint-Martin-de-Londres, de Cornonterval, de Saint-Martin-de-Vignogue, de La Baume, de Saint-Geniez, de Montréal, de Gignac, etc.

Sa filiation commence à Pierre d'Azémar, Ier du nom, favori de Pierre II, roi d'Aragon, surnommé le Catholique, qui fut tué au siége de Muret, près de Toulouse, où Pierre d'Azémar combattit avec la plus grande valeur et fut dangereusement blessé. Il épousa, vers l'an 1234, Marie-Elisabeth de Mandagot, dont il eut Pierre et Raymond qui suivirent, en 1270, le roi saint Louis au siége de Tunis, où ils donnèrent des preuves de leur courage.

De Pierre Ier descendait au neuvième degré Tristan d'Azémar, seigneur du château de Saint-Martin-de-Londres, etc., capitaine de 50 hommes d'armes, qui servit avec la plus grande distinction, en 1543, sous les ordres de François, duc de Guise, contre les Espagnols, au siége de Metz, et eut, entre autres enfans, de Françoise de Pelet, Blaise d'Azémar, seigneur de

Montlaur, auteur de la branche aînée des Azémar, avec laquell[e] prit alliance le dernier des Gozon.

De lui descendait aussi au onzième degré Raymond d'Azémar qui, de son mariage, contracté en 1600 avec Suzanne de Bar[thélemi de Grammont, fille du baron de Lanta, conseiller a[u] Parlement de Toulouse, eut entre autres enfans :

Raymond, IVe du nom, gendarme de la reine Anne d'Autri[che, qui combattit à la bataille de Lens, contre les Espagnols avec une telle valeur qu'il fut admiré du grand Condé, et M[i]chel d'Azémar, coseigneur de Montréal, marié : 1° en 1649, Jeanne du Veyrier, veuve de messire Charles de Turenne, don[t] Fulcrand, tige de la branche des seigneurs de Montréal, qui v[a] suivre ; 2° avec N. Dicher, fille du seigneur de La Bastide-des[-]Fonds, au diocèse de Vabres.

I. FULCRAND D'AZÉMAR (1), seigneur de Montréal épousa, le 19 février 1669, Françoise de Carcassonne, fill[e] d'Anne, comte de Carcassonne, baron de Lugans, seigneu[r] de Soubès, coseigneur de Lodève et de Montbrun, et d[e] Françoise de Peyrottes, cousine germaine du cardinal d[e] Fleury. De ce mariage naquirent :

1° ROGER, qui, de son mariage avec Suzanne de Gantès, contracté en 1727, n'eut que trois filles ; 2° GUILLAUME D'AZÉMAR D[E] MONTALÈGRE, mort sans postérité en 1743 ; 3° RAYMOND, sieur d[e] La Prade, mort au service et aussi sans postérité ; 4° HYACIN[THE, qui suit :

II. HYACINTHE-D'AZÉMAR DE MONTRÉAL, devenu, e[n] 1721, seigneur de Mézerac, en Rouergue, par son mariag[e] avec Françoise d'Urre, fille et héritière de Louis, marqui[s] d'Urre, seigneur de Mézerac, Lissirou, La Garrigue, etc[.] fut tué le 1er mai 1738, laissant :

1° JEAN-LOUIS, né le 23 juin 1722 ; 2° JEAN-JOSEPH DE MONT[-]RÉAL, connu sous le nom de chevalier de Mézerac, né en 1723 major de dragons au port du Cap-Français ; 3° MARIE-MARTHE chanoinesse à l'abbaye royale du Saint-Esprit à Béziers, en 175[8] (*Dictionnaire généalogique héraldique*).

---

(1) XIIIe degré de la filiation.

BOURNHIOL DE FOMBONNE,

Maintenus le 30 avril 1700 par l'intendant Le Gendre, sur preuves remontant à 1533.

Ancienne famille de gentilshommes verriers, originaire, à ce qu'on croit, d'Italie, et qui était établie à Brenne ou Brennas, près le roc de Miramont, dans le canton de Naucelle. Elle avait à la Trivale une branche dont les descendans existent encore, et une autre à Noyers, près de Manhac, qui possédait le fief de Fombonne, dans la paroisse de Tayac.

En 1731, Jean-Antoine de Bournhiol, seigneur de Fombonne, fils d'Antoine, sieur du Claux, et de Charlotte de Mazars, s'établit à Comps-Lagrandville, par son mariage avec Elisabeth Gréfeuilhe, fille d'un riche bourgeois de ce lieu (1).

Au bout de huit jours, sa femme trépassa, mais le beau-père avait pris son gendre en telle amitié qu'il ne voulut point s'en séparer. Il lui ménagea même, l'année suivante, un autre mariage, et lui légua tous ses biens avant de mourir. La seconde union du sieur de Fombonne fut des plus prospères, si on en juge par les fruits qu'elle porta. Sa femme, qui s'appelait Antoinette Delmas, lui donna deux garçons et huit filles :

1º Marie de Fombonne, née le 28 octobre 1736 ; 2º Jean-Antoine, chanoine à Lautrec, né le 24 février 1738 ; 3º Isabeau, religieuse, née le 1er juin 1742 ; 4º Antoinette, célibataire, née le 27 septembre 1743 ; 5º Jean-Baptiste, dit l'abbé de Fombonne, né le 21 octobre 1745 ; 6º Madeleine, religieuse à

---

(1) Fille de Pierre-Jean Grefeuilhe et de Claire Genieys. Le mariage se fit le 11 janvier 1731, et Elisabeth mourut le 21 du même mois, âgée de 30 ans.

Prouilhe, née le 29 mars 1747; 7° Anne, religieuse au même couvent, née le 26 mars 1749; 8° Charlotte, mariée, en 1778, avec Victor-Alexandre Dupuy, du château du Colombier, en Albigeois; 9° Marie-Sabine, religieuse, née le 12 janvier 1756; 10° Louise-Henriette, religieuse, née le 9 avril 1759.

Les derniers de cette nombreuse génération se sont éteints sous la Restauration, après avoir laissé leurs biens à M. le comte Dupuy-Melgueil, leur neveu.

Les Fombonne occupaient à Lagrandville la maison qui avait autrefois appartenu à la famille de Carret et qui est devenue la propriété de M. Mignonac.

DE COLONGES,

Seigneurs de Cénac.

ARMES : *De sable, à 3 bandes d'or, un lion couronné du même brochant sur le tout; au chef cousu d'azur, chargé de 3 étoiles d'or.*

Cette famille eut acte de production de ses titres devant M. Pellot, intendant de Guienne, le 1er août 1699, et fut maintenue, le 22 mai 1700, par M. Le Gendre, sur preuves remontant à 1536.

La souche, divisée en plusieurs branches, était à Cénac, dans le canton de Villeneuve.

Guillaume de Colonges, seigneur de Cénac, fut un des douze conseillers nommés par le roi François Ier, en 1537, en la sénéchaussée du Rouergue. Il s'allia à Guillemette de Cadilhac, fille de Jean de Cadilhac, lieutenant-général de la vicomté de Carladez, au siége de Mur-de-Barrez, et tante par alliance de Jacques de Ferrières, célèbre jurisconsulte de Toulouse. De ce mariage vint Jean, ci-après :

Jean de Colonges, seigneur de Cénac, né en 1537, succéda à la charge de son père par lettres patentes du roi Charles IX, en date du 22 octobre 1566. Il se maria, le 3 août 1567, avec Marguerite Dardenne, fille de Jean-Imbert Dardenne, seigneur de Cabanes, et de Marguerite de Chalvet, qui était nièce, par Françoise de Liset, sa mère, de Pierre de Liset, premier président du Parlement de Paris.

Jean de Colonges, magistrat éclairé, possédait aussi la fermeté de caractère et la droiture d'intentions qui sont si nécessaires aux fonctionnaires publics dans les temps difficiles. Il joua un rôle fort actif pendant les troubles religieux qui agitèrent la province à cette époque; défendit vigoureusement, à la tête de ses concitoyens armés, Villefranche contre les Huguenots; se rendit, après la pacification de 1570, auprès du duc d'Anjou, frère du roi, qui, en récompense de ses services, le nomma maître des requêtes en son hôtel; succéda à d'Ambès, en 1573, dans la charge de président en l'élection du Bas-Rouergue; reçut, en 1574, du duc d'Anjou, devenu roi de France sous le nom d'Henri III, une gratification de 600 écus, en même temps que l'importante mission de parlementer avec le seigneur d'Arpajon, l'un des chefs du parti calviniste dans le Rouergue; fut premier consul de Villefranche en 1576; se rendit à Toulouse auprès de la reine de Navarre qui lui donna l'intendance de ses affaires, en Rouergue, en 1578; visita l'année suivante la reine-mère (Catherine de Médicis) à Nérac, et sut si bien lui faire goûter ses avis qu'elle le retint trois mois auprès d'elle; reçut, par lettres patentes du 22 juin 1580, du roi Henri III, le don de 200 écus d'or à titre de pension viagère, et après quelques autres actes qui prouvent que l'âge ne ralentissait pas son zèle catholique, il convoqua et ouvrit lui-même les Etats généraux du pays du Rouergue, à Rodez, le 8 février 1587; mourut après son retour, le 30 avril suivant, et fut inhumé dans l'église collégiale de Villefranche où sa famille possédait un tombeau (1).

Jean-Jacques de Colonges, mort le 28 novembre 1610, prévôt du chapitre, avait fondé les pénitens bleus dans la même ville, en 1597 (*Annales de Villefranche*).

Alexis-Dauphin de Colonges, de la même famille, seigneur de Cénac, vivant en 1750, eut entre autres enfans (2):

1° N..... de Colonges-Molières, ci-après; 2° Dauphin de Colonges, seigneur du Triolou, qui fit partie de l'assemblée de la noblesse tenue à Villefranche pour les Etats généraux en 1789, et eut de Dorothée Durand, sa femme : Jean-Charles-François, né en 1792, marié à sa cousine Agathe de Colonges, lequel vient de vendre le château du Triolou et ses autres biens

---

(1) Les détails ci-dessus sont tirés de la *Biographie de Jean de Colonges*, par M. Guirondet, de Villefranche.

(2) Alexis-Dauphin avait une sœur, Jacqueline de Colonges, qui épousa, en 1747, Jean-Guillaume-Nicolas-Melchior de Campmas, seigneur de Saint-Remy.

du Rouergue pour aller s'établir au château de La Ramière, dans le Lot ; 3° Augustin de Colonges, président à l'élection, mort à Revel-d'Anglars, près de Rignac, dont il avait épousé l'héritière, laissant un fils, Auguste de Colonges, aujourd'hui maire d'Anglars ; 4° Laurent-Joachim, officier dans le régiment de Bretagne, mort émigré en 1792 ; 5° l'abbé de Colonges, mort pareillement en émigration, et quatre sœurs entrées dans les familles de Sanières, de Saint-Julien-d'Empare, de Lagardelle, près de Caylus, de Durand, notaire à Villefranche, et d'Aussel-Lacoste, de la même ville.

N..... de Colonges-Molières eut trois enfans :

1° Charles, qui va venir ; 2° Firmin, né en 1795, garde-du-corps du roi en 1814, marié à Henriette de Pomayrol, dont un fils unique nommé Albert ; 3° Agathe, née en 1792, femme de Jean-Charles-François du Triolou, son cousin.

Charles de Colonges, né en 1789, résidant au château de Lasfont, commune de Martiel, s'est marié deux fois :

1° Avec Céleste Labro, de Villecomtal, dont Joséphine de Colonges, femme de Paulin Bancalis de Pruines ; 2° avec Adèle Auzouy, de Rignac, sœur de N..... Auzouy, juge d'instruction au tribunal de la Seine, dont : A Alphonse de Colonges, marié à N..... Molinier, de Villeneuve ; B N..... de Colonges, femme du sieur Austry, de Malaval.

COLONGES DE LAURIÈRE (1).

C'était une branche depuis longtemps séparée de la même famille.

Jean de Colonges, seigneur de Laurière, épousa, vers la fin du XVIe siècle, Antoinette du Rieu, fille de François du Rieu, président juge-mage de la sénéchaussée du Rouergue, seigneur de Saint-Bauzille et de Ginestoux, en Languedoc, et de Béatrix de La Valette-Parisot.

Jean-Jacques de Colonges, seigneur de Laurière, président au présidial de Villefranche, eut de Marie de Pomayrol :

Anne de Colonges, mariée, le 1er janvier 1678, à Jean de Tullier, seigneur de La Roquette.

Marguerite de Colonges de Laurière avait épousé, en 1662, Antoine de Rességuier, conseiller au sénéchal de Rouergue.

---

(1) Laurière, terre à 4 kilomètres de Villefranche, sur la route de Montauban.

DE CRÉATO,

Seigneurs de Labro, de Calzins, de la Bessière, maintenus le 23 avril 1716 par l'intendant Langeois.

ARMES : *D'argent, à trois crêtes de coq de gueules.*

I. Noble ANTOINE DE CRÉATO, seigneur de Labro, testa le 28 décembre 1539 (1). Il avait eu de noble Marguerite de Panat, sa femme :

1° PIERRE, seigneur de Labro, qui épousa, le 25 février 1533, Adrienne de Garceval, et fit son testament au château de Labro le 25 février 1592, instituant pour héritière sadite femme, à la charge par elle de rendre l'hérédité à Gabrielle, sa fille, mariée à Paul de Flavin (2). Il avait eu de son mariage : A Gabrielle, femme de noble Paul de Flavin, seigneur dudit lieu et de Tanus, lequel, sur le point de partir pour la guerre, fit son testament en 1575 ; B Anne de Créato, mariée à noble Antoine Laborne, le 5 juillet 1567, dont Gaspard Laborne, légataire de Pierre de Créato, son grand-père, en 1592 ; C autre Gabrielle, religieuse

---

(1) Antoine fait des legs, dans ce testament, à Bernard et à Pierre de Créato, ses frères ; à autre Pierre, fils de ce dernier, et à Anne, sa sœur (du testateur), mariée à Sauveterre.

(2) Il paraît que Gabrielle de Créato s'était remariée, car dans son testament, qui est du 4 novembre 1624, elle se dit veuve de feu noble Pierre de la Calmontie, et nomme pour son héritier universel noble Arnaud de Garceval, seigneur des Angles, son cousin, père de Gabrielle de Garceval, à laquelle la testatrice, qui était sa marraine, fait aussi un legs (*Titres de la famille de Patris*).

à Nonenque; 2° BERNARD DE CRÉATO, qui suit; 3° GABRIELLE DE CRÉATO, femme de Jean Pradines; 4° MARGUERITE DE CRÉATO, mariée à N..... Juéry, juge de Canillac; 5° ANNE DE CRÉATO, religieuse à Nonenque *(Testament parmi les titres de la famille de Patris)*.

II. BERNARD DE CRÉATO épousa noble Jeanne Vigorose, dame de Gamarus, veuve de noble Amblard de Garceval (1). De ce mariage naquirent :

1° GASPARD, dont l'article suit; 2° JEANNE DE CRÉATO, femme de Georges Combes; 3° GUILLAUME, religieux à Bonnecombe; 4° VALENTIN, mort *ab intestat* et sur la succession duquel Gaspard de Créato et Olivier de Garceval, leur frère utérin, transigèrent en 1594.

III. GASPARD DE CRÉATO, habitant de Moyrazès, fit son testament le 4 avril 1605, et laissa de Françoise de Mayran, qu'il avait épousée le 13 janvier 1592 :

1° JEAN, qui suit; 2° FRANÇOIS DE CRÉATO; 3° JACQUES.

IV. JEAN DE CRÉATO s'allia, par contrat du 8 novembre 1620, à Cécile de Neuville, et testa le 9 juillet 1663, laissant pour enfans :

1° JEAN, qui, en 1666, fit ses preuves de noblesse devant Claude de Montlauseur, commissaire délégué pour la recherche des faux nobles; 2° FRANÇOIS, ci-après; 3° PIERRE DE CRÉATO, sieur du Pouget, né en 1646, établi à Saint-Perdoux-le-Vieux, près de la ville de Tulle, diocèse de Limoges; 4° JACQUES; 5° ANTOINE.

V. FRANÇOIS DE CRÉATO, sieur de Calzins, épousa, par contrat du 12 janvier 1675, Hélix de Morlhon, fille de Jacques de Morlhon, sieur de La Barthe; et de Marguerite

---

(1) Jeanne Vigorose avait eu de son premier mariage un fils unique, Olivier de Garceval, marié à Delphine Manhare, fille de Galéas Manhare, gentilhomme italien. Par transaction du 6 novembre 1578, la terre de Gamarus, près de Rodez, fut cédée aux Manhare, et les Garceval eurent la possession du domaine des Angles.

de Mazars. Il fit ses dernières dispositions le 15 février 1707, laissant de son mariage :

1° CHARLES, qui suit; 2° JEAN-FRANÇOIS DE CRÉATO; 3° CÉCILE, mariée à François d'Albin, sieur de La Valière; 4° THÉRÈSE, qui épousa, le 19 avril 1712, Jacques Albouy; 5° MARIE, femme de Pierre de Méjanès, seigneur de Flavin et du Bouyssou.

VI. CHARLES DE CRÉATO, seigneur de La Bessière et de Calzins, s'allia à Jeanne Louise de Morlhon de Laumière, morte en 1748, fille de François de Morlhon, II° du nom, et d'Hippolyte de Loubens de Verdale, dont il eut :

1° HUGUES, qui suit; 2° PIERRE-GASPARD-HIPPOLYTE DE CRÉATO, sieur de Fénayrols, qui servit d'abord dans les chevau-légers, et se maria : 1° le 5 août 1748, au château du Bouyssou, avec Elisabeth de Méjanès du Bouyssou, sa cousine, fille de Pierre et de Marie de Créato; laquelle mourut le 31 décembre 1782; 2° avec Marie-Marguerite-Agathe Galtier de La Faramondie, décédée, sans enfans, à Réquista, en avril 1796; 3° MARIE-JULIENNE, femme de Siméon de Flavin.

VII. HUGUES DE CRÉATO, sieur de Calzins, de La Bessière et de La Coste, se maria avec Antoinette de Cardinet, fille de N..... de Cardinet, conseiller au sénéchal de Rodez, qui le rendit père de Jean-Baptiste de Créato, vivant encore célibataire en 1846. (*Titres de la famille de Créato).*

D'ALARY,

Seigneurs de Tanus, de Rouyre, etc.

ARMES : *D'azur, à une harpe d'or, écartelé de gueules ; au chef chargé d'un coq de gueules, onglé, béqué et crêté du même.*

Jacques d'Alary, seigneur de Tanus, vivant en 1540, et qualifié, par le marquis d'Aubais, maréchal-de-camp *en l'armée commandée par M. de Bourniquel*, fut capitoul de Toulouse en 1543, et père de Georges Alary, seigneur de Tanus, maréchal-de-camp dans les armées du roi, qui prit plus tard le parti des Calvinistes et fut un de leurs chefs les plus actifs et les plus intrépides, en Albigeois. En 1586, le roi de Navarre, depuis Henri IV, l'avait nommé gouverneur de toutes les villes protestantes du pays d'Albigeois. La même année, il se jeta dans Millau et empêcha Joyeuse d'en faire le siége. Marchant, le 25 mai 1592, pour remettre la ville de Lautrec sous l'obéissance du roi et chargé de l'attaque d'une des portes, il y fut tué après avoir fait des prodiges de valeur.

Georges d'Alary avait épousé, le 7 décembre 1579, Olympe de Rabastens, qui le rendit père de Philippe d'Alary, seigneur de Tanus, qui épousa Françoise du Bosc, dont il eut :

1° Jacques d'Alary, IIe du nom, seigneur de Tanus, maintenu dans sa noblesse, en 1669, par M. de Bezons ; 2° autre Jacques, marié, le 21 janvier 1635, à Françoise de Saunhac, fille de Raymond, seigneur d'Ampiac, mort avant 1638.

Le premier Jacques épousa, le 15 mars 1647, N..... du Bosc. Leur petit-fils, Pierre d'Alary, seigneur de Tanus, naquit en 1695 ; il entra jeune au service en qualité de sous-lieutenant au régiment de Champagne. Après avoir passé successivement par tous les grades, il obtint celui de maréchal-de-camp le 1er janvier 1748, et mourut le 13 avril 1752. Il avait plus de vingt campagnes. Blessé à la bataille de Malplaquet, en 1709, il se distingua d'une manière toute particulière, à la tête du régiment de Champagne, à la prise de Weissembourg et des lignes de la Lautern en 1743, et se fit remarquer, toujours à la tête du régiment de Champagne, aux batailles de Raucoux et de Lawfeld, en 1746 et 1747. Cette famille est éteinte (*Réveil du Midi*, journal publié à Toulouse).

CHATEAU DE TANUS.

Tanus, sur la rive gauche du Viaur, appartient à l'Albigeois, mais n'est séparé du Rouergue que par la largeur de la rivière.

Le château seigneurial, dont on aperçoit encore la tour démantelée et brunie par les siècles, était possédé, en 1407 (1), par une branche cadette de la maison d'Arpajon. Il parvint ensuite à la famille de Flavin, et appartenait, en 1540, aux d'Alary du Rouyre, desquels Hercule d'Assier l'acheta en 1656 (2).

Les seigneurs de Tanus jouèrent un certain rôle pendant les guerres religieuses du xvie siècle.

En 1585, le duc de Montmorency, du parti du roi de Navarre et chef des Calvinistes du Midi, donna pour gouverneur aux villes réformées du diocèse d'Albi et notamment à Réalmont, Georges d'Alary du Rouyre, seigneur de Tanus.

En 1586, le comte de Montgommery, qui commandait les religionnaires du pays de Castres, et George d'Alary, seigneur de Tanus, mirent le siége devant Denat. Pour faire diversion à cette tentative, le seigneur de Cornusson, de l'armée de Joyeuse, s'empara du château de Tanus et le brûla le 15 avril de la même année.

---

(1) Dans un bail à cens de 1364, Gauthier de Saunhac, bailleur, est qualifié seigneur de Tanus (*Archives de Bonnecombe*).

(2) Cependant les Alary se qualifiaient encore seigneurs de Tanus en 1752. Ou ceux-ci n'avaient aliéné qu'une partie de cette terre, ou bien ils s'étaient réservés le titre honorifique. La harpe qu'on voit dans leur écusson pourrait faire présumer qu'ils avaient succédé, vers la fin du xve siècle, à la maison d'Arpajon dans la possession de tout ou partie de cette terre.

L'année suivante, le duc de Montmorency, le comte de Montgomméry et le seigneur de Tanus, parvinrent à ravitailler Brugayrolles, assiégé par le duc de Joyeuse et le comte de Mirepoix; mais, ne pouvant dégager la place, Tanus et Montgomméry saccagèrent plusieurs châteaux des environs, entre autres Rieubouisset-de-Plagnes, Saint-Julien, La Devèze, Pécherie, Cahuzac-sur-Vère, Las Cazes et Blazens.

Tanus, Montgomméry et Ferrals, sénéchal du Lauraguais, réunirent leurs forces, en 1589, à celles du duc de Montmorency et emportèrent d'assaut Alzone, dans le diocèse de Carcassonne; Bordes, dans celui de Saint-Papoul, et le fort du Puget dont le gouverneur fut pendu.

Après ces divers exploits, Tanus s'en retournait en Albigeois, lorsqu'il fut vivement attaqué par Moussoulens, un des chefs de l'armée de la Ligue. Ferrals survint, délivra Tanus et mit les Ligueurs en pleine déroute. Les Calvinistes perdirent dans cette affaire, entre autres capitaines de marque, Samuel de Rabastens, baron de Paulin.

En 1591, le 11 novembre, les Calvinistes de Castres et du Lauraguais, commandés par Tanus, prirent le château d'Alban, dans le diocèse d'Albi.

En 1592, le 29 mai, Tanus attiré sous les murs de Lautrec par les promesses fallacieuses d'un traître, le vicomte de Montfa, qui lui avait fait espérer de l'introduire dans la ville, tomba dans une embuscade qui lui fut tendue par les deux frères d'Ambres, perdit la plus grande partie de ses gens et resta lui-même sur le champ de bataille.

DASSIER,

Seigneurs de Caplongue, de Fontaussil, de Tanus.

ARMES : *De gueules, à deux lions affrontés d'argent soutenant une coupe du même; au chef d'azur, chargé de deux croissans d'argent.*

I. GAILLARD DASSIER, né en 1476, épousa Marie de Méjanès, et en eut Antoine et Jean, comme il appert de son testament du 15 juin 1549, reçu par Jourdain, notaire.

II. **ANTOINE DASSIER**, sieur de Gaulène, fils aîné du précédent, se maria avec Marguerite de Vergnes, fille de noble Jean de Vergnes, seigneur de La Mothe, dont il eut :

1° JEAN, seigneur de Roumégoux, ci-après ; 2° ANTOINE, seigneur de Fontaussil, dont il sera question après son frère aîné.

III. **JEAN DASSIER**, seigneur de Roumégoux, donataire de son père, par acte du 1er décembre 1638, épousa Marguerite d'Agens de Loupiac, et mourut sans enfans :

III. **ANTOINE DASSIER**, seigneur de Fontaussil, frère du précédent, s'allia, le 2 décembre 1638, à Isabeau de Montazet. Il acheta la terre de Caplongue le 20 janvier 1635, et celle de Tanus, le 3 novembre 1656, pour lesquelles il fit hommage au roi le 4 décembre 1664. Ses enfans furent :

1° LOUIS-HERCULE, qui suit ; 2° PIERRE DASSIER, sieur de Laissac, marié : 1° le 15 novembre 1674 à Jeanne-Louise de Barrau, fille de Guion de Barrau et d'Anne de Vedelly, dont une fille unique morte en bas-âge ; 2° par contrat du 19 février 1703, à Marie de Grimal, veuve de Louis Sangayrac, juge de la baronnie d'Arvieu, fille de feu noble Antoine de Grimal, seigneur de La Bruguière, et de Françoise de Blanc, de Paulhe (branche sortie de La Guizardie), acte reçu par Antoine Sadoul, notaire d'Arvieu ; 3° MARIE-THÉRÈSE DASSIER, femme, le 16 juillet 1688, de Louis de Porcelet de Maliane.

IV. **LOUIS-HERCULE DASSIER**, seigneur de Tanus, épousa, le 19 février 1676, Isabeau-Christine d'Imbert du Bosc, fille de Pierre d'Imbert ; lieutenant-colonel du régiment de Lusignan, et de Victoire de Genibrouse, fut capitaine de cavalerie au régiment de Narbonne et chevalier de Saint-Louis, et laissa de son mariage :

1° PIERRE, ci-après ; 2° CHARLES, capitaine au régiment de Lusignan et chevalier de Saint-Louis.

V. **PIERRE DASSIER**, seigneur de Tanus, s'allia à Charlotte de Coste (de Vabre), et mourut, comme son père, capitaine de cavalerie et chevalier de Saint-Louis, laissant pour enfans Pierre-Alexandre et Catherine, mariée à Bertrand-Anne d'Albis, seigneur de Gissac.

VI. PIERRE-ALEXANDRE DASSIER, seigneur de Tanus, se maria, en 1755, à N..... de Vic, de Toulouse, sœur du conseiller au Parlement de ce nom, et petite nièce de Claude de Vic, collaborateur de don Vayssette. Il en eut :

1º CHARLES-LOUIS, qui suit ; 2º ALEXANDRE-HERCULE DASSIER.

VII. CHARLES-LOUIS DASSIER DE TANUS, marié en premières noces, en 1795, avec Marie-Françoise-Catherine de Méjanès-Puellor (de Saint-Benoît, Tarn), fille de Joseph de Méjanès-Puellor et de Marie-Françoise de Barrau, dont trois filles, mortes en bas-âge ; 2º par contrat du 2 janvier 1816, avec Solange de Finance, fille de Charles de Finance et d'Agnès de Juliot de Longchamps. De ce second mariage :

VIII. ACHILLE-CHARLES-LOUIS DASSIER DE TANUS, né en 1817, qui a épousé, en 1840, Marie de Thésac, d'une famille de la Saintonge.

La famille Dassier habite le château de Vèses, près de Tillet, dans le canton de Naucelle.

DARDENNE.

Armes : *D'azur, à trois flèches d'or, empoignées de gueules, la pointe en bas, au chef cousu de gueules, chargé d'un croissant et de deux étoiles d'argent.*

On trouve aux archives de l'évêché de Rodez plusieurs titres qui prouvent la noblesse et l'ancienneté de la famille Dardenne. En 1285, Gaillard Dardenne, chevalier, consent des reconnaissances au seigneur évêque pour quelques biens situés aux environs de Villefranche.

En 1301, Déodat Dardenne, damoiseau, fils et héritier de Gaillard Dardenne, chevalier, fait hommage à l'évêque pour les mêmes biens.

En 1349, noble Déodat Dardenne, du lieu de Saint-Igest, fait hommage pour Las Garrigues *(Titres de l'évêché).*

Nous ignorons si la famille Dardenne, aujourd'hui existante, revendique cette origine. Toujours est-il qu'elle est fort ancienne, que plusieurs de ses membres occupaient à Villefranche les fonctions consulaires au XVIe siècle, et qu'elle possédait alors une grande fortune.

Jean-Imbert Dardenne, qualifié noble et seigneur de Cabanes, premier consul de Villefranche, en 1550, acquit, le 10 juillet 1543, la métairie de Graves, près de cette ville, de Cécile d'Arjac et de ses enfans, nobles François de Marcenac, prévôt de l'église collégiale et abbatiale de Conques, et Bertrand de Marcenac, seigneur de Marcenac *(Annales manuscrites de Villefranche,* par Claude des Bruyères).

Il y fit construire l'année suivante le château qui est encore de nos jours un des plus beaux édifices de la province.

De lui descendait :

Jean-Joseph Dardenne, qui, de son mariage avec Marie-Anne Buisson, eut entre autres enfans :

1º N..... Dardenne-Tizac, époux de Mlle Sirvin, de Villefranche; 2° Charles-Jean-Joseph, né le 10 avril 1769, émigré au service de Naples, chef d'escadrons de gendarmerie sous la Restauration, chevalier de Saint-Louis et de la Légion-d'Honneur, marié à Mlle de Pomayrol, mort en 1845; 3° Jean-Baptiste-Siméon Dardenne, maire de La Bastide-l'Évêque, membre du conseil général de l'Aveyron, décédé au château de Réquista, le 6 mai 1843, était officier au 21e régiment de dragons, à l'époque où ce corps fut employé à l'enlèvement de l'infortuné duc d'Enghien. Dès que Dardenne apprit le funeste secret de cette expédition, il donna sa démission et quitta le service. Il était marié avec Mlle La Junie de La Tour, des environs de Villeneuve, et habitait le château de Réquista, près de Cabanès; il avait reçu la croix de la Légion-d'Honneur, quatre jours avant de mourir; 4° Paul-Bernard Dardenne, ancien garde-du-corps, émigré; 5° Maximilien Dardenne-Cabanès, ancien garde-du-corps, décédé en l'an X.

CHATEAU DE GRAVES.

Le château de Graves, dit M. de Gaujal, offre à l'extérieur l'apparence d'une forteresse : comme dans l'ancien château de Gages, quatre corps de logis environnent une cour intérieure et sont flanqués de quatre tours rondes, mais sans fossés, à cause de sa situation sur une éminence privée d'eau. Trois des quatre façades extérieures n'offrent aucun embellissement et presque aucune ouverture : celle qui regarde le parc est plus ornée; mais c'est dans la cour qu'on trouve toute l'élégance que peut comporter l'ordre toscan. Les pilastres qui l'entourent et la galerie ouverte placée au-dessus de la porte d'entrée donnent une grâce extrême à l'édifice qui a d'ailleurs encore la plus grande fraîcheur.

Le château de Graves, dit un autre écrivain (1), prend probablement son nom de la quantité de cailloutages qui se trouvent aux environs; il est situé à un quart de lieue de Villefranche. Il fut construit au XVIe siècle, après la renaissance des arts, sur un plan moderne donné par l'architecte Lyssorgues (2), que le

---

(1) M. Guirondet, *Monumens Aveyronnais.*

(2) Guillaume Lyssorgues, surnommé le Sourd, était natif de Bournazel. Son maître en architecture fut Philandrier, lecteur du cardinal d'Armagnac, lequel avait accompagné en Italie son patron qui

seigneur de Bournazel avait envoyé à ses propres dépens se perfectionner à Rome. Du sommet de cet édifice, la vue se promène, dans les beaux jours de l'été, sur une moisson ondoyante, agréablement variée par les mille nuances du feuillage des arbres. Placé dans une position moins riante, sa vue inspirerait la tristesse : un labyrinthe d'appartemens qui ont issue les uns dans les autres, de grandes salles obscures et silencieuses, d'autres pratiquées sous terre et qui ne reçoivent le jour que par des soupiraux, les murs des chambres dépourvus depuis longtemps de tentures, les peintures et les paysages des cheminées qui s'effacent, les vieilles portes qui crient sur leurs gonds rouillés, le bruit de vos pas sur les dalles retentissantes, bruit rendu plus sonore encore par la concavité des voûtes, tout cela porte au recueillement et à la mélancolie, car c'est là tout ce qui reste du château de Graves.

La façade intérieure est presque entièrement conservée, sauf une galerie dont les arcades seules sont encore debout. Cette façade est en pierre de taille artistement découpée, la main du sculpteur y a promené son ciseau, et non content de prodiguer les ornemens autour des fenêtres et des portes, elle a entouré de ciselures jusqu'à la corniche des tourelles.

Si vous montez sur la toiture du château, vous admirez l'immense charpente qui la soutient et qui ressemble à une forêt de cordages amoncelés.

Dans les jardins du château l'art a disparu ; les bosquets, les jets d'eau ont fait place à une culture agreste et aux plantes potagères. Les piliers qui soutiennent la terrasse du jardin sont en partie renversés ou brisés par la main de l'homme.

Après être passé par plusieurs mains (1), Graves est tombé dans la famille de Pomayrol.

Quelques années s'étaient à peine écoulées depuis la construc-

---

fut élevé à la pourpre romaine, en 1544, à Venise, où Georges d'Armagnac fut ambassadeur avant d'aller à Rome. Philandrier connut Sébastien Serlio dont les conseils lui furent très-utiles pour ses *Annotationes ad Vitruvium*; c'est aussi en Italie que Lyssorgues reçut ses leçons ; mais il en revint avant lui, puisqu'en 1544, lorsque Philandrier publiait à Rome son travail sur Vitruve, lui-même faisait construire le château de Graves, et, l'année suivante, le château de Bournazel (*Lettre de M. de Gaujal; Ruthénois* du 16 juin 1837).

(1). Noble Jean de Maritan, trésorier des domaines du roi, en était propriétaire en 1607.

tion du château de Graves, lorsque le fanatisme religieux vint l'ensanglanter.

Un ancien manuscrit conservé dans les archives de la famille Dardenne nous a transmis les détails des tragiques événemens dont Villefranche et Graves furent alors le théâtre. Les voici, tels que les rapporte, d'après ce manuscrit, M. Guirondet, dans son *Aperçu sur Villefranche au XVIe siècle* (1).

SOULÈVEMENT DES HUGUENOTS A VILLEFRANCHE. — FIN DÉPLORABLE DE RAYMOND DE GAUTIER, LEUR CHEF, AU CHATEAU DE GRAVES, EN 1562.

Depuis quelque temps une certaine fermentation régnait à Villefranche dans les esprits. Les nouvelles croyances se glissaient dans la classe moyenne et y faisaient des prosélytes. Un ministre protestant prêchait impunément, dans l'église des Augustins (2), le renversement de toute autorité sans que l'administration municipale se sentît assez de force pour s'opposer à ses déclamations. Le pillage du couvent des Cordeliers par les huguenots (3) avait exaspéré les catholiques, qui se tinrent sur la défensive.

Les huguenots, enhardis par l'impunité, se préparent à frapper un grand coup. Le jeudi de l'Ascension, en 1561, les catholiques étaient réunis à la grande église pour célébrer cette fête. Un parti de calvinistes, conduit par noble Raymond Gautier, sire de Savignac, entre dans la ville et en attaque la grande église à coups de canons et d'arquebuses. Partout règne le trou-

---

(1) Cet écrit a été publié dans le *Ruthénois*, n° du 27 février 1837.

(2) Le ministre protestant, Jean de Chevery, dit de *La Rive*, commença ses prêches dans l'église des Augustins le premier dimanche de carême 1561.

(3) Le couvent des Cordeliers fut livré au pillage par sire Raymond de Gautier. Théodore de Bèze, dans son *Histoire des églises réformées*, dit qu'en 1561, à la fin du mois de juillet, les Cordeliers de Villefranche ayant, du haut de leur clocher, tué un calviniste d'un coup d'arquebuse, les religionnaires se jetèrent sur le couvent, en brisèrent les images et en firent leur temple et le logement de leurs ministres. Ce fut alors que Gautier fit abattre les portraits de ses ancêtres, qu'on regardait comme les fondateurs des Cordeliers, et fit enlever l'inscription placée à l'entrée du couvent.

TOME IV.

ble et la confusion. Les prêtres emportent le pain sacré pour aller, comme dans les jours de persécution, le porter dans la demeure des hommes de bien. Le peuple, pris à l'improviste, n'oppose qu'une faible résistance : les protestans en profitent, mettent le feu aux portes de l'église, expulsent les prêtres et les magistrats, abattent les autels, brisent les images des saints, pillent les ornemens sacerdotaux et l'argenterie de l'église.

Cependant un grand nombre de catholiques se retranchent dans le grand clocher, d'où ils envoient la mort sur les huguenots qui se pressaient sur la place et dans les rues adjacentes ; mais les huguenots voient grossir leur nombre par les partisans qu'ils ont dans la ville et par ces hommes qui, n'ayant rien à perdre et beaucoup à gagner dans le pillage, s'empressent de se mêler à tous les troubles.

Le tocsin sonnait aux Cordeliers et aux Augustins ; les hommes paisibles s'enfermaient chez eux, car la ville présentait l'aspect terrible d'une place prise d'assaut. Les assiégeans couvraient dans presque leur totalité les deux rampes latérales qui régnaient alors, depuis le couvert de la halle aux blés, jusqu'à la fontaine.

Dans l'espace de quelques jours, les catholiques, qui s'étaient retranchés dans le grand clocher, étaient réduits aux abois, lorsque, favorisés par le point élevé où ils se trouvaient, ils aperçurent briller des casques et des armures à la descente des hauteurs du Riol.

C'était un secours de 1,200 lances que Georges d'Armagnac, évêque de Rodez, envoyait aux catholiques. Les assiégés poussent un cri de joie et font flotter un grand drapeau, aux armes de France et de la ville, au sommet de la plus haute tourelle.

Les huguenots s'empressèrent d'évacuer la ville ; cependant, ils ne furent totalement chassés que l'année suivante 1562, que le maréchal Blaise de Montluc, qui commandait l'armée de la Foi dans le Quercy, se rendit à Villefranche avec des forces considérables, dissipa les prêches et pacifia la ville (1). Ce capitaine

---

(1) Il est dit dans le mémoire manuscrit que le maréchal de Montluc et le sieur de Burie (Charles de Couci, sieur de Burie, lieutenant-général du roi, en Guienne), intendant, étant arrivés à Villefranche, le 5 avril, allèrent loger dans la maison du sieur Imbert Dardenne, seigneur de Cabannes, que ce dernier fit garder par *six vingts de ses gens armés*, pour faire honneur à ses hôtes, ce qui surprit le maréchal.

ternissait ses talens militaires par ses cruautés atroces contre les huguenots, dont il fut surnommé le bourreau (1).

La même année 1562, les huguenots tâchèrent de s'emparer de Villeneuve-la-Crémade, mais en vain. Forcés de lever le siége de ce bourg, ils se jetèrent sur le château de Graves, qui était plutôt un manoir de plaisance qu'un château fort.

A la faveur d'une nuit obscure, les calvinistes s'approchent du château et y entrent par escalade (2). Quatorze d'entre eux se saisirent du propriétaire, le sieur Imbert Dardenne, qui était dans son lit, et le conduisirent dans les prisons de Cajarc, d'où il ne sortit qu'après avoir payé mille livres tournois de rançon, somme qui était alors fort considérable.

Les huguenots ne restèrent pas longtemps possesseurs de Graves. Une division de l'armée de Montluc, sous les ordres de Valsergues, vint les y assiéger. Ne pouvant tirer de grands avantages d'un château qui n'avait ni fossés, ni redoutes, les uns se cachèrent derrière les monceaux de cailloutages qui sont très nombreux sur ce terroir; les autres firent un feu roulant à travers les fenêtres de la maison.

Alors les assiégeans firent venir des canons de Villefranche et coupèrent les canaux qui alimentaient les fontaines intérieures.

Les assiégés demandent à capituler, à condition qu'on leur laisserait la vie. La vie leur est promise; mais ils ne sont pas plutôt sortis au nombre d'une centaine, parmi lesquels se trouvaient plusieurs hommes de qualité de Villefranche, entre autres le sieur Gautier de Savignac (3), que la capitulation est

---

(1) Étant à Villefranche, il fit trancher la tête, le 12 avril, à deux calvinistes dont l'un avait été religieux Augustin du couvent de cette ville.

(2) Ce premier coup de main eut lieu le 15 avril. Ce ne fut que quelque temps après qu'une centaine de calvinistes, conduits par Raymond de Gautier, seigneur de Savignac, et par le sieur Prévost, trésorier du domaine du Rouergue, prirent possession dudit château et l'occupèrent jusqu'au mois de décembre. Pendant ce temps, le seigneur de Vesins, le sénéchal Antoine d'Albin, seigneur de Valsergues, et Bertrand de Glandières, sieur de Balsac, défendaient Villefranche à la tête des compagnies du parti catholique.

(3) N..... de La Valette, seigneur de Toulonjac, de Teniers; maître Antoine Prévost, trésorier du domaine du Rouergue; les sieurs Daygua et Dardenne, etc.

violée. On les conduit tous dans un verger situé près du château, où on les massacre sans pitié. Ils furent ensuite enterrés dans une prairie voisine qu'on appelle le *Pré des Huguenots*.

Cette violation de la foi jurée n'échappa pas à Mathieu, historien de France, car toutes les fois qu'il avait à parler de quelque convention frauduleuse, il disait : *Foi de Graves*.

NOTES.

Quatre-vingt-seize calvinistes périrent dans ce massacre, le mardi 1er décembre 1562, dans l'après-midi.

D'après la capitulation qui avait été signée par les capitaines catholiques, les consuls de Villefranche et le sieur Imbert Dardenne, maître du château, les calvinistes devaient évacuer la place avec armes et bagages ; mais ceux qui avaient formé l'affreux complot de les égorger, pressentant une résistance désespérée de leur part s'ils étaient armés, leur persuadèrent, afin, disaient-ils, de ne pas irriter le parti vainqueur, de laisser momentanément dans le château leurs armes qui leur seraient ensuite rendues. Cette condescendance leur fut fatale. A peine eurent-ils franchi les portes de Graves, que la mousqueterie les foudroya. Quelques-uns qui s'étaient jetés dans un four pour se cacher, y furent brûlés vifs.

Les soldats catholiques dépouillèrent ensuite leurs cadavres, qui restèrent exposés pendant quelques jours à la voracité des chiens et des oiseaux de proie.

On finit enfin par les enterrer dans de grandes fosses creusées près du lieu du carnage. Quant aux corps des chefs, ils furent rendus à leurs familles. Celui de Raymond de Gauthier fut transporté dans l'église de Savignac, et on l'inhuma dans le caveau de sa famille, placé sous une chapelle au fond de l'église, à main droite, en entrant. Sans doute à cause de la religion qu'il avait embrassée, on mura cette chapelle qui depuis est demeurée dans le même état.

Cette horrible boucherie inspira une joie frénétique aux catholiques. Ils vinrent le lendemain, 2 décembre, visiter en foule le champ du carnage, et le même jour la ville, dans une procession générale, rendit grâces au Dieu des armées d'avoir si manifestement protégé sa sainte cause.

CANAC.

Le petit château de Canac, situé sur une éminence près et au nord de Rodez, avait été bâti par la famille Dardenne, qui le posséda longtemps. On voit dans cet édifice inachevé, qui date de la renaissance, quelques détails qui rappellent l'ornementation des châteaux de Bournazel et de Graves, entre autres, de fort jolies sculptures, au cul de lampe des tourelles.

Un écusson gravé en relief sur une pierre détachée de quelque partie de ce château, porte : *aux 1 et 4 un chien colleté ; aux 2 et 3 trois tierces feuilles*, et pour supports, *deux lions*.

Les Hybernouires, près de Carcenac-Peyralès, et la terre de Pruines avaient aussi appartenu aux Dardenne. Jean-Imbert Dardenne, qui avait acquis cette dernière, vers l'an 1543, de la maison de Marcenac, la revendit peu d'années après.

DE VIALAR,

Seigneurs de Marsa, d'Entraygues, d'Espinous, de Solsac.

ARMES : *D'azur, à une salamandre d'or, la tête contournée et couchée sur un bûcher du même, allumé de gueules, deux étoiles d'or posées en chef.*

I. Noble BRENGUIER DE VIALAR, fils de Pierre, seigneur de Marsa, épousa, le 15 juin 1544, Antoinette de Bonnefous, fille de noble Glaudi de Bonnefous (Contrat reçu par Saltel, notaire de Laguiole).

Brenguier de Vialar fit l'acquisition de la seigneurie d'Entraygues. Cette terre, dit Bosc, avait été cédée par Jean V, comte d'Armagnac et de Rodez, à Pierre Prunhault, seigneur de Moissy, conseiller au parlement de Paris, dont les successeurs la vendirent pour 15,000 livres à Brenguier Vialar, de Laguiole. Brenguier fut père de Raymond.

II. RAYMOND DE VIALAR, seigneur d'Entraygues, acheta, le 26 juin 1585, la terre de Noveglise, à Jean Boric qui en était seigneur *(Titres de la maison de Frayssinet).* Il avait épousé, par contrat du 2 novembre 1573 (Bérail de Vinzelles, notaire de Villecomtal), Catherine de Cat, fille de noble François, seigneur de Cocural et de Gabrielle de...... De ce mariage :

1° HENRI DE VIALAR, dont l'article suit; 2° PAULE DE VIALAR, dame d'Entraygues, qui se maria trois fois : 1° avec noble Laurent de Cayron, seigneur d'Annat; 2° avec noble Hérail de Paraire, seigneur de Cruéjouls; 3° au mois de février 1601, avec noble Henri de Montvalat, fils puîné de François de Montvalat et de Jeanne de la Croix-de-Castries, auquel elle apporta en dot la seigneurie d'Entraygues, qui est restée dans cette dernière famille jusqu'à l'époque de la Révolution; 3° FRANÇOISE DE VIALAR, mariée, en 1594, à noble Pierre de La Garrigue, seigneur de Montcausson.

III. HENRI DE VIALAR épousa, le 20 janvier 1613, Louise de Barrau (Canac, notaire de Salmiech), qui eut en dot une partie de la terre d'Espinous, sise dans le mandement de Salmiech. Il fixa sa résidence dans ce dernier lieu et mourut le 24 avril 1658, laissant de son mariage :

1° CLAUDE; 2° JEAN, né le 14 avril 1636; 3° PIERRE, né le 14 septembre 1638.

IV. CLAUDE DE VIALAR, seigneur d'Espinous, s'allia, le 19 novembre 1654, à Marie de Josse, fille de noble Antoine de Josse et de Madeleine Limeré, de Paris (Terral et Besse, notaires de Salmiech).

Il en eut Claude-Gaspard.

V. CLAUDE-GASPARD DE VIALAR, seigneur d'Espinous, se maria, le 6 juin 1682 (Besse et Moly, notaires de Salmiech), avec Marie de Poujol, fille de Firmin, bourgeois de Salmiech, et d'Hélène Vernet. Ses enfans furent :

1° BAPTISTE-CLAUDE, né le 14 mai 1683; 2° FIRMIN DE VIALAR, né le 13 juin 1684, qui suit; 3° LOUISE, née le 12 avril 1689; 4° MARIE-ANNE, née le 5 février 1692, mariée, le 27 août 1726, avec François Gieisse, du lieu de Pierrefiche, fils de feu François et de Guillemine Clausel; 5° LOUIS DE VIALAR, né le 18 avril 1694.

VI. FIRMIN DE VIALAR, seigneur d'Espinous, épousa, le 23 novembre 1742, Catherine de Clausel, et fit l'acquisition de la terre de Solsac, où résident aujourd'hui ses descendans. Il eut de son mariage :

1° MARIE, née le 14 septembre 1714; 2° ANNE, née le 28 avril 1717; 3° FRANÇOIS-JOSEPH, né le 29 janvier 1726, qui continue la filiation.

VII. FRANÇOIS-JOSEPH DE VIALAR, seigneur d'Espinous et de Solsac, épousa, le 18 janvier 1753, Marguerite de Planard (Franques, notaire de Rodez), dont il eut :

1° LOUIS-RAYMOND, qui suit; 2° FIRMIN, dit le *chevalier de Vialar*, officier au régiment de Chartres, infanterie, mort au commencement de la Révolution; GUILLAUME, garde de Monsieur, émigré dans l'armée de Condé; 4° HENRI, garde-du-corps, émigré dans l'armée de Condé, tués tous les deux le même jour; 5° FRANÇOIS, prêtre, dit l'abbé d'Espinous; 6° MARIE, religieuse à Nonenque, en 1776; 7° JEANNE, restée fille et décédée à Espinous, depuis 1830.

VIII. LOUIS-RAYMOND DE VIALAR eut, de Charlotte Jausion, de l'Esclausade :

1° HENRI; 2° JULIE, femme de M. Laurent, de Saint-Laurent-de-Salles.

IX. HENRI DE VIALAR, marié, en 1830, à Julie Blasy, de Solsac.

DE CAYRON.

Jean de Cayron était juge des montagnes et quatre châtellenies du Rouergue, en 1524.

Il paraît qu'il eut pour fils Raymond de Cayron, docteur ès-lois, maître des requêtes, qui, dès 1568, occupait la même charge que son père pour la reine de Navarre.

Ce Raymond est qualifié dans des actes, en 1599, conseiller du roi et juge criminel au présidial de Villefranche. Il eut pour enfans :

1° Jacques de Cayron, conseiller au présidial, héritier de son père par testament du 10 décembre 1585; 2° François, juge criminel; 3° Joseph, chanoine de la cathédrale de Rodez; 4° Elisabeth, mariée par contrat du 16 avril 1599, à François de Tullier, sieur de Lax; 5° Catherine, femme de Jean de Rességuier, trésorier du Rouergue; 6° Marguerite, alliée à Antoine de Bonal, juge des montagnes *(Titres de la maison de Tullier).*

On trouve un noble Nicolas de Cayron, seigneur d'Annat, hameau situé à une lieue au-dessus d'Estaing, en 1569 et 1582, époque à laquelle il se qualifiait, en outre, seigneur de La Mazurque.

Nicolas de Cayron, que M. H. Affre (1) croit originaire de Laguiole, eut pour successeur noble Laurens de Cayron, mari de Paule de Vialar, fille de Raymond, seigneur d'Entraygues (2).

Laurens mourut de mort violente vers 1596, victime d'un meurtre commis sur sa personne par Pierre de Valiech, bâtard de cette maison, qui se fit prêtre et devint recteur d'une paroisse du diocèse de Saint-Pons-de-Thomières.

Par la mort de Laurens, la seigneurie d'Annat passa à Jean de Cambon, mari de Jeanne de Cayron.

Une autre famille du même nom de Cayron, très-opulente, figure en Rouergue vers le milieu du XVIIIe siècle. Ce fut celle-ci qui acheta les belles terres de Montmaton, de Gabriac, dans le canton de Sainte-Geneviève, et de Lagarde, près de Cadayrac. Nous ignorons si elle était alliée des précédentes.

---

(1) *Lettres sur l'arrondissement d'Espalion*, t. 2, p. 304.

(2) François de Cayres, écuyer, était coseigneur d'Entraygues en 1523. — Antoine de Cayres, chevalier, seigneur d'Entraygues, eut de Jeanne de Cayron une fille, Jacqueline de Cayres, qui épousa, en 1584, David de La Tour, seigneur de La Tour et de Saint-Paul-de-Salles *(Titres de la maison de La Tour)*.

D'ALICHOUX,

Seigneurs barons de Buzareingues.

Famille noble, originaire du diocèse de Béziers, où elle possédait la seigneurie de Sénégra aux appartenances de Boussagues, et dont une branche s'établit à Buzareingues, en Rouergue, au commencement du XVIIe siècle.

I. GUI D'ALICHOUX, du lieu de Boussagues, eut d'Hélix de Malafosse :

II. AMANS D'ALICHOUX, Ier du nom, marié, le 11 octobre 1545, à Claire de Sebenq, qui fit son testament le 2 janvier 1560. De ce mariage vint :

III. AMANS D'ALICHOUX, IIe du nom, qui épousa, par contrat du 1er juillet 1582, Claudine de Seguin, dame de Sénégra, et servit avec distinction sous M. de Montmorency comme il est constaté par plusieurs certificats honorables.

Claudine de Seguin testa le 28 janvier 1631, laissant de son mariage :

1° Jean d'Alichoux, époux de Jeanne de Paschal, lequel continua la branche aînée des seigneurs de Sénégra ; 2° Michel d'Alichoux, qui s'établit à Buzareingues, en Rouergue.

IV. MICHEL D'ALICHOUX fit son testament le 26 février 1651. Il avait épousé, par contrat du 8 octobre 1638, passé au château de Loupiac, paroisse de Lapanouse, Marie de Roquelaure, fille de Félix-André de Roquelaure, seigneur de La Chassaigne et de Buzareingues, et de Gabrielle de Bessuéjouls (1), qui le rendit père de :

1° JOSEPH-HENRI, qui suit; 2° JEAN-FRANÇOIS ; 3° GABRIELLE ; 4° CLAUDE ou CLAUDIUS ; 5° LOUISE, religieuse au couvent de Notre-Dame, à Rodez.

V. JOSEPH-HENRI D'ALICHOUX, seigneur de Buzareingues, s'allia, par contrat du 30 août 1670, passé au château de Salacroup, paroisse de Saint-Chély, avec Marie-Anne de Rey, fille de noble Bernardin de Rey, seigneur de Salacroup, et de Claude de Rets de Bressoles. Il en eut Jean-François, qui suit :

VI. JEAN-FRANÇOIS D'ALICHOUX, seigneur de Buzareingues, se maria deux fois : 1° Par contrat du 29 juin 1693, avec Jeanne-Louise de Bonald, fille d'Honoré de Bonald, baillif, juge, maire et président d'élection de Millau, seigneur du Monna, et de Léonor de Grégoire de Gardies de Saint-Rome ; 2° par contrat du 16 août 1709, passé à Saint-Saturnin, en Rouergue, avec Louise du Mas de Villaret, fille de feus maître Jean du Mas, sieur de Courbières, conseiller du roi, et de Catherine d'Izarn de Frayssinet, habitans de Saint-Geniez. De ce second mariage :

1° LOUIS-MELCHIOR, dont l'article suit; 2° THÉRÈSE-LOUISE-CLAUDINE, mariée, à Rodez, le 30 mars 1734, à François Le Normant de Bussy; 3° N..... D'ALICHOUX, vicaire-général du diocèse de Rodez.

(1) Gabrielle d'Alichoux de Bessuéjouls était veuve en 1659.
Elle avait eu d'Alexandre de Roquelaure, seigneur de La Chassaigne, fils naturel de Guionde de Roquelaure, Ier du nom, outre Marie, femme de Michel d'Alichoux :

1° Catherine, qui testa le 1er avril 1653, après avoir épousé : en premières noces, Raymond d'Ozilis, de Saint-Côme, et en deuxièmes noces, Antoine Portéry, capitaine du château de Calmont ;

2° Alexandre de Roquelaure, qui, en 1683, fut institué héritier d'Antoine Viguier, prêtre collégial de Lapanouse ;

4° Autre Marie, qui s'allia, le 9 août 1637, avec Antoine Codercy, bourgeois de Ceyrac.

VII. LOUIS-MELCHIOR D'ALICHOUX, seigneur baron de Buzareingues, capitaine dans le régiment de Vastan, en 1748, chevalier de Saint-Louis en 1754, major du régiment de Bouillé en 1760, retraité en 1762. Il avait épousé, le 24 novembre 1760, dans le pays de Clèves, Henriette-Bernardine-Jeanne de Bason de Dusham, d'une famille noble du pays.

C'est le baron d'Alichoux qui fit planter à ses frais tous les arbres qui ombragent aujourd'hui les allées du foiral de Rodez.

Ce fut aussi lui qui, le premier, fut investi du commandement de la garde nationale de Rodez, lors de sa création en 1789. Il avait vendu, vers 1780, sa terre de Buzareingues à M. Girou, moyennant 50,000 livres. Cette famille est éteinte.

(*Extrait des titres de la famille d'Alichoux*).

BARTHÉLEMY DE GRAMMONT,

Seigneurs de Grammont, de Montlaur, de Puymourier, en Auvergne (1), barons de Lantar, en Languedoc.

ARMES : *D'azur, à trois bandes d'or.*

Cette maison, originaire du Mur-de-Barrez, a produit une suite de magistrats aussi recommandables par leurs vertus que distingués par leurs talens.

Pierre de Barthélemy, seigneur de Grammont, en Rouergue, et de Puymourier, en Auvergne, vivait sous le règne de Charles VIII *(Dictionnaire généalogique héraldique).*

Jean de Barthélemy, prêtre, chanoine de Rodez, président de la première chambre des enquêtes au Parlement de Toulouse, dota, en 1546, de concert avec Guillaume, son frère, seigneur de Rouennesque et de Murols, et coseigneur de Montmaton, et avec François de Barthélemy, seigneur de Grammont, son neveu, le chapitre du Mur-de-Barrez, et, en 1555, il fonda dans la même ville un Hôtel-Dieu *(Annales du Rouergue).*

Il acquit, en 1531, la seigneurie de Puy-Mourier, en Auvergne.

I. FRANÇOIS DE BARTHÉLEMY, seigneur de Grammont, fut doyen des conseillers du parlement de Toulouse, maître des requêtes et conseiller au grand conseil. Il mourut en 1630, et eut pour enfans :

1° GABRIEL, qui suit ; 2° AMANS DE BARTHÉLEMY, chambellan

---

(1) Paroisse de Raulhac

de Gaston de France, duc d'Orléans ; 3° François de Barthélemy, abbé d'Eaunes en 1658, fit rebâtir, en grande partie, l'église d'Eaunes, ainsi que l'atteste l'inscription que l'on voyait sur son tombeau, dans cette même église :

« Ici gist François de Barthélemy de Grammont, seigneur de Beauvoir, conseiller au parlement de Tholose, abbé et restaurateur de cette église et des bâtimens du monastère. Il mourut l'an 1668, le 22 octobre, âgé de 71 ans. »

II. GABRIEL DE BARTHÉLEMY, seigneur de Grammont, de Montlaur, etc., fut conseiller au grand conseil et président des enquêtes au parlement de Toulouse.

Malgré les grandes occupations qui sont toujours inséparables de la magistrature, il publia, en 1643, une *Histoire de France*, qui comprend ce qui s'est passé sous le règne de Louis XIII, depuis la mort de Henri IV jusques en 1629, in-folio. Barthélemy composa son histoire en latin, pour qu'elle pût être regardée comme une continuation de celle du président de Thou. Mais Barthélemy a écrit avec moins d'élégance, son style est quelquefois guindé et sa latinité n'est pas toujours pure ; cependant, en général, il écrit bien et on le lit avec plaisir, et, ce qui lui fait plus d'honneur, avec confiance.

C'est vainement que Sarrau, Guy-Patin et Arnaud d'Andilly, ont tâché de décrier cette histoire. Ce dernier a sans doute voulu se venger de la manière dont l'auteur avait parlé de lui. Les protestans ont autant élevé l'ouvrage de Thou qu'ils ont déprimé celui-ci : il est inutile d'en dire les raisons. On y trouve des choses très-curieuses que d'autres se sont bien gardés de rapporter.

Barthélemy est encore l'auteur d'une histoire des guerres de Louis XIII contre ses sujets protestans, 1625, in-4°, curieuse, intéressante. Le titre est : *Historia prostratæ à Ludovico XIII, sectariorum in Gallia religionis*.

Gabriel de Barthélemy mourut en 1654, laissant entre autres enfans :

1° François, d'abord conseiller au parlement de Toulouse, puis docteur en Sorbonne, abbé d'Eaunes et de Calers en 1660, nommé évêque de Saint-Papoul en 1675, sacré à Pézenas, en

1677, par le cardinal Pierre de Bonzi, archevêque de Narbonne. En 1685, il assista à l'assemblée du clergé, et mourut en 1706 *(Histoire du Languedoc)*; 2° JACQUETTE, mariée, en 1639, avec Antoine de Paulo, vicomte de Calmont, baron de Gibel, seigneur de Grandval, et conseiller d'Etat, gentilhomme de la chambre du roi (Courcelles), d'où descendait le comte Jules de Paulo, chef de l'insurrection royale du Midi en 1797, mort le dernier de son nom, à Toulouse, en 1804 ; 3° MARIE, femme de Bernard de Caulet, conseiller au parlement de Toulouse.

IV. JACQUES DE BARTHÉLEMY DE GRAMMONT, baron de Lantar, en Lauragais, et des Etats du Languedoc, petit-fils de Gabriel, épousa, le 25 avril 1678, Catherine de Riquet, fille de Pierre-Paul de Riquet, baron de Montrepos, président au parlement de Toulouse, et de Suzanne de Doujat (Courcelles), et mourut en 1713, laissant :

1° PIERRE, qui suit; 2° JEAN-MATHIAS DE BARTHÉLEMY DE GRAMMONT, abbé de Calers en 1717, de Sainte-Marie-d'Arles et de la Royale en 1725, évêque de Perpignan en 1726, mort dans son diocèse en 1743 *(Histoire du Languedoc)*.

V. PIERRE DE BARTRÉLEMY, baron de Lantar, capitaine d'infanterie au régiment du roi, dont la fille unique, Marie-Victoire-Jeanne-Mathiase, épousa, le 30 juin 1746, Mathieu-Ignace-Alexandre-Félix de Bessuéjouls, comte de Roquelaure, et lui apporta la baronnie de Lantar et les autres biens de sa maison.

On voit encore dans la principale rue du Mur-de-Barrez l'ancienne maison de cette famille, construite en belles pierres de taille, avec des croisées sculptées et un élégant écusson qui représente un *chien délié*.

DE LOUPIAC-LA-DEVÈSE.

ARMES : *D'argent, à 3 fasces d'azur, au chêne de sinople arraché, brochant sur le tout, et un loup de sable passant au pied du chêne.*

Cette famille avait la coseigneurie du château et du lieu de Loupiac, situés près le pont de La Madeleine, sur le Lot, dans le canton de Villeneuve. Elle possédait aussi le château de La Devèse, en Quercy (1).

I. DOMENGE DE LOUPIAC, seigneur en partie de Loupiac, eut de noble Jeanne de Loupiac, un fils, Pierre, auquel sa mère fit donation universelle de ses biens, le 20 avril 1549 (2).

II. PIERRE DE LOUPIAC, coseigneur de Loupiac et seigneur de La Garrigue, testa le 13 octobre 1567. Il avait eu de Jeanne de Veillan, sa femme, François, Gaspard et Gabriel.

III. FRANÇOIS DE LOUPIAC épousa, le 10 novembre 1578, Philippe de Saint-Gery, fille de noble Robert de Saint-Gery, seigneur de Salvagnac, et d'Hélène de Thieuras. Il en eut :

IV. ROBERT DE LOUPIAC, coseigneur de Loupiac, seigneur de La Garrigue, marié, le 15 février 1611, avec Anne de Vassal, fille de François de Vassal, écuyer, seigneur de La Barde, en Périgord, et d'Anne des Tours-de-la-Boureillie. Robert fit hommage au roi, le 4 avril 1634, et fut père de Jean, ci-après.

(1) Il y a un château de La Devèse, paroisse de Salomès, en Quercy.
(2) A la même époque vivait noble Antoine de Loupiac, seigneur de Loupiac, enseigne du prince de Condé, qui, en 1559, était âgé de soixante ans.

V. JEAN DE LOUPIAC se maria, le 15 février 1640, avec Madeleine de Murat, dont la sœur Cécile épousa, en 1661, Marc-Antoine de Blanc, seigneur de La Guizardie, l'une et l'autre filles de noble Mercure de Murat (1), coseigneur de Loupiac et de Marguerite de Turenne-d'Aynac.

Les enfans issus de ce mariage furent :

1° Charles, qui suit ; 2° François-Gaspard, écuyer, seigneur du Bosc.

VI. CHARLES DE LOUPIAC épousa, le 28 janvier 1673, Catherine de Montesquiou de Sainte-Colombe, fille de Jacques de Montesquiou, baron de Fages, et de Marie de Buisson-Bournazel. Il en eut :

VII. JEAN DE LOUPIAC, écuyer, marié, le 26 avril 1718, à Marie d'Espinasse de La Bégonie, dont :

1° François-Emmanuel, dont l'article suit ; 2° Jeanne-Madeleine, mariée, le 17 février 1746, à Amans-Joseph de Micheau-de-Cabanes ; 3° Louise de Loupiac, restée fille.

VIII. FRANÇOIS-EMMANUEL DE LOUPIAC-DE-LA-DEVÈSE, né le 8 avril 1723, et baptisé à l'église de Saint-Saturnin-de-Loupiac, reçu page du roi, le 12 mai 1735, plus tard lieutenant-colonel ; mourut sans postérité avant 1789 (D'Hozier, *Armorial général*, 1er registre).

Louise de Loupiac, devenue dame de Loupiac par la mort de son frère, appela à l'héritage de sa maison un de ses parens collatéraux qui portait le même nom.

Ce dernier avait épousé une demoiselle de Salgues, d'une maison noble du Quercy, qui avait ses terres auprès de Figeac et un bel hôtel dans cette ville. C'était un homme remarquable par l'élégance de ses manières et le brillant de son esprit. Il se ruina par de folles dépenses et mourut ne laissant que deux filles qui se retirèrent à Maurs.

L'une d'elles a épousé le baron Chaudruc de Crazannes, correspondant de l'Institut, ancien maître des requêtes.

(1) Ces Murat étaient coseigneurs de Loupiac. Antoine de Murat, seigneur de Loupiac, avait épousé, vers 1470, Cécile de La Valette, fille de Pierre, seigneur de Toulonjac et d'Yolande de Genebrières.

GRIMAL,

Seigneurs de La Bessière et de La Bruguière (1).

ARMES : *D'argent, à l'aigle éployée de sable, au chef d'azur chargé de trois étoiles d'argent.*

Cette famille, dont une branche subsiste encore près de Cassagnes, fut maintenue, le 9 juin 1701, par l'intendant Le Gendre, et quoique les preuves énoncées dans le jugement ne remontent qu'à 1548, il n'en est pas moins vrai qu'elle a une origine beaucoup plus ancienne et qu'elle descend de ces Grimal qui possédaient, au XIIe siècle, un grand nombre de fiefs et d'alleus dans les environs de Cassagnes, et dont l'existence est constatée dans les plus anciens titres du pays.

En 1180, Raymond de Grimal (Grimaldi) donna aux frères de Bonnecombe un *captal* dans le mas del Boysso (*Cart.* 1, II).

En 1280, Guillaume et Hugues de Grimal frères avaient la directe sur plusieurs masages de Caplongue qui relevaient en toute justice de Bonnecombe (*Archives de Bonnecombe*).

Ils rendirent hommage, en 1286, à Hugues de Landorre pour les mas del Puech, de l'Adrech et quelques autres villages (*Archives de Landorre*).

Bernard de Grimal était dom de l'hôpital d'Aubrac en 1268 (*Archives de Bonnecombe*).

La filiation n'est établie que depuis :

---

(1) La Bessière, dans la paroisse de Saint-Amans-Salmiech; La Bruguière, près de Bégon.

I. JOACHIM DE GRIMAL, qui transigea, en 1553, avec François de Patris au sujet d'une pièce de terre sise à Ginestous.

II. Noble AMANS DE GRIMAL, seigneur de La Bessière, habitant à Paulhe, eut pour enfans :

1° GUILLAUME ; 2° MARGUERITE DE GRIMAL, mariée, en 1596, à Raymond de Vedelly *(Titres de la maison de Vedelly.)*

III. GUILLAUME DE GRIMAL fut père d'Antoine.

IV. Noble ANTOINE DE GRIMAL, seigneur de La Bruguière, décéda le 23 novembre 1684, et fut enterré dans l'église d'Arvieu. Il avait épousé Françoise de Blanc, fille de Jean de Blanc et de Françoise de Rességuier, qui le rendit père de :

1° MARC-ANTOINE, qui suit; 2° MARIE, qui s'allia, le 6 septembre 1670, à Louis de Sangayrac. Le registre porte : « Ont épousé dans l'église d'Arvieu, le sieur Louis de Sangayrac et demoiselle Marie de Grimal, fille à noble Antoine de Grimal et à feue demoiselle Françoise de La Guizardie, de Paulhe; » 3° Autre MARIE, mariée, le 2 mars 1699, à noble Pierre d'Assier, seigneur de Laissac, habitant à Arvieu, fils d'Antoine d'Assier, seigneur de Fontaussil et d'Isabeau de Montazet, mariés, du château de Tanus.

IV. MARC-ANTOINE DE GRIMAL, seigneur de La Bruguière, se maria trois fois :

1° Par contrat du 27 novembre 1681, avec Marie d'Astugue, seigneuresse d'Aures (probablement fille de messire Antoine d'Astugue, baron d'Arvieu, vivant en 1666), qui donna le jour à Guillaume de Grimal, le 5 juin 1683, mourut le lendemain de ses couches et fut enterrée dans l'église d'Arvieu ;

2° Avec Françoise Delpuech, décédée le 8 décembre 1687, laissant de son mariage un fils nommé Jean, né le 4 septembre précédent.

3° Par contrat, du 13 février 1694, avec Marie-Anne

de Méjanès, fille de Jean, sieur de Sermet et de Veillac, e
d'Anne de Carcassonne, dont il eut :

1° MARIE, née le 1er juin 1698; 2° ANTOINE, né le 15 janvier
1701; 3° ANNE, née le 20 août 1706; 4° Autre ANNE, née le
18 septembre 1710; 5° CATHERINE, née le 22 juin 1713; 6° BIBIANE-CHRISTINE, née le 24 juin 1716, mariée, le 26 février 1745,
au sieur Jean Privat, de Cayssiols.

Marc-Antoine de Grimal, seigneur de La Bruguière, mourut à Paulhe le 13 février 1720, et fut inhumé, comme ses
prédécesseurs, dans l'église d'Arvieu *(Archives de Bonnecombe et de Landorre. — Etat civil d'Arvieu)*.

DE PAULHET.

La Bruguière, village de la paroisse de Bégon, avait eu autrefois des seigneurs du nom de Paulhet, dont il est question dans
plusieurs titres.

Géraud de Paulhet, fils de Ricard, vivait en 1373.

En 1451, noble Jean de Paulhet, habitant de La Bruguière,
reconnut ledit mas sous la censive de deux setiers seigle et la
sixième gerbe, devant Barthélemi Brengues, notaire, à Guitard de Murat et Jeanne de Taurines, sa femme.

Le 7 janvier 1477, Jean Paulhet et Guillaume, son fils, du lieu
de La Bruguière, reconnurent tenir en emphythéose et perpétuelle pagésie, de noble Hugues Huc, de Brenne, plusieurs mas,
situés dans la paroisse de Taurines.

Le 7 avril 1483, noble Guillaume de Gozon, coseigneur de
La Bruguière, approuva la vente faite à Bernard Rigal, par
noble Paulhet, habitant dudit lieu, d'un lopin de terre dit
Laparra, sis dans les dépendances de La Bruguière.

En 1505, noble Pierre Paulhet, fils d'Antoine, du lieu de La
Bruguière, habitait à Ginestet, dans la paroisse de Taurines.

Jean Paulhet avait épousé Antoinette Garrigues, qui était
veuve de lui en 1534 *(Archives de Taurines)*.

I.

DE GOUDAL DE LA GOUDALIE,

Seigneurs de Roucoules, de La Goudalie.

(Maintenus, le 23 janvier 1700, par M. Le Gendre, sur preuves remontant à 1549.)

Armes : *De sable, au lion d'argent, le chef cousu de gueules chargé de trois étoiles d'or.*

I. GUILLAUME DE GOUDAL, qualifié *noble et homme d'armes des ordonnances du roi*, fit son testament le 15 juillet 1549, et institua pour son héritière générale Catherine de Martrin, sa femme, à la charge de rendre l'hérédité à Pierre, son fils aîné, qui suit :

II. PIERRE DE GOUDAL, I*er* du nom, seigneur de Roucoules (1), épousa, par contrat du 10 janvier 1580 (François Gouzin, notaire de Rodelle), Lucie de Viguier, veuve de feu noble Crespon. Il en eut (2) :

---

(1) C'est de Roucoules, village situé près le château de La Goudalie, qu'était originaire la famille de Goudal.

(2) A la même époque vivait Jean Goudal, du lieu de La Goudalie, qui, d'Astrugue Desmazes, eut une fille, Jeanne de Goudal, mariée, en 1581, à Hilaire Couderc, de Foissac (le Grandmas), dont Lucie Couderc, femme de Jean-François de Saunhac de Castel-Viel.

1° PIERRE DE GOUDAL, II° du nom, sieur de Roucoules, qui suit; 2° ANTOINE DE GOUDAL, sieur de La Garrigue, marié, le 15 février 1635, à Marguerite de Pruines du Puech, dont autre Antoine, qui épousa Cécile de Roquefeuil de Pinet, et n'en eut que des filles, entre autres Antoinette de Goudal ou *Godail*, femme, en 1668, d'Emmanuel de Gautier, seigneur de La Salle, en Quercy, acte retenu par Layrac, notaire de Muret, et cité par l'abbé La Vayssière dans sa *Généalogie de la maison de Gozon*, p. 30 (1); 3° JACQUES DE GOUDAL, sieur de La Pradelle, lequel a formé la branche des seigneurs de Curlande qui sera rapportée ci-après; 4° JEAN DE GOUDAL; 5° FRANÇOISE; 6° ANNE.

Pierre de Goudal rendit, le 1er octobre 1608, hommage et dénombrement des biens qu'il possédait. Il fit ensuite, le 14 février 1616, son testament par lequel il institua Lucie de Viguier, sa femme, son héritière, à la charge de rendre son hérédité à l'un de ses enfans.

III. PIERRE DE GOUDAL, II° du nom, seigneur de Roucoules et de La Goudalie, se maria deux fois:

1° Par contrat du 22 juin 1621, avec Félice de Prévinquières, fille de Jean, seigneur de Montjaux, et de Marie de Tubières;

2° Le 4 janvier 1629, avec Françoise de Martrin, fille du marquis de Martrin, seigneur des Plats.

Le 4 janvier 1634, il rendit hommage à raison de son château de La Goudalie, devant M. de Vertamond, commissaire. Pierre II° fit son testament par-devant maître Layrac, notaire de Muret, le 23 novembre 1660. Par cet acte, il élit sa sépulture au tombeau de ses ancêtres dans l'église de Muret, chapelle de Saint-Blaise, fonde une rente obituaire en faveur de Félice de Prévinquières, sa première femme, et institue pour son héritier universel Jean, son fils aîné.

Françoise testa le 22 décembre 1676, laissant pour enfans:

1° JEAN, qui suit; 2° JACQUES DE GOUDAL, sieur de Lanhac,

---

(1) De ce mariage, Charles de Gautier, sieur du Puech, marié à Moissac en 1712.

3° MARGUERITE; 4° MARIE; 5° JEANNE, mariée avec noble Jean de Marcilhac, seigneur de La Bastide-Capdenac.

IV. JEAN DE GOUDAL, seigneur de Roucoules et de La Goudalie, épousa : 1° le 11 mars 1668, Marie de Nattes de La Calmontie, fille de feu Pierre de Nattes, seigneur de Villecomtal, et de Marie de Rességuier, laquelle testa le 5 octobre 1674 ; 2° Par contrat du 22 novembre 1676, Claudine d'Alboy, fille de feu François, seigneur de Montrozier, et de Marie de Molette de Moranger.

Claudine d'Alboy fit son testament en faveur de son mari, le 11 mai 1689.

Jean de Goudal obtint, le 23 janvier 1700, conjointement avec Antoine de Goudal, sieur de Meynac, son cousin-germain, fils de Jacques, sieur de La Pradelle, et de Marie de Tassier, un jugement de maintenue de noblesse de M. Le Gendre, intendant de Montauban. Ses enfans furent :

Du premier lit :

1° JEAN-FRANÇOIS DE GOUDAL, qui suit ; 2° JOSEPH.

Du deuxième lit :

3° CHARLES DE GOUDAL ; 4° ALEXIS, sieur de La Garrigue ; 5° JOSEPH, docteur en théologie, prieur de Bezonne ; 6° MARIE-ANNE ; 7° JEANNETON.

V. JEAN-FRANÇOIS DE GOUDAL, seigneur de La Goudalie, s'allia, le 8 novembre 1696, avec Jacquette-Françoise de Faramond, fille de René de Faramond, baron de Joqueviel, etc., et de Françoise de Boyer. Il en eut :

1° JEAN-JACQUES, dont l'article suit ; 2° PIERRE-PIE DE GOUDAL, dit le chevalier de La Goudalie, capitaine au régiment de Condé, infanterie, chevalier de Saint-Louis, lequel, au rapport de M. de Roussel, dans son *Histoire des Régimens*, fut blessé à Parme et à l'Assiette et se signala en nombre d'occasions à la tête des volontaires. Il se maria avec Marie-Geneviève-Charlotte de Morlhon-Grandval, en Poitou, et eut pour fils Jean-Jacques-Pierre-Claude de Goudal, d'abord élève à l'école militaire, puis officier dans le régiment de Mestre-de-Camp, dragons, qui a eu postérité.

VI. JEAN-JACQUES DE GOUDAL, seigneur de La Goudalie, Roucoules, Lanhac, etc., épousa, le 4 septembre 1724, Marie-Isabelle de Montvallat, fille de Henri de Montvallat, comte dudit lieu, seigneur de Mornac, Mirmont, Sévérac-Bedène, etc., et de feue Jacqueline d'Izarn de Frayssinet, et fit son testament le 23 août 1739, laissant de son mariage :

1° JEAN-PIERRE-MARTIN, né en 1749, dont on va parler;
2° JEANNE-MADELEINE-FRANÇOISE.

VII. JEAN-PIERRE-MARTIN DE GOUDAL, seigneur de La Goudalie, Roucoules, Lesfons, etc., contracta mariage, le 20 novembre 1775, avec Augustine-Jeanne-Modeste de Clari, fille de Jacques-Pierre-Gabriel de Clari, seigneur de Vindrac, en Albigeois, et de Claudine-Hippolyte d'Izarn de Frayssinet. De ce mariage sont nés :

1° PIERRE-ANTOINE-HIPPOLYTE, nommé chevalier de Saint-Louis au mois de septembre 1814, en récompense de son dévouement et des services qu'il avait rendus à la cause royale, décédé le 17 octobre 1837, âgé de 61 ans, sans être marié; 2° RENÉ-JEAN DE GOUDAL, mort célibataire à Rodez, le 22 septembre 1832; 3° CASIMIR; 4° URANIE DE GOUDAL, mariée, en 1804, à Claude-Marie de La Rivière, au château de La Prade (Tarn), dont : A Amédée de La Rivière, qui a épousé, le 18 octobre 1853, Louise de Balzac; B Adrien, décédé; C Jenny, femme de N...... Phalip, de Maleville, ancien membre du Conseil général; D Louise.

Le château de La Goudalie, édifice du XVII° siècle, situé à l'extrémité nord du plateau calcaire de Concourès, a été vendu, ainsi que le grand et beau domaine qui en dépend, à M. Delauro, de Rodez.

II.

DE GOUDAL DE CURLANDE,

Seigneurs de La Pradelle, de Curlande, de La Roquette, de Saint-Mayme, d'Arsac.

ARMES : *D'or, à deux fasces d'azur, à la tour donjonnée d'argent brochant sur le tout.*

III. JACQUES DE GOUDAL DE LA PRADELLE, deuxième fils de Pierre de Goudal de La Goudalie et de Lucie de Viguier, épousa, le 30 janvier 1649, Marie de Tassier, de Curlande, et s'établit dans ce dernier lieu. Il eut pour enfans :

1° ANTOINE, qui suit ; 2° ANNE, mariée, en 1666, à Maurice Maurel ; 3° JACQUES, prieur de Bezonne ; 4° JEAN, sieur de Laparra, lieutenant au régiment de Royal-Piémont, cavalerie ; 5° MAURICE ; 6° JEAN-FRANÇOIS ; 7° JOSEPH ; 8° THÉRÈSE.

IV. ANTOINE DE GOUDAL, Ier du nom, seigneur de La Pradelle, se maria deux fois :

1° Par contrat du 12 mars 1682, avec Marie de Tullier, fille de Jean-Jacques, seigneur de La Roquette, Saint-Iris, etc., et d'Anne de Labro ;

2° Le 13 août 1686, avec Marie-Dorothée de Pertuy, fille

de François de Pertuy et d'Isabeau de Roquefeuil (1), dont il eut :

1° ANTOINE, II° du nom, qui suit; 2° FRANÇOIS DE GOUDAL, sieur du Lac, marié, le 8 février 1719, à Françoise Vacaresse, de Clairvaux, dont une fille unique, femme de Jean-Jacques de Puel, sieur de Trébas, morte sans postérité.

V. ANTOINE DE GOUDAL, II° du nom, sieur de La Lande, épousa, le 7 janvier 1743, Marguerite d'Arzac, fille de Guion d'Arzac, sieur de Camboulan, Le Cayla, La Grèze, etc., et de Marie de Peyronenc de La Roque-Saint-Chamaran, dont :

1° ANTOINE III°, ci-après; 2° FRANÇOIS DE GOUDAL-D'ARJAC, et 3° JACQUES DE GOUDAL-D'ARJAC, gardes-du-corps du roi, chevaliers de Saint-Louis, émigrés à Mitau en 1791, où l'un d'eux mourut.

VI. ANTOINE DE GOUDAL, III° du nom, garde-du-corps du roi, comme ses deux frères cadets, contracta mariage, le 28 janvier 1772, avec Elisabeth-Charlotte-Françoise-Régis de Tullier, fille de Louis de Tullier, ancien capitaine d'infanterie au régiment de Foix, seigneur de Saint-Mayme, La Roquette, Arsac, etc., et de Marguerite de Faramond.

Antoine fut commissaire du roi, en Rouergue, pendant la Révolution, par commission spéciale de Louis XVIII, qui lui fut remise par M. Du Lac, gentilhomme d'Auvergne, et renouvelée par M. de La Roche-Aymond. Il eut entre autres enfans :

1° ANTOINE-CLAUDE, né en 1774; 2° ARTHÉMIRE, né le 15 mai 1779, qui a continué la descendance à La Roquette; 3° CHARLES-LOUIS, né en 1781; 4° FRANÇOIS-RÉGIS, garde-du-corps en 1814, mort à Versailles; 5° MARGUERITE DE GOUDAL, femme de Pierre-Marc de Guirard de Montarnal de Senergues.

(1) François de Pertuy possédait Onrazac, près de Limouze; Isabeau, sa femme, était sortie des Roquefeuil de Mirandols, en Albigeois.

JOLY DE CABANOUS.

ARMES : *D'azur, au chevron accompagné de trois fers de lance renversés, celui de la pointe accompagné de trois étoiles, le tout d'or.*

La famille de Joly, originaire de la Guienne, fut maintenue dans sa noblesse par jugement de M. de Bezons, intendant de la généralité de Guienne en 1697, sur une production de titres qui faisait remonter son ascendance à Jacques de Joly et François de Joly, seigneur de La Bastide, son fils, vivant vers le milieu du XVIe siècle. Plusieurs membres de cette famille embrassèrent avec ardeur le calvinisme, mais ils rentrèrent tous dans le sein de l'église catholique. Jacques II de Joly, fils de François, assista à l'assemblée des calvinistes, tenue à Millau le 12 novembre 1620, et s'opposa de tout son pouvoir à la guerre civile (*Histoire des troubles religieux du Rouergue*, par Gramond). Il fut, après son abjuration, juge-royal de Saint-Rome-de-Tarn. Sa postérité se divisa en deux branches :

Ire. Celle des seigneurs de Cabanous (1), l'aînée, donna plusieurs chevaliers de Saint-Louis, officiers de terre et de mer, et s'éteignit en 1827 par la mort de Louis-Joseph de Joly, chevalier de Saint-Louis, capitaine des vaisseaux du roi, qui ne laissa qu'un fils adoptif (2).

IIe. Celle de Joly-Frayssinet, existant encore, qui a produit Hector de Joly, né en 1756, dernier garde-des-sceaux de Louis XVI et ministre secrétaire d'Etat au département de la justice, mort en 1837, ayant eu trois fils, dont Alfred, le plus jeune, maréchal-de-camp et commandeur de la Légion-d'Honneur, commandait, en 1844, le département de la Haute-Garonne. (*Annuaire de la noblesse*, par Borel d'Hauterive).

(1) Ancien fief de la maison de Caylus, aux environs de Saint-Affrique.

(2) M. Thomas, fils d'un notaire de Saint-Rome-de-Tarn.

DE PATRIS,

Seigneurs de La Jonquière, de Carrols, de Labro, de Cougousse.

ARMES : *D'argent, freté de gueules de six pièces, à deux aigles éployés d'azur membrés d'or* (1).

Les Patris, d'après un ancien mémoire de famille, seraient originaires du comtat venaissin où il paraît qu'ils jouissaient d'une grande considération au xvie siècle (2). L'histoire rapporte, en effet, que pendant les troubles des guerres civiles qui agitaient toute la France, plusieurs personnages de cette maison rendirent des services signalés soit à la guerre, soit dans les négociations. On y trouve entre autres, que Charles Patris, conjointement avec les autres gentilshommes du

---

(1) Ce sont les armes indiquées dans un titre de la famille. Le nobiliaire de la généralité de Montauban donne aux Patris : *De gueules, au griffon d'or*.

(2) C'est par erreur que M. de Gaujal, dans ses *Annales* (t. 2, p. 437), fait anoblir cette famille au milieu du xviie siècle. « En 1652, dit-il, Patris, premier consul du Bourg, se distingua du temps de la peste par son patriotisme et fut récompensé par des lettres de noblesse » Ce Patris put donner à ses descendans l'exemple de son patriotisme et de ses vertus personnelles, mais, quant à la noblesse, il ne leur transmit que ce qu'il tenait lui-même de ses ancêtres, et ce fait résulte du jugement même rendu, le 8 septembre 1715, par l'intendant Langevois, d'après lequel les preuves *admises* de cette famille remontaient à l'année 1552.

pays, défendit vaillamment Carpentras (1), assiégé par les Huguenots, et que dans une autre occasion il fut blessé d'un coup d'arquebuse (2). On y voit aussi que Guillaume de Patris, abbé de La Grâce, grand-vicaire et auditeur général du cardinal d'Armagnac, archevêque d'Avignon, joua un rôle important dans la même province, et que le pape (Grégoire XIII), jaloux du crédit et de l'autorité qu'il s'était acquise par ses talens et par sa douceur, le fit cruellement assassiner par un capitaine de ses chevau-légers, nommé le cavalier Oddi, en 1580 (3).

Ce serait, d'après le même mémoire, le cardinal d'Armagnac qui aurait attiré à Rodez la branche de cette famille qui y subsiste encore, et dont la filiation par titres authentiques remonte à Guillaume ci-après :

I. Noble GUILLAUME DE PATRIS, écuyer, sur le point de partir pour l'armée, fit son testament le 7 mars 1552. Il avait eu de Jeanne de Nattes de La Calmontie les enfans qui suivent :

1° FRANÇOIS DE PATRIS, trésorier de France en la généralité de Montauban, marié à Isabeau de Gaubert de Caminade, fille de Jean de Gaubert, procureur général au parlement de Toulouse, dont une fille unique, Delphine de Patris, qui épousa, en 1609, François Robert de Fontanges-d'Auberoques, seigneur de La Besseyrette, baron de Ténières, fils de Louis, seigneur de Vallon, Lasalle, etc.; 2° GUILLAUME DE PATRIS, abbé de La Grâce sur la démission du cardinal d'Armagnac, dont il était grand vicaire et auditeur général, mort assassiné à Bedarride en 1580; 3° FRANÇOIS DE PATRIS, dont l'article suit; 4° HÉLÈNE DE PATRIS.

II. FRANÇOIS DE PATRIS, seigneur de La Jonquière, était en grande estime auprès de ses concitoyens qui lui confièrent de bonne heure plusieurs importantes missions. D'a-

---

(1) *Histoire des guerres civiles du comté venaissin*, etc., dans le *Recueil des pièces fugitives*, pour servir à l'*Histoire de France*, par le marquis d'Aubais. *Annales*, 1562, t. 1er, p. 19.

(2) *Idem*, *Annales*, 1575, p. 180.

(3) Voir les détails de cet événement à la suite du présent article.

bord, député par les Etats de Rouergue vers le duc de Mayenne, lieutenant-général du royaume, pour traiter de diverses affaires qui intéressaient le pays, Patris s'acquitta de son mandat avec zèle et intelligence et rapporta la réponse écrite du duc, qui est datée du camp devant Soissons, le 10 février 1581. Il s'agissait principalement de la tenue des Etats, du transfert du siége de la sénéchaussée à Villefranche, des démêlés de l'évêque François de Corneillan avec les habitans de la ville.

Le 11 mars 1616, les Etats du Rouergue le chargèrent auprès du roi d'une mission analogue qui eut un plein succès.

François de Patris servait, en 1609, dans les hommes d'armes du roi, comme il conste d'après un certificat du duc de Lorraine de ladite année.

Il fut élu premier consul de Rodez en 1606, 1610 et 1617.

Il avait épousé, le 4 janvier 1587, Isabeau d'Escarilhan, de la ville d'Albi, fille de feu N..... d'Escarilhan et de noble Catherine de Tanus. Ses enfans furent :

1° BERNARDIN, qui suit ; 2° FRANÇOIS-PONS DE PATRIS, chanoine sacristain de l'église cathédrale, conseiller du roi et magistrat présidial de la sénéchaussée de Rodez, vicaire-général du diocèse qu'il administra sagement pendant la longue absence de l'évêque Ardouin de Péréfixe, chargé de l'éducation du roi Louis XIV, et notamment à l'époque de la peste de 1652; mort en 1659 après avoir testé en faveur de son frère Louis-Raymond (1); 3° LOUIS-RAYMOND DE PATRIS, prêtre et prieur de Murols, qui testa en 1662 ; 4° DIANE DE PATRIS, mariée, en 1604, avec Raymond de Bonal, docteur ès-droits et avocat général en la comté de Rodez; 5° ESTHER DE PATRIS, qui s'allia, le 16 juillet 1618, à N..... de Guach, seigneur de Baranhe ou Varagné, en Albigeois, diocèse de Castres, fils de noble George de Guach et de Galienne de Lafon.

III. BERNARDIN DE PATRIS, Ier du nom, seigneur de Carrols, s'allia, par contrat du 10 novembre 1636, à Marguerite de Sue, fille d'Abel de Sue, seigneur de Sonal, con-

---

(1) Les terres de Cougousse et de Labro faisaient partie de son hérédité.

seiller secrétaire du roi, habitant de Castres, et de Claudine de Caylus.

Il servait encore, en 1674, au ban convoqué par le maréchal d'Albret, comme il conste d'après un certificat délivré au mois de juin de ladite année, par le marquis de Bournazel, sénéchal et commandant la noblesse du Rouergue. Il fit son testament le 12 février 1678, voulut être enterré dans l'église des Frères prêcheurs, au tombeau de ses prédécesseurs, et, par une disposition fort étrange, institua pour héritiers les religieux de ce couvent. Il laissait pourtant plusieurs enfans de son mariage :

1° BERNARDIN, dont il va être parlé ; 2° DOMINIQUE DE PATRIS, prêtre, sacristain de l'église cathédrale et prieur de Saint-Amans de Rodez, lequel donna à son frère Bernardin, en 1684, les domaines de Labro et de Cougousse qu'il tenait de l'hérédité de Louis-Raymond, son oncle ; 3° FRANÇOIS DE PATRIS, dit l'abbé de Labro, entra garde-du-corps du roi dans la compagnie de Lorges, à l'âge de 17 ans, en 1674, après la bataille de Senef, y servit neuf ans, puis se fit prêtre, obtint du roi le bénéfice d'Uzerche, devint prieur de Saint-Amans et de Rossennac, et grand vicaire de l'évêque de Montauban ; 4° LUCRÈCE DE PATRIS, mariée, le 19 mars 1667, à Pierre Rodat, sieur de La Roque, docteur ès-droits, fils de Guillaume de Rodat, sieur de Druelle, conseiller du roi et président au présidial de Rodez, et de feue Marie de Maymard. Lucrèce eut en dot le domaine de La Jonquière ; 5° MARIE DE PATRIS, femme, le 4 février 1678, de François de Rodat, sieur de Druelle.

IV. BERNARDIN DE PATRIS, IIe du nom, seigneur de Cougousse, fut maintenu en sa noblesse, le 3 septembre 1717, par M. de Langeois, intendant de Montauban. Il avait épousé, le 24 juillet 1684, Marie-Anne Nègre, fille de Jean Nègre, bourgeois de Saint-Geniez, et de Marie-Anne Dandré. Il testa en 1712 et 1717, et vivait encore en 1725. De son mariage vinrent :

1° BERNARDIN DE PATRIS, IIIe du nom, ci-après ; 2° MARGUERITE DE PATRIS ; 3° MARIE-ANNE-CHRISTINE, femme de Jean-Louis Crayssac, de Rieupeyroux, laquelle testa en 1759.

V. BERNARDIN DE PATRIS, IIIe du nom, seigneur de

Labro, né le 13 décembre 1685, était page de la duchesse de Bourgogne en 1703 (1). Il obtint ensuite une compagnie dans le régiment de Navarre, et fit son testament le 15 mars 1747. De son mariage, contracté le 5 novembre 1722, avec Marguerite de Cabrières, il eut :

1° François-Bernardin, qui suit ; 2° Antoinette de Patris, femme de M. Vernhes, de Salmiech, avocat, laquelle testa en 1788.

VI. FRANÇOIS-BERNARDIN DE PATRIS, seigneur de Cougousse et de Labro, né le 13 mars 1725, s'allia, le 26 février 1764, à Catherine-Christine de Mathat, qui le rendit père de neuf enfans, savoir :

1° Louis-Joseph, qui suit ; 2° Paul-Etienne de Patris, chef de bataillon du génie, tué au siége de Tarragone, en Espagne en 1811, laissant une fille unique de N..... Duteilh, sa femme, qu'il avait épousée à Metz ; 3° Charles-Alexandre de Patris, sorti officier de l'école militaire de Fontainebleau, sous l'Empire, mort à l'armée ; 4° Marie-Auguste, né le 21 septembre 1784, décédé en 1856, marié à Madeleine d'Aymar de Jabrun, dont une fille unique, Valerie de Patris, femme de N.... Combes, de Saint-Geniez ; 5° Antoinette-Elisabeth de Patris, qui, par un admirable et religieux dévouement, consacra toute sa vie au service des pauvres et à toutes les œuvres de miséricorde ; 6° Marie-Anne-Catherine, décédée sans être mariée ; 7° Antoinette-Marie-Sophie, femme de M. Flaugergues, ancien député, qui joua un rôle si éclatant au corps législatif sur la fin de l'Empire, dont, entre autres enfans, Pauline Flaugergues, connue dans le monde littéraire par de gracieuses poésies et divers écrits destinés à l'éducation des jeunes personnes ; 8° Françoise-Vincentine, morte fille ; 9° Marie-Rose-Madelaine, mariée à M. Gibelin, des environs de Saint-Saturnin.

VII. LOUIS-JOSEPH DE PATRIS, né à Rodez le 15 novembre 1773, page de Madame, comtesse d'Artois, le 1er janvier 1787, émigré le 31 octobre 1791, fit la campagne

---

(1) Certificat du maréchal de Tessé, en date du 16 juillet de ladite année.

de 1792 dans la gendarmerie, celle de 1793 comme volontaire, et puis sous-lieutenant dans la légion de Mirabeau, servit, en 1794, dans les chasseurs nobles (8ᵉ compagnie); et fut promu au grade de sous-lieutenant dans la légion d'Hoenloe, le 1ᵉʳ août 1795.

Sur la demande du prince de Condé, la croix de Saint-Louis récompensa, le 5 janvier 1797, sa belle conduite à l'affaire de Schasselried (30 septembre 1796), où il eut la cuisse fracassée d'un coup de feu, n'étant alors âgé que de 23 ans (1).

Rentré en France après la Révolution, il fut nommé directeur du dépôt d'étalons de Rodez en 1809, et s'allia, en 1810, à Augustine-Françoise de Cassan de Floyrac, dont une fille unique, Christine-Joséphine de Patris, mariée, en 1833, à Joseph de Cassan, son cousin.

Louis-Joseph de Patris est décédé en 1814.

(*Extrait des titres produits par la famille de Patris*).

GUILLAUME DE PATRIS (*abbé de La Grâce*).

Guillaume de Patris, né à Rodez, fut abbé de La Grâce (2), lieutenant et grand-vicaire du cardinal d'Armagnac. C'était, disent les mémoires du temps, *un homme éloquent et bien accompli en vertus* (3). En 1580, il fit échouer par sa surveillance les projets des calvinistes sur Rodez. Il fut employé dans plusieurs négociations importantes, contribua puissamment à la pacification du Languedoc et du comtat venaissin (4), et périt

---

(1) Le maréchal de Vioménil commandait ce jour-là sous les ordres du duc d'Enghien.

(2) Abbaye considérable de l'ordre de Saint-Benoît, dans le diocèse de Carcassonne.

(3) Peyrussis, *Histoire des guerres de Provence*.

(4) Notamment dans l'assemblée de Nîmes où il régla les quarante-deux articles proposés par les adversaires et qui furent suivis de l'accord (*Histoire des guerres civiles du comté venaissin*, dans d'Aubais, *Annales*, 1578, p. 221.)

Il présida les Etats du pays, ouverts à Carpentras, le 22 novembre de la même année (*Idem*, p. 221).

horriblement assassiné à Bedarride, près d'Avignon, par ordre du commandant des chevau-légers italiens du pape, nommé Oddi.

Voici le récit que fait d'Aubais (1) de ce tragique événement :

« Le cavalier Oddi étant revenu en Avignon eut ordre du général Malvezzi d'aller à Bedarride exécuter à mort Guillaume Patris, abbé de La Grâce, grand-vicaire et lieutenant du cardinal d'Armagnac, qui y était allé le lundi, 16 mai, au baptême de l'enfant de la fille de Saint-Xist (2). Oddi alla à Bedarride avec sa compagnie de chevau-légers, le 17 au matin. S'étant arrêté à la porte de la ville, il fit dire à l'abbé qu'il avait des lettres à lui rendre ; l'abbé venu vers la porte et la lettre lue, ils se promenèrent tous deux et parlèrent. Alors un chevau-léger italien qui était démonté donna à l'abbé le premier coup de poignard qui fut suivi de sept autres jusqu'à ce qu'il eut expiré. Le cavalier monta et tira vers Menerbe. Ce fait nouveau et incogité fut porté à Avignon où le cardinal montra un visage de grand déplaisir, et non sans cause, mais comme très-prudent et bien avisé porta cette douleur patiemment et plus, lorsqu'il fut averti que le seigneur Pierre disait tout clair qu'il avait ordonné cette exécution et pour le bénéfice et service de notre saint Père et de son Etat ; il en manda la nouvelle à Rome par courrier exprès. Le corps mort fut enseveli aux Gentilins du pont de Sorgues.

» Le 14 juin, mourut Pierre de Saint-Xist, à Avignon, de la blessure qu'il eut à l'épaule par une pistole le jour de l'abbé de La Grâce. Le général avait défendu de toucher autre que l'abbé, mais la résistance fut telle que six chevau-légers y furent tués....

» Le cavalier Oddi profita du retour des galères pour se retirer en Italie, non qu'il doutât d'être repris de la mort de l'abbé de La Grâce, ayant eu ordre de le tuer, mais comme gentilhomme qu'il est peut-être se sentit consolé d'avoir obéi à son général, et, d'autre part, pensif pour l'avoir commise. Son lieu-

---

(1) *Pièces fugitives pour servir à l'Histoire de France*, par Charles de Baschi, marquis d'Aubais, imprimées à Paris chez Hugues-Daniel Chaubert et Claude Hérissant, en 1759, t. Ier, contenant l'*Histoire des guerres civiles du comté venaissin*, de Provence, de Languedoc, année 1580, p. 233.

(2) Saint-Xist, gentilhomme d'Avignon.

tenant, soupçonné d'avoir donné le coup à Saint-Xist, était jà parti par terre. Le roi redonna au cardinal l'abbaye de La Grâce. »

César Nostradamus qui raconte le même assassinat dans son *Histoire de Provence* (1), accuse le pape Grégoire XIII de l'avoir fait commettre :

« On dit que l'*évesque souverain* avait esté vivement aigri et porté contre ce personage pour le grand crédit que son entendement à la vérité sublime et les faveurs excessives de son maistre lui avoint acquis, qu'il feust constrainct d'user de voye de faict et le faire ainsy mal et indignement traicter par son propre mandarin, combien que l'acte feust un peu trop déréglé et hors des termes d'humanité; car sous le feinct semblant d'une lestre que Odo lui présenta d'un visage d'amitié de la part du général du comtat, il feust non-seulement dagué et poignardé à jour, découpé et mis en pièces de plusieurs vilains coups d'espée, ains foulé par grand vitupère des pieds des chevaux qui lui passèrent sur le ventre estant là sans âme et sans vie, et par une barbarie dénaturée le meurtrirent en tant d'endroicts de sa personne qu'il feust veu sans figure d'homme tant il estait disfamé.

» L'excès feust tant désordonné que le sieur de Saint-Xist, gentilhomme des plus riches et puissants d'Avignon, homme d'affaires importantes et d'entreprenoirs non communs qui de fortune se trouva à Bedarrides, et, en cet expectacle, il feust désastreusement atteint d'ung coup de pistoletade à l'épaule dont bien après il mourut, que l'un de ces rustres lui lascha fortuitement sans en avoir commission, quoique on le creust diversement suivant ce que le cavalier Odo parla tout haut lorsqu'il répondit aux consuls du lieu que quand à la personne de Patris, *il n'avait fait en cella que le commandement du prince et du général*; mais que pour le reguard du sieur de Saint-Xist, que son malheur l'avait porté à ce funeste accident et que n'ayant eu aucune charge de lui mesfaire, il le regretoit infiniment. Les morts cependant feurent morts. »

Nostradamus, après avoir parlé de plusieurs autres personnes qui périrent dans le même guet-apens, entre autres de maître Guillaume Berard, natif de Pignan, domestique de l'abbé, qui

---

(1) *Histoire et chronique de Provence*, imprimés à Lyon chez Simon Riguaud en 1624, p. 829.

ayant voulu défendre son maître, reçut trois ou quatre coups de lance et fut jeté dans un fossé, revient à Guillaume de Patris :

« Ce pauvre infortuné prélat qui ne s'attendoit à rien moins qu'à recepvoir un si perfide accueil de celluy qu'il estimoit son singulier et particulier amy, feust tellement découpé qu'on trouva sur sa personne, après l'avoir dépouillé, deux grands coups de coutelas sur le visaige si outrageusement deschargés que les cervelles luy sortoient hors de la teste, l'un traversant du front jusqu'au dessus de l'œil droict ; l'autre, à travers de l'oreille gauche et de la joue. Il avoit un coup de poignard sur le tetin gauche et deux à la mamelle droicte, qui le perçoient tous trois à jour, avec une quatrième playe bien avant enfoncée dans le creux de l'estomac. Le bras droit pesque mis en deux, le senestre ouvert de deux pistoletades, et, en somme, tout son corps gasté, honny, brisé et meurtry de la fouleure des chevaux si que l'emprainte des fers se voyoit en plusieurs lieux.

» Telle feust la tragique fin de ce prélat qui, peu devant, estoit plus révéré que son maistre, et, comme le Dieu d'Avignon, au demeurant digne de plainte pour son admirable entendement.

» Il était âgé de trante-huit à quarante ans, de taile droite et moyenne, avec les cheveux et la barbe tirant sur la couleur despy, les yeux à fleur de teste, bien fandus, azurés et brillants, le nais aquilin et longuet, la bouche vermeille, le teint clair et vif tombant un peu sur le brun, et le visage en aubale ; la contenance plaine de douce crainte et la parole harmonieuse et raisonante à merveilles. Tout cela ne le sauva pas. Exemple estrangement scandaleux des faveurs et du visaige de fortune parmi les hurts de ceste vie. »

Ce fait atroce est rapporté de la même manière dans l'abrégé chronologique de l'*Histoire de France*, de Mezerai, sous le règne de Henri III.

LABRO.

Le château de Labro, situé dans un lieu solitaire, non loin d'Onet, appartenait à la famille de Créato dès le commencement du XVIe siècle.

Gabrielle de Créato l'apporta à Pierre de Nattes de Lacalmontie, cadet de cette maison, qui testa en 1619. Gabrielle testa en 1624, et fit héritier Arnaud de Garceval, sieur des Angles, son cousin.

On voit ensuite se succéder dans cette propriété : François-Pons de Patris, en 1659 ; Claude de Séguy, en 1668, Antoine Séguy, sieur de Labro (*Morlhon*, 5e vol., 21).

M. de Maynier en est le propriétaire actuel.

RAYNAL,

Seigneurs de La Prade et de Marsa.

Armes : *D'argent, au renard rampant de gueules.*

I. Cette famille, originaire de Laguiole, est connue depuis ETIENNE DE RAYNAL, qui avait pour frère Raymond, abbé de Bonneval en 1525, et pour sœur Jeanne, mariée, vers 1500, à Pierre-Benoît de Colonges.

II. NICOLAS DE RAYNAL, seigneur de La Prade, fils d'Etienne, épousa, vers 1544, Françoise de Borzès, dont il eut :

1° Etienne, ci-après; 2° Jean, conseiller au sénéchal de Villefranche où il s'établit et où sa postérité finit en la personne de Marie-Jeanne-Charlotte, dame de Ginal, mariée à Jean de Pomayrols-Toulonjac.

III. ETIENNE DE RAYNAL, seigneur de La Prade et de Marsa, se maria, le 16 février 1604, avec Anne de Vialar, d'Entraygues, et fut père de :

IV. JEAN DE RAYNAL, écuyer, seigneur de Marsa, marié, le 6 juin 1632, ✳ Gabrielle de La Vayssière, fille de Claude de La Vayssière de Cantoinet, fut héritier, en 1657, de noble Etienne de La Garrigue, sieur de Prévinquières, natif de Moncausson, son cousin-germain. De son mariage vint une fille unique, Gabrielle de Raynal, dame de Marsa et de

Paulhac, qui s'unit, le 20 juin 1665, à François de Montvalat, baron de Saint-Juéry, auquel elle apporta tous les biens de sa maison *(Titres de la maison de Montvalat)*.

DE MARSA.

Plus anciennement, il existait une famille *de Marsa* aux environs de Moyrazès. En 1285, Raymond de Belcastel fit donation à Pierre de Marsa de la moitié indivise des villages d'Aiguevives, Brandony, Pommiers, Peyronnelles, dans la paroisse de Moyrazès, et de la moitié de Talespues et de La Cam, avec justice haute, moyenne et basse.

Le même Pierre de Marsa, qualifié ailleurs damoiseau, vendit, en 1293, au monastère de Bonnecombe, une partie des biens ci-dessus, qu'il avait reçus de Raymond de Belcastel *(Archives de Bonnecombe)*.

Arnaud de Marsa fut héritier, vers 1367, d'Olric de Mirabel, qui avait épousé Gaillarde de Lentilhac. A la même époque vivait Hugon de Marsa, prieur de Varayre. On peut remarquer qu'il est question dans ces actes de Talespues et d'Aiguevives, qui plus tard formèrent le patrimoine seigneurial d'une branche de la maison de Saunhac.

DE LA ROCHE-FLAVIN.

Bernard de La Roche-Flavin, l'un des plus savans jurisconsultes et des plus grands magistrats de son siècle, né en 1552, à Saint-Cernin, en Rouergue, fut successivement conseiller au parlement de Toulouse et à celui de Paris ; il devint ensuite, en 1581, premier président à la chambre des requêtes du parlement de Toulouse, et fut fait conseiller d'Etat par le roi Henri III.

Il a composé un traité sur les *Treize parlemens de France*. Ce livre, plein d'érudition et de recherches également utiles et savantes, fait honneur à ce magistrat, quoiqu'il renferme quelques erreurs, qui le firent condamner par le parlement de Toulouse en 1617.

On a aussi de ce magistrat célèbre un *Recueil d'arrêts notables du parlement de Toulouse*, qui a été augmenté des observations de François Graverol. En 1626, les Etats du Languedoc lui accordèrent une gratification de 725 livres, pour servir à l'impression d'un livre, contenant les *Mémoires des antiquités, singularités et choses les plus mémorables de Toulouse, et autres du ressort de ce parlement*, en deux livres et 260 chapitres ; mais de ce grand ouvrage on n'a imprimé qu'une brochure in-12, qui en renfermait sans doute le projet.

Il mourut en 1627, âgé de 75 ans. On voit son mausolée, à Toulouse, dans l'église des Cordeliers de l'Observance auprès de la porte du cloître.

DE CAMBEFORT,

ARMES : *De gueules, au levrier rampant d'argent colleté d'or.*

I. GEORGES DE CAMBEFORT, Ier du nom, habitant de Villecomtal, fit son testament, le 15 novembre 1552 (1). Il avait épousé Françoise de Bourzès, qui le rendit père de six enfans :

1° GEORGES, qui suit ; 2° JEAN DE COMBEFORT ; 3° ANTOINE ; 4° PIERRE ; 5° FRANÇOISE, femme de Pierre de Rességuier, seigneur de Villecomtal ; 6° Autre FRANÇOISE.

II. GEORGES DE CAMBEFORT, IIe du nom, épousa, en 1562, Antoinette de Selves, fille de noble Antoine de Selves, dont :

1° PIERRE, ci-après ; 2° FRANÇOISE DE CAMBEFORT, mariée, en 1600, à noble Pierre de Lapanouse, sieur de Malet (2) ; 3° Autre FRANÇOISE, femme de Jean de Peyronenc de Laissac.

III. PIERRE DE CAMBEFORT, seigneur del Bruel, s'allia, en 1598, à Marguerite de Montvalat, fille de François et de Jeanne de La Croix-de-Castries. De ce mariage vinrent :

1° JEAN, qui suit ; 2° FRANÇOIS, sieur de la Madeleine, marié à Louise de Calviac, de Villecomtal ; 3° JEANNE, femme, en

---

(1) Le nom de Cambefort était plus anciennement connu en Rouergue. Guibert de Cambefort était lieutenant du sénéchal de Rouergue en 1454 *(Annales manuscrites de Villefranche)*, mais on ignore s'il appartenait à la même famille que celle dont il est ici question.

(2) Fief près de Muret.

1618, de Jean de Blanc, seigneur de La Guizardie ; 4° Antoinette, mariée, en 1627, à Jean de Rességuier ; 5° Autre Antoinette ; 6° Françoise ; 7° Paule.

IV. JEAN DE CAMBEFORT épousa, le 16 juin 1626, Antoinette du Verdier, de Conques, dont il eut :

1° Claude, sieur del Bruel, porté sur le rôle de la noblesse de 1668, mort sans être marié ; 2° Louise de Cambefort, femme, en 1659, de N.... Ricardy, juge de Rieupeyroux ; 3° Françoise, mariée, en 1659, à Gaspard de Cabrières, de Marcillac *(Titres de la famille de Cambefort)*.

NOTES.

Il parait qu'une branche de cette famille posséda, pendant quelque temps, le château de Selves, car Alexandre de Toulouse-Lautrec, vicomte de Montfa, épousa, le 7 mars 1650, Catherine de Cambefort, fille de Julien, seigneur de Selves, et de Rose Courtet *(Courcelles, art. Lautrec)*.

On voit aussi un Hénoc de Cambefort, seigneur de Vaureilles, mari de Fleurette de Buisson, mort en 1637, oncle par femmes de Claude de Solages et d'Antoine de Loupiac, sieur de La Bastide *(Titres du château du Bousquet)*.

Il existait autrefois en Auvergne une ancienne et honorable famille du même nom, mais qui n'était pas noble. En 1666, Jean de Cambefort, demeurant à Aurillac, ayant été assigné par M. de Fortia pour produire ses lettres, déclara qu'il n'était pas noble *(Fol. 9 de l'élection d'Aurillac)*.

Cette dernière famille portait les mêmes armes que les Cambefort de Selves : *De gueules, au levrier rampant d'argent colleté d'or.*

DE BORZÈS.

La famille de Borzès ou Bourzès était originaire de Laguiole. Noble Jean de Borzès, habitant de ce lieu, vivait en 1505. Il fit l'acquisition de la plupart des biens que la famille de Montsalvy possédait dans les environs *(Titres du château du Bousquet)*.

On trouve ensuite Antoine de Borzès, sieur del Quié, en 1526 *(Inventaire des titres du château de Montcalm)*.

François de Borzès, sieur del Quié, frère présumé du précédent, de concert avec Louise de Bonal, sa femme, vendirent, en 1587, à Durand de Baldit, seigneur de Vérières, une maison et autres propriétés qu'ils avaient au lieu de Vérières.

François fonda, par testament de 1588, un hôpital à Laguiole, et laissa de son mariage :

1° Antoine, avocat du roi en la sénéchaussée de Rouergue, qui, de Marguerite Duport, sa femme, eut deux filles, dont la seconde épousa Guillaume d'Ambecy, conseiller du roi et président en l'élection de Rouergue, à Villefranche ; 2° Autre Antoine, lieutenant-général de la comté de Rodez, montagnes et quatre châtellenies du Rouergue, vivant en 1592 ; 3° Françoise, mariée, vers 1544, à Nicolas de Raynal, sieur de La Prade et de Marsa ; 4° Raymond, avocat au parlement de Toulouse ; 5° Etienne, prieur de Concourès ; 6° Nicolas, héritier de la place et seigneurie de Réquista, devenu seigneur de Salgues par son mariage, le 2 juillet 1595, avec Catherine de Laparra, fille de Michel Ier et de Marie de Salgues, dont le fils Etienne testa, le 24 février 1638, en faveur de François de Laparra, sieur de Lieucamp, et de Guillot de Glandières, sieur de La Boissonnade, son cousin ; 7° Fulcrand, héritier del Quié et de Montcalm, qui épousa, le 24 avril 1607, noble Anne de Barbezières, fille de feu Charles, seigneur de Messilhac, et sœur utérine de noble François Chapt de Rastignac ; 8° Gabrielle, mariée à noble Jean de Glandières, seigneur de La Boissonnade.

DE LA VALETTE-MONTÉGUT.

Seigneurs des Crouzettes, de Montégut et des Fournials.

(Maintenus, le 10 juillet 1701, par l'intendant Le Goudre.)

Mêmes armes que La Valette-Cornusson.

Il y a quelque incertitude, sinon sur la noblesse, du moins sur l'origine de cette famille, qu'on regarde généralement comme un rameau de l'ancienne maison de La Valette-Cornusson, détaché de la tige et fixé dans le Vabrais vers le milieu du XVIe siècle.

Le dernier marquis de La Valette-Parisot, seigneur de l'Albenque, en Quercy, qui la protégeait et s'était beaucoup occupé d'elle, la croyait « descendue de quelque cadet de la maison de Nogaret qui portait également le nom de La Valette, seigneurs de Graniaque et de Roquecezière, en Languedoc, et dont plusieurs branches s'étaient établies du côté d'Albi *(Lettre du 28 juin 1775).* »

C'est de cette dernière, proche alliée d'ailleurs des La Valette-Cornusson, qu'étaient issus le cardinal de La Valette et les ducs d'Epernon.

I. Noble LOUIS DE LA VALETTE fit son testament le dernier jour de janvier 1554, laissant de Louise de Foulaquier, sa femme :

1° MARC, qui suit ; 2° CHARLES DE LA VALETTE.

II. MARC DE LA VALETTE épousa, par contrat du 16 août 1606, Anne de Solages, fille de Paul Ier, seigneur de Saint-

Jean-d'Alcapiès, et de Françoise de Lauzières de Thémines, à laquelle son père bailla la métairie des Fournials, située dans la terre de Monclarat, près de Roquefort, en représentation de ses cas dotaux.

Anne de Solages étant veuve, se remaria, en 1627, avec Jean de Marcorelles, du Viala-du-Pas-de-Jaux. Elle avait eu de son premier mariage :

1° ANTOINE DE LA VALETTE ; 2° MARC.

III. ANTOINE DE LA VALETTE, sieur de Montégut et des Fournials, s'allia, par contrat du pénultième juin 1635, avec Marie de Grailhe, qu'il institua son héritière par testament du 11 mai 1677, à charge de rendre l'hérédité à ses enfans qui sont nommés dans l'ordre suivant :

1° JACQUES DE LA VALETTE, dont l'article suit; 2° JEAN-JOSEPH-ANNE ; 3° MARGUERITE DE LA VALETTE, mariée, le 5 mars 1670, à Guillaume Barres, de Saint-Jean-d'Alcas, dont Marguerite de Barres, femme, en 1696, de Jacques de Vabre, sieur du Rouquis.

IV. JACQUES DE LA VALETTE, sieur de Montégut, se maria deux fois : 1° avec Marguerite de Gaillac ; 2° par contrat du 16 novembre 1687, passé au lieu de La Blaquarerie, avec Catherine de Caylus, fille d'Antoine Viguier, de La Couvertoirade, et de Marie de Labro. De ce second mariage vint Jacques-Louis, qui suit, né le 23 octobre 1700, et Antoine de La Valette, qui mourut au service du roi de Prusse en 1732.

V. JACQUES-LOUIS DE LA VALETTE, sieur de Montégut, prit alliance, le 29 juillet 1722, avec Marie Barbe de Vabre, sa cousine, fille de Jacques et de Marguerite de Barres, laquelle décéda le 15 avril 1765, laissant de son mariage :

1° JEAN-JACQUES DE LA VALETTE, né le 22 août 1726 ; 2° LOUIS DE LA VALETTE, clerc tonsuré, qui, en 1744, fut pourvu d'une collégiale à l'église de Saint-Jean, du grand prieuré de Toulouse.

VI. JEAN-JACQUES DE LA VALETTE-MONTÉGUT, sieur des Fournials, épousa, par contrat du 4 décembre 1753,

Louise Du Claux, fille de Joseph-Louis Du Claux, ancien officier d'infanterie au régiment de Rosbec, habitant à Canals, près Le Clapier, et d'Elisabeth de Caladon (1).

Jean-Jacques vivait encore en 1789, et prit part aux opérations de l'assemblée de la noblesse, réunie ladite année à Villefranche, pour la formation des Etats généraux. Il a laissé entre autres enfans le capitaine de La Valette, chevalier de la Légion-d'Honneur, qui conquit ses grades dans les batailles de l'empire, se retira vers l'époque de la Restauration et habite aujourd'hui Roquefort.

Un autre de ses fils, Frédéric de La Valette, mort en 1851, avait épousé Adelaïde de Morlhon, de Villefranche-de-Panat, sœur de l'évêque du Puy.

La famille de La Valette existe encore à Lauras, près de Roquefort.

---

(1) Joseph-Louis Du Claux, de Canals, était fils de Jean-François, sieur de La Terrasse, capitaine au régiment de Vexin, et de Catherine de Goutes. Isabeau de Caladon avait pour père noble Etienne de Caladon, sieur Des Mases, et pour mère N..... Thomas de Gaubert, habitans du lieu d'Aulas, au diocèse d'Alais.

Par suite du mariage ci-dessus, la famille de La Valette s'établit à Canals.

DE MONTHEIL,

Seigneurs d'Albignac, de Gorsses.

(Maintenus, le 29 juin 1699, par M. Le Pelletier, sur preuves remontant à 1884.

La famille de Montheil, dit M. H. Affre, était sortie du hameau dont elle portait le nom, dans la paroisse de Thérondels. Le premier de ses membres connus, G. dal *Monteilh*, figure comme témoin au bas d'une transaction de 1284, passée entre Dalmaze Gély, commandeur de la milice du temple de Carlat, et Aldebert *de Monte-Amato*, damoiseau, et ses enfans, au sujet des villages de Leblanc, Le Garneyrenc et Le Bégonenc.

Cette famille, très-nombreuse aux XVIe et XVIIe siècles, préférant la robe à l'épée, a donné plusieurs juges du Carladez, des procureurs du roi, des conseillers et magistrats royaux en la sénéchaussée de Rouergue, séant à Villefranche. La qualification de noble précède le nom d'un grand nombre d'entre eux dans beaucoup d'actes.

En 1703, noble Jean de Monteilh reçut ordre de se tenir prêt à partir pour le service du ban et de l'arrière-ban.

Les seigneuries de Gorsses (hameau habité, en 1326, par noble Guillaume Nasconis, *alias* de Gorsse), de Senhalac, d'Angellas, de Jouque, d'Albinhac, de La Valette, de Ladinhac, etc., ont appartenu aux Monteilh, dont les alliances ont été avec les familles de Ginestet, de Colonges, de Pouzol, de Ribier, de Cazes, du lieu de Marcoulles, de Vigier, d'Aurillac, etc.

A cette famille appartenait Bernardin de Monteilh, seigneur de Ladinhac, vivant en 1789, et N..... de Monteilh de Signaac, qui avait épousé Philiberte de Belmon de Malcor.

Leur descendant a été procureur du roi sous la Restauration.

DE BARRAU,

Seigneurs de Caplongue, de Frayssinous, d'Espinassettes, coseigneurs de Trémouilles.

(Maintenus par l'intendant Le Pelletier, le 19 septembre 1699.)

ARMES : *D'argent, au chevron d'azur, accompagné en pointe d'un lion de gueules rampant; au chef d'azur chargé d'un croissant d'argent accosté de deux étoiles du même.* L'écu timbré d'un casque d'argent bruni, posé et *tarré* de côté, montrant les deux tiers de la visière et à cinq barreaux.

Cette famille ne remonte par titres suivis qu'à l'année 1557. On en trouve pourtant des traces antérieurement à cette époque, notamment dans plusieurs actes anciens qui sont aux archives du département. Mais ces actes présentent des lacunes et des obscurités qui ne permettent pas d'établir d'une manière claire et précise son ascendance au-delà du XVIe siècle. Nous ne pensons donc pas que pour la vaniteuse satisfaction de vieillir un peu sa race, il soit convenable, à nous surtout, de nous jeter dans de pareilles difficultés, et nous préférons nous en tenir aux preuves modestes qui sont sous nos yeux (1).

(1) L'incendie de 1793, en détruisant la majeure partie de nos titres, nous a privé des moyens de pousser plus loin nos recherches.

I. Noble FIRMIN DE BARRAU, Ier du nom, fit son testament, le 7 avril 1557, devant maître Dufieu, notaire, en faveur d'autre Firmin, son fils unique.

II. FIRMIN DE BARRAU, IIe du nom, épousa, par contrat du 10 juin 1572, retenu par Dufieu, notaire, Françoise de Méjanès, fille de noble Arnaud de Méjanès, seigneur de Larguiez, près de Salles-Curan, et mourut en 1612, laissant de son mariage :

1° FIRMIN, qui suit; 2° RAYMOND; 3° CÉSAR, prêtre, prieur d'Ortizet; 4° ARNAUD DE BARRAU.

III. FIRMIN DE BARRAU, IIIe du nom, servit au ban, en 1632, sous Henri de Noailles. Il s'était marié, le 5 juin 1611 (François Terral, notaire), avec Marie de Faramond, fille de noble François de Faramond, seigneur del Bosc et de La Faramondie, et de Louise de La Panouse (1), laquelle testa, étant veuve, le 3 août 1656, laissant pour enfans :

1° GUYON, dont l'article suit; 2° FIRMIN, sieur de Fombonne; 3° SUZANNE, femme de N..... de Grimal, seigneur de La Bessière.

IV. GUYON DE BARRAU, seigneur de Trémouilles, de Caplongue, etc., se maria deux fois :

Premier lit :

Par contrat du 20 juillet 1656 avec Anne de Vedelly, fille de Jean de Vedelly et d'Isabeau de Moyssety, dont il eut :

1° FIRMIN, sieur del Puech, ci-après; 2° MARIE, femme de Jean de Scorailles, fils de Henri de Scorailles, seigneur de

---

(1) Louise était fille de noble Guyon de Lapanouse, seigneur de Fabrègues et de Grèzes. Le château de Fabrègues, où cette famille faisait sa résidence, était situé dans la paroisse des Crouzets, commune de Pomayrols, près de Saint-Geniez. Grèzes, fief et château enclavés dans la terre du Bosc.

Bourrau, et de Rose de Laparra ; 3° ANNE, mariée, le 16 juillet 1675, à Jean-François de Moly, conseiller au présidial de Rodez ; 4° JEANNE-LOUISE, qui s'allia, le 15 novembre 1674, à Pierre d'Assier, sieur de Laissac, fils d'Antoine, seigneur de Fontaussil et de Tanus, et d'Isabeau de Montazet ; 5° MARC-ANTOINE, sieur de Garriguettes.

Deuxième lit :

D'un second mariage, contracté, le 21 juin 1667, avec Louise d'Esplas, fille de Jean d'Esplas et de Barbe de Combret, naquit :

6° GABRIELLE DE BARRAU, mariée, le 3 octobre 1683, à Bernard de Davy, seigneur de Revel, fils d'Antoine et de Françoise de Garibald, dont Marie, qui épousa, le 15 mai 1720, André de Saint-Paul de Bonneval, capitaine au régiment de Champagne, fils de feu Jean de Bonneval et de N..... de Villeneuve-Marguerite ; habitans du château de Bonneval, diocèse d'Albi.

Guyon de Barrau mourut le 7 janvier 1703, âgé de 90 ans, et fut enterré dans l'église de Carcenac. De son temps, une affreuse peste ravagea le pays. Elle éclata le 21 juillet 1653, et enleva une grande partie de la population. La famille de Barrau eut le bonheur d'être épargnée par le fléau.

V. FIRMIN DE BARRAU, IV° du nom, seigneur del Puech, de Trémouilles, de Caplongue, etc., épousa, par contrat du 20 octobre 1680 (Grefeuilhe, notaire), Anne de Flavin, fille de Pierre de Flavin, seigneur de La Capelle-Viaur, et de Gabrielle de Séguy.

Il fit avec le ban les campagnes de 1689, 1692 et 1694 dans la guerre que la France soutenait alors contre l'Europe. Il testa au château de Carcenac, le 18 août 1738, et mourut bientôt après, laissant de son mariage :

1° PIERRE-FIRMIN, sieur de Frayssinous, qui suit ; 2° GUILLAUME, sieur du Besset, capitaine au régiment de Senéterre, en 1734, chevalier de Saint-Louis en 1745, mort en 1763, militaire pieux autant que loyal et brave, dont la mémoire est encore vénérée dans le pays. Ses cendres reposent sous le bénitier de l'église de Carcenac ; 3° SIMÉON DE BARRAU, sieur de Fombonne, qui servit dans les chevau-légers ; 4° ANTOINE, sieur de Boniéjouls ; 5° ÉTIENNE, docteur en théologie, curé de Trémouilles ; 6° ANNE, mariée, le 22 septembre 1718, à Claude de Tullier, seigneur du Cayla-d'Arzac et de Combret, fils de Pierre et d'Anne de Vilaret ; 7° CATHERINE ; 8° et 9° MARGUERITE et MARIE-ANNE, religieuses au couvent de Notre-Dame de Rodez.

VI. PIERRE-FIRMIN DE BARRAU, seigneur de Frayssinous, de Trémouilles, de Caplongue, etc., s'allia, par contrat du 18 juin 1730, avec Françoise de Faramond, fille de Jean-Jacques de Faramond, baron de Joqueviel, seigneur de Canet, Balsac, etc., et d'Elisabeth de Michau. Il en eut neuf enfans :

1° PIERRE-FIRMIN, sieur de Caplongue, d'abord mousquetaire gris, puis capitaine de dragons, chevalier de Saint-Louis, lequel rédigea le cahier des doléances de la noblesse de la sénéchaussée de Rodez en 1789, émigra au mois de janvier 1792 et fit la campagne de cette année comme chef de section dans la première compagnie d'infanterie de la coalition de Guienne ; rentré en France le 3 mai 1805, mort le 18 mai 1816, âgé de 85 ans ; 2° GUILLAUME DE BARRAU, sieur d'Espinassettes, émigré avec son frère, et mort à Rodez l'année de sa rentrée ; 3° AUGUSTIN-ALEXANDRE, sieur de La Calmette, d'abord sous-lieutenant au 4e régiment de chevau-légers, puis capitaine dans les dragons du Languedoc, tué à Joinville, en Picardie, en 1787 ; 4° JEAN-ANTOINE, héritier de son père, dont l'article suit ; 5° MARIE-FRANÇOISE, mariée, le 6 août 1755, à Joseph de Méjanès-Puellor, garde du corps du roi, fils de Joseph de Méjanès et de Marie-Anne de Sercomanens, dont, entre autres enfants, le chevalier de Méjanès, brigadier des gardes du corps, chevalier de Saint-Louis, mort à Rodez en 1847 ; 6° ANNE-MARIE, qui épousa, le 13 novembre 1750, Gui de Trédolat de Selves, fils de Jean-Louis et d'Anne-Charlotte d'Arribal ; une fille issue de ce mariage fut mariée à M. Catugier, qui n'eut lui-même que deux filles, dont l'une a épousé M. Dubuy-d'Hauterives, et l'autre, M. Lygonie, d'Aurillac ; 7° MARIE-CATHERINE, femme, le 28 juillet 1760, de Jean-Louis de Vedelly, fils de Jean et de Françoise de Gaston ; 8° PIERRE-JOSEPH DE BARRAU, sieur de Saint-Igest, garde-du-corps du roi, établi en Quercy, qui eut, entre autres enfans, N.... de Barrau Saint-Igest, l'aîné, émigré en Espagne, où il servit longtemps comme officier, et N...... de

Barrau qui, étant parti volontaire pour l'armée des Pyrénées en 1792, franchit rapidement les grades subalternes, devint chef de brigade, dans le corps commandé par le général Moncey, et périt en 1794 âgé de 23 ans, écrasé par une voiture dans une rue de Navarin.

VII. JEAN-ANTOINE DE BARRAU, seigneur de Trémouilles, de Caplongue et autres places, mort à Rodez le 28 juillet 1798, eut à traverser les temps mauvais de la Révolution et supporta des grands malheurs avec courage. Il vit une partie de sa fortune détruite, sa maison brûlée, son fils proscrit, et fut lui-même en butte à de violentes persécutions, quoique la bonté de son caractère, sa modération, son esprit de justice l'eussent rendu digne d'un meilleur sort.

Il avait épousé, par contrat du 22 mai 1759, Françoise-Charlotte-Pauline de Solages, fille d'Antoine-Paulin de Solages, marquis de Carmeaux, etc., et de Marie de La Roquebouillac. De ce mariage vinrent :

1° PIERRE-FIRMIN-MARIE, dont l'article suit ; 2° VICTOIRE-PAULINE-EULALIE DE BARRAU, décédée le 14 janvier 1844, mariée, le 6 août 1782, à Jean de Balsac, seigneur de Colombiès, capitaine au régiment de Vexin, chevalier de Saint-Louis, fils d'André de Balsac, baron de Firmi, conseiller au parlement de Toulouse et de Marie-Josephe de Madrières, dont, entre autres enfans, Auguste de Balsac, préfet et conseiller d'Etat sous la Restauration.

VIII. PIERRE-FIRMIN-MARIE DE BARRAU, né le 20 avril 1764, marié, le 19 septembre 1790, avec Marguerite-Henriette Dablanc, fille de Pierre Dablanc, avocat à Rodez, et de Paule-Henriette de Morlhon, servit d'abord dans le régiment de Vexin depuis 1779 jusqu'en 1783, époque à laquelle il passa dans les gardes-du-corps du roi où il demeura jusqu'au licenciement opéré en 1789.

Rentré dans ses foyers au moment où le mouvement révolutionnaire commençait à éclater, son attachement à la cause monarchique lui suscita toute sorte de persécutions. Il n'émigra point ; mais, forcé de se cacher pour se soustraire aux mandats d'arrêt décernés contre lui sous le régime de la terreur, il fut traité d'émigré ; ses biens furent séquestrés, son château brûlé par un détachement de l'armée révolutionnaire du Lot, le 1er novembre 1793.

S'étant ensuite volontairement remis pour faire élargir son père malade, il n'échappa à la mort qu'en s'évadant presque miraculeusement de la maison de réclusion, au moment où on venait le prendre pour le traduire au tribunal révolutionnaire. Les grandes persécutions ne cessèrent, les portes de la prison ne s'ouvrirent pour sa famille que lorsque la chute de Robespierre vint arrêter en France le torrent des proscriptions.

Il est mort, à Rodez, dans la nuit du 10 au 11 mai 1829, à l'âge de 69 ans. Ses enfans sont :

1° JEAN-AUGUSTE, DE BARRAU, né le 13 mars 1792, entré à l'école militaire de Saint-Cyr (section d'artillerie), le 6 janvier 1813; lieutenant d'artillerie, le 1er juillet même année; capitaine, le 27 juillet 1823; chevalier de l'ordre de Saint-Ferdinand d'Espagne, le 23 mai 1825; chevalier de la Légion-d'Honneur, le 5 mai 1833; chef d'escadron au 5e régiment d'artillerie, le 26 novembre 1843; décédé à Cette, commandant de l'artillerie de la citadelle, le 28 août 1848, dans la 56e année de son âge, après 36 ans de services non interrompus;

2° JUSTIN-HIPPOLYTE, né à Rodez, le 23 mars 1794, entré à l'école militaire de Saint-Cyr, le 15 mars 1813; garde-du-corps du roi, le 16 juin 1814; lieutenant au 17e régiment de chasseurs à cheval, le 28 juillet 1815; retiré du service actif en 1820; rappelé au 2e régiment de carabiniers, le 31 octobre 1826; retiré définitivement du service à la fin de 1829; rédacteur d'un journal politique, la *Gazette du Rouergue*, de 1832 à 1836; élu membre du Conseil général par les cantons de Cassagnes et de Réquista réunis, le 17 novembre 1833; réélu en 1839 et 1848; l'un des principaux fondateurs, au mois de décembre 1836, de la *Société des Lettres, Sciences et Arts de l'Aveyron* dont il a toujours été, depuis cette époque, président; conseiller de préfecture à Rodez, par arrêté du prince Louis-Napoléon, le 23 janvier 1849; chevalier de la Légion-d'Honneur, le 10 décembre 1850; secrétaire général de la préfecture de l'Aveyron, le 9 septembre 1853; rentré dans la vie privée en 1855;

3° MARIE-VICTOR, né à Rodez, le 5 juin 1796; garde-du-corps du roi, le 16 juin 1814; lieutenant au bataillon du Sénégal, le 1er décembre 1821; rentré en France, le 28 septembre 1823, et mort à Carcenac, dans la nuit du 3 au 4 mai 1825, des suites d'une maladie de poitrine contractée sous le ciel brûlant de cette colonie d'Afrique;

4° et 5° JUSTINE et ROSALIE, nées à Rodez le même jour, 10 avril 1798; sans alliance;

6° PAULIN-EUGÈNE, né le 27 avril 1801, licencié en droit, marié, le 9 avril 1839, à Coraly Manzon, veuve du président de Séguret, fille de Louis-Anicet Manzon, avocat, et de Marie-Thérèse de Catellan; créateur, en 1844, et rédacteur d'un journal politique ayant pour titre : l'*Echo de l'Aveyron*; élu membre du Conseil général de l'Aveyron, par le canton de Cassagnes, le 11 mars 1849, démissionnaire en 1851;

7° EDOUARD-ADOLPHE, né à Carcenac, le 4 février 1803, docteur en médecine en 1830; membre, en 1839, de la commission scientifique de l'Algérie dont il a partagé les travaux, dans la section d'histoire naturelle, depuis le mois de novembre de ladite année jusqu'en juillet 1840, époque à laquelle il est rentré en France par suite de l'altération de sa santé; marié, le 7 janvier 1845, avec Blanche Mignonac, de Comps-la-Grandville, fille de Victor-Martial Mignonac, et de Jeanne-Marguerite Verhes-d'Espinassous; élu membre du Conseil général de l'Aveyron, par le canton de Cassagnes, le 1er août 1852, démissionnaire en 1855. Ses enfans sont :

A Marie-Marguerite-Blanche, née le 6 septembre 1846;
B Gui-Jean-Raymond, né le 28 décembre 1847;
C Firmin-Charles-Henri-Auguste, né le 25 janvier 1849;
D Eugène-Albert-Fernand, né le 3 avril 1851;
E Albert-Maurice, né le 11 août 1852;
F Justine-Eugénie-Marie, née le 23 février 1855;
G Louise-Octavie, née le 5 juin 1858.

8° THÉOPHILE DE BARRAU, né à Rodez, le 11 juillet 1805;

9° HENRI, né à Rodez, le 25 mars 1811, décédé à Carcenac, le 9 mai 1851, après avoir servi pendant quelques années dans un régiment d'infanterie.

AUGUSTE DE BARRAU.

Voici l'hommage que M. de Guizard, préfet de l'Aveyron, a rendu à la mémoire d'Auguste de Barrau, dans le *Journal de l'Aveyron* du 13 septembre 1848.

« En perdant M. Auguste de Barrau, chevalier de la Légion-d'Honneur et commandant d'artillerie, mort à Cette, le 28 du mois dernier, des suites d'une longue et cruelle maladie que lui avait laissé un accident terrible éprouvé par un fait de service, l'armée a perdu un officier du premier mérite, et le département de l'Aveyron un de ses plus dignes enfans. Il était âgé de 56 ans. C'est finir sa carrière jeune encore; mais si celle de M. Auguste de Barrau a été courte de jours, elle a été longue d'études, d'utilité et de dévouement.

» A seize ans, en effet, il terminait de brillantes études; à dix-sept, il entrait à l'école militaire; six mois après seulement, mais non pourtant sans avoir obtenu de nouveaux succès, il partait pour l'armée du nord. C'était en 1812; l'Empire était à son déclin. Le temps n'était plus où une part assurée de succès suivait tout début dans le métier des armes. Bloqué dans Erfurth avec le corps d'armée dont il faisait partie, le jeune officier ne put rentrer en France qu'après les désastres de 1814.

» Cette épreuve ne le dégoûta point du service. Il persista à en faire sa carrière et s'y consacra tout entier, tournant de ce côté tout ce qu'il avait de facultés dans l'esprit et de suite dans le caractère. Ambitieux et remuant, il fût certainement parvenu aux premiers grades; mais aussi modeste que savant et brave, il n'obtint qu'un avancement lent et borné, sans cesser, toutefois, un seul jour d'être cité comme un des meilleurs officiers de son arme.

» D'un commerce facile, d'humeur égale, d'un esprit orné et aimant à se produire, ouvert à tous les sentimens doux, et, en particulier, à ceux de la famille qui le rendirent d'autant plus heureux qu'il trouvait dans la science une réciprocité qui le charmait, simple, bienveillant, Auguste de Barrau joignait la douceur et presque l'innocence d'un enfant à l'intrépidité du soldat, à la science de l'artilleur.

» Doué en même temps d'un jugement solide et réfléchi, en dehors des querelles de parti, ne voulant savoir de la politique que ce qu'il en faut pour mieux connaître et pratiquer les devoirs du citoyen, de mœurs graves, d'une probité antique, imbu de principes religieux que la vie de garnison n'altéra jamais et qui ont valu à ses derniers momens les consolations du chrétien, il y avait en lui du véritable sage, et si on oublie le grade pour ne penser qu'à l'homme, on peut dire qu'il était de l'école des Catinat et des Drouot.

» Les personnes qui ont eu des relations avec M. Auguste de Barrau ne taxeront pas d'exagération l'hommage qu'on rend ici à sa mémoire; et quant à ceux qui, ne l'ayant pas connu, seraient disposés à le trouver trop élogieux, on les prie de se reporter aux discours prononcés sur sa tombe par ses compagnons d'armes, qui n'ont pas craint, eux qui le connaissaient sans doute, de le présenter à tous leurs camarades de l'armée comme un modèle accompli de vertus militaires et civiles.

» Pourquoi ses compatriotes seraient-ils plus réservés et moins justes? La piété envers les morts est de tous les temps ; mais s'il est des circonstances où elle a plus d'à-propos, ne serait-ce pas lorsque les vivans ont plus à les envier qu'à les plaindre, et où, plus que jamais, ils ont besoin des idées qui élèvent l'âme, des principes qui la raffermissent et des sentimens qui la consolent? »

Qu'on nous permette d'ajouter quelques mots encore en l'honneur de ce frère qui n'est plus :

Auguste de Barrau fit, en 1823, la campagne d'Espagne et s'y conduisit bravement (1).

Le 3 septembre, devant Pampelune, à l'attaque audacieuse de la *Rochapea*, deux pièces de bataille, destinées à la préparer, étaient paralysées par celui qui les commandait. M. de Barrau, envoyé par le général Bouchu, accourut, ranima les canonniers, servit lui-même les pièces, et, par leur feu, contribua à chasser l'ennemi de *San Pedro*, lui fit évacuer les maisons crénelées du coude de l'*Arga* et de la *Madeleine*. Cela s'exécutait sous le feu d'une artillerie assez nombreuse qui garnissait les remparts et facilita l'enlèvement des faubourgs, en faisant évacuer les postes retranchés qui les couvraient. Le capitaine Barrau fut mentionné dans le rapport de l'artillerie, complimenté par le général Jamin qui commandait en second l'attaque, et proposé pour la croix de Saint-Louis. Le même officier, dans cette campagne, fit le service d'avant-poste quatre mois entiers sous le canon de Saint-Sébastien.

Auguste de Barrau venait d'arriver de Mont-Dauphin à Cette, lorsqu'il a succombé, au bout de quelques jours, sous la violence d'une fièvre attaxique que toutes les ressources de l'art n'ont pu vaincre. Ses souffrances ont été extrêmes ; mais il les a supportées avec courage et sanctifiées par une pieuse résignation. M. Cros, curé de Saint-Joseph, originaire de l'Aveyron, l'a assisté dans ses derniers momens et lui a donné tous les secours

---

(1) Il faisait alors partie du 6° régiment d'artillerie.

de son saint ministère. Ses obsèques ont eu lieu au cimetière de l'*Est* avec toute la pompe militaire due à son rang et au milieu d'un concours qui attestait la considération dont il jouissait déjà dans la ville. Après la dernière absoute, le commandant de place et un capitaine d'artillerie ont payé un juste tribut d'éloges à sa mémoire. M. le curé Cros a fait lui-même une courte allocution dans laquelle il a rappelé la mort chrétienne du guerrier et l'a offerte en exemple à ses camarades (1).

INCENDIE DU CHATEAU DE CARCENAC EN 1793.

L'invasion d'Arvieu par une trentaine d'insurgés, dans les premiers jours du mois d'octobre, avait vivement impressionné le parti révolutionnaire et déterminé les meneurs à frapper quelques grands coups pour intimider les malveillans. L'arrivée, dans l'Aveyron, de l'armée révolutionnaire du Lot, sous les ordres d'un énergumène, nommé Viton, vint à point pour l'exécution de ce projet. La famille de Barrau était particulièrement notée comme coupable du crime de fidélité à l'ancienne dynastie. Il fut résolu qu'elle serait atteinte des premières. Aucun fait, il est vrai, ne pouvait être argué contre elle pour motiver de pareilles rigueurs. Nul de ses membres n'avait figuré dans le mouvement insurrectionnel d'Arvieu; M. de Barrau se tenait à l'écart; son père était reclus; sa jeune femme enceinte habitait seule le château. N'importe, la justice révolutionnaire n'y regardait pas de si près.

Deux bataillons de l'armée sans culotte avaient été dirigés, dès leur arrivée (derniers jours d'octobre), sur le canton de Cassagnes; le 4ᵉ de la Corrèze, sous les ordres de Grivel, à Compls-la-Grandville; celui de Gourdon, commandé par Bertrand Dupuy, à Bonnecombe.

Le premier de novembre, jour de la Toussaint, le bataillon d'Antoine Grivel se mit en mouvement. Un gendarme venait d'apporter à son chef un ordre mystérieux, dont le secret n'avait point transpiré. Ce ne fut que lorsqu'on vit la direction de la troupe, que l'on comprit qu'elle marchait sur Carcenac. En effet, trois quart d'heure après, la maison et les vastes cours qui joignent étaient environnées d'une double haie de baïonnettes.

---

(1) Ses dépouilles ont été recueillies et déposées au cimetière de Carcenac, le 23 février 1850.

Le curé constitutionnel Viguier et cinq à six municipaux étaient allés au-devant de la troupe pour saluer son arrivée et fraterniser avec elle. A l'approche de l'invasion, les domestiques avaient pris la fuite. Mme de Barrau était demeurée seule avec une fidèle servante qui n'avait pas voulu la quitter. Le commandant, parvenu le premier près d'elle, lui signifia les ordres dont il était porteur et ne lui donna qu'une demi-heure pour préparer son départ. Qu'on se figure la position d'une femme de 19 ans, enceinte, seule au milieu de cette soldatesque effrénée. Cependant son courage ne faillit point; l'idée du danger que courait sa fortune ne se présenta pas même à son esprit dans un moment où les existences les plus précieuses pour elle étaient menacées. Au bout de quelques minutes, elle annonça au commandant qu'elle était prête. Celui-ci parut alors touché de son infortune. Il lui donna deux lettres : l'une pour le général Marbot; l'autre, pour Lagasquie, commissaire civil, et la remit ensuite sous l'escorte qui devait l'emmener.

Mme de Barrau avait résisté aux sentimens douloureux qui l'oppressaient; mais quand, à moitié chemin, en se retournant, elle aperçut les tourbillons de flammes qui dévoraient déjà l'habitation qu'elle venait de quitter, ses yeux se remplirent de larmes, en disant un dernier adieu au foyer qu'elle n'espérait plus revoir.

Avant l'incendie, on avait livré la maison au pillage, et les anarchistes du pays, peu nombreux à la vérité, mais à qui l'ardeur de la curée décuplait les forces, remplirent exemplairement leur tâche. Un jeune fils de Grivel, qui accompagnait son père dans cette expédition, parcourait les appartemens en brisant les glaces à coups de sabre. Le commissaire Gaugé (1) se montrait le plus animé de la bande. Il manqua d'étouffer de ses mains une pauvre femme du village, nommée *la Mutive*, qui, interpellée sur l'asile qu'avait pu choisir M. de Barrau, répondit qu'elle n'en savait rien. Grivel lui-même fut obligé de la soustraire aux violences de ce forcené.

Quand la dévastation fut consommée, on entassa les meubles avec de la paille dans les principaux appartemens et on mit d'abord le feu à l'aile du levant. Vers le soir, après le départ de la troupe, les démagogues du pays incendièrent le reste. La ferme, les granges, le château, tout devint la proie des flammes. On

---

(1) Gaspard Gaugé, francomtois, ex-prêtre.

n'épargna pas même les grains. Le vin qu'on ne put boire fut répandu dans la cave. Les fruitiers du jardin furent arrachés. Le procureur de la commune saisit les bestiaux et les vendit à la foire de Cassagnes.

Mme de Barrau coucha le premier soir à La Grandville, dans la maison Mignonac, envahie par l'état-major, et durant toute cette nuit cruelle, elle ne cessa d'entendre les cris des soldats qui revenaient de l'expédition et les durs propos de ceux qui logeaient sous le même toit.

Le jour suivant, de bonne heure, elle prit le chemin de Rodez sous la même escorte que la veille. L'officier qui l'accompagnait paraissait agir avec une répugnance marquée, et il eut pour sa prisonnière les plus touchans égards. Il s'appelait Delaur. Plusieurs fois il la pressa même de s'évader, lui offrant de favoriser sa fuite à ses risques et périls. Puissent de si généreux sentimens n'être pas demeurés sans récompense! La captive ne voulut pas compromettre un si brave homme et refusa ses offres.

Arrivés près de Rodez, ils prirent un peu les devans, et le jeune officier introduisit Mme de Barrau chez le général Marbot, logé dans la maison Jouery, à l'entrée de la place du Bourg. C'était là aussi que logeait le commissaire civil Lagasquie; mais ce dernier était absent.

Le général traita poliment Mme de Barrau, et, la voyant exténuée, lui fit apporter un bouillon. Ayant ensuite lu la lettre de Grivel, il s'excusa de ne rien pouvoir dans cette affaire, disant qu'elle dépendait uniquement du commissaire civil. Enfin, ce dernier parut; mais quel contraste de langage et de manières! Il débuta par les reproches les plus amers, assaisonnés de grossières invectives. Il poussa la dureté jusqu'à entraîner sa prisonnière près d'une fenêtre d'où l'on voyait l'échafaud dressé sur la place, et lui montrant de la main cet odieux instrument de supplice : « Voilà, s'écria-t-il, ce qui nous délivrera de la race maudite des aristocrates; c'est là que tous les vôtres subiront le juste sort qui les attend! »

Après cette sauvage apostrophe, il conduisit lui-même la jeune femme à la maison de réclusion.

Le lendemain de l'incendie, il y eut chez le curé Viguier un grand banquet auquel les plus ardens patriotes furent conviés et où l'on fit chère-lie aux dépens de l'office et de la cave de l'ex-château.

Mme de Barrau, à son départ, avait été séparée de son fils

Auguste, à peine âgé de deux ans, pour ne pas laisser, disait-on, infecter l'enfance des abominables principes de l'aristocratie. Heureusement il tomba en bonnes mains ; les braves gens qui en furent chargés, lui prodiguèrent leurs soins pendant une quinzaine de jours que dura son exil. Mais ce qu'il y a de plus incroyable dans tout ce débordement de violences, c'est que le procureur de la commune osa faire la motion de dix ans de fers contre cette innocente créature. Mme de Barrau fut obligée de faire trois pétitions pour que son fils lui fût rendu, et lorsqu'on eut exaucé ses vœux, le 12 novembre, les municipaux eurent la cruauté de dépouiller cet enfant et de l'envoyer à Rodez par un temps très-froid, à demi nu. Après l'incendie, tous les biens de la famille furent mis sous le séquestre.

A la même époque, la plupart des membres de cette famille étaient sous les verrous. Un seul cherchait dans une vie errante et fugitive à se soustraire aux périls qui menaçaient sa tête ; c'était M. de Barrau. Bientôt, on lui conseilla de se remettre, en faisant valoir près de lui l'espoir de pouvoir, par cette soumission, obtenir l'élargissement de son père, dont la santé s'altérait sensiblement dans la captivité, de sa jeune femme enceinte, et d'éviter aussi d'être traité comme émigré. Tous ces motifs l'avaient décidé et il n'attendait qu'un moment favorable. Enfin, sur l'assurance que lui fit donner l'agent national du district de Rodez qu'il ne courrait aucun risque, il prit jour et se constitua prisonnier le 1er mars 1794 (15 ventôse an II). A peine fut-il sous la main de l'autorité, que les terroristes du pays renouvelèrent avec plus de fureur que jamais leurs dénonciations, dont le comité de surveillance de Rodez se rendit complaisamment l'organe, et qui servirent de base à une procédure, transmise à Paris par Bô, du Mur-de-Barrez, accusateur public.

Le résultat de toutes ces machinations fut un ordre donné par Fouquier-Tinville, de traduire par-devant le tribunal révolutionnaire Barrau père et Barrau fils. En conséquence, un mandat d'arrêt fut lancé pour ressaisir le premier, alors provisoirement en liberté, et qui eut le bonheur de se soustraire aux poursuites des agens chargés de son arrestation.

Bô, instruit par le retour des gendarmes du mauvais succès de leur mission, leur ordonna d'aller s'assurer du fils à la maison de réclusion et de le transférer à la prison criminelle. M. de Barrau venait d'être instruit de ce qui se passait et se tenait sur ses gardes. Quand on l'appela, au lieu de descendre à la voix du gardien, il alla prêter l'oreille à l'extrémité de la rampe et entendit bientôt les pas cadencés des gendarmes qui approchaient. Ne doutant plus alors du sort qui lui était réservé, il voulut du moins essayer de s'y soustraire. Il remonte précipitamment l'escalier, arrive jusqu'aux mansardes, enfonce la porte peu solide qui en défendait l'entrée, aperçoit une lucarne faiblement grillée dont il arrache les barreaux et gagne les toits par cette issue. Une ruelle l'arrête dans sa fuite; faisant un effort suprême, il s'élance, franchit l'abîme et tombe sur le toit opposé, dont les gouttières se brisent sous ses pieds. Près de là, une autre lucarne ouverte favorise sa retraite et il se trouve dans une maison de la rue du Bal, dont le propriétaire, d'abord étonné de sa brusque apparition, mais en devinant le motif, le conduit, sans mot dire, jusqu'à la porte de la rue qu'il ouvre et referme sur lui.

M. de Barrau sort de la ville sans malencontre, descend en courant la côte des Cordeliers, a bientôt dépassé La Mouline et ne s'arrête qu'à Luc, où, épuisé d'émotions et de fatigue, il se réfugie chez le fermier de sa belle-mère pour y passer la nuit.

Son évasion eut lieu le 23 juillet 1794 (5 thermidor), à huit heures du soir, quatre jours avant la chute de Robespierre. Le district prit un arrêté, le lendemain, pour prévenir de nouvelles évasions et rendre plus sûre la maison des reclus.

(Extrait d'un mémoire de famille).

Disons un mot, avant de finir, sur ces Grivel qu'on a vus si dévoués à la cause du jacobinisme. La vie de certains hommes, en temps de révolution, offre souvent des exemples de haute moralité pour l'histoire, et qu'on ne saurait trop rappeler quand il s'agit de montrer les secrets ressorts qui agissent sur notre nature et sont la cause déterminante de la plupart de nos actions.

Le citoyen Antoine Grivel, avocat à Brives au commencement de la Révolution, l'un des officiers des bandes révolutionnaires appelées à dévaster les départemens voisins pendant la terreur, homme, d'ailleurs, instruit et intelligent, devint, quand la tourmente fut passée, président du tribunal de Tulle; et, sous la Restauration, président de chambre à la cour royale de Limoges. Un de ses enfans a fourni une belle carrière dans la marine. Le contre-amiral Grivel (Jean-Baptiste), était chargé, en 1828, du commandement de la division navale qui devait mettre à la voile pour la Morée. Par ordonnance royale du 9 octobre 1832, le même Grivel fut nommé préfet maritime à Rochefort, et quelque temps après vice-amiral. Enfin, une ordonnance du 6 août 1845 l'a promu à la dignité de pair de France. Assurément, quand au début de sa carrière, le 11 brumaire an II de la République, le jeune sans-culotte faisait ses premières armes au sac du château de Carcenac et brisait à coups de sabre les glaces et les meubles dans la maison du proscrit, il n'entrevoyait pas ses glorieuses destinées, ni le manteau fourré d'hermine qui devait un jour récompenser une vie inaugurée sous de tels auspices !

DE BARRAU-MURATEL (1).

Seigneurs de Muratel, de Campoulies, de Murasson, maintenus, le 4 juin 1701, par l'intendant Le Gendre, sur preuves remontant à 1539.

ARMES : *Barré d'argent et de pourpre.*

Maison ancienne et riche qui ajoutait à son nom celui de Muratel, d'un fief situé sur les frontières du Tarn et de l'Aveyron, au pied des montagnes de Lacaune, dans le voisinage de Peux-et-Couffouleux.

Jean de Barrau, seigneur de Muratel et habitant de Campoulies, figure sur le rôle des nobles de l'élection de Millau en 1668.

Pierre de Barrau, son fils présumé, eut entre autres enfans de Jeanne Du Puy, de Castres :

1° Catherine, mariée, le 12 mars 1712, avec Alexandre de Clausade-de-Riols, lieutenant-colonel du régiment de Périgord ;
2° Elisabeth de Barrau, femme de noble Guillaume de Nautonier, etc.

A l'époque de la Révolution, cette famille se composait de trois garçons et de quatre filles.

(1) Famille regardée de tout temps comme alliée de la précédente.

L'aîné, en sortant de l'école militaire, fut placé sous-lieutenant dans le régiment de la reine, dragons, s'éleva jusqu'au grade de maréchal-de-camp, et fit, en cette qualité, les trois premières campagnes de la Révolution.

Les deux cadets servaient dans les gardes-du-corps du roi, et l'un d'eux fut blessé en défendant le château de Versailles, attaqué par la populace de Paris, dans les journées du 5 et du 6 octobre 1789.

L'aînée des filles épousa M. Mathieu, de Saint-Affrique, père du lieutenant-général Maurice Mathieu, comte de La Redorte, qui fit ses premières armes en qualité d'aide-de-camp de M. de Barrau-Muratel, son oncle.

Le dernier représentant de cette famille, neveu et héritier du maréchal-de-camp, avait épousé une nièce du général Maurice Mathieu.

Il habite Sorèze.

D'AUDOULS DE ROQUEFÈRE,

Armes : *De gueules au paon d'argent, cantonné d'une étoile d'or.*

Famille noble, résidant anciennement à Combret, dans le Vabrais, puis à Saint-Gervais, diocèse de Castres.

I. JEAN D'AUDOULS, seigneur du Mazet, eut d'Esther d'Hauterive qu'il avait épousée le 25 novembre 1563 :

II. BERNARD D'AUDOULS, marié, le 18 janvier 1606, à Louise de Paschal, fille de Renaud, seigneur de Saint-Juéry, dont :

III. BERNARDIN D'AUDOULS, seigneur de Roquefère, qui se maria deux fois et testa le 28 février 1688.
De son premier mariage, contracté, le 12 avril 1643, avec Marguerite de Saint-Maurice, fille de noble Jean de Saint-Maurice, seigneur de Plégades, en Albigeois, et de Gabrielle de Flavin, il eut Jean, qui suit :
Il épousa en secondes noces Isabeau de Capriol-de-Saint-Maurice, fille de noble Jean de Capriol et de Marquise de Maurel.

IV. JEAN D'AUDOULS, seigneur de Roquefère, épousa, le 8 janvier 1675, Isabeau de Brandouin de Balaguier, qui le rendit père de Barthélemi, qui suit :

V. BARTHÉLEMI D'AUDOULS, seigneur de Roquefère et de Roquecezière, s'allia, le 16 septembre 1704, avec Rose de Monachi de Monge, dont il eut :

1° BARTHÉLEMI, qui suit; 2° MADELEINE-JOSÉPHINE, femme de Marie-Charles d'Imbert, comte du Bosc ; 3° MADELEINE, mariée, en 1734, à Jean-Baptiste d'Izarn, de Saint-Sernin.

VI. BARTHÉLEMI-JOSEPH D'AUDOULS, seigneur de Roquefère et de Roquecezière, marié, le 7 janvier 1761, avec Elisabeth de Martrin.

(Titres du château du Bosc).

DE BOURZÈS,

Seigneurs de La Rouvière, de La Coste.

ARMES : *D'azur, au chevron d'or, accompagné de trois bourgeons de vigne d'argent, deux en chef et un en pointe.*

(Maintenus, le 51 mai 1716, par M. Laugeois, sur preuves filiatives remontant à 1504.)

Cette famille, fort ancienne à Millau, possédait des fiefs dès le milieu du xv° siècle.

I. BERNARD DE BOURZÈS, de Millau, rendit hommage, l'an 1455, à Jean d'Arpajon, pour quelque fief mouvant de la terre de Castelnau-de-Lévezou, dont ce dernier était seigneur. Il eut pour fils Brenguier.

II. BRENGUIER DE BOURZÈS est qualifié noble homme dans l'hommage qu'il rendit au même seigneur en 1469. Il fut père de Jean, ci-après :

III. JEAN DE BOURZÈS, mort en 1502, avait épousé Delphine de Ponteval, dont il eut :

1° JEAN-JACQUES, mort en bas-âge; 2° ANTOINE, dont l'article suit; 3° HERCULE, mort en 1540; 4° MARGUERITE, morte en 1550; 5° CATHERINE, mariée à Jean de Chalons.

IV. ANTOINE DE BOURZÈS testa en 1550 et mourut la même année. Il avait épousé, en 1518, Catherine de Chassarine, dont il eut, entre autres enfans, Durand, qui suit :

V. DURAND DE BOURZÈS, sieur de La Rivière (1), était consul de la ville de Millau lorsque, le 3 juin 1563, les consuls, assistés de huit cents habitans, réglèrent, par délibération publique, tout ce qui avait rapport à l'exercice de la religion réformée qu'ils venaient d'embrasser. Durand de Bourzès mourut en 1584. Il avait épousé, par contrat du 20 mai 1554, Marthe de Tauriac, fille de Jean de Tauriac, seigneur de Saint-Rome. De ce mariage naquirent :

1° ANTOINE, tué au siége de Paris en 1594, sans enfans de Marguerite de Ginestous ; 2° JEAN, dont l'article suit ; 3° DANIEL, docteur en théologie, chanoine de Vabres, prieur de Millau, le 5 mars 1608, qui fut forcé, le jour même de sa mise en possession, de quitter momentanément son poste, menacé par un attroupement furieux de protestans qui mirent ses jours en danger. Il mourut en 1626 et fut enterré dans l'église paroissiale dite de Notre-Dame de Lespinasse ; 4° JACQUES-OLIVIER ; 5° SUZANNE ; 6° MARTHE-ISABELLE, femme de Jean de Banis, capitaine de La Roque-Valzergues.

VI. JEAN DE BOURZÈS, IIe du nom, seigneur de La Rouvière, fit hommage au roi, pour cette terre, le 1er novembre 1607, devant Jean Durieu, juge-mage de la sénéchaussée de Rouergue. De son mariage avec Marthe de Julien, il eut :

1° JEAN, seigneur de Lescure, dont l'article suit ; 2° PIERRE, prêtre, docteur en théologie, prieur de Millau ; 3° DURAND-SIMON, auteur de la branche actuelle ; 4° FRANÇOIS, prêtre, mort en 1630 ; 5° DANIEL, chef de la branche qui s'établit à La Cazotte, s'était marié, en 1635, à Gabrielle d'Azémar, branche éteinte, en 1742, dans la personne de Jean-Balthazar de Bourzès, chanoine de Vabres ; 6° MARTHE-ELÉONORE, mariée à Thomas-Honoré de Matys ; 7° ANNE-VALENTINE, femme de Claude de Promissac ; 8° CATHERINE, qui épousa noble Guillaume de Galatrave ; 9° JEANNE, mariée à noble Fulcrand de La Rosière.

Jean de Bourzès, seigneur de La Rouvière, et son fils Jean, sieur de Lescure, jouissaient d'une grande considé-

(1) Terre située dans le diocèse de Vabres.

ration dans leur pays, car on voit des lettres de sauvegarde en faveur de leurs personnes et de leurs biens, données à Millau, le 21 octobre 1627, par Henri de Rohan, chef des calvinistes, et, le 22 février de l'année suivante, le prince de Condé, général de l'armée royale, rendit pour eux une ordonnance semblable, à Toulouse, au moment où il allait se mettre en marche pour réduire Saint-Affrique et Millau qui étaient sous le joug des huguenots. Jean de Bourzès et son fils, rentrés depuis quelque temps dans la foi catholique, servirent fidèlement le roi, durant cette campagne, dans la compagnie des gendarmes du vicomte d'Arpajon.

VII. JEAN DE BOURZÈS, IIIe du nom, seigneur de La Rouvière et de Lescure (1), avait épousé Jeanne de Rollandes, qui le rendit père de :

1º ANTOINE, qui servit, en 1642, au siége de Perpignan dans le régiment de Noailles, et finit ses jours à Millau en 1667 ; 2º PIERRE DE BOURZÈS, dont l'article suit ; 3º JEAN, sieur de Saint-Lezin, mort à Millau en 1714, à l'âge de 80 ans, après avoir servi longtemps et fait notamment la campagne de Catalogne de 1654 ; 4º FRANÇOIS, sieur de Mayres, prêtre, docteur en théologie, décédé en 1689.

VIII. PIERRE DE BOURZÈS-DE-LIGONIES, seigneur de La Rouvière et de Lescure, servit, comme son frère, dans l'armée de Catalogne en 1654, et, après avoir passé successivement par les grades subalternes, devint major dans le régiment de Noailles, fut pourvu de la charge de gentilhomme ordinaire de la chambre du roi par lettres du 21 mai 1659, servit encore dans le ban en 1674, et mourut, en 1685, à Sainte-Eulalie-du-Larzac où il s'était retiré. Il avait eu de Catherine-Louise de Rieufrégier :

1º HUGUES, qui suit ; 2º FRANÇOIS-LOUIS, sieur des Martinets, docteur en théologie, archiprêtre ; 3º PARTENICE-RADEGONDE, mariée à noble Simon de La Ferrandie.

(1) Lescure, près de Sainte-Eulalie-du-Larzac.

IX. HUGUES DE BOURZÈS, seigneur de La Rouvière et de Lescure, servit dans le ban., devant Montauban, en 1694, entra, en 1700, dans les gendarmes de la garde ordinaire du roi, et mourut en 1714. Il avait épousé Catherine des Mazels, fille de N..... des Mazels, secrétaire du roi, seigneur de Saint-Géry et de Miers. De ce mariage vinrent :

1° LOUIS DE BOURZÈS, seigneur de La Rouvière et de Lescure, né le 20 septembre 1692, entré, en 1713, dans les mousquetaires, mort, en 1730, sans être marié. En lui finit la branche aînée de la maison de Bourzès. Il avait été maintenu dans sa noblesse, par jugement des commissaires du roi, en 1721; 2° ANNE DE BOURZÈS, mariée à François-Raymond de Sénaux (1), président à mortier au parlement de Toulouse, laquelle, par la mort de son frère, hérita des terres de La Rouvière et de Lescure, ainsi que de tous les biens de la maison de Bourzès qui étaient considérables; 3° MARIE-ANTOINETTE, religieuse professe de Sainte-Claire de Millau ; 4° LOUISE-CHARLOTTE, morte à Toulouse en 1751.

DE BOURZÈS-DOURDOU.

Branche actuellement existante.

VII. DURAND DE BOURZÈS, sieur de Vergonhac, troisième fils de Jean, II° du nom, et de Marthe de Julien, après avoir servi quelques années, se retira, vers 1635, dans sa terre de Dourdou, et mourut en 1670. Il avait épousé Anne d'Albis, fille de Jean d'Albis, de la ville de Millau, et d'Anne de Chalendier. Ses enfans furent :

1° PIERRE, docteur en théologie, chanoine de Vabres, décédé en 1689 ; 2° FRANÇOIS-CHARLES DE BOURZÈS, *dit de Lauzède*, entré au service comme cadet dans le régiment de Soissons, fit les guerres de l'époque, fut fait capitaine dans le régiment du Perche et major dans le même corps en 1704, et fut tué, l'année

---

(1) La famille de Sénaux, de Toulouse, est aujourd'hui éteinte; le dernier rejeton porta sa tête, en 1793, sur l'échafaud révolutionnaire.

suivante, à la bataille de Cassano, en Italie ; 3° JEAN-ANTOINE, sieur de Montels, né en 1649, d'abord cadet dans le régiment de Carignan, capitaine, en 1690, dans celui de Soissons, qui eut un bras emporté à l'affaire de Friedlingen en 1703, obtint une pension de 400 livres et vint finir ses jours à Millau ; 4° JACQUES, sieur de La Coste, ci-après ; 5° MARTHE, mariée, en premières noces, à Jean de Crozat, sieur du Pouget, et, en secondes noces, à noble François de Rivier, seigneur de La Cazotte ; 6° ANNE, mariée à Michel de Pissy ; 7° JEANNE, femme de François de Comitis.

VIII. JACQUES DE BOURZÈS, sieur de La Coste, seigneur de Saint-Pierre et de Dourdou, né le 20 janvier 1647, après avoir d'abord servi pendant quelques années dans la cavalerie, entra, en 1696, dans les gendarmes de la garde ordinaire du roi, fut maintenu dans sa noblesse en 1716, mourut en 1718, et fut inhumé dans l'église paroissiale de Millau, au tombeau de ses ancêtres, placé au chœur, à droite en entrant.

De son mariage, contracté en 1694 avec Jeanne de Salgues, étaient nés :

1° PIERRE, le 30 novembre 1694, qui suit ; 2° MARTHE, le 18 septembre 1697 ; 3° JEANNE, le 8 août 1696 ; 4° ANNE, en 1699.

IX. PIERRE DE BOURZÈS, sieur de Dourdou, fut maire de Millau en 1728, se maria, le 8 mars 1733, avec Delphine d'Assas, du Vigan, fille de feu noble François d'Assas de Ginestous, seigneur de Montdardié, et de Gentille de Bilanges, et mourut à l'âge de 92 ans, le 7 avril 1766, laissant de son mariage :

1° JEAN-PIERRE, dont on va parler ; 2° MARIE-DELPHINE, morte le 24 mars 1758 ; 3° JEAN-ANTOINE, mort le 22 mars 1759 ; 4° JEANNE, morte en 1787 ; 5° DURAND-LOUIS, chevalier de Bourzès, né le 11 septembre 1740, entré au service en 1757, capitaine au régiment royal de Dauphiné après la campagne d'Allemagne, fait chevalier de Saint-Louis, par le roi Louis XVIII, en 1815, mort à Paris, en 1817, à l'âge de 77 ans ; 6° MARC-FRANÇOIS, officier avant la Révolution, maire de Millau du 9 août 1790 au 24 janvier 1791, député du district de Millau à la fédération de Paris où il reçut la croix de Saint-Louis des mains de Louis XVI; député à l'assemblée législative, le 4 septembre 1791; élu, le 11 novembre 1792, membre de l'administration départementale qui gouverna le pays pendant les temps les plus orageux de la Révolution; décédé, à Paris, en 1820.

X. JEAN-PIERRE DE BOURZÈS, seigneur de La Cazotte, des Monts et de Dourdou, né le 4 septembre 1735, entra au service, en 1747, dans le régiment de La Marche, en qualité de lieutenant, et y obtint une compagnie en 1758; fit en Allemagne les campagnes de cette année et des deux suivantes 1759 et 1760; fut blessé d'un coup de feu à la bataille de Creveldt et reçut la croix de Saint-Louis en 1773.

Rentré à Millau quelques années avant la Révolution, Jean-Pierre de Bourzès, qui était dévoué à la cause monarchique, eut beaucoup à souffrir de la part des révolutionnaires. On pilla ses châteaux de La Cazotte et de Dourdou. Les habitans de Saint-Rome-de-Cernon abattirent même les tours de ce dernier. Il fut mis en état d'arrestation, par ordre des représentans Bô et Chabot, au mois d'avril 1793, et mourut, au bout de quelques mois de détention, par suite des mauvais traitemens qu'on lui avait fait subir.

Il avait épousé Catherine de Salles de Ladoux, fille de François de Salles de Ladoux, seigneur des Rives, famille résidant au château de Saint-Chély-du-Tarn, aujourd'hui éteinte. De ce mariage sont issus :

1° CHARLES-HENRI-PIERRE, né le 29 mars 1770; faisait à Paris ses études pour le génie et l'artillerie lorsque la Révolution vint les interrompre. Il émigra le 20 novembre 1791, alla joindre l'armée des princes où il fit dans les chevau-légers la campagne de 1792, puis passa dans l'armée de Condé où il servit avec une grande distinction dans l'infanterie noble jusqu'au licenciement en 1801, rentra en France en 1803 et mourut en 1805 (1); 2° CLAUDE-FRANÇOIS-MARC, qui suit; 3° JULIE-ALEXANDRINE DE BOURZÈS, morte vers 1797.

(1) La famille conserve un certificat des plus honorables délivré à Jean-Pierre de Bourzès par le prince de Condé.

XI. CLAUDE-FRANÇOIS-MARC, né en 1773, destiné comme son frère à l'arme de l'artillerie, fut obligé d'interrompre ses études, quitta la France en 1791, fit toutes les campagnes de l'armée de Condé dans la légion de Mirabeau, et ne rentra en France qu'en 1801, lorsque le licenciement de l'armée enleva tout espoir aux émigrés de servir plus longtemps la cause royale.

Claude-François fut fait chevalier de Saint-Louis au retour des Bourbons. Il administra la ville de Millau en qualité de maire depuis 1815 jusqu'en 1830, époque à laquelle il donna sa démission, ses idées ne s'accordant plus avec les principes du nouveau gouvernement. Pendant à peu près le même espace de temps, il exerça les fonctions de membre du conseil général du département, et mourut le 8 septembre 1833. Il avait épousé, en 1806, Marie-Marguerite-Amable-Adelaïde de Campmas-Saint-Remy, fille de Jean-Joseph-Emmanuel de Campmas-Saint-Remy et de Marie-Thérèse-Amable de Catellan. De ce mariage sont nés :

1º AMABLE-CLÉMENT, né à Millau, le 15 juin 1807, marié à demoiselle Gabrielle de Laurens; 2º ALPHONSE-JOSEPH, sous-lieutenant, à sa sortie de Saint-Cyr, au 19ᵉ régiment de ligne, chevalier de la Légion-d'Honneur, le 9 janvier 1832, après le siége d'Anvers, lieutenant en 1838, démissionnaire en 1841; 3º LOUISE-LAURE, femme de Georges-Philippe-Charles Héral; 4º MARIE-VICTOR-AGÉNOR, né le 11 avril 1817; 5º CHARLES, né le 13 janvier 1822.

(Titres de la maison de Bourzès).

DE MOMMOTON.

I. La filiation de cette famille, originaire de Rodez, est établie depuis noble GUILLAUME DE MOMMOTON, fils d'Eloi, qui se maria, le 8 novembre 1566, avec Elix de Canitrot, fille de noble Jean Canitrot, de Prades, et s'établit à Camboulas par suite de la donation que noble Pierre de Barral, oncle d'Elix, avait faite à celle-ci de tous les biens qu'il possédait en ce lieu.

II. ELOI DE MOMMOTON, leur fils, épousa Marquèse de Ferrieux et en eut :

III. ARNAUD DE MOMMOTON, qui s'allia, par contrat du 6 janvier 1633, avec Antoinette de Marty de Longueval, fille de noble Hélias de Marty de Longueval et de feue Antoinette Dupuis, d'Estaing. De ce mariage naquirent :

1° François, dont l'article suit ; 2° Antoine, *dit de Longueval*, capitaine au régiment de cavalerie de La Feuillade, chevalier de Saint-Louis, retraité, le 1er février 1694, après 46 ans de services, décédé sans enfans, le 21 novembre 1708.

IV. FRANÇOIS DE MOMMOTON, major au régiment de chevau-légers du marquis de Schomberg, par brevet du roi, en date du 25 octobre 1670, épousa, le 24 février 1672, Françoise de Grimal, fille de noble Antoine de Grimal et de feue Françoise de Blanc. Il en eut :

1° Antoine, dont il va être parlé ; 2° Jean-Louis de Mommoton, capitaine de cavalerie dans le régiment d'Uzès, le 1er janvier 1705, major du régiment du prince de Marillac suivant le brevet qui lui fut accordé, le 6 mars 1710, mort à Dôle, en

Franche-Comté, le 16 janvier 1719, âgé de 47 ans, sans enfans de son mariage avec Mlle de Prévinquières-Montjaux.

V. ANTOINE DE MOMMOTON, pourvu d'une compagnie de cavalerie dans le régiment de La Roche-Guyon, par brevet du 25 janvier 1719, se maria, le 18 juin 1726, avec Marie-Anne Delpuech, et fit son testament, le 22 avril 1743, laissant de son mariage, entre autres enfans :

1° JEAN-ANTOINE DE MOMMOTON, lieutenant au régiment de la Reine, cavalerie, chevalier de Saint-Louis, retiré du service avant la Révolution; 2° JEAN-FRANÇOIS, *dit le chevalier de Mommoton*, lieutenant en premier au régiment de dragons de Bouflers par brevet du 21 juin 1766, prit du service dans la gendarmerie sous le gouvernement révolutionnaire, épousa Anne Viala, qui le rendit père de plusieurs enfans.

> *(Extrait des titres de la famille de Mommoton, qui furent examinés, à Rodez, et reconnus authentiques par MM. de Panat, de Villecomtal, Faramond de Glandières, Méjanès de Veillac et Méjanès des Combettes, suivant leur certificat du 13 septembre 1788.)*

I.

DE JULIEN DE PÉGAYROLLES,

Marquis de Pégayrolles, barons de Calmont-d'Olt, Castelnau de Lévis ou Bonnefont, comtes de Montferrand, seigneurs de Saint-Agnan, La Vacaresse, Ségur, Malet, Luzençon, etc.

ARMES : *Ecartelé aux 1 et 4 d'azur à 3 molettes d'éperon d'or*, qui est de Tubières ; *aux 2 et 3 coupé, émanché d'or et d'azur*, qui est de Grimoard ; *sur le tout d'azur à la gerbe d'or, surmontée de deux étoiles du même*, qui est de Julien.

I. FRANÇOIS DE JULIEN est mentionné dans le codicile de Guillaume, son fils, dont on va parler.

II. GUILLAUME DE JULIEN se maria deux fois : 1° avec Margueritte de Combettes ; 2° avec Marie-Anne Fabre, de Millau. Du premier lit vint François, ci-après ; du deuxième lit, Anne de Julien, que, par son testament, reçu par Séguret, notaire de Saint-Jean-de-La-Blaquière, et par un codicile (1) du 27 avril 1568, Guillaume institua pour héritière universelle, ne laissant à François, son fils, qu'un legs pécuniaire. Par suite de cette disposition singulière, amenée sans doute par des dissidences religieuses, les biens de la famille de Julien passèrent dans une maison étrangère.

(1) Cet acte, reçu par Brenguier Gaubert, fut tiré et collationné en compulsoire sur l'original par Alibert, notaire, par un commissaire à ce député par le sénéchal de Rodez, le 28 avril 1757.

III. FRANÇOIS DE JULIEN, II° du nom, fut docteur ès-droits, et se fixa à Millau où il fut pourvu de l'office de juge-royal de la vicomté de Creyssels. Il servit avec ardeur la cause de Henri IV, et reçut de ce prince un brevet du 19 juillet 1592, portant permission, en récompense de ses services, de bâtir une maison assez forte pour coup de main (1).

Le 1er novembre 1607, François de Julien, qualifié écuyer, rendit hommage au roi pour les fiefs qu'il possédait dans la juridiction de Millau et la sénéchaussée de Villefranche (2), et, le 14 juillet 1616, à l'évêque de Vabres pour la coseigneurie de Luzençon.

Il avait épousé, par contrat du 11 juin 1581, Marguerite de Jurquet de Montjusieu, fille de noble Guion de Jurquet, seigneur de Montjusieu, et de noble Louise de Peyre. De ce mariage, Pierre, né en 1594, qui suit :

IV. PIERRE DE JULIEN DE PÉGAYROLLES, coseigneur de Luzençon, conseiller du roi, juge-royal de la vicomté de Creyssels, épousa, le 4 janvier 1618 (Vignier, notaire), Louise d'Urre, fille de noble Jacques d'Urre, seigneur de Mézerac, et de Marie de Lescure. Il mourut, le 3 juillet 1631, et fut enterré dans la chapelle des Frères Prêcheurs. Un vieux registre, qui est dans les archives de la fabrique de Millau, mentionne Pierre de Julien comme le premier catholique inhumé publiquement (depuis la réforme) avec les cérémonies du culte catholique. Il laissait pour enfans :

1° FRANÇOIS, qui suit ; 2° PIERRE, non marié ; 3° JEAN-CHARLES, sieur de Crayssaguet, auteur de la branche de Roquetaillade ; 4° MARGUERITE, mariée, le 9 mai 1645, à noble Pierre de Caladon, seigneur de Lanuéjouls, fils de Jean, seigneur d'Espinasse.

V. FRANÇOIS DE JULIEN DE PÉGAYROLLES, III° du nom, né en 1648, coseigneur de Luzençon, juge-royal de

---

(1) Ce brevet, en original sur parchemin, est chez le marquis de Pégayrolles.

(2) Titre original sur parchemin.

Creyssels, comme son père et son aïeul, épousa, le 25 avril 1639 (Pélissier, notaire), Jeanne de Bonald, fille d'Etienne de Bonald, baillif, juge-royal de Millau, et de Marthe de Gualy. Il mourut, le 27 mai 1652, laissant de son mariage :

1° ETIENNE, qui suit ; 2° CHARLES-JACQUES, mort en bas-âge ; 3° ISABEAU, fille posthume, mariée, le 26 octobre 1673 (Descuret, notaire), à Jean de Brun, baron de Plagnol et de Montesquieu, en Gévaudan, décédée sans enfans.

VI. ETIENNE DE JULIEN DE PÉGAYROLLES, né en 1645, juge-royal de Creyssels, conseiller secrétaire du roi, maison et couronne de France en la chancellerie de Montpellier, seigneur du Cros et de Saint-Agnan, coseigneur de Ségur et de Luzençon, prit alliance, le 23 mai 1673 (André Descuret, notaire), avec Antoinette de Tubières-Grimoard, fille de François de Tubières-Grimoard, seigneur de La Vacaresse, et de Françoise de Lévezou-Vesins. De ce mariage :

1°-JACQUES, ci-après ; 2° IGNACE, sieur de La Vacaresse, mort célibataire ; 3° PHILIPPE-ANTOINE, sieur de Saliez, lieutenant-général au bailliage de Gévaudan, mort célibataire ; 4° JEANNE, mariée, le 26 octobre 1694, à Gilles de Grandsaigne, seigneur de Loupiac, baron de Brousse ; 5° THÉRÈSE, femme, le 6 juin 1708, de Pierre de Brandouin, seigneur du Puget ; 6° MARIE-MADELEINE, alliée, le 21 juillet 1712, à Jean de Nattes, seigneur de Villecomtal.

VII. JACQUES DE JULIEN DE PÉGAYROLLES, baron de St-Beauzély, seigneur de St-Agnan, Ségur, Luzençon, etc., né le 27 mai 1677, fut pourvu de l'office de conseiller au parlement, le 3 septembre 1702, s'y fit remarquer par son grand savoir et fut, dans une occasion importante, député par ce corps pour aller à Paris défendre ses intérêts. Il mourut revêtu de la même charge, le 14 avril 1747. Par contrat, du 26 novembre 1705 (Masson, notaire), il avait épousé Marguerite-Anne de Chastang, fille de Jean, seigneur de Malet, et d'Elisabeth de Chastang, dont il eut :

1° JACQUES-PHILIPPE, décédé le 7 mai 1742, âgé de 12 ans : 2° ETIENNE-HIPPOLYTE, qui suit, lequel, par le testament d'Antoinette, son aïeule, en date du 28 août 1728, fut appelé à recueillir les biens de la maison de Tubières-Grimoard de La Vacaresse, à la charge d'en porter les nom et armes.

VIII. ETIENNE-HIPPOLYTE DE JULIEN DE PÉGAYROLLES DE TUBIÈRES DE GRIMOARD, marquis de Pégayrolles, comte de Montferrand, baron de Calmont, Castelnau-de-Lévis, Castelnau-de-Lévezou, Saint-Beauzély, etc., connu sous le nom de président de Pégayrolles, naquit le 13 août 1721, fut reçu avocat-général au parlement de Toulouse, le 3 septembre 1748, président à mortier, le 31 août 1753, président honoraire en 1767.

Le président de Pégayrolles fut un des magistrats les plus distingués du parlement de Toulouse; avocat-général, il se fit remarquer par l'étendue de ses connaissances et la rectitude de son jugement; président à mortier, par la sévérité de ses principes et la fermeté de son caractère. Il possédait une rare présence d'esprit dont il donna des preuves dans toutes les circonstances et notamment lors des entreprises du duc de Fitz-James contre les prérogatives du parlement de Toulouse.

L'exil des parlemens, en 1771, sous le chancelier Maupeou, et leur suppression en 1792, firent briller son courage et son dévoûment. Le président de Pégayrolles aima et cultiva les lettres et il était un des membres les plus assidus de l'académie des jeux floraux. Lorsqu'il se fut retiré à Millau, ses vertus aimables, les grâces de son esprit, la bonté de son cœur, les services qu'il aimait à rendre ajoutèrent un sentiment général d'affection à la vénération qu'il inspirait. Victime des fureurs révolutionnaires, il mourut à Paris, en 1794, âgé de 74 ans.

C'est en sa faveur que, par lettres patentes du mois de novembre 1759, les terres et baronies de Saint-Beauzély et de Castelnau furent érigées en marquisat, sous la dénomination de *marquisat de Pégayrolles*, dont le chef-lieu prit le nom de Castelnau-de-Pégayrolles. Il est dit dans le considérant que « c'est pour donner à l'exposant les témoignages qu'il mérite tant par lui-même que par ses alliances honorables et la distinction avec laquelle il a rempli les fonctions d'avocat-général, et celle avec laquelle il continua de remplir la charge de président dans le même parlement, imitant en cela ses ancêtres qui, pendant plus de deux siècles, ont possédé des charges de magistrature, etc. »

Le marquis de Pégayrolles avait épousé en premières noces, le 15 juin 1738 (Verlac, notaire), Françoise de Prévinquières, fille de François de Prévinquières, seigneur de La Vaysse, et d'Elisabeth d'Albignac-Triadou. Elle mourut des suites de ses couches, laissant un fils, Jacques-François, né à Toulouse, le 8 mars 1739, décédé en 1753.

Il se remaria, le 4 mai 1756, avec Marie-Françoise-Honorée de Benault-Lubières, fille de Pierre-Joseph de Benault-Lubières, marquis de Roquemartine, et de Thérèse-Françoise de Brancas, des comtes de Forcalquier. Il eut de ce mariage :

1º Louis-Hippolyte, marquis de Pégayrolles, qui suit ;
2º Hyacinthe-Henri, comte de Pégayrolles, qui suivra.

IX. LOUIS-HIPPOLYTE DE JULIEN DE PÉGAYROLLES DE TUBIÈRES-GRIMOARD, marquis de Pégayrolles, né le 11 avril 1768, servit dans les mousquetaires, et, après le licenciement de ce corps, il devint conseiller au parlement de Toulouse où il fut reçu en décembre 1783. Après avoir échappé comme par miracle au jugement qui le condamnait à mourir sur l'échafaud comme ci-devant conseiller au parlement, il décéda, à Toulouse, vers 1797.

Il avait épousé en premières noces, en 1789, Geneviève de Claris, fille de Hilaire de Claris, premier président à la cour des aides de Montpellier, décédée la même année sans enfans.

De Charlotte de Paulo, à laquelle il s'unit en 1794, il eut :

1º Antoine-Honoré-Jules, ci-après ; 2º Hombeline, mariée à Honoré, marquis de La Roche-Fontenilles, colonel de la légion de la Haute-Garonne, aide-de-camp de S. A. R. le duc d'Angoulême, décédée sans enfans.

X. ANTOINE-HONORÉ-JULES DE JULIEN DE PÉGAYROLLES DE TUBIÈRES-GRIMOARD, marquis de Pégayrolles, né en 1793, échangea avec sa tante, la comtesse de Pégayrolles, la terre de Pégayrolles contre celle de Sérillac (Gers). Il mourut au château de Sérillac au mois d'août 1845, ne laissant de son mariage, avec Marie-Valentine de Raineville, fille du baron de Raineville, ancien conseiller d'État, qu'une fille unique, Louise de Pégayrolles, qui, en 1853, s'est mariée avec le marquis de Canolle.

BRANCHE CADETTE.

IX. HYACINTHE-HENRI DE JULIEN, comte de Pégayrolles, deuxième fils du président de Pégayrolles, né le 14 octobre 1759, décédé, en 1796, au château de Cruéjouls des suites d'une chute, avait épousé, le 21 mai 1787 (Pugens, notaire de Toulouse), Marie-Joséphine-Eulalie de Paulo (sœur aînée de Charlotte, mariée à Louis-Hippolyte, son frère), fille de Marc-Antoine de Paulo, vicomte de Calmont, sénéchal et gouverneur du Lauraguais, et de Marie-Elisabeth de Faudoas. Outre quatre enfans morts en bas-âge, il a laissé Louis-Antoine-Léopold et Marie-Jean-Hippolyte, qui suivent :

X. LOUIS-ANTOINE-LÉOPOLD DE JULIEN DE PÉGAYROLLES DE TUBIÈRES-GRIMOARD, devenu à la mort de Jules, son cousin, marquis de Pégayrolles, chevalier de l'ordre de Malte (1) et de la Légion-d'Honneur, né le 15 juin 1790, fut désigné, en 1813, pour les gardes d'honneur, et servit, en 1814, dans les mousquetaires gris. Il a été nommé, en 1823, sous-préfet d'Espalion, et puis d'Issoire où il est resté jusqu'à la Révolution de 1830.

Il avait épousé, par contrat du 15 juin 1825, signé par le roi à son grand lever, Théodora-Terrasson de Sénevas, dont :

Marie-Hippolyte, né en 1826, non marié.

X. MARIE-JEAN-HIPPOLYTE DE JULIEN, comte de Pégayrolles, né le 22 octobre 1795, entra au service militaire en 1814, servit successivement dans la 1re compagnie des

---

(1) Reçu chevalier de justice de cet ordre en 1790, confirmé le 15 juillet 1824.

mousquetaires gris ; en 1816, dans le 5ᵉ régiment de dragons ; en 1817, dans la légion de la Haute-Garonne, devenue plus tard 17ᵉ de ligne ; passa capitaine, en 1823, au 50ᵉ de ligne et se démit, en 1830, au moment où il venait d'être nommé chef de bataillon.

Il s'est marié, le 3 novembre 1830, à Rouen, avec Clémentine Quesnel, décédée à Montpellier, le 26 septembre 1840. Il en avait eu :

1º MARIE-GABRIEL-LUDOVIC, né le 23 avril 1836 ; 2º MARIE-LOUISE, mariée, le 14 septembre 1854, avec le baron Rolland de Blomac ; 3º CAROLINE-ANTOINETTE.

(*Titres de la maison de Pégayrolles.— Preuves envoyées à Malte pour la réception d'Antoine-Léopold de Julien*).

TERRES ET SEIGNEURIES POSSÉDÉES AUTREFOIS PAR LA MAISON DE PÉGAYROLLES.

Le marquisat de Pégayrolles, composé des baronies de Castelnau et de Saint-Beauzély (1) et d'autres fiefs acquis par héritage ou achetés en divers temps.

La terre de Montferrand, en Gévaudan, vendue, un peu avant la Révolution, au comte de Rochefort, au prix de 200,000 livres.

La seigneurie et baronie de Calmont-d'Olt, vendue par le comte de Pégayrolles à divers, à l'exception du vieux château, depuis longtemps en ruines, qui n'a pas été vendu.

La baronie de Castelnau-de-Bonnefont ou de Lévis, près d'Albi, achetée aux Crussols. Cette terre, par suite de la suppression des droits féodaux, fut réduite à une valeur très-minime. Il ne restait guère que le château. Le marquis de Pégayrolles l'a vendue, en 1817, à un habitant du lieu.

---

(1) Castelnau avait été vendu par la maréchale de Biron, héritière des d'Arpajon, à Jacques-Julien de Pégayrolles. C'est par erreur que dans la généalogie de la maison de Lévezou-Vesins (t. II, p. 84 et 85), Jean IV et Antoine de Lévezou, son fils, sont qualifiés seigneurs-barons de Castelnau.

Saint-Beauzély, ancienne terre seigneuriale de la maison d'Arpajon, avait été apporté par Antoinette de Tauriac à la famille de Grégoire de Gardies, qui le vendit à Jacques-Julien de Pégayrolles.

Ségur et Saint-Agnan, terres *non titrées*, étaient passées de la maison d'Hèbles à la maison de Tubières, et de celle-ci aux Pégayrolles. C'est par erreur que le deuxième de ces fiefs est attribué dans le précédent volume, p. 85, à la maison de Vesins, et que Jean V de Lévezou est dit vicomte de Saint-Agnan.

Ségur, en coseigneurie avec le roi, comprenait un grand nombre de fiefs que le président de Pégayrolles donna à locaterie perpétuelle, entre autres :

Méjanès (terre et château), baillé à la famille Jaoul et qui fut racheté par elle ; Mérican, Fayret, le Ram, etc., baillés pareillement et rachetés ; les bois et prés de Ségur, dont se chargèrent les auteurs de M. de Girels et qui sont passés ensuite à M. Roux, notaire.

Saint-Agnan fut aliéné de la même manière : ce qui restait, c'est-à-dire le château, jardin, prés et bois, ont été vendus, il y a une vingtaine d'années, à M. Micheau de Cabanes.

Cruéjouls, primitivement aux Lapanouse, puis aux Nogaret de Trellans, avait été acheté par M. Bonhomme, conseiller à la cour des aides de Montpellier ; mais cette terre fut revendiquée par le président de Pégayrolles, par *retrait* féodal, et Léopold de Pégayrolles, son petit fils, l'a vendue à M. Séguret, de Saint-Geniez.

Le Caylaret, dans les environs de Cruéjouls, ancienne propriété des Folqueim-de-Panat, puis des Nogaret de Trellans et des Adhémar, appartenait également à la famille de Pégayrolles au moment de la Révolution. Le Caylaret fut baillé à locaterie perpétuelle par le président de Pégayrolles à la famille Gervais, et c'est de cette dernière que l'a acquis M. Clauzel.

Saliez, qui avait appartenu aux Moncausson, fut baillé à rente, un peu avant 1789, au sieur Brouillet.

Lavernhe, porté par Françoise de Prévinquières, vendu à M. Lescure.

Luzençon et Crayssaguet, acquis des Tubières, en 1617, vendus aux Sambucy ou aux Olier de Saint-Georges.

La Cave, Sargels, portés en dot par M. Amorel aux Lescure ; par Marie de Lescure aux Mézérac ; par Louise d'Urre à Pierre de Pégayrolles.

La seigneurie de Malet, en Auvergne, confisquée nationalement sous le prétexte d'émigration du fils aîné du président, avait été apportée par Anne de Chastang.

II.

DE JULIEN DE ROQUETAILLADE,

Seigneurs de Roquetaillade et de Marzials.

ARMES : *Parti au 1 d'azur au rocher fendu d'or ; au 2 d'azur à la gerbe d'ivraie d'or, surmontée de trois étoiles du même posées en face.*

Cette famille paraît avoir la même origine que celle de Julien de Pégayrolles dont il vient d'être parlé. Nous allons donc la prendre à Jean-Charles de Julien, sieur de Crayssaguet, arrière petit-fils de François de Julien, Ier du nom, commun auteur des deux branches.

V. JEAN-CHARLES DE JULIEN, sieur de Crayssaguet, troisième fils de Pierre et de Louise d'Urre, eut entre autres enfans d'Isabeau Daures qu'il avait épousée, en 1651, François, ci-après :

VI. FRANÇOIS DE JULIEN, sieur de La Bastide, devint seigneur de Roquetaillade par son mariage, contracté, le 27 août 1687, avec Anne Dupuy-Montbrun, fille de Jean-Alexandre Dupuy, seigneur de Montméjan, Roquetaillade, Peyre, etc. et de Marguerite de Mandagout. Il fit son testament en 1730, laissant un grand nombre d'enfans, entre autres :

1° PIERRE-FRANÇOIS, qui suit; 2° JEAN BENOIT, sieur de Mongesty, garde-du-corps du roi d'Espagne en 1710, mort à Madrid, en 1774, dans un grade supérieur, âgé de 82 ans; 3° PAUL-CHARLES, sieur de Marzials, garde-du-corps de Louis XV en 1720, plus tard brigadier et chevalier de Saint-Louis, qui épousa à Beauvais, en 1743, Henriette-Eugénie de Luze de La Capelle, fille de Henri de Luze, baron de La Capelle, et de Célestine de Baudricourt, décédé, à Paris, en 1763, sans postérité; 4° JEAN-ALEXANDRE DE JULIEN-DUPUY, prêtre, chanoine de Verdun; 5° ETIENNE-JACQUES DE JULIEN DU CAMBON, prêtre, également chanoine à Verdun; 6° JEAN-CHARLES-ALEXANDRE DE JULIEN-DUPUY, enseigne des vaisseaux du roi au département de Toulon.

VII. PIERRE-FRANÇOIS DE JULIEN, seigneur de Roquetaillade, coseigneur de Marzials, président à l'élection de Millau, épousa, le 2 février 1728, Elisabeth Dejean, fille unique d'Urbain Dejean, ancien maire et consul honoraire de Saint-Rome-de-Tarn, et de Marie-Anne Fabre, de Cambouysset.

Le 23 septembre 1728, Pierre-François rendit hommage au roi pour ses terres devant les trésoriers de France en la généralité de Montauban.

Dans la nuit du 26 décembre 1738, l'antique manoir de Roquetaillade devint la proie des flammes. On ne sauva que la grande tour et la partie voûtée de l'édifice. La famille changea alors sa résidence à Saint-Rome-de-Tarn, et plus tard à Millau où Pierre-François exerça longtemps la charge de président d'élection.

Il testa le 11 octobre 1766, et nomma pour exécuteurs testamentaires le sieur de Marzials et les deux abbés, ses frères, lesquels firent restaurer vers cette époque le château de Roquetaillade. Ses enfans furent au nombre de dix-huit :

1° JEAN-FRANÇOIS, *dit de Castelnau*, dont l'article suit; 2° JEAN-ANDRÉ, prêtre, mort vicaire-général à Toulouse, âgé de 35 ans; 3° JEAN-CHARLES-ALEXANDRE, *dit Dupuy*, qui servit dans la marine royale, était enseigne de vaisseau en 1771, fit les guerres d'Amérique, se retira, en 1786, dans un grade supérieur et mourut à Saint-Rome ; 4° MARIE-ANNE DE JULIEN, femme de Henri de Raymond, sieur de Montjaux ; 5° ELISABETH, femme du sieur Benoit, de Saint-Rome-du-Tarn, coseigneur d'Auriac ; 6° ROSE-MARGUERITE, religieuse à l'arpajonie de Millau ; 7° CHARLOTTE-PAULE, religieuse à Sainte-Claire de Millau ; 8° SUZANNE-ARTHÉMISE, femme du sieur Cadilhac, de La Cavalerie ; 9° JUSTINE-CHRISTINE, restée fille et vivant auprès de ses oncles, chanoines ; 10° VICTOIRE-FÉLICITÉ, femme, en 1772, de noble Jean-Joseph-Henri de Molinier, sieur de Fombelle, fils de Jean-Antoine, seigneur des Vialettes, et de Françoise de Focras, habitant à Salles-Curan ; 11° THÉRÈSE-ADELAÏDE, femme du sieur Molinier d'Ayssènes ; 12° MADELEINE-FRANÇOISE, religieuse et sous-prieure du couvent de Montargis ; 13° ANNE-GENEVIÈVE, religieuse au couvent de Montargis, en Gatinois ; 14° MARIE-JEANNE-JOSÉPHINE, femme du sieur Capelle, de Salles-Curan, et mère du baron Capelle ; de plus, quatre autres filles mortes en bas-âge.

VIII. JEAN-FRANÇOIS DE JULIEN, seigneur de Roquetaillade et coseigneur de Marzials, garde-du-corps du roi, se trouva, à l'âge de 16 ans, à la bataille de Fontenoy, fit plus tard la campagne de Hanovre comme capitaine de cavalerie dans royal-cravates, se maria, le 29 novembre 1769, avec Marie-Sophie Aigouy du Cambon, fille de François Aigouy, sieur du Cambon, et de Marie Vachin de Rouverel, en Gévaudan, dont il eut sept fils et une fille.

Jean-François émigra avec ses trois fils aînés en 1792, et tous ses biens furent vendus révolutionnairement. Des quatre frères en bas-âge restés sous le toit maternel, deux allèrent périr dans les armées républicaines, un autre au service de l'empereur, le plus jeune mourut à l'âge de 9 ans.

Après le licenciement de l'armée des Princes, M. de Roquetaillade et ses trois fils aînés se rendirent par la Suisse et l'Italie en Espagne, où ils passèrent 5 à 6 ans à Barcelone.

Le père y obtint le brevet de capitaine agrégé à l'état-major de la place de Tortose ; les trois jeunes gens s'attachèrent au commerce de Barcelone.

« Vers la mi-juillet 1799, dit un mémoire de famille,

M. de Roquetaillade, déjà septuagénaire, cassé de vieillesse et de fatigues, infirme même, rentra dans sa patrie avec son second et son troisième fils. Ce fut alors, qu'après avoir échappé à l'ouragan révolutionnaire, il s'estima encore heureux de trouver un asile, auprès d'une épouse chérie, jusqu'à sa mort, arrivée en 1807. »

Ses enfans survivans furent :

1° MARIE-JEAN-FRANÇOIS, qui suit ; 2° MARIE-JEAN-BENOIT, dit le chevalier de Roquetaillade, héritier de M. Vachin de Rouveret, son grand oncle maternel, fut pendant vingt-cinq ans maire de La Malène et membre du conseil général de la Lozère jusqu'en 1840 ; 3° JEAN-FRANÇOIS, entré au service en 1814, devint successivement brigadier des gardes de Monsieur, chevalier de Saint-Louis et de la Légion-d'Honneur, et, en 1816, chef de bataillon dans la légion du Lot ; marié en 1827, il est mort sans postérité, le 30 mai 1843, au château de Roquetaillade, qui lui était échu en partage avec les autres biens paternels rachetés par la famille, après avoir institué pour héritier universel Marie-Benoît-Adolphe de Roquetaillade, son neveu ; 4° URSULE-CHRISTINE, qui, en 1813, épousa Barthélemi-Joachim-Robert Monestier, docteur en médecine, membre du conseil général de l'Aveyron après 1830, décédé le 25 mars 1844, laissant un fils unique qui a été maire de La Cresse.

IX. MARIE-JEAN-FRANÇOIS DE JULIEN DE ROQUETAILLADE fit ses premières études, à Rodez, en 1784 et années suivantes, et alla les terminer à Paris au collége d'Harcourt où il se distingua dans l'étude des sciences et reçut le diplôme de maître ès-arts. Rentré dans sa famille en 1790, il suivit son père en émigration. Passé en Espagne, il obtint, en 1797, par l'entremise de M. de Larrard, consul de Danemark à Barcelone, sa nomination au poste de vice-consul danois à la résidence de Reuss, en Catalogne. Deux ans après, il y remplit aussi les fonctions d'agent du consulat de France pour les ports de Tarragone et de Salon. Joignant une mémoire prodigieuse à une grande facilité, il apprit dans sa jeunesse deux langues mortes et huit vivantes qu'il parlait couramment.

Le 27 avril 1804, il épousa Marie-Françoise-Joséphine de

Fraga y Grases, fille de don Antonio de Fraga y Ravella et de dona Theresa Grases.

En 1808, le peuple espagnol s'étant soulevé contre la domination française, Roquetaillade, devenu suspect, fut obligé de se réfugier dans les montagnes chez l'un de ses beaux-frères, don Antonio de Requesens, où il passa quatre ans dans des transes continuelles. Il parvint à quitter l'Espagne, en 1812, et à rentrer dans sa patrie, amenant sa femme et trois enfans en bas-âge. Il vécut dès-lors au Cambon-de-la-Cresse, chez sa mère, qui mourut en 1822. Ses enfans sont :

1° FRANÇOIS-MARIE-RAYMOND, capitaine au 48e régiment de ligne, qui a été décoré de l'étoile des braves, en Afrique, où son nom a été mis à l'ordre du jour de l'armée pour sa belle conduite dans plusieurs actions. Il s'est marié avec Alix Pizot de Romans; 2° MARIE-THÉRÈSE-JOCHIME, femme de Jean-Baptiste-Auguste Bosc, chef du service des contributions indirectes à Millau; 3° JOSEPH-MARIE-BONAVENTURE, commis à cheval des contributions indirectes à Sauveterre; 4° MARIE-SOPHIE-JOSÉPHINE; 5° MARIE-BENOIT-ADOLPHE, sous-officier au 48e de ligne; 6° MARIE-ANNE-ELISABETH-PAULINE.

CHATEAU DE ROQUETAILLADE.

Le château de Roquetaillade, situé dans une des affluences du Tarn, non loin de Montjaux, existe encore. Il dépendait anciennement de la vicomté de Creyssels.

Ce château, dans les premières années du XVe siècle, résista à la maison d'Armagnac. Voici à quelle occasion.

Le comte Bernard, qui fut depuis connétable, oubliant le pacte de famille qui l'unissait à la maison de Creyssels, se fit autoriser par le roi et le duc de Berry à prendre possession des terres de Géraud d'Armagnac, son cousin, vicomte de Creyssels, et tandis qu'il attaquait celui-ci dans Le Pardiac, il donnait procuration, le 8 août 1401, pour requérir le sénéchal de Beaucaire de le faire jouir de la vicomté de Creyssels.

Il l'obtint en effet; mais ayant voulu faire valoir ses prétentions sur Compeyre et Roquetaillade qui dépendaient alors directement du roi de France, il se vit contraint de tirer encore l'épée. Ces deux places refusèrent de le reconnaître pour leur suzerain. Soit par haine de la tyrannie, soit par reconnaissance des bienfaits dont Géraud les avait comblés, Peyrelade et Caylus levèrent à leur tour l'étendard de l'insurrection. Le seigneur de Mostuéjouls se mit aussi de la partie. L'altier d'Armagnac, qu'on n'irritait pas en vain, se prépara aussitôt à punir une résistance qui lui semblait tenir de la rébellion.

Il part, le 15 mai 1402, du château de Gages, résidence ordinaire des comtes de Rodez, et arrive bientôt devant le château de Roquetaillade dont il forme le siège.

Sur ces entrefaites, arrive un messager du roi qui le somme de se retirer à l'instant même, sous peine de se voir traduit au ban de la couronne et déclaré *traître et félon*.

D'Armagnac obéit à l'ordre du roi, mais la rage dans le cœur et bien résolu de ne pas épargner les autres places rebelles.

Le 5 juin, il est devant Compeyre avec trois mille arbalétriers, tous gens de sac et de corde.

Le 22, il est déjà maître de cette ville qu'il abandonne au pillage et dont il rase ou brûle les maisons.

Bientôt après, Bernard vient assiéger Caylus et Peyrelade. La prise de ces deux forts lui coûta deux mois de siège, et ces places subirent le même sort que Compeyre.

Il était déjà sous les murs de Mostuéjouls, lorsque le seigneur lui en ouvrit les portes, et la campagne fut ainsi terminée au mois de septembre.

Tel est le récit que fait de cette expédition M. Argeliez, d'après les documents qu'il a trouvés aux archives du prieuré de Roquetaillade (1).

Le fait principal se trouve reproduit dans un mémoire de famille qui nous a été communiqué, mais avec changement de date et des circonstances équivoques (2).

On transporte la scène en 1502, alors que les comtes d'Armagnac n'existaient plus. On attribue l'attaque *à un bâtard de cette maison, seigneur de Ségur, et la défense à Guillaume Julien, seigneur de Roquetaillade, secondé par Gui d'Arpa-*

---

(1) *Echo de la Dourbie* du 29 mai 1842.

(2) La notice sur *l'église et château de Roquetaillade*, insérée au t. II des *Mémoires de la Société*, p. 333, se retrouve en entier dans ce *Mémoire*, et ne mérite pas plus de créance. Il est à regretter que M. Argeliez l'ait adoptée dans la seconde édition qu'il a donnée de son intéressant travail sur la vallée de Millau.

jon, baron de Sévérac, son aïeul maternel. D'abord il est fort douteux qu'Antoine d'Armagnac, bâtard du dernier comte Charles, ait jamais eu assez de pouvoir pour entreprendre de telles expéditions.

Mais ce qui ne laisse aucun doute sur la supposition de ce récit, ce sont les circonstances qui suivent :

Guillaume Julien est qualifié seigneur de Roquetaillade, tandis que cette seigneurie était alors possédée par la maison de Mandagot. Gui d'Arpajon, qu'on fait baron de Sévérac, n'entra en possession du vaste héritage de cette maison qu'en 1508, et quant à la qualification qu'on lui donne d'aïeul maternel du jeune seigneur Julien, rien n'indique qu'il y ait jamais eu la moindre alliance entre la puissante maison d'Arpajon et les Julien qui n'avaient après tout qu'un rang fort mince dans la hiérarchie féodale. Tout prouve donc que ce second récit a été fait à plaisir par quelqu'un qui a confondu les dates, les noms et les faits.

SUCCESSION DES SEIGNEURS DE ROQUETAILLADE.

Roquetaillade, qui appartenait, dès la fin du xive siècle, à la maison de Mandagot, fut possédé, au xvie siècle, par la famille de Lescure.

Pierre de Lescure en était seigneur en 1530.

Siméon de Lescure, seigneur de Roquetaillade, marié à Marie de Mandagot, vivait encore en 1571.

On trouve ensuite Jean-Charles Dupuy-Montbrun, marié, en 1596, à N..... de Lescure.

Paul Dupuy-Montbrun, leur fils, seigneur de Roquetaillade et de Marzials, époux de Paule de Granger de Montméjan, dont :

Alexandre Dupuy-Montbrun de Montméjan, seigneur de Roquetaillade, marié, en 1680, à Marguerite de Mandagot, fille de Pierre, dernier du nom, dont : Anne-Marie Dupuy, femme, en 1697, de François de Julien, sieur de Crayssaguet.

Ce château fut pris, le 12 novembre 1574, par les catholiques sur les calvinistes, et le seigneur perdit la vie dans l'action (*Manuscrits sur les guerres religieuses en Rouergue*).

DE MANDAGOT OU MANDAGOUT,

Seigneurs de Roquetaillade et du Monna, en Rouergue, coseigneurs de Meyrueis, de Lanuéjouls, etc., au diocèse de Nîmes.

ARMES : *D'azur, au lion d'or, lampassé et armé de gueules; parti de gueules au pal d'hermines; une cotice de sinople brochant sur le tout.*

Famille illustre de Lodève, qui a produit Guillaume de Mandagot, archevêque d'Embrun, puis d'Aix, et enfin cardinal et évêque de Palestrine, prélat renommé par sa science, mort à Avignon en 1321; autre Guillaume, neveu du précédent, qui fut successivement évêque d'Uzès et de Lodève; Robert de Mandagot, prévôt de l'église d'Uzès, nommé à l'évêché de Marseille en 1346; enfin, Maximilien-Mathieu-Bertrand de Mandagot, cardinal, évêque de Sabine, qui fut envoyé, en 1353, en qualité de légat, par le pape Clément VI, pour la réformation du clergé de Rodez, fit bâtir, dit-on, la même année, l'église de Roquetaillade et y fonda un prieuré.

La seigneurie de ce lieu appartenait vraisemblablement, dèslors, à cette famille, et elle a été longtemps possédée par elle.

La maison de Mandagot avait aussi, à la même époque, des droits sur le château de Meyrueis.

Marquès de Mandagot était, en 1304, seigneur de la quatrième partie de ce château *(Archives du domaine, à Montauban).*

Suzanne, sa fille, épousa, en 1326, Etienne de Saint-Martial *(Idem).*

En 1338, Raymond et Isabeau de Mandagot, autres enfans de Marquès, possédaient la moitié du château de Meyrueis; l'autre moitié appartenait au comte d'Armagnac *(Idem).*

Henriette de Mandagot était abbesse du monastère Saint-Sernin, près de Rodez, en 1391 *(Idem).*

Aldebert de Mandagot, vivant en 1424, était, d'après un titre de la maison de Malhac, seigneur du Monna, près de Millau, et coseigneur de Lanuéjouls, dans le diocèse de Nîmes. Le 29 mai 1454, il y eut une transaction entre cet Aldebert, seigneur du Monna et de Roquecise (1), et Antoine de Mandagot, son fils, d'une part, et les consuls de Millau, de l'autre, touchant les limites de la terre et seigneurie du Monna, avec la commune de Millau *(Archives du Monna).*

Antoine de Mandagot avait rendu hommage, en 1440, au comte de Rodez et d'Armagnac, pour Roquetaillade, mouvant de la vicomté de Creyssels. Il était marié avec Sybille de Mostuéjouls, fille de Gui, IIIe du nom. Il est qualifié dans un titre de l'an 1470, seigneur de Roquecise et du Monna, coseigneur de Lanuéjouls et de Palières *(Archives du Monna).*

Aldebert de Mandagot, IIe du nom, son descendant, avait épousé Françoise de Saunhac-Belcastel, laquelle, étant veuve, testa le 21 mai 1539, laissant de son mariage une fille unique nommée Marie, femme de noble Simon de Lescure.

Simon Durand, seigneur de La Bruguière, s'était marié, en 1436, avec Bellone de Mandagot, d'une branche de la même maison.

Pierre de Mandagot, dernier seigneur de Roquetaillade de ce nom, fut père d'Iolande, qui épousa, en 1669, Jean d'Albignac, baron d'Arre, et de Marguerite, mariée, le 20 juin 1680, à Alexandre Dupuy-Montbrun.

NOTE SUR LA FAMILLE DEJEAN.

Cette famille, d'ancienne bourgeoisie à Saint-Rome-de-Tarn, et alliée, en 1728, à celle de Julien de Roquetaillade par Elisabeth Dejean, avait acquis les fiefs du Fau et de Lescure, dans les environs.

Jean Dejean, avocat en parlement, fils de Bernard, eut pour enfans :

1° Louis-André Dejean, ci-après ; 2° Louis Dejean, curé de Tiergues en 1740 ; 3° N..... Dejean, ingénieur des ponts-et-chaussées à Bourges, en 1785.

(1) Il y a un hameau de Roquecise, près de Saint-André-de-Vezines ; mais ce nom doit se rapporter plutôt à Roquetaillade.

Louis-André Dejean, *dit Dufau*, avocat en parlement comme son père, fut juge de Saint-Rome de 1776 à 1790, juge de paix du canton en 1815, et mourut en 1821. Il avait eu d'Anne Affre, sa femme :

1° Louis-André, IIe du nom, qui suit, né le 1er décembre 1778 ; 2° N..... Dejean, vélite, tué à Wagram.

Louis-André Dejean, IIe du nom, juge de paix de Saint-Rome, après son père, épousa Marie-Madeleine de Gleize, fille de Jean-Antoine de Gleize, seigneur d'Asprières, et de Marie-Madeleine-Joséphine Delauro, de Rodez. De ce mariage :

1° Jean-Adolphe-Edouard Dejean, contrôleur des monnaies à Marseille ; 2° Jules Dejean, receveur des domaines à Blanc (Indre) ; 3° Alphonse Dejean, officier de cavalerie, attaché au dépôt de remonte de Tarbes.

DUPUY-MONTBRUN DE MONTMÉJAN (1).

La famille Dupuy (Delpech ou de Podio), qui se transplanta en Rouergue par suite de son alliance avec la maison de Montméjan, était du Languedoc, et prétendait avoir une commune origine avec celle qui a produit Raymond Dupuy, l'illustre grand maître des hospitaliers.

Il est dit dans un certificat délivré, le 9 juin 1659, par François de Buisson, marquis de Bournazel, sénéchal de Rouergue, etc. « que s'étant fait représenter les titres de la maison Dupuy-Montbrun, qui s'est transplantée en Rouergue au château de Montméjan, et, après avoir examiné tous les testamens et contrats de mariage d'icelle, il a reconnu qu'elle est issue de l'illustre maison Dupuy qui s'établit en Languedoc après avoir quitté le Dauphiné, etc., qu'elle a les plus grandes alliances, les lettres les plus honorables des rois, et que dans tous les temps elle a occupé de grandes places dans l'Etat. Paul Dupuy épousa Paule de Granger, lequel Dupuy est fils du marquis Jean-Charles Dupuy, gentilhomme ordinaire de la chambre et commissaire de l'artillerie sous Henri-le-Grand, lequel Jean-Charles avait pour père Raymond Dupuy, capitaine de cent hommes d'armes, qui avait épousé Rachel de Lautrec-Toulouse, lequel Raymond était fils de Barthélemi Dupuy, seigneur de Cabrilles, etc. »

On nous a communiqué la généalogie de cette maison de Dupuy, remontant à Raphaël Dupuy, grand-chambellan de l'empire romain, gouverneur du royaume d'Arles, qui vivait sous l'empereur Henri III, en l'an 1040, et que l'on fait grand-père du grand-maître Raymond Dupuy.

Comme cette généalogie ne nous a paru offrir aucun caractère d'authenticité et que, de plus, elle contient des erreurs et des anachronismes manifestes, nous ne prendrons la filiation qu'à partir de Raymond, qui suit :

---

(1) Cette famille porte les mêmes armes que les Dupuy-Montbrun, du Dauphiné : *d'or, au lion de gueules, armé, lampassé et patté d'azur.*

I. RAYMOND DUPUY-MONTBRUN, épousa, par contrat du 26 août 1571, Rachel de Toulouse-Lautrec, et en eut Jean-Charles, qui suit :

II. JEAN-CHARLES DUPUY-MONTBRUN, gentilhomme de la chambre du roi, commissaire ordinaire de l'artillerie de France, se maria, le 1er février 1596, avec N..... de Lescure, dont il eut :

1° PAUL, qui suit; 2° JEAN DUPUY, sieur de Monsety; 3° FRANÇOIS, qui servit en Angleterre après la révocation de l'édit de Nantes.

III. PAUL DUPUY-MONTBRUN, seigneur de Roquetaillade et de Marzials, se maria avec Paule de Granger, fille de Jean de Granger, seigneur de Montméjan, et de Marguerite de Tubières de Grimoard. Il fit son testament, le 21 décembre 1651, au château de Roquetaillade, laissant de son mariage :

1° ALEXANDRE, qui continue la filation; 2° FRANÇOIS DUPUY; 3° LOUISE, mariée, en 1655, à Pierre de Gualy; 4° ANNE DUPUY, religieuse à l'Arpajonie, qui testa, en 1660, en faveur de ce couvent.

IV. ALEXANDRE DUPUY-MONTBRUN DE GRANGER DE MONTMÉJAN, Ier du nom, seigneur de Roquetaillade, Marzials, Montméjan, etc., commandant des troupes du Rouergue, gouverneur de Millau et du château d'Ayssènes, recueillit la substitution faite par Jean de Granger, son grand-père maternel en 1649, et devint l'unique héritier des biens de la maison de Granger de Montméjan. Il épousa, le 20 juin 1680, Marguerite de Mandagout, fille de Pierre de Mandagout, dernier du nom, seigneur de Roquetaillade, et sœur d'Iolande de Mandagout, qui s'était mariée avec Jean d'Albignac, baron d'Arre. Il mourut dans son château de Montméjan, le 22 août 1746, âgé de 79 ans, et fut inhumé au tombeau de sa femme, situé près de la porte de l'église de Saint-André-de-Vezines. Il avait institué pour son héritier Alexandre, son fils aîné, et fait des legs à ses autres enfants, dont les noms suivent :

1° ALEXANDRE, dont on va parler; 2° FRANÇOIS, sieur de La Bastide, capitaine de dragons au régiment de Marbeuf; 3° JEAN, prêtre, docteur de Sorbonne; 4° ANNE, mariée, le 27 août 1697, à François de Julien, seigneur de Crayssaguet; 5° MADELEINE, femme de N.... de Caladon, seigneur de Lanuéjouls; 6° FRANÇOISE DUPUY.

V. ALEXANDRE DUPUY-MONTBRUN, II° du nom, seigneur de Montméjan, Saint-André-de-Vezines, Brunas, en Rouergue; coseigneur de Mandagout, en Languedoc, acheta, par acte du 10 avril 1739, de Guillaume et Louis Arnal (1), seigneurs d'Espinassous et de Serres, pour la somme de 45,000 livres, la terre et seigneurie de La Roque, La Canourgue et la vicomté de Cabanes, avec les terres de Parlages et de Saint-Pierre-de-Lafage (arrondissement de Lodève), et mourut dans son château de Montméjan, le 10 septembre 1756, âgé d'environ 80 ans. Il s'était marié deux fois:

1° Le 11 avril 1701, avec Éléonore Du Peau de La Beaume;

2° Vers 1747, avec Jeanne Manelfe, morte, le 8 août 1770, âgée de 60 ans.

Du premier lit:

1° PIERRE DUPUY-MONTBRUN qui continua la branche aînée, connue sous le nom de branche de Montbrun de La Roque, dont il va être parlé; 2° ALEXANDRE DUPUY-MONTBRUN, jésuite, connu sous le nom de *Père de Montméjan*.

Du deuxième lit:

3° JEAN-FRANÇOIS-ALEXANDRE DUPUY-MONTBRUN, seigneur-baron de Montméjan, Brunas, Saint-André-de-Vezines, lieutenant-colonel, commandant, en 1789, le bataillon de garnison de Rouergue, chevalier honoraire de Malte et chevalier de Saint-Louis, qui fut le dernier seigneur de Montméjan. Il s'était établi à Montauban où il épousa, en 1786, Louise de Granier, dont

---

(1) Louis Arnal, conseiller à la cour des aides de Montpellier, et seigneur de Serres, fut aïeul de M. de Serres, gendre de M. le vicomte de Bonald.

Adrien Dupuy-Montbrun, décédé à Montauban, le 25 septembre 1813, et plusieurs filles ; 4° MARGUERITE-JEANNE-SUZANNE DUPUY-MONTBRUN, née le 29 décembre 1748 ; 5° MARIE-ANNE-PAULE-RAPHAELE, née le 3 février 1750 ; 6° GUILLAUME-PAUL-JEAN-CHARLES, né le 9 juin 1751 ; 7° MARIE-REINE-CHRISTINE, née le 31 octobre 1752 ; 8° PIERRE-THOMAS-DAVID, né le même jour.

VI. PIERRE DUPUY-MONTBRUN, 1er du nom, né le 23 février 1716, seigneur de Montméjan, vicomte de Cabanes, épousa, le 30 septembre 1743, Rose de Bonnefous, fille de François de Bonnefous, avocat en Parlement, seigneur de Saint-Rome-de-Cernon, et de Marie d'Alaret, et forma, comme il a été dit plus haut, la branche des seigneurs de La Roque (1). Ses enfans furent :

1° PIERRE IIe, qui suit ; 2° JEAN-CHARLES, prieur de Saint-Julien, en Bretagne ; 3° ALEXANDRE DUPUY-MONTBRUN, lieutenant-colonel, mort sur le champ de bataille, à la tête d'un corps de Vendéens, dans le département de la Loire-Inférieure, le 25 pluviôse an III.

VII. PIERRE-HENRI-CLAUDE-AUGUSTIN DUPUY-MONTBRUN, IIe du nom, vicomte de Cabanes, épousa, par contrat du 4 septembre 1786, passé devant Tibaud, notaire de Millau, Marie-Gabrielle-Françoise de Tauriac, dont il eut :

1° HECTOR, dont l'article suit ; 2° AMÉDÉE ; 3° ALEXANDRE, lieutenant d'infanterie.

VIII. HECTOR DUPUY-MONTBRUN, vicomte de Cabanes, se maria, le 29 janvier 1815, à Montauban, avec Séraphie Dupuy-Montbrun, sa cousine, dont :

IX. RAYMOND DUPUY-MONTBRUN, né à Montauban, le 15 décembre 1818.

(1) D'après la généalogie de la famille, Pierre Ier se serait marié une seconde fois, par contrat du 19 février 1746, avec Diane de Peyrottes, acte reçu par Martin, notaire de Lodève.

DUPUY-MONTBRUN, DU DAUPHINÉ.

Armes : *D'or, au lion de gueules, armé, lampassé et patté d'azur.*

La maison du Dauphiné, qui revendique, de son côté, l'honneur exclusif d'avoir donné le jour au fondateur de l'ordre de Saint-Jean-de-Jérusalem, a produit aussi Charles Dupuy-Montbrun, *dit le Brave*, chef du parti huguenot sous les règnes de Charles IX et de Henri III. Il était né, en 1530, au château de Montbrun, dans le diocèse de Gap, en Dauphiné. Pendant les guerres de religion, Montbrun se signala par ses exploits, se rendit maître de plusieurs places en Dauphiné et en Provence, se trouva aux batailles de Jarnac et de Montcontour ; marcha en 1574, contre l'armée de Henri III qui faisait le siège de Livron, et fit piller les bagages de ce prince. Vaincu enfin par le marquis de Gordes, et s'étant cassé la cuisse en fuyant, il fut pris, conduit à Paris, condamné à mort et exécuté, le 12 août 1575. Les terres de Montbrun furent érigées en marquisat, en 1620, en faveur de Jean Dupuy, son fils.

Cette maison existe encore sous le nom de Dupuy-Montbrun-Rochefort, et se trouve uniquement représentée par Raymond-Louis-Désiré, marquis Dupuy-Montbrun-Rochefort, dont le nom est bien près de s'éteindre faute de postérité masculine.

A la fin de sa généalogie, publiée dans le troisième registre du *Livre d'Or* de M. de Magny, M. le marquis Dupuy-Montbrun déclare ne reconnaître à son illustre maison aucune branche collatérale.

« Plusieurs tentatives, dit M. de Magny, ont été faites, notamment dans le xviiie siècle et de nos jours, près du marquis Dupuy-Montbrun et de son père pour les engager à régulariser diverses usurpations du nom et des armes de leur maison, fondées sur une prétendue consanguinité ; mais leurs auteurs et lui ont toujours eu le regret de ne pouvoir admettre les reconnaissances qui leur ont été demandées, parce que jamais aucune des prétentions n'a paru ni justifiée, ni appuyée sur des preuves incontestables.

» On pourrait cependant conclure des traditions et des preuves de M. le comte Dupuy-Melgueil, chevalier de Malte, que l'ancienne maison qu'il représente a une origine commune dès le temps des Croisades avec les Dupuy-Dauphinois.

Le marquis Dupuy-Montbrun-Rochefort est heureux de consigner ici ce témoignage de l'unité héréditaire qui unit depuis longtemps ces deux familles, qui ont les mêmes souvenirs, les mêmes sentiments et les mêmes regrets d'être jusqu'à présent sans rejetons mâles.

Possesseur des archives de la famille et des titres originaux qui ont servi à feu M. Chérin pour dresser le grand travail dont nous nous bornons aujourd'hui à donner un extrait sommaire, le marquis Dupuy-Montbrun-Rochefort est disposé à repousser toutes les usurpations du nom que seul aujourd'hui il a le droit de porter, et s'il n'obtient pas un fils, de son union avec Mlle de Vesc, il est à craindre que nous ne voyons disparaître le beau nom Dauphinois de Dupuy-Montbrun dans l'abîme des temps qui en a déjà dévoré tant d'autres. »

On conçoit la juste susceptibilité de M. le marquis Dupuy-Montbrun-Rochefort à l'endroit des alliances de sa famille. Un nom honorable est un dépôt précieux qu'on doit s'efforcer de transmettre intact et pur; mais les prétentions de la noble maison dauphinoise, au sujet de l'illustre fondateur de l'ordre de Malte, sont-elles bien fondées? De savans historiens ont examiné avant nous cette question : nous allons les laisser parler.

Sur l'origine de Raymond Dupuy, dom Vayssette pense que Raymond Dupuy, deuxième grand-maître de l'ordre des Hospitaliers, et proprement son instituteur (1), *dont on ignore la patrie*, tirait son origine d'une maison de Languedoc. « Il est vrai, dit-il, que quelques modernes ont prétendu qu'il était natif du Dauphiné ; mais, de leur aveu, tous les anciens gardent là-dessus un profond silence, et tous les soins que s'est donné en dernier lieu un savant magistrat (2) par ses nouvelles recherches pour assurer ce grand-maître au Dauphiné, n'ont abouti qu'à prouver qu'il y avait une maison Dupuy établie dans cette province, aux environs de Romans, dans le XIIe siècle et les suivans, ce qui ne décide pas la question, puisqu'il y avait alors d'autres familles de ce nom dans les provinces voisines, et qu'il

---

(1) Raymond Dupuy succéda, en 1120, à frère Gérard, fondateur de l'ordre.

(2) Le président de Valbonnais, *Mémoires de littérature*, t. 6, part. I.

y a pour le moins autant de vraisemblance que le grand-maître Raymond était de la maison Dupuy, en Languedoc, que de celle des Dupuy, en Dauphiné.

» En effet : 1° nous trouvons, en 1110, un Pierre-Raymond Dupuy, dont les domaines s'étendaient dans la partie méridionale du toulousain. On voit ici le nom de Raymond dans cette maison, et on n'a aucune preuve qu'il ait été en usage dans celle du Dauphiné; or, personne n'ignore que les noms se perpétuaient alors dans les familles;

» 2° Ce Pierre-Raymond Dupuy avait épousé alors Adèle, sœur de Raymond, comte de Melgueil et de Substantion, qui, vers l'an 1109, entreprit le voyage de la Terre-Sainte. Adèle, sa femme, était cousine-germaine de Bertrand, comte de Toulouse, qui, la même année, alla en Orient pour continuer les expéditions de Raymond de Saint-Gilles, son père. Adèle de Melgueil était encore cousine-germaine des comtes de Barcelone et d'Auvergne, preuve bien certaine que Pierre-Raymond Dupuy, son mari, était d'une noblesse des plus distinguées. Raymond Dupuy, qui fut depuis grand-maître des Hospitaliers, aura donc été de cette maison; et il aura suivi le comte de Toulouse ou celui de Melgueil, ses parens ou ses alliés, dans la Terre-Sainte. » (*Notes sur l'Histoire du Languedoc*, p. 319, à la suite du liv. XIX).

Quant au nom de Montbrun que s'attribue la maison Dupuy, il est difficile de décider s'il appartient plutôt au Dauphiné qu'au Languedoc, attendu que dans cette dernière province on trouve plusieurs châteaux de Montbrun, qui peuvent avoir été le berceau d'autant de familles du même nom (1).

Il est même certain qu'il existait en Rouergue, dès le xii° siècle, une famille de Montbrun, que le savant auteur de l'*Histoire générale du Languedoc* ne fait pas difficulté de regarder comme celle qui se confondit avec la maison de Dupuy.

C'est au sujet de la donation de la petite ville de Saint-Eulalie, sur le Larzac, que fit à l'ordre des Templiers Raymond Béran-

---

(1) Montbrun, près de Cajarc, sur le Lot, qui appartenait fort anciennement à la maison de Cardaillac.

Montbrun, près de Lodève, possédé au xii° siècle, par égale part, par les évêques de Lodève et les comtes de Rodez, et dont ceux-ci vendirent leur part, en 1188, à l'évêque Raymond, successeur de Gaucelin de Montpeyroux, pour la somme de 66,000 sous melgoriens (*Histoire du Languedoc*, liv. XIX, p. 265, édition Dumège).

Montbrun, sur le Tarn, dans le Gévaudan.

ger, comte de Barcelonne et vicomte de Millau, le 8 décembre 1158 :

« Hélie de Montbrun, dit dom Vayssette, maître de la milice dans le pays du Rouergue, qui reçut la donation, appartenait à la même famille, *originaire du Rouergue,* qui a donné Pierre de Montbrun, archevêque de Narbonne en 1272 ; Galtier de Montbrun, évêque de Carcassonne, et Dupuy de Montbrun, grand-maître de l'ordre de Saint-Jean-de-Jérusalem. » *(Additions et notes du livre XIV,* p. 33, édition Dumège).

Quelque rameau de cette famille existait encore en 1495. *Noble et puissant seigneur Jean de Montbrun,* protonotaire du Saint-Siége, figure, dans un titre de cette année, comme allié de la maison de Gozon.

On voit dans les titres de la maison de Durand que Pierre Durand épousa, au commencement du XVIe siècle, Marie de Montbrun, fille de noble Antoine de Montbrun, coseigneur du château de Blanc, etc.

DUPUY-MELGUEIL.

M. le comte Charles-Frédéric Dupuy-Montbrun de Melgueil, qui trouve grâce auprès de la maison Dupuy, du Dauphiné, a été fort connu à Rodez où il exerça, pendant plusieurs années, les fonctions de censeur au collège royal, sous la Restauration. Il fut ensuite inspecteur de l'académie d'Aix, où il est décédé, le 6 novembre 1857, laissant de son mariage avec Mlle de Gassaud :

Alexandre, lieutenant au 32e de ligne, et plusieurs filles dont l'une mariée à M. Degoy, professeur au lycée de Marseille ; une autre à M. Cabantous, de Rodez, professeur à la faculté de droit d'Aix ; une troisième, à M. Désiré Jeanselme ; une quatrième ; enfin, du nom d'Eulalie, femme, le 23 août 1858, de M. Perrot, capitaine-trésorier du 15e régiment d'artillerie.

Guï Dupuy, frère cadet du comte Frédéric, avait pris du service en Espagne où il devint colonel dans les armées du roi.

Cette famille est originaire du château du Colombier, près de Fabas, dans le département du Tarn. Elle est alliée, en Rouergue, aux maisons de Montcalm-Gozon (1), de Durand-la-Ca-

---

(1) Marie-Elisabeth Dupuy, mariée, en 1755, à Louis-Jean-Pierre de Montcalm-Gozon, baron de Saint-Victor, grand-père du marquis actuel.

pelle (1), de Bournhiol-Fombonne (2), etc. La mère de MM. Dupuy-Melgueil était sortie de cette dernière et ses enfans en ont hérité.

(1) Gabrielle-Elisabeth Dupuy, femme, en 1767, de Pierre-Jean Durand-Lacapelle, chevalier de Saint-Louis, capitaine au régiment de Beaujolais, père de M™ de Warroquier.

(2) Le 2 février 1778, messire Victor-Alexandre Dupuy, du Colombier, ancien officier au régiment de carabiniers, fils de Victor-Olivier Dupuy, sieur de La Gouzonie, et de feue Elisabeth d'Arzac, épousa, à Comps-la-Grandville, Charlotte de Bournhiol de Fombonne.

DE TAURIAC,

Seigneurs de Saint-Rome-de-Cernon, de Bussac, d'Alleyrac, de Lavincas, de Tiergues, de Saint-Beauzély, de La Romiguière, Le Truel et Costrix, coseigneurs de Luzençon.

ARMES : *D'azur, au taureau d'or.*
DEVISE : *Nil timet.*
TENANTS : *Deux hommes d'armes.*

Cette famille fut relevée de dérogeance par lettres patentes du 15 mars 1681, enregistrées à la cour des aides, le 4 juillet 1689. Plus tard, Jacques de Tauriac, seigneur de Bussac, et Antoine, son frère, furent maintenus par un arrêt du roi, en son conseil, du 30 mars 1700.

I. PIERRE DE TAURIAC, Ier du nom, vivant en 1344, habitait la ville d'Espalion. Il fut père d'Olivier, qui suit :

II. OLIVIER DE TAURIAC, fut marié par son père avec Fizes Dujou, fille de Gérault Dujou, par contrat du jour de la fête de Saint-Luc, de l'an 1344, reçu par Pierre, notaire public de la baronnie de Calmont. Il laissa de son mariage :

III. JEAN DE TAURIAC, Ier du nom, rappelé dans une procuration de son père, en sa faveur, du 12 janvier 1409, reçue par Guillaume Bonal, notaire de la baronnie de Calmont. Il s'établit aux environs d'Espalion, depuis la prise de cette ville par les Anglais, et fut père de :

IV. RAYMOND DE TAURIAC, Ier du nom, qualifié fils de Jean de Tauriac dans son contrat de mariage avec Gauside Grégoire, fille de Gérault Grégoire et d'Antoinette Trasnelat, reçu par Jean Calmette, notaire public à Millau, le 5 décembre 1455. Il existe une bulle du pape Sixte IV, du 16 juin 1477, qui permet audit Raymond et à sa femme d'avoir un confesseur régulier ou séculier et leur accorde la bénédiction pontificale pendant leur vie et à l'article de leur mort. Ils eurent pour fils :

V. ANTOINE DE TAURIAC, Ier du nom, né le 17 novembre 1467, marié avec Bellote du Pouget, fille de Hugues du Pouget, seigneur de La Cazotte, de la ville de Réquista, en Rouergue. De ce mariage vint :

VI. JEAN DE TAURIAC, IIe du nom, né le 3 janvier 1509, qui acquit, par acte du 23 novembre 1558, divers fiefs et rentes de messire Amblart de Roquelaure, et la terre de Saint-Rome-de-Cernon, en 1559.

Jean de Tauriac, seigneur de Saint-Rome, se montra ardent calviniste dès 1563. Il laissa de son mariage contracté avec Levezonne de Fonteilles :

1° ANTOINE, dont l'article suit; 2° DELPHINE DE TAURIAC, mariée à Raymond de Bonald, juge-bailli de la ville de Millau, par contrat du 11 juin 1561; 3° BERNARD DE TAURIAC, licencié ès-droits, lieutenant principal de Millau, marié à Jehanne Gaffuéré, dite de Sardon, de Sauveterre, qui était veuve de lui en 1606.

VII. ANTOINE DE TAURIAC, IIe du nom, écuyer, seigneur de Saint-Rome-de-Cernon, né en 1547, reçut une reconnaissance et prestation de foi et hommage des habitans de Saint-Rome, le 17 mars 1572, et rendit aveu au roi pour ladite seigneurie, le 24 juillet suivant. Chargé la même année par les calvinistes de lever une compagnie de cent-vingt arquebusiers pour défendre Millau, dont il eut le commandement, il fut capitaine de Compeyre en 1574, et gentilhomme du roi de Navarre (Henri IV) en 1577. Il périt à La Liquisse, près de Nant, le 6 octobre 1585, combattant à la tête de sa troupe.

Il avait épousé, le 18 décembre 1574, Bernardine Deyse, fille de Pierre Deyse, écuyer, gouverneur d'Aigues-Mortes, et d'Euphène de Rosel. De ce mariage vinrent :

1° Jean de Tauriac, acquéreur, en 1596, de la terre de Saint-Beauzély, qui n'eut qu'une fille, Bernardine de Tauriac, mariée en 1621, avec Antoine de Grégoire ; 2° Jacques, sieur d'Alteyrac, nommé gouverneur de Millau, le 18 août 1612, par lettres de la reine Marguerite, suivit les traces de son père et prit parti pour le duc de Rohan, chef des religionnaires ; 3° Jean-Antoine, dont l'article suit :

VIII. JEAN-ANTOINE DE TAURIAC, seigneur de Saint-Rome-de-Cernon, épousa, le 16 mai 1630, Angélique de Grenier, fille de Pierre de Grenier et de Jeanne de Falgayrolles, dont il eut :

1° Jacques, seigneur de Bussac, qui rendit hommage au roi, le 12 avril 1658, et épousa, le 25 janvier 1660, Honorée de Bonald, fille de Pierre, juge et bailli de la ville de Millau, morte sans enfans en 1702 ; 2° Pierre, dont l'article suit ; 3° Antoine, auteur de la branche rapportée plus loin.

IX. PIERRE DE TAURIAC, seigneur de Bussac, Lavincas, Tiergues, épousa, le 26 novembre 1656, Marie de Gaujal, fille de Jacques de Gaujal et de Marguerite de Rochefort. Il testa, le 12 avril 1706, et laissa de son mariage :

1° Jacques, qui suit ; 2° Michel, capitaine au régiment de Sault, infanterie ; 3° Claire, mariée, le 10 mars 1686, avec Charles d'Exea, seigneur de La Loubière, capitaine de chevau-légers au régiment de Crillon, puis major et premier capitaine du régiment de Montpeyroux, cavalerie ; 4° Marie, femme, le 18 février 1691, de Louis de Grieu, écuyer, capitaine de carabiniers.

X. JACQUES DE TAURIAC, seigneur de Bussac, coseigneur de Luzençon, capitaine au régiment de Sault, infanterie, capitaine châtelain de la ville de Millau, chevalier de Saint-Louis, pensionné du roi pour ses services militaires et ses blessures, nommé commissaire de la noblesse de l'élection de Millau par lettres du roi, du 3 février 1718, testa, le 17 août 1726, et mourut au mois de novembre suivant. Il avait épousé, le 17 avril 1717, Philippe d'Assas de Chanfort, de laquelle il laissa :

XI. PHILIPPE-JACQUES DE TAURIAC, seigneur de Bussac, Lavincas, Luzençon, Boissiants et autres lieux, né le 25 octobre 1718, capitaine au régiment de Vienne, cavalerie, chevalier de Saint-Louis, pensionné du roi pour ses services militaires. Il testa, le 25 janvier 1771, et laissa de son mariage, contracté, le 16 avril 1762, avec Marguerite-Antoinette d'Elrane de Vibrac, fille de Louis-Gaspard d'Elrane de Vibrac et de Françoise du Portail :

1º Philippe-Louis-Gaspard, dont l'article suit; 2º Jean-Louis de Tauriac, reçu chevalier de Malte, le 3 juillet 1786; 3º Antoine de Tauriac, reçu aussi chevalier en même temps que son frère.

XII. PHILIPPE-LOUIS-GASPARD DE TAURIAC, *dit le marquis de Tauriac*, chevalier de Malte, ancien page de la chambre du roi et ancien officier de royal-cavalerie, a eu pour fils :

XIII. AUGUSTE DE TAURIAC, ancien officier aux grenadiers à cheval de la garde royale, chevalier de la Légion-d'Honneur, vivant encore à Millau en 1859, sans avoir contracté d'alliance.

SECONDE BRANCHE.

IX. ANTOINE DE TAURIAC, seigneur de Lavincas, troisième fils de Jean-Antoine de Tauriac et d'Angélique de Grenier, né le 9 décembre 1639, épousa, le 24 janvier 1668, Marie de Montrozier, fille de Guillaume de Montrozier et de Marthe des Mazels. Ses enfans furent :

1° JEAN; 2° PIERRE, seigneur de Saint-Jouéry, colonel du régiment d'Auroy, infanterie, chevalier de Saint-Louis, marié avec Suzanne de Cavalier, fille de N...... de Cavalier et de N...... de Corbon, dont est issue Suzanne de Tauriac; 3° JACQUES DE TAURIAC, marié, le 24 mars 1721, avec Anne de Bonnefous, fille de Marc-Antoine de Bonnefous, avocat au parlement, et de Suzanne de Cavalier; 4° ANNE DE TAURIAC, mariée, le 28 juin 1707, avec Samuel de Gaujal de Grandcombe, officier au régiment de la marine.

X. JEAN DE TAURIAC, seigneur-baron de La Romiguière, Le Truel, Costrix (1), né le 24 mars 1671, ancien capitaine au régiment de Vendôme, infanterie, rendit hommage au roi, le 21 janvier 1728, et avait épousé, le 23 mai 1707, Suzanne de Carbon, fille de Jean de Carbon et de Marie de Molinier. Il testa, le 11 mars 1784, et laissa :

1° ANTOINE, dont l'article viendra; 2° PIERRE, capitaine au régiment d'Auroy, infanterie, marié, le 10 février 1744, avec Elisabeth de Gaujal, fille de Samuel, seigneur de Grandcombe, officier d'infanterie, et d'Anne de Tauriac; 3° JEAN DE TAURIAC, tué à la citadelle de Strasbourg, étant dans une compagnie de 300 gentilhommes que Louis XV avait formée; 4° JACQUES DE TAURIAC, capitaine au régiment de Condé, infanterie, mort, le 16 septembre 1747, à la suite des blessures qu'il reçut au col de l'Assiette, en Dauphiné; 5° MARIE SUZANNE, alliée, le 27 juillet 1733, à Pierre-François de Leyrat, grand-voyer, président-trésorier de France; 6° ELISABETH, élevée en la maison royale de Saint-Cyr en 1721, morte religieuse au monastère de Vielmur, près de Castres.

XI. ANTOINE DE TAURIAC, seigneur-baron de La Romiguière, Le Truel, Costrix, etc., né le 30 janvier 1714, capitaine au régiment de La Roche-Aymon, infanterie, chevalier de Saint-Louis, rendit hommage au roi, le 16 avril 1766, et testa, le 25 mars 1775. Il laissa de son mariage, contracté, le 25 janvier 1761, avec Madeleine d'Assas de Chan-

---

(1) Anciennes terres de la maison d'Hèbles, vendues, en 1728, à Jean de Tauriac, par Henri de Baschy, marquis du Caylar, qui en avait hérité.

fort, fille de N..... d'Assas de Chanfort, seigneur de Saint-André, Ardeliers et autres lieux, et de Marguerite de Brun de La Croix.

1° ANTOINE-LOUIS, baron de Tauriac, né à Millau, le 15 mars 1766, ancien officier au régiment du roi, cavalerie, émigré, puis capitaine au service de la Russie, mort, le 24 décembre 1813, à Interbourg, Lithuanie prussienne, sans avoir été marié ; 2° PHILIPPE-JACQUES, né à Millau, le 20 février 1767, ancien chanoine du chapitre de Saint-Léons, émigré en 1791, et, après la Révolution, successivement curé de Bégon, de Rivière, chanoine de Montpellier et de la cathédrale de Rodez, décédé à Rodez après 1836 ; 3° ANTOINE-GUILLAUME-LOUIS, dont l'article suit ; 4° MARIE-GABRIELLE-FRANÇOISE, née le 15 novembre 1762, décédée à La Roque, commune de Saint-Etienne-de-Gourgas (Hérault), le 14 septembre 1833, laissant sept enfans de Pierre-Henri-Claude-Augustin Dupuy-Montbrun, vicomte de Cabanes, seigneur de La Roque, etc., qu'elle avait épousé, le 4 septembre 1786 ; 5° MARGUERITE-FRANÇOISE, *dite de La Romiguière*, née à Millau, le 19 janvier 1765, décédée célibataire, le 30 octobre 1844 ; 6° MADELEINE-MARGUERITE-SOPHIE, née à Millau, le 22 avril 1768, mariée, le 10 mars 1801, à Philippe-Fortuné Artaud, inspecteur des domaines, dont plusieurs enfans ; 7° SUZANNE-PHILIPPINE-MARIE, née à Millau, le 25 juillet 1773, décédée à Gourgas (Hérault), le 19 août 1847, s'était alliée, en 1800, au comte de Beaumevieille-d'Ambur, dont, entre autres enfans, Ferdinand, qui a servi dans les gardes-du-corps, et Edmond, capitaine au 2ᵉ régiment de carabiniers et chevalier de la Légion-d'Honneur, aujourd'hui retraité.

XII. ANTOINE-GUILLAUME-LOUIS, baron de Tauriac, chevalier de Saint-Louis, de l'ordre de Malte et de la Légion-d'Honneur, né à Millau, le 18 mars 1766, ancien officier au régiment de Vivarais, infanterie, émigra en 1791, alla joindre les princes, frères du roi, à Coblentz, et entra, à la création des régimens à cocardes blanches, en qualité d'officier, dans celui de M. le duc de Castries, où il est demeuré jusqu'au licenciement, effectué en 1802. A son retour de l'émigration, il se maria au Vigan, avec Marie-Antoinette de Gourgas, fille de Vincent de Gourgas, ancien capitaine dans le régiment de Briqueville, infanterie, chevalier de Saint-

Louis. Ayant établi sa résidence à Lyon, il a été, sous la Restauration, colonel chef d'état-major des gardes nationales du département du Rhône, et gentilhomme ordinaire de la chambre du roi Charles X.

Il est mort, le 28 novembre 1840, sans laisser de postérité.

(Extrait en grande partie du Nobiliaire universel, par M. de Saint-Allais, t. IV.)

Marguerite-Françoise de Tauriac, dernière survivante de cette famille, mue par le désir de conserver le nom de ses pères, a, par acte fait au greffe de la justice de paix de Millau, le 10 janvier 1842, adopté ses neveux, nés du mariage de sa sœur avec Philippe-Fortuné Artault. Cet acte a été homologué par jugement du tribunal civil de Millau, le 19 janvier 1842, et confirmé par arrêt de la cour royale de Montpellier, le 15 février suivant, transcrit sur les registres de l'état civil de Millau, le 15 mars 1842.

En vertu de cette adoption et de l'article 347 du Code Napoléon, le nom d'Artault de Tauriac est dévolu :

1° A Vincent-Fortuné-Antoine-Madeleine, directeur des domaines à Evreux (Eure), sans enfans ;

2° A Michel-François-Raoul, conservateur des hypothèques à Millau, marié, en 1839, à Eugénie-Félicité de Lebarre, dont Joseph-François-Fortuné Artault de Tauriac, né le 29 septembre 1842 ;

3° A Louise-Eulalie-Philippine, femme de René Monteil, de La Rouverette, près de Marvéjols, neveu d'Alexis Monteil, l'historien.

SEGONDS-DE-L'ESTANG-DE-LABROUSSE,

Seigneurs de l'Estang, de La Brousse, de Montou, de Villecours.

Armes : *D'or, à la scie de sable posée en bande.*

Cette famille, qui se dit originaire du comté de Foix, fut maintenue dans sa noblesse d'extraction par jugement de l'intendant de Montauban Laugeois, en date du 7 juillet 1716.

I. Noble ANTOINE DE SEGONDS-DE-LABROUSSE, fils d'autre Antoine et de noble Béatrix d'Entraygues, épousa, le dernier jour d'avril 1579, noble Jeanne de Colomb, fille de Pierre de Colomb, habitant de Villefranche, et de Marguerite de Soulages. Il fut père d'Antoine, qui suit :

II. ANTOINE DE SEGONDS-DE-LABROUSSE, IIIe du nom, seigneur de Labrousse, s'allia, par contrat du 22 février 1618, avec Gabrielle de Latour, fille de Bertrand de Latour, sieur de Lédou, et d'Isabeau d'Arpajon, dont il eut :

III. CHARLES DE SEGONDS-DE-LABROUSSE, marié, le 11 février 1654, avec Isabeau d'Hautpoul, fille de feu noble

…uéjouls, seigneur d'Espessergues, et de Catherine de Calusac, dont deux filles : Marie, décédée en 1658 (1), et Charlotte, qui épousa noble Michel de Ginestet, et mourut, le 8 janvier 1668, laissant trois fils de son mariage : Bernard, Jean et Louis de Ginestet *(Etat civil de Flavin)*.

Bernard de Ginestet, sieur de Puechan, épousa, le 4 février 1674, Isabeau de Podio, veuve de noble François de Morlhon, seigneur de Boussac, fille de feu noble Etienne de Podio et d'Anne d'Hauterive, mariés, du lieu de Sévérac-l'Eglise *(Titres de la maison de Flavin)*.

Nous ignorons si le sieur de Ginestet de Montrazat, qui figure parmi les nobles de l'élection de Rodez en 1789, était de la même famille.

---

(1) Marie Manharre fut inhumée dans la chapelle du château de Gamarus, le 24 août.

BONNEFOUS DE PRESQUE,

Branche établie à Millau.

Armes : *D'azur, à la bande d'or.*

Ancienne et noble famille, originaire du château de Presque, dans la paroisse de Saint-Médard, diocèse de Cahors, maintenue par un arrêt de la cour des aides de Paris, en date du 17 juin 1662, confirmé par un autre arrêt du conseil d'Etat du roi, du 5 mai 1670, dans lequel est rapportée la généalogie de cette famille qui a formé plusieurs branches. Nous nous bornons à mentionner ici celle qui s'était établie dans le Rouergue et qui a habité la ville de Millau.

I. ANTOINE DE BONNEFOUS DE PRESQUE, vivant en 1584, eut quatre enfans, savoir : Marc-Antoine, Pierre, Louis et Marc de Bonnefous.

II. PIERRE DE BONNEFOUS, le second qualifié écuyer, épousa, le 5 février 1637, Anne de Voisin, mourut avant l'année 1659, et fut le premier qui habita la ville de Millau. De son mariage naquit :

III. MARC-ANTOINE DE BONNEFOUS, marié, le 8 juin 1664, avec Isabeau de Raynaldy, qui le rendit père de Jean, ci-après :

IV. JEAN DE BONNEFOUS, épousa, en 1723, Suzanne de Carbon, dont plusieurs enfans :

1° Jean-Baptiste-Barthélemi, qui suit; 2° François-Gaspard de Bonnefous, capitaine au régiment de Vermandois et chevalier de Saint-Louis, retiré du service avec le grade de major, qui possédait, en 1767, le château de Mas-Rougier, près de Roquefort, qu'il avait acquis de la famille de Brunel de Las

Combettes, père de Jeanne-Marie-Thérèse-Benjamine, qui fut mariée, en l'an VIII, à Jean-Baptiste-François Del Puech, de Nant (1); 3° MARTHE DE BONNEFOUS, mariée, le 22 novembre 1749, à Pierre de Gualy, sieur du Gua.

V. JEAN-BAPTISTE-BARTHÉLEMI DE BONNEFOUS, ancien capitaine dans le régiment de Dauphiné, chevalier de Saint-Louis, gouverneur de la ville de Millau, épousa à Paris, le 18 avril 1771, Agnès-Louise Roblaste de Rhinville, dont :

1° MAURICE-GASPARD-CATHERINE DE BONNEFOUS, émigré et décédé avant son père, sans postérité ; 2° MARTHE-MAURICE-GABRIELLE.

---

(1) Le château Del Puech (du Puech ou Dupuy, de Podio), situé dans la paroisse Sainte-Marie-Del-Puech-de-Sendras, ancien diocèse d'Alais, a donné son nom à la famille Del Puech, dont la filiation suivie remontait, par titres authentiques, jusqu'à Pierre Del Puech, seigneur du château Del Puech, de Sendras, etc., vivant en 1321, comme il conste d'après un arrêt du conseil, du 2 juillet 1717, enregistré à la chambre des comptes, aides des finances de Montpellier, le 10 décembre 1721, en faveur de Jean Del Puech, seigneur de Comeyras, issu de la même souche.

La descendance directe et masculine de Pierre continua jusqu'au 24 septembre 1576, époque à laquelle sa famille fondit dans la maison de La Fare, par le mariage d'Hélix Del Puech, fille unique de Bernard, dernier du nom de cette branche, avec le baron Jacques de La Fare.

Antérieurement et en 1494, Guillaume Del Puech, grand-oncle d'Hélix, puîné de la famille, avait formé la branche de La Nèble, d'où sortit, en 1560, celle de Saint-André de Majencoules, qui a donné naissance au rameau de Nant, en Rouergue, possesseur des titres qui prouvent son origine.

François Del Puech, écuyer, sieur de Saint-André de Majencoules, eut de Simonne de Mourgues-Delmas, qu'il avait épousée, le 15 janvier 1688, François Del Puech, son héritier universel; qui continua la descendance de la maison de Saint-André de Majencoules, et, entre autres enfans, Henri-Joseph Del Puech, seigneur del Bosc, auteur de la branche établie à Nant, en Rouergue.

Celui-ci épousa Elisabeth Vivens, qui donna naissance à François.

François Del Puech se maria, le 12 février 1760, avec Marie-Anne Soulier, dont :

Jean-Baptiste-François Del Puech, époux de Jeanne-Marie-Thérèse-Benjamine de Bonnefous, père et mère de Jean-Baptiste-Marie-François-Raymond-Alphonse Del Puech (*Note communiquée*).

DE RIVIER ou RIBIER,

Seigneurs de La Cazotte, de Palières, de Costrix, de Saint-Michel-de-Landesque.

ARMES : *De gueules, au buste de cheval d'argent de profil, accompagné de huit besans d'or en orle.*

(Famille maintenue dans sa noblesse, le 31 août 1746, par l'intendant Laugeois, sur preuves remontant à 1585.)

Le château de La Cazotte, dont on voit encore les débris sur la rive gauche du Tarn au-dessus de Broquiès, était possédé, en 1322, par Bernard de La Roque (1), damoiseau. A ce fief était attaché le droit de haute justice.

Gilibert Durand en était seigneur en 1425 et 1478.

La famille de Cahuzac au XVIe siècle.

Après, vinrent les Rivier qui en ont été les derniers seigneurs et qu'on croit originaires d'un château de la Rivière, du côté de Saint-Sernin.

I. **GILIBERT DE RIVIER** est le premier qu'on trouve à La Cazotte.

---

(1) Raymond de La Roque et Armande Bonnefous, sa femme, vendirent, en 1321, aux religieux de Bonnecombe, la moitié du masage de La Savatarié, situé dans la paroisse de Saint-Amans-de-Costrix, avec le droit de gerbe et autres droits seigneuriaux qu'ils avaient sur ledit masage.

II. DORDÉ, fils de Gilibert, acquit les fiefs de Palières et de Costrix. Il habitait, en 1582, le petit château de Pérayrol, aujourd'hui détruit. Il existe un cahier de reconnaissances de la terre de Saint-Michel-de-Landesque, en faveur de noble Dordé Rivier, seigneur de La Cazotte, retenues par M. Dufieu, notaire, en 1582 *(Archives de Bonnecombe)*.

Ce Dordé eut de Sauve de Glizes, Pierre, qui suit :

III. PIERRE DE RIVIER, seigneur de La Cazotte, de Palières, etc., se maria, le 4 mai 1584, avec Hélix Chamieu, fille de Ramond Chamieu, et d'Hélène Baumel, dont Pierre, ci-après :

IV. PIERRE DE RIVIER, IIe du nom, seigneur de La Cazotte, Palières, etc., épousa, vers 1626, Anne d'Annat, fille de Jean, seigneur del Ram, baron de Montaigut. Le contrat fut passé au château de Nayac, terre et juridiction de Saint-Rome-de-Tarn, en présence de nobles Jean d'Annat, seigneur de Vendeloves, et de Guillaume d'Annat del Ram, prêtre et recteur de Boulonzac. De ce mariage :

V. N..... DE RIVIER, seigneur de La Cazotte, etc., qui s'allia, par acte passé au château de Saint-Félix, en 1665, à Jeanne-Roquette d'Hébrard, fille de François, seigneur de Saint-Félix.

VI. FRANÇOIS DE RIVIER, seigneur de La Cazotte, mort en 1720, fils présumé du précédent, avait épousé Marthe de Bourzès, de Millau.

VII. FRANÇOIS DE RIVIER, IIe du nom, né de ce mariage, le 5 août 1702, servit pendant longtemps dans les gardes-du-corps du roi, fut chevalier de Saint-Louis, et s'éleva au grade de mestre-de-camp de cavalerie.

Il mourut en 1785, et fut inhumé, le 5 juin, dans le caveau de la chapelle de la Communion de l'église paroissiale de Saint-Jean-de-Grève. En lui finit cette famille dont les biens passèrent aux Bourzès, de Millau.

DE VERGNETTE ou VERNHETTE.

La famille de Vergnette, originaire du Rouergue et établie depuis 1370 en Normandie, porte : *d'azur, à un chevron d'argent, chargé de trois étoiles de gueules et accompagné de quatre étoiles d'or, trois en chef et une en pointe.*

I. CHARLES DE VERGNETTE, Ier du nom, vivant vers l'an 1480, est qualifié, dans un acte passé au nom de Jacques de Vergnette, son arrière petit-fils, en 1586, écuyer, seigneur en partie d'Alban, en Rouergue, et capitaine d'une compagnie de gens de pied, ayant commandé en Lombardie et en Piémont sous la charge du sieur de Brissac. Le même acte ajoute que le roi François Ier le fit chevalier de l'Accolade, et qu'il avait épousé Catherine de Martrin, de la maison Des Plas, en Rouergue, dont il eut deux enfans :

1° PIERRE DE VERGNETTE, qui a continué la descendance ;
2° N..... DE VERGNETTE, écuyer, père d'Antoine, qui était, le 20 décembre 1571, chevalier de Saint-Jean-de-Jérusalem.

Charles de Vergnette mourut peu de temps avant le 18 février 1587.

II. PIERRE DE VERGNETTE, premier gendarme de la compagnie de M. de Bouttières, épousa Françoise de Saint-Maurice, de la maison de Coudols, dont deux fils :

1° MATHIEU, qui a continué la branche aînée ; 2° JACQUES, chef de la branche cadette.

III. MATHIEU DE VERNHETTE, écuyer, seigneur en partie d'Alban, et homme d'armes de la compagnie de M. de

Terrides, épousa Anne de Castelnau, de la maison de La Roque-d'Assac, en Albigeois. Il en eut Jacques, qui suit:

IV. JACQUES, écuyer, seigneur de Bon-Repos et de Farguettes, près de Gaillon, en Normandie, et commissaire des guerres dans les Pays-Bas, s'attacha au cardinal Charles de Bourbon, archevêque de Rouen et abbé de Jumièges, qui lui donna, par acte du 24 janvier 1675, sept à huit fiefs dépendans de ce monastère (D'Hozier, *Armoiries généalogiques*, 5e registre).

Cette famille existe encore et occupe un rang fort honorable en Normandie.

DE POUX.

Les religionnaires s'étant emparés du château d'Aubin, vers l'an 1590, en furent chassés par Richard, seigneur de Poux et commandant du château.

Ce Richard rendit hommage au roi, pour sa terre, en 1608.

(Bosc).

FELZINS DE GIRONDE,

Seigneurs de Gironde (1) et de Montmurat.

Armes : *Écartelé, au 1 et 4 d'azur, à trois rocs d'échiquier d'or ; au 2 d'azur, au lion rampant d'argent ; au 3 d'azur, au bélier passant d'argent; de gueules, à trois bandes d'argent brochant sur le tout; couronne de comte.*
Supports : *Deux lions rampant d'or, lampassés de gueules.*

Quoique le fragment généalogique qu'on nous a fourni sur cette famille n'établisse sa filiation que depuis l'année 1591, il est certain que son origine remonte bien plus loin et qu'on peut la ranger même parmi les plus anciennes du pays. Plusieurs titres qui sont à notre connaissance ne laissent aucun doute à cet égard (2).

I. POUCE DE FELZINS, seigneur de Gironde et de Montmurat, épousa, par contrat du 15 décembre 1591, Jeanne de Salhians, dont il eut :

II. GASPARD DE FELZINS Ier, seigneur de Gironde, qui

---

(1) Le château et lieu de Gironde, sur les bords du Lot, dans le canton d'Aubin.
(2) On voit, entre autres, dans les *Cartulaires* de Conques, que Pierre de Felzins, vivant au XIe siècle, donna à l'abbé Odolric son alleu del Batut *(Cartulaires, 285)*.

s'allia, le 10 septembre 1623, à Marguerite de Montanhar, et fut père de Gaspard, qui suit :

III. GASPARD DE FELZINS, IIe du nom, seigneur de Gironde, né le 4 janvier 1625, épousa Catherine de Gausserand, dont il eut :

IV. CHRISTOPHE DE FELZINS, seigneur de Gironde, qui figure, ainsi que son père Gaspard, sur le rôle de la noblesse de 1668. Il eut de Marie de Masbou, Antoine, qui suit :

V. ANTOINE DE FELZINS, seigneur de Gironde, se maria à Aurillac, le 7 septembre 1694, avec Marguerite Mirabeau, dont :

VI. JEAN-BAPTISTE DE FELZINS, sieur de Gironde, qui épousa, le 7 novembre 1720, Marie-Eulalie de Sales, dont il eut :

VII. PIERRE DE FELZINS, comte de Gironde, baptisé au château de Gironde, le 24 février 1722, capitaine au régiment royal-dragons, chevalier de Saint-Louis, marié à Antoinette-Cécile-Marie Darberg-de-Vallengin, comtesse du Saint-Empire, qui le rendit père de :

VIII. MAXIMILIEN-NICOLAS DE FELZINS, comte de Gironde, né au château de Gironde, le 12 juillet 1757, marié à Éléonore-Maximilienne-Dieudonné de Fusco de Matalorry (1), chanoinesse du noble chapitre de Moustier-sur-Sambre, dont une fille qui épousa M. Salesses, de Figeac, lequel a eu, entre autres, une fille, mariée à M. Passelac, sous-préfet d'Espalion.

Maximilien-Nicolas eut d'un second mariage :

1° AUGUSTE DE FELZINS, habitant au château de Gironde ; 2° MAXIMILIEN-NICOLAS-MICHEL, lieutenant au 2e régiment de dragons ; 3° JOSÉPHINE DE FELZINS, mariée à Maurs.

(Extrait d'une production de titres faite par M. de Felzins en 1781).

(1) Parente, à ce qu'on assure, de l'impératrice Eugénie.

DE CHAUMEIL DE DIENNE.

Armes : *D'azur, au chevron d'or, accompagné de trois bourdons de pèlerin du même.*

Famille noble d'Auvergne, dont une branche s'établit, il y a environ deux siècles, au château de Vilherols, commune de Lacroix, près du Mur-de-Barrez, où elle subsiste encore. Celle-ci avait la seigneurie de Peyrecrose et fut maintenue par M. Le Pelletier, le 6 juin 1699.

Noble Michel de Chaumeil, qui testa en 1598, avait épousé, en 1573, Françoise de Dienne, et c'est depuis cette époque que la famille a toujours ajouté à son nom celui de Dienne.

De Michel descendait en ligne directe Jean-Pierre de Chaumeil de Dienne, seigneur de Vilherols, dans la paroisse de Bars, qui prit part aux délibérations de la noblesse assemblée à Villefranche, en 1789, pour les États généraux.

Cette famille est aujourd'hui représentée par M. Marcellin de Chaumeil, juge de paix du canton du Mur-de-Barrez.

La maison de Dienne est une des plus anciennes et des plus considérables de la Haute-Auvergne. Léon de Dienne, chevalier, est cité parmi les plus grands seigneurs qui se croisèrent contre les Sarrazins, pour la conquête de la Terre-Sainte, sous le roi Philippe-Auguste, en 1190.

Armes : *D'azur, au chevron d'argent, accompagné de trois croissans d'or.*

DE COMBETTES-DESLANDES.

Armes : *Ecartelées, aux 1 et 4 d'or, à l'arbre de sinople; aux 2 et 3 d'azur, au levrier d'argent, et, sur le tout, d'azur, à la croix d'or, au chef du même.*

Cette famille est originaire d'Auvergne. Dans le XVIIe siècle, elle habitait le château de Soursat, sur les bords de l'Allier, dans la presqu'île formée par cette rivière et la Dora, et possédait les terres de Marignat et du Layat, près de Lezoux, et celles de Combettes et de Fiongeaux.

Louis de Combettes vivait au commencement du XVe siècle. Son petit-fils, noble Florimond de Combettes, épousa une fille de Gayon de Grimaud, dont il eut plusieurs enfans. L'aîné, du nom de Jean, resta en Auvergne dans le manoir de ses pères. Jacques de Combettes, le second de ses fils, se fixa en Albigeois, et fut l'auteur des branches de Combettes-Labourelie, Duluc-Sayrac et Caumont. Le troisième, qui s'appelait Antoine, s'établit dans le Rouergue où sa descendance existe encore, et est connue sous le nom de Combettes-Deslandes (*Nobiliaire d'Auvergne*, par M. Bouillet).

De ce dernier descendaient Jean-Pierre-Charles de Combettes, procureur-général-syndic de la province de Haute-Guienne, et Joseph-Henri de Combettes, de La Fajolle, seigneur baron de Soubès, Poujols, etc., qui firent l'un et l'autre partie de l'assemblée de la noblesse tenue à Villefranche en 1789, pour l'élection des députés aux Etats-généraux.

Une famille du même nom existait fort anciennement en Rouergue. Bertrand de Combettes, sergent d'armes du roi Philippe de Valois, est nommé avec d'autres nobles du diocèse de Rodez, dans des lettres de sauvegarde que ce monarque accorda à l'abbaye de Bonneval, le 23 septembre 1335, et son nom y était encore représenté à la fin du dernier siècle par Jean-Joseph-Lazare de Combettes, né à Gaillac en 1745, conseiller au parlement de Toulouse avant 1771, mort sous la hache révolutionnaire en 1794 (*Nobiliaire d'Auvergne*).

CAULET,

Seigneurs de Cadars et de Combret, en Rouergue ; de Labalme, Beaumont, Gragniague, Tournefeuille, dans le Toulousain.

ARMES : *De gueules, au lion d'or, à une fasce d'azur, chargée de trois étoiles du second brochant sur le tout.*

La famille de Caulet, distinguée par les hautes charges qu'elle occupa au parlement de Toulouse et dans l'ordre ecclésiastique, était originaire de Cadars (1). Elle s'établit à Rodez dans le XVe siècle, et après s'y être enrichie par le commerce, elle fit l'acquisition de plusieurs fiefs et se transplanta à Toulouse, où elle s'allia aux principales familles parlementaires, et à donné :
Guillaume de Caulet, président au parlement, le 11 mars 1679; Pierre de Caulet, président, le 22 août 1714 ; Henri-Joseph de Caulet, président, le 3 décembre 1742, et plusieurs chevaliers de l'ordre de Malte.

I. BERNARD CAULET, marchand de Rodez, vivant en 1529, eut de Claire Chaussagne, sa femme :

1° HUGUES, qui suit ; 2° GUILLAUME CAULET, conseiller au parlement de Toulouse, chef de la deuxième branche ; 3° ANTOINETTE CAULET, mariée à Jean de Melet, conseiller aux requêtes,

---

(1) On voit aux archives du château de Cadars un acte de 1339, par lequel Jacques et Pierre Caulet frères vendent à un habitant dudit lieu des maisons et des jardins qu'ils avaient à Cadars.

qui eut deux enfans, dont l'un, François de Melet, pourvu de la même charge, fut père de Jean-Etienne, président aux requêtes.

II. HUGUES DE CAULET, 1er du nom, acheta, vers l'an 1550, la terre et château de Cadars, de noble Pierre Rossignol, et, quelques années après, celle de Combret, près de Marcillac, d'Antoine d'Arjac, baron du Cayla. Il fit son testament à Rodez, dans sa maison du Bourg, le 6 juin 1572. Il avait eu de Françoise d'Aulhoz (1), sa femme :

1° HUGUES II DE CAULET, héritier de son père, receveur des deniers royaux en la comté de Rodez (2); 2° GUILLAUME DE CAULET, seigneur de La Balme, contrôleur en la recette générale de.....; 3° GEORGES DE CAULET, conseiller et doyen du parlement de Toulouse, qui eut un fils aussi conseiller dans le même corps; 4° PIERRE DE CAULET, abbé de Foix; 5° FRANÇOIS DE CAULET, seigneur de Cadars, qui eut cette seigneurie, en 1589, par délaissement de Hugues, son frère, et fut père d'autre François de Caulet, *grand maistre enquesteur et général réformateur des eaux et forêts de France, Languedoc et Dauphiné*, lequel se maria, en 1597, à Toulouse, avec Marie de Fraxino, fille de noble Jean de Fraxino, avocat; 6° JEAN-GEORGES DE CAULET, président-trésorier général de France, père de : A Bernard de Caulet, conseiller au parlement de Toulouse, qui, de Marie de Barthélemy de Grammont, eut Marie-Dorothée de Caulet, mariée, le 20 septembre 1674, avec Jean de Rességuier, II° du nom; B Jean-Georges de Caulet, conseiller du roi et son président à mortier au parlement de Toulouse, seigneur et baron de Graigniague, marié avec Anne Des Plats; C François-Etienne de Caulet, évêque de Pamiers, qui aura son article plus loin; D Guillaume de Caulet, conseiller du roi et son trésorier de France en la généralité de Toulouse; E Jean-Paul-Bonaventure de Caulet, prêtre prieur de Moncla; F Catherine de Caulet, femme de Jean de Lévis, seigneur et baron de Mirepoix; 7° ROSE DE CAULET, femme de Jean-Etienne Duranti, premier président du parlement de Toulouse, l'un des plus illustres et des plus

---

(1) Sœur de noble François d'Aulhoz, sieur de La Combe et de La Roquette.

(2) Cet Hugues, seigneur de Combret, était protestant.

savans magistrats de son siècle, qui fut inhumainement massacré par les ligueurs, le 10 février 1589, à l'âge de 56 ans; 8° Françoise, mariée à M. de Loschésie; 9° Marguerite, alliée à Bertrand de Reich, de Carcassonne, sieur de Pénautié, dont un fils conseiller au parlement; 10° Antoinette, femme de M. Gasquet, d'Albi.

DEUXIÈME BRANCHE,

Eteinte à la deuxième génération.

II. GUILLAUME DE CAULET, deuxième fils de Bernard, conseiller au parlement de Toulouse en 1546, eut de son mariage avec Jacqueline Dufau :

1° Pierre de Caulet, conseiller au parlement, marié avec Marie Delheren, dont une fille, Anne, femme du président de Graigniague; 2° Pierre-Antoine, chanoine d'Albi; 3° Fleurance, mariée avec M. de Laissasy, morte sans enfans; 4° Jeanne, femme de Pierre de Thoery, avocat à Gaillac, dont une fille, Anne, mariée, le 11 février 1597, à Thomas de Foucaud d'Alzon, seigneur de Saint-Martial et de La Garde; 5° Françoise, femme de N..... Druilhet, avocat; 6° Marie, femme de Guillaume de Foucaud d'Alzon, conseiller au sénéchal; 7° N..... de Caulet, mariée à M. Lafont; 8° Marguerite de Caulet, femme de N..... de Lacombe, dont la fille épousa M. de Boyer, qui fut père de M. de Boyer, chanoine, et de M. de Boyer-Caneville.

(Ancien mémoire généalogique trouvé aux archives du château de Balsac).

FRANÇOIS-ETIENNE DE CAULET, ÉVÊQUE DE PAMIERS.

François-Etienne de Caulet, né à Toulouse en 1610, abbé de Saint-Volusien-de-Foix à 17 ans, fut sacré évêque de Pamiers en 1644, et mourut, le 6 août 1680, âgé de 70 ans.

Ce prélat rendit son épiscopat célèbre, dans deux affaires importantes, qui agitèrent l'Eglise et l'Etat dans l'avant-dernier siècle. Un excès de zèle lui fit embrasser la défense des propositions de Jansénius, malgré la condamnation que la cour de Rome avait prononcée. Il refusa de signer le fameux formulaire d'Alexandre VII et se déclara ouvertement contre les jésuites. Son zèle se ranima dans l'affaire de la régale sur tous les diocèses du royaume. Il refusa de s'y soumettre, composa, pour justifier son opposition, un traité sur cette matière, et, par une étrange singularité, après avoir méconnu l'autorité du pape en matière de dogme dans l'affaire du jansénisme qui était toute spirituelle, il eut recours à cette même autorité, dans une affaire purement temporelle, et appela à ce pontife de tout ce que le roi avait fait en faveur de la régale. Il avait été longtemps directeur du séminaire de Saint-Sulpice. Pénétré de l'esprit de religion et de régularité qui régnait dans cette maison, il le communiqua à son chapitre et rétablit le bon ordre parmi son clergé; il étendit aussi son projet de réforme à tous les chrétiens de son diocèse, et fonda trois bonnes écoles pour l'éducation de la jeunesse de l'un et de l'autre sexe.

Jean de Caulet, petit neveu du précédent, né à Toulouse en 1693, fut nommé à l'évêché de Grenoble en 1726, assista au concile d'Embrun en 1727, et mourut, le 27 décembre 1771, après avoir édifié son diocèse par ses vertus.

CHATEAU DE CADARS.

Ce château, bâti dans un site agréable, près du ravin du Lézert, qui sépare Cadars de Sauveterre, paraît dater de la Renaissance.

Bertrand de Sardon, marchand de Sauveterre, était seigneur de Cadars en 1459.

Vers la même époque, noble Hugues d'Ozils avait sur cette terre des droits qu'il vendit, en 1466, à noble Ardit de Bar.

Celui-ci se qualifiait, en 1468, coseigneur de Cadars.

Au XVIe siècle, cette terre appartenait à la famille de Rossignol, et Hugues Caulet, de Rodez, l'acquit, en 1550, de noble Pierre de Rossignol, seigneur de Bossac.

Cadars passa plus tard, par mariage, de la famille de Caulet dans celle de Pomayrols, qui possédait dans le voisinage la terre de Grammond, et fut vendu, par cette dernière, en 1784, au sieur Estivals, dont la postérité le possède encore.

DE MADRIÈRES,

Seigneurs de La Garrigue.

Armes : *D'argent, à l'arbre arraché de sinople; au chef d'azur, chargé de trois étoiles d'or.*

Cette maison, qui a donné plusieurs membres distingués au clergé, était originaire de La Garrigue, dans la paroisse de Sénergues. La seigneurie directe de ce lieu lui fut vendue par la maison de Sénergues, et la seigneurie haute, cédée, en 1642, en échange de quelques rentes, par Antoine de Moret, baron de Pagas, qui en était seigneur haut justicier (*Titres de Moret*).

En 1594, Jean de Madrières, licencié, était vicaire-général apostolique institué au diocèse de Rodez.

Jean de Madrières, neveu du précédent, fit hommage au roi, le 20 octobre 1608, des rentes et héritages par lui possédés dans la paroisse de Golinbac, et qu'il vendit, en 1627, au seigneur de Frayssinet. Dans ce dernier acte, il est qualifié *pressenteur* du chapitre de Conques.

La filiation n'est établie que depuis un autre Jean, qui, peut-être, était frère du *pressenteur*.

I. JEAN DE MADRIÈRES, biens tenant, dans la paroisse de Sénergues, fit bâtir, vers 1630, le château de La Garrigue (*Titres de Sénergues*).

Il avait eu de Claude de Labro, sa femme, Pierre, qui suit :

II. PIERRE DE MADRIÈRES, seigneur direct de La Garrigue, fit l'acquisition de la justice haute de cette terre en

1642. Il avait épousé, en 1631, Isabeau de Pouzols, fille de noble Vital de Pouzols, seigneur dudit lieu, qui le rendit père de :

III. JEAN II DE MADRIÈRES, seigneur de La Garrigue, conseiller du roi au présidial de Villefranche, qui, de Marie d'Aygua, héritière, eut :

1° JEAN-JACQUES, dont on va parler; 2° N..... DE MADRIÈRES, doyen du chapitre de Conques, décédé avant l'an 1740.

IV. JEAN-JACQUES DE MADRIÈRES, seigneur de La Garrigue, après avoir été longtemps conseiller au présidial de Villefranche, vint habiter, vers 1710, dans son château de La Garrigue, où il mourut, âgé de 70 ans, après avoir testé, le 26 octobre 1738. Il avait eu de Marie de Benoît, sa femme, qui fit son testament, le 14 avril 1730 :

1° CHARLES-ANTOINE-BENOIT, sieur de Colombiès (1), lieutenant de cavalerie vers 1724, tué à La Garrigue, en 1731, par Marc-Antoine de la Tour, seigneur de Saint-Igest; 2° MARC-ANTOINE, sieur d'Altayrac, marié, le 13 octobre 1740, sans enfans; 3° JOSEPH DE MADRIÈRES, prieur de Foissac, docteur de Sorbonne; 4° JEAN-JACQUES, prieur de Lunac, docteur de Sorbonne; 5° MARIE-JOSEPHE, alliée, le 31 décembre 1733, à André-Joseph de Balzac, seigneur de Firmi, conseiller au parlement de Toulouse. Cette famille est éteinte.

(*Titres du château de La Garrigue*).

D'AYGUA.

ARMES : *De sable à trois fontaines d'or.*

Cette famille exerçait fort anciennement des fonctions dans la magistrature.

Jean d'Aygua était lieutenant du sénéchal de Rouergue en 1298 (*Des Bruyères*).

(1) La terre de Colombiès, provenant de l'ancienne maison de Belcastel, avait été acquise, le 20 février 1728, par Jean-Jacques de Madrières, de Bernard de Raynaldy, seigneur de Saint-Salvadou.

Un de ses successeurs, du même nom, était avocat général au parlement de Toulouse en 1515.

« En cette année, dit l'annaliste de Villefranche, M. Jean d'Aygua, avocat général du parlement de Toulouse, vint en cette ville, et, comme il en était originaire, la communauté lui fit présent de quatre sacs d'avoine, deux torches de cire, deux boîtes de dragées et demi-douzaine de chapons. »

Le même fut, en 1540, conseiller du roi en ses conseils et procureur général en la chambre de l'édit de Castres.

Bertrand d'Aygua, licencié, premier consul de Villefranche en 1519, épousa N..... d'Imbert, fille de Jean d'Imbert et d'Horable Lironne, qui avait hérité de sa sœur Antoinette Lironne, veuve et donataire de Jean d'Agens, du fief de Salesses, dont ce dernier était seigneur.

Bertrand d'Aygua eut pour fils Jean, qui fut tué à Graves, près de Villefranche, pendant les troubles religieux en 1560, et eut à la même époque sa maison pillée et brûlée.

François d'Aygua racheta, en 1573, la place de Salesses, qu'on avait été forcé d'aliéner.

En 1608, Jean d'Aygua fit hommage pour cette terre à la reine Marguerite de Valois, comtesse de Rouergue, et fut bienfaiteur du couvent des Capucins de Villefranche, lors de son établissement, en 1608.

Jean-Jacques d'Aygua, conseiller et magistrat présidial en la sénéchaussée de Rouergue, fit, le 17 mars 1639, devant le sénéchal, le dénombrement de ses biens, où l'on trouve le lieu de Salesses, situé en la paroisse de Saint-Salvadou, laquelle se meut de la châtellenie royale de Najac.

Raymond d'Aygua, seigneur de Salesses, chanoine et doyen du chapitre de Conques, qui acheta, en 1681, de Catherine-Françoise d'Arpajon, une partie de la terre d'Espeyrac, n'avait qu'une sœur, dernière du nom, qui fut son héritière, et se maria à Jean de Madrières, seigneur de La Garrigue.

(*Annales de Villefranche.* — *Titres du château de La Garrigue.*)

DE RAYNALDY,

Seigneurs de Marmont, de Colombiès, de Rulhe.

Maintenus, le 4 décembre 1716, par l'intendant Laugeois; sur preuves remontant à 1608.

ARMES : *Parti d'or, à trois roses d'azur; et d'argent, à un renard rampant de gueules; au chef de gueules, chargé de trois coquilles d'argent, brochant sur le parti.*

I. GABRIEL DE RAYNALDY, mort en 1555, avait épousé Jeanne d'Alric, qui le rendit père de Pierre.

II. PIERRE DE RAYNALDY, mort en 1625, qualifié noble suivant un jugement en faveur de son arrière petit-fils, Jean-Bernard, se maria, en 1576, avec Marguerite de Garrigues, dont il eut :

III. JEAN DE RAYNALDY, qui épousa, le 5 février 1608, Anne Du Rieu, et mourut en décembre 1668 (1), laissant :

1° PIERRE, qui suit; 2° JEAN-FRANÇOIS, qui suivra; 3° DELMAS, seigneur de Rulhe, époux de Marie Du Rieu, et auteur d'une branche dont descendait, au cinquième degré, N..... de Raynaldy-d'Arjac, garde-du-corps du roi en 1814; 4° CATHERINE, mariée à Pierre Du Rieu, juge-mage; 5° JEANNE, femme de Bernard Du Rieu, capitaine; 6° HÉLÈNE, femme de Louis de Rességuier.

(1) Ce Jean de Raynaldy, lieutenant particulier en la sénéchaussée de Rouergue, acheta la terre de Colombiès, en 1622, de Jean de Bernard.

IV. PIERRE DE RAYNALDY, né en 1610, conseiller au parlement de Toulouse, épousa Françoise de Maritan, fille de Jean de Maritan et d'Anne de Frézals. Il en eut deux filles : Catherine de Raynaldy, mariée à Jacques de Buisson-d'Aussonne, et Marie-Anne, femme de Charles de Pélissier de Boirargues, famille qui a donné un évêque à Maguelonne en 1498 et un à Montpellier en 1529.

IV. JEAN-FRANÇOIS DE RAYNALDY, seigneur de Marmont et de Colombiès, épousa, en 1647, Gabrielle de La Roque-Bouilla-Saint-Géry, dont il eut :

1° JEAN, ci-après ; 2° ISABEAU DE RAYNALDY, mariée, le 30 novembre 1667, à Guillaume de Campmas-Garibal, seigneur de Saint-Remy et d'Elves ; 3° MARIE DE RAYNALDY, femme, le 4 janvier 1685, d'Etienne de Cavalerie ; 4° PIERRE DE RAYNALDY, capitaine ; 5° et 6° FRANÇOIS et BERNARD, prêtres.

V. JEAN DE RAYNALDY, conseiller au parlement de Toulouse, épousa, en 1682, Catherine de Sapte, dont il eut sept enfans :

1° JEAN-BERNARD, conseiller au parlement de Toulouse, qui, de Jeanne de Chambart qu'il avait épousée en mai 1718, eut une fille qui entra dans la maison d'Ayssène ; 2° MARIE DE RAYNALDY, femme de Jean-François de Cahuzac du Verdier, dont un fils, marié à Françoise de Turenne-d'Aynac ; 3° ELISABETH DE RAYNALDY, mariée à N..... de Rouffiac de Verlhac ; 4° FRANÇOISE DE RAYNALDY, femme de N..... de Prats, baron de Vieux, dont le fils épousa Mlle de Fumel ; 5° PIERRE DE RAYNALDY, seigneur de Saint-Sauveur, père d'une fille, mariée à M. Rouziès, lequel eut N..... Rouziès, femme de M. La Bastide, vivant encore à Villefranche, étant veuve en 1858 ; 6° et 7° deux autres fils, chevaliers de Saint-Louis.

VI. JEAN-FRANÇOIS DE RAYNALDY eut de Marie-Adelaïde Delpech :

1° LOUIS, émigré pendant la Révolution ; 2° MARIE ; 3° CHARLOTTE ; 4° HENRIETTE.

DE RUDELLE.

Armes : *D'azur, à trois roues d'or.*

I. Cette famille, de très-ancienne origine dans le canton de Cassagnes, a pour premier auteur connu, ETIENNE DE RUDELLE, mort avant l'an 1390, et qui laissa entre autres enfans :

1° Antoine, qui continua la descendance à Cassagnes; 2° Jean, prêtre, prieur de Camjac, religieux de l'ordre de Saint-Jean-de-Jérusalem, qui, par acte de l'an 1461, fonda, de concert avec son frère Antoine, une chapelle dans l'église de Saint-Martin-de-Cassagnes, à l'honneur de Saint-Jean. « *Venerabilis et religiosus vir Dominus Joannes Rutella de Cassagneis, præceptor Ruthenæ, sancti Martialis, et de Cambiaco ordinis sancti Joannis Hierosolimitani, unà cum Antonio, fratre suo,* etc. » *(Acte de fondation)*; 3° Béranger, auteur de la branche de La Frégière.

IV. JEAN DE RUDELLE, Ier du nom, descendant d'Antoine au quatrième degré, épousa Antoinette de Mélet, qui le rendit père de :

1° Thomas de Rudelle, conseiller au parlement de Toulouse, marié à Jeanne d'Alzon, fille de Guillaume d'Alzon, conseiller à la même cour, auteur de la branche de Rudelle-d'Alzon, qui s'est perpétuée avec honneur à Toulouse (1), et dont était issue

---

(1) Thomas de Rudelle eut entre autres enfans :

1° Jeanne, mariée à M. de Géraud, conseiller; 2° Antoine de Rudelle d'Alzon, qui continua la postérité, et eut de Jeanne Desfons, N.... de Rudelle, marié à N.... de La Pierre, dont un fils, époux de Catherine Bonhomme, père et mère de Guillaume de Rudelle-d'Alzon, avocat général au parlement, qui s'allia à N..... de La Roque, sœur du conseiller de ce nom, qui vivait en 1704.

Guillemette-Paule-Marie-Victoire de Rudelle-d'Alzon, femme, en 1786, de Dominique-François de Brunet, marquis de Panat, vicomte de Cadars et de Peyrebrune; 2° Charles de Rudelle, qui continua la postérité à Cassagnes, et testa en 1572; 3° Hugues, conseiller au parlement comme son frère Thomas, et dont la fille épousa M. de Porachenque; 4° Antoine de Rudelle, docteur ès-droits, marié à N..... de Daphnis, fille de M. de Daphnis, premier président au parlement de Toulouse, dont une fille qui épousa M. de Trébosq, conseiller en la même cour.

VI. GUILLAUME DE RUDELLE, docteur et avocat, fils de Charles, épousa, par contrat du 5 septembre 1606, Claire Pomarède, fille d'Antoine Pomarède (1), de Cassagnes. Il fut capitoul de Toulouse en 1608, et eut pour enfans :

1° Bernard, qui lui succéda; 2° Pierre, décédé à Toulouse; 3° Delphine, morte dans la même ville, chez M. de Rudelle-d'Alzon, son cousin.

VIII. JEAN DE RUDELLE, II° du nom, fils de Bernard, épousa, en 1689, Catherine Calmette, fille de François Calmette, médecin à Rodez, et mourut en 1746, laissant de son mariage, entre autres enfans :

1° François, prêtre, bénéficier à Narbonne; 2° Marie-Madeleine, mariée à M. Sicard, de Réquista, et décédée huit jours après ses noces; 3° Bernard, qui succéda; 4° Claude-Albert, dit Fabrègues, mort sans enfans; 5° Marie-Anne, femme, en 1732, de Bernard Bérengues, de Cassagnes; 6° Christine, alliée, en 1734, à Guillaume Colomb, de Montbazens, avocat, d'où sont sortis les Colomb, de Rodez ou du Terral.

IX. BERNARD DE RUDELLE, II° du nom, né le 31 août 1704, décédé à Toulouse en 1752, conseiller au sénéchal de Rodez, avait épousé, en 1744, Marie-Anne de Balsac-Viala-

---

(1) C'est de cette famille Pomarède qu'était sorti M. Pomarède de La Viguerie, jurisconsulte renommé du barreau de Toulouse.

telle, fille d'André de Balsac, lieutenant de l'élection de Rodez, et de Jeanne de Moly. De ce mariage :

1° JEAN-BERNARD-ALBERT-MARGUERITE, ci-après ; 2° JEAN-ANDRÉ-AMANS, *dit La Calmette*, doctrinaire à Moissac ; 3° FRANÇOIS-MARIE, *dit Recoules*, aussi doctrinaire ; 4° JEANNE-MARIE-ANNE-RÉGIS, décédée au couvent de Notre-Dame à Toulouse ; 5° MARIE-MADELEINE-JOSEPHE, religieuse à l'Annonciade de Rodez.

X. JEAN-BERNARD-ALBERT-MARGUERITE DE RUDELLE, né le 28 décembre 1748, épousa, en 1765, Marie de Nogaret, fille d'Augustin de Nogaret et de Catherine de Vernières, de La Canourgue. De ce mariage :

1° MARIE-AUGUSTIN-AMANS, qui suit ; 2° JOSEPH-JEAN-RÉGIS ; 3° MAXIME-JUSTIN, *dit La Calmette*, émigré ; 4° GUILLAUME-JULIEN, *dit Ligonie*, prêtre, prieur de Ceignac ; 5° FRANÇOIS-LOUIS, *dit La Roualdie*, marié, le 25 novembre 1805, avec Antoinette Planard, de Rodez ; 6° VICTOIRE, femme de M. Anduse, avocat à Broquiès ; 7° MARGUERITE, alliée à M. Tournemire, de Maleville.

XI. MARIE-AUGUSTIN-AMANS DE RUDELLE, né le 25 octobre 1767, épousa, le 24 février 1802, Marie-Anne-Catherine de Séguret, fille de Joseph-François-Régis de Séguret, président juge-mage et lieutenant-général au sénéchal et siège présidial de Rodez avant la Révolution, et de N..... Lenormand-d'Ayssènes.

M. de Rudelle, juge de paix du canton de Cassagnes sous l'Empire et la Restauration, est mort en 1838, laissant plusieurs enfans, dont l'aîné, Marie-Joseph-Alphonse, a épousé, en 1841, Marie-Victoire-Pauline de Roquemaurel, sa cousine, et le cadet, Lucien de Rudelle, s'est fait un nom dans les lettres, par sa connaissance approfondie de la langue anglaise, et les ouvrages pleins d'érudition qu'il a publiés sur cette matière.

(*Titres de famille*).

IZARN DE MÉJANEL,

Seigneurs de Coupiac, Castor, etc.

Armes : *D'argent, à l'isard d'azur; au chef d'azur, chargé de trois étoiles d'or.*

I. JEAN 1er D'IZARN épousa, le 18 avril 1630, Marie de Castelpers, d'une branche de cette maison établie en Albigeois. Il en eut :

II. JEAN D'IZARN, IIe du nom, seigneur de La Balme, mort en 1672, laissant de son mariage avec Antoinette Dalmas, de Sauveterre, qu'il avait épousée en 1665, Jean III, qui suit :

III. JEAN D'IZARN, IIIe du nom, seigneur de La Balme, trésorier de France en la généralité de Montauban, s'allia, le 16 décembre 1697, avec Anne-Marthe de Brandouin du Puget, et mourut en 1730. Sa veuve décéda le 8 novembre 1746. Ils avaient eu entre autres enfans :

1° Jean-Baptiste, qui suit ; 2° Marie, femme, en 1734, de

Charles de Guirard de Montarnal, du château de Montredon. en Albigeois.

IV. JEAN-BAPTISTE D'IZARN, marié, en 1734, avec Madeleine d'Audouls de Roquefère, sœur de Madeleine-Joséphine, femme de Marie-Charles d'Imbert, comte Du Bosc. De ce mariage vinrent :

1° CHARLES-LUC-GUILLAUME, qui suit ; 2° LOUIS-IGNACE, *dit le chevalier d'Izarn*, capitaine au régiment de Normandie, chevalier de Saint-Louis, décédé en 1815 ; 3° JULIE-ISABEAU, femme d'Antoine-Alexis-Galtier, avocat, fils d'Antoine Galtier, aussi avocat, et de Marie Solanet de Laval, habitans de Villefranche-de-Panat.

V. CHARLES-LUC-GUILLAUME D'IZARN DE MÉJANEL, seigneur de Coupiac, Castor, etc., gouverneur de Saint-Sernin, mort en 1820, avait épousé Charlotte-Justine de Gélis, de l'Isle, en Albigeois, qui le rendit père de :

1° JEAN-CHARLES-ETIENNE ; 2° JEAN-BAPTISTE-ALBAN D'IZARN, né le 27 mai 1773, établi à Nantes, en Bretagne, épousa, après la Révolution, une demoiselle de Charrette, dont il a eu Armand d'Izarn, marié à N..... d'Equevilly.

VI. JEAN-CHARLES-ETIENNE D'IZARN, né le 24 mai 1772, n'a eu de son mariage avec N..... de Corneillan de Lajos, en Albigeois, que des filles :

1° JOSÉPHINE D'IZARN, religieuse au couvent d'Orient ; 2° FÉLICITÉ, religieuse au couvent de Notre-Dame de Toulouse ; 3° SILVIE, sœur de Saint-Vincent-de-Paul à Constantinople ; 4° VIRGINIE, femme de Bienvenu Cochi-Moncan, des Vios.

DE CAMPMAS,

Seigneurs de Lieucamp, de Saint-Remy, vicomtes d'Elves.

> ARMES : *Ecartelé, aux 1 et 4 d'azur à la gerbe d'or liée du même ; aux 2 et 3 de gueules à une tour crénelée d'argent maçonnée de sable.*
>
> SUPPORTS : *Deux sauvages tenant une faucille d'argent, le manche de sable, couronnés et ornés de feuilles de sinople.*
>
> DEVISE : *Non metentis, sed serentis* (1).

Le nom de Campmas figure parmi les consuls de Villefranche en 1474, 1503, 1509, 1512, 1525, 1593, etc.; mais on ne peut assurer, faute de titres, que la famille actuelle ait la même origine.

Le premier sur lequel on puisse donner des renseignemens certains est Paul de Campmas, seigneur de Lieucamp, qui est qualifié noble dans deux transactions de 1625 et 1626, et dans son testament, en date de 1628.

Paul de Campmas se maria deux fois :

1° Avec Fleurette Durieu ; 2° Avec Françoise de Morlhon, dame de Veuzac et d'Asprières.

---

(1) Ces armes nous ont été communiquées par la famille. M. Cabantous, dans son *Armorial*, lui donne : *De sinople, à deux mats de vaisseau d'argent, accompagnés en pointe d'une coquille du même.*

Du premier lit :

1° Jean de Campmas, seigneur de Lieucamp, décédé avant son père et sans postérité.

Du deuxième lit.

2° Jean-Paul, décédé aussi sans enfans ; 3° Jeanne, mariée avec Michel-Joseph de Lentilhac, seigneur de Miers, en Quercy, dont une fille, Marie-Claire de Lentilhac, reçue religieuse de l'ordre de Malte au monastère de Martel, le 3 mai 1688.

Paul de Campmas, ayant survécu à ses enfans et se voyant sans postérité, substitua ses biens aux enfans de Guillaume de Campmas, son cousin-germain, chef de la branche cadette.

DEUXIÈME BRANCHE.

I. GUILLAUME DE CAMPMAS, magistrat présidial en la sénéchaussée de Rouergue et président à l'élection, avait eu de Jeanne de Cambon-Roussi :

1° Nicolas, dont l'article suit ; 2° François de Campmas, qui assista comme noble aux Etats tenus à Villefranche en 1649.

II. NICOLAS DE CAMPMAS fut pourvu d'une charge de trésorier de France, en 1635, à la première création du bureau des finances de Montauban. Il fut maître-d'hôtel ordinaire du roi en 1649, et conseiller d'Etat en 1652, *en récompense des services qu'il avait rendus aux rois Louis XIII et Louis XIV dans les emplois dont il fut chargé et qu'il avait remplis avec autant de zèle que de capacité.*

Il acquit, en 1666, la vicomté d'Elves, qui donnait entrée aux Etats de Rouergue (1). Il avait épousé, le 24 décembre 1633, Antoinette de Garibal, fille de Jean de Garibal, tréso-

---

(1) Voir pour Elves, le deuxième volume, p. 751.

rier du domaine, et d'Anne de Rességuier, dont il eut Guillaume, qui suit :

III. GUILLAUME DE CAMPMAS, II° du nom, vicomte d'Elves, seigneur de Saint-Remy, Salles-Courbatiès, Saint-Cirq, La Bastide, Le Pouget, s'allia, en 1667, à Isabeau de Raynaldy, qui le rendit père de :

1° NICOLAS, qui suit ; 2° FRANÇOIS, capitaine de dragons au régiment de Lautrec.

IV. NICOLAS DE CAMPMAS, II° du nom, vicomte d'Elves, seigneur de Saint-Remy, etc., mourut, sans être marié, premier président des trésoriers de France, et nomma pour son héritier Jean-Guillaume-Nicolas-Melchior, son neveu, fils aîné de François de Campmas, seigneur de Saint-Cirq, capitaine au régiment de Lautrec.

V. JEAN-GUILLAUME-NICOLAS-MELCHIOR DE CAMPMAS-SAINT-CIRQ, vicomte d'Elves, seigneur de Saint-Remy, etc., président-trésorier de France, épousa, en 1747, Jacqueline de Colonges, fille d'Alexis-Dauphin de Colonges, seigneur de Cénac. De ce mariage :

1° JEAN-JOSEPH-MARIE-EMMANUEL, né le 17 février 1752, ci-après ; 2° MARIE-DELPHINE DE CAMPMAS, mariée, en 1773, à Jean-Aimé de Sabatier, seigneur de Monville, La Roque, etc., ancien mousquetaire de la 2° compagnie de la garde du roi ; 3° MARIE-JACQUELINE-FOI, femme, en 1774, de Pierre de Flori de Laval, seigneur de Calvignac ; 4° JACQUES-MARIE-JOSEPH DE CAMPMAS-SAINT-CIRQ, né le 2 février 1760, marié à Charlotte de Perrozet, de Villefranche, maire de Villefranche sous la Restauration, décédé sans enfans, le 17 décembre 1848, âgé de 89 ans ; 5° ANTOINE-VALENTIN DE CAMPMAS, *dit de Lagarde*, né le 17 février 1762, qui servit dans les gendarmes de la garde ; 6° JOSEPH-MARIE-MELCHIOR, *dit le chevalier de Saint-Remy*, né le 1ᵉʳ février 1763, cadet-gentilhomme et puis lieutenant dans le régiment d'Engoumois, émigré en Espagne où il continua de servir, retraité en France comme chef de bataillon après 37 ans de service et chevalier de Saint-Louis ; 7° PIERRE-PAUL DE CAMPMAS DE SALES, brigadier des gardes-du-corps du roi, chevalier de Saint-Louis et de la Légion-d'Honneur, né le 3 juillet 1765.

VI. JEAN-JOSEPH-MARIE-EMMANUEL DE CAMPMAS-SAINT-REMY, vicomte d'Elves, baron de Saint-Remy et de Puy-la-Garde, etc., entra, en 1772, dans les mousquetaires de la garde ordinaire du roi, et fut pourvu, en 1780, de la charge de président-trésorier de France, après la démission de son père, qui, à cette occasion, reçut le titre de président-trésorier honoraire, par lettres du 15 novembre 1780. Il fit partie de la noblesse réunie à Villefranche, le 17 mars 1789, pour l'élection des députés aux États généraux.

Il avait épousé, le 8 avril 1778, Marie-Thérèse-Amable de Catelan, fille d'Etienne-François-Xavier-Amable de Catelan, seigneur de Caumont, conseiller honoraire au parlement de Toulouse, et de Marie de Raymondy, dont :

1° CHARLES-HENRI, né le 4 décembre 1784, qui suit; 2° MARIE-LAURE-LÉONTINE, née le 3 juin 1782, mariée à M. Brasse de Cassagnieau, mort, sous la Restauration, sous-préfet de Limoux; 3° MARIE-MARGUERITE-AMABLE, née le 7 octobre 1783, femme de Charles-François-Marie de Bourzès-Dourdou, ancien émigré, chevalier de Saint-Louis, maire de Millau et membre du conseil général sous la Restauration.

VII. CHARLES-HENRI DE CAMPMAS-SAINT-REMY a épousé, le 18 mai 1824, Marie-Claire de Goudin, et est décédé en 1847, laissant de son mariage :

1° EMMANUEL-FRANÇOIS, né le 24 juin 1825, époux d'Anna de Godusson; 2° JOSEPH-AMABLE, né le 25 mars 1827, décédé en mai 1857; 3° JOSEPH-LOUIS, né le 5 avril 1829, allié à Marie de Corneillan; 4° EMMANUEL-MELCHIOR, né le 28 juillet 1834, qui a épousé Ernestine de Sarret; 5° MARIE-ADÉLAÏDE-GABRIELLE, née le 9 novembre 1837; 6° NOÉMIE-CLÉMENCE-PHILOMÈNE, née le 12 mai 1843.

(Titres de famille).

SAINT-REMY.

Le château et terre de Saint-Remy, près de Villefranche, relevant de l'évêque de Rodez, appartenaient, au xiv° siècle, à la famille de Saumade, noble et ancienne maison de Villeneuve.

Bertrand Saumade, seigneur de Saint-Remy, eut d'Hélix de Mancip, Gaillard et Jeanne, femme de Bertrand de Morlhon, fils d'Antoine et petit-fils de Jean IV, seigneur de Veuzac, et d'Hélène de Fabrefort.

Gaillard et Jeanne sont qualifiés, en 1403, cohéritiers de feu Bertrand Saumade.

Ladite Jeanne et Bertrand de Morlhon, son mari, avaient acquis du seigneur de Sivrac (de la maison de Cardaillac), de Raymond de Tourlongue, licencié en droit, habitant de Villefranche, de Raymond de Saumade, habitant de Villeneuve, et de Bertrand Bégon, chevalier, habitant de Peyrusse, leurs droits sur le château de Saint-Remy, dont ils firent hommage à l'évêque de Rodez, Vital de Mauléon, comme hauts justiciers, le 2 mars 1423, pour un quart, en même temps que Bertrand Saumade, damoiseau de Saint-Remy, et Lecte, sa femme, firent hommage pour les autres trois quarts.

Raymond Saumade habitait Saint-Remy en 1433.

(*Inventaire des titres de Villefranche*).

Cette terre appartenait, en 1552, à la maison de Balaguier. Ce n'est que vers 1666 qu'elle fut possédée par les Campmas.

DE PRADINES,

Seigneurs du Bosc, près d'Auzits, de Castel-Noël, etc.

ARMES : *D'or, à l'arbre de sinople; un lièvre de gueules brochant sur le tronc.*

Cette famille, maintenue par M. Legendre, le 6 mai 1700, était originaire d'Auvergne. Elle posséda, en Rouergue, le Pas-Redon, à Sébrazac; le mas del Bosc, près d'Auzits, et Castel-Noël, petit château qu'elle acquit du baron de Roussy, et que l'on voit encore sur un rocher, près du Mur-de-Barrez.

I. Noble FRANÇOIS (1) DE PRADINES, seigneur de Pradines et de Goutadial, fils de feu Jean de Pradines et de Louise d'Ariac, mariés, de la paroisse de Saint-Chaman, en Auvergne, diocèse de Clermont, épousa, par contrat du 4 mars 1642, Jeanne de Pruines Del Puech, fille de noble Antoine de Pruines Del Puech, seigneur de La Bessière, et d'Antoinette de Séguy, mariés, de la paroisse de Fijaguet, au diocèse de Rodez.

Furent présents au contrat, messire Charles d'Arjac-Morlhon, seigneur et baron de Castelmary, le Cayla, etc.; Antoine de Séguy, seigneur d'Anglars; François de Saunhac, seigneur de Talespuès; Antoine de Pruines, seigneur del Puech; Pierre de Goudal, seigneur de Recoules, etc. De ce mariage vinrent :

---

(1) Ce François, habitant Del Bosc, est porté sur le catalogue des nobles de l'élection de Rodez en 1668. On voit sur le même rôle un autre François de Pradines, habitant de Pradines, paroisse de Saint-Amans.

1° Antoine, qui suit ; 2° Jeanne, mariée au sieur Garrigues, d'Auzits, dont une fille, Marie-Anne, femme, en 1720, de Jean Rolland, avocat de Villeneuve.

II. ANTOINE DE PRADINES, qualifié écuyer, seigneur du Bosc, maire de la ville et mandement d'Estaing, né en 1644, décédé le 22 décembre 1724, s'était allié à N. de Riverolis, d'Estaing, dont Jean-Antoine, ci-après :

III. JEAN-ANTOINE DE PRADINES, seigneur du Bosc, né le 13 février 1713, épousa Hélène de Vernières, de Saint-Geniez, et mourut, le 27 décembre 1734, laissant de son mariage autre Jean-Antoine.

IV. JEAN-ANTOINE DE PRADINES, IIe du nom, seigneur du Bosc et de Castel-Noël, né le 15 janvier 1734, servit avant la Révolution dans les chevau-légers de la garde du roi et ne contracta point d'alliance. Il mourut, en 1804, au château de Pas-Redon, près de Sébrazac, après avoir légué à M. Destours, curé de Marcillac, son parent, divers immeubles dont faisait partie Castel-Noël (1). Cette terre a été vendue au général Chapt de Rastignac.

DE PRADINES, SEIGNEURS DE LIMAYRAC.

Il existait, en Rouergue, une autre famille de Pradines qui avait la seigneurie de La Poujade et de Limayrac.

Nobles Guillaume de Pradines, seigneur de La Gineste, et Gaspard de Pradines, seigneur de Limayrac, vivaient en 1621 (*Titres du château de Panat*).

Dans un titre de 1661, Gaspard de Pradines est qualifié seigneur de La Poujade et coseigneur de Cassagnes-Comtaux (*Archives de Cassagnes*).

Jean de Pradines, seigneur de Tillet, habitant de La Poujade, paroisse de Limayrac, est inscrit parmi les nobles de l'élection de Rodez sur le rôle de 1668. Plus anciennement, il est question d'un Raymond de Pradines dans un acte du château mineur de Salles de l'an 1408.

(1) M. Destours était fils d'une fille naturelle d'Antoine de Pradines, grand-père du testateur.

DE WAROQUIER,

Seigneurs de Méricourt, de La Mothe de Combles.

Armes : *D'azur, à la main d'argent.*

I. Ancienne famille du comté d'Artois, dont un membre, FRANÇOIS-AUGUSTE DE WAROQUIER, lieutenant au régiment de la reine, cavalerie, amené en Rouergue par quelque circonstance de la vie militaire, s'établit à Saint-Affrique, en se mariant, en 1693, avec Suzanne de Galtier de Montagnol du Terrier (1), sœur de Gédéon de Galtier, capitaine d'infanterie au régiment de Castelnau, fille de Pierre de Galtier, seigneur de Montagnol, conseiller du roi, juge pour Sa Majesté des villes de Saint-Affrique et de Vabres, et de Madeleine de Galot.

François-Auguste était fils de François de Waroquier, conseiller du roi en ses conseils, maître ordinaire de son hôtel, trésorier-général de France en la généralité de Paris, chevalier de l'ordre de Saint-Michel, conseiller d'État en 1656, et de Marie-Philippe de Billy.

La noblesse de la famille de Waroquier, d'après M. Lainé, ne remonterait qu'à ce degré. Voici ce qu'il en dit dans le *Nobiliaire de la généralité de Montauban* :

---

(1) Suzanne de Galtier était petite nièce de Jean Habert, évêque de Vabres.

DE WAROQUIER, A SAINT-AFFRIQUE, EN ROUERGUE.

« François-Auguste de Waroquier, fils de François Waro-
» quier, conseiller du roi en tous ses conseils, trésorier de
» France en la généralité de Paris, anobli par lettres paten-
» tes du mois de mai 1647, exempté de la taxe imposée sur
» les anoblis par arrêt du conseil du 2 mars 1662, et de
» Marie Philippe de Billy, fut maintenu le 26 mars 1697 :
» *S. d'azur, à la main d'argent.* C'est la famille de Waro-
» quier de Méricourt, seigneurs de La Mothe de Combles,
» dont était le généalogiste Louis-Charles, comte de Waro-
» quier, né à Saint-Affrique le 20 juin 1757, condamné à
» mort, par le tribunal révolutionnaire, le 23 juillet 1794. »

François-Auguste de Waroquier et Suzanne de Galtier
eurent pour enfans :

1° François-Auguste, qui suit ; 2° Jean-Baptiste, qui suivra.

II. FRANÇOIS-AUGUSTE DE WAROQUIER, IIe du nom,
sieur de Méricourt, né en 1708, major d'infanterie, marié,
en 1749, dans la ville de Saint-Affrique, à Elisabeth de Floris,
eut pour enfans :

1° N..... de Waroquier de Méricourt, chevau-léger, qui
épousa Sabine Durand de Montclar, dont deux garçons et une
fille, femme de M. Dupuy, de Fabas ; 2° Louis-Charles de
Waroquier de Combles, né le 20 juin 1757, écuyer du roi, qui
servit d'abord comme lieutenant dans les grenadiers royaux de
la Picardie, et devint, au commencement de la Révolution,
major de la garde nationale de Paris. Ses principes faisant
ombrage aux jacobins, il fut arrêté pendant le régime de la
Terreur, renfermé aux Carmes, traduit au tribunal révolutionnaire et condamné à mort, le 23 juillet 1794, comme complice
de la prétendue conspiration ourdie dans la prison où il était
détenu. Il a publié plusieurs ouvrages sur la science héraldique :
un *Etat général de la France*, deux *Nobiliaires* et des *Mémoires sur l'origine de quelques anciennes maisons* ;
3° N....., de Waroquier, ecclésiastique, décédé à Paris ;
4° et 5° deux filles, décédées sans alliance.

II. JEAN-BAPTISTE DE WAROQUIER, seigneur de Saint-Affrique, capitaine de cavalerie en 1754, chevalier de Saint-Louis en 1756, gouverneur de la ville de Saint-Affrique, épousa, en 1748, Catherine de Montagnol du Terrier, sa cousine-germaine, de laquelle il eut :

1° ANNE-CATHERINE-LAURENCE, élevée à la maison royale de Saint-Cyr, mariée, le 14 août 1782, à Charles de Vigouroux-d'Arvieu ; 2° JEAN-BAPTISTE-BARTHÉLEMI, élève à l'école royale militaire, chevalier de Saint-Lazare et de Mont-Carmel, entré aux chevau-légers ; 3° FRANÇOISE DE WAROQUIER, élève de Saint-Cyr, en 1772 ; 4° SUZANNE, née le 17 mars 1758, mariée, en 1787, à Pierre-Etienne de Pas de Beaulieu, officier d'infanterie ; 5° FRANÇOIS-AUGUSTE-GÉDÉON, qui suit ; 6° JEAN-LOUIS, prêtre ; 7° LOUISE-GENEVIÈVE ; 8° JEANNE-CATHERINE, morte en bas-âge ; 9° MAXIMILIEN, mort en bas-âge ; 10° CATHERINE-JEANNE, morte en bas-âge ; 11° CLAUDE-DOMINIQUE, mort en bas-âge.

III. FRANÇOIS-AUGUSTE-GÉDÉON DE WAROQUIER, élève à l'école royale militaire, cadet, puis capitaine au régiment de Poitou, chevalier de Saint-Louis, émigra et servit dans l'armée de Condé où il reçut plusieurs blessures. Il avait épousé Françoise-Gabrielle-Joséphine de Puel de Parlan, dont :

1° MARIE-JEAN-BAPTISTE-FRÉDÉRIC-HENRI-GÉDÉON, dont l'article suit ; 2° MARIE-GENEVIÈVE-JOSÉPHINE-YOLANDE.

IV. MARIE-JEAN-BAPTISTE-FRÉDÉRIC-HENRI-GÉDÉON DE WAROQUIER, officier au corps royal d'état-major, né le 3 mai 1807, a épousé, en novembre 1836, Pauline Vernhet de Montclarat, de la même famille que M. Vernhet de Laumière.

Il existe sur la famille de Waroquier une généalogie imprimée, faite par les soins de Louis-Charles de Waroquier de Combles, qui fait remonter son origine et sa noblesse à l'année 1211.

PAS DE BEAULIEU.

ARMES : *D'azur, au lion d'or percé d'une flèche du même, au chef cousu de gueules chargé de trois étoiles d'argent.*

Cette famille, d'ancienne noblesse, tire son origine de la terre et baronnie de Pas, en Artois, située à 3 lieues à l'est de Doullens.

Jean de Pas, l'un des fils de Henri de Pas, maréchal-de-camp et chevalier d'honneur du parlement de Metz, s'établit en Languedoc, en 1622, après la prise de Montpellier, par le roi Louis XIII.

De lui descendait François de Pas de Beaulieu, conseiller du roi en sa chambre des comptes de Montpellier, père de Pierre-Etienne de Pas de Beaulieu (1), capitaine au régiment de la Martinique, qui, après avoir fait avec distinction les campagnes d'Amérique, épousa, en 1786, à Saint-Affrique, Suzanne-Laurence de Waroquier, dont il eut :

1° Jean-Baptiste-Pierre de Pas, baron de Beaulieu, lieutenant-colonel en retraite, officier de la Légion-d'Honneur, chevalier de Saint-Louis, député de Valenciennes (Nord) au mois de novembre 1827, démissionnaire, le 9 août 1830, rentré, depuis cette époque, dans la vie privée et habitant aujourd'hui à Versailles, qui, de son union avec Mlle Dufosset des Hossois, a eu deux filles : l'aînée, mariée, le 11 août 1840, avec le comte Stanislas de Laistre ; la seconde, le 22 mai 1843, avec le vicomte Edouard de La Loyère, attaché à l'ambassade de M. le comte de Bresson, à Berlin ; 2° François-Louis de Pas de Beaulieu, sorti de l'école militaire de Fontainebleau, en 1807, comme sous-lieutenant au 4e régiment de chasseurs à cheval, tué à l'âge de 20 ans, le 20 juin 1809, dans le royaume de Naples, en chargeant les Calabrais ; 3° Eudoxe-Marguerite-Victoire-Désirée de Pas de Beaulieu, mariée, à Saint-Affrique, à M. Joly de Cabanous, avocat, membre du conseil général de l'Aveyron.

---

(1) Pierre-Etienne avait trois frères, deux capitaines de vaisseau et un capitaine d'infanterie. Un de ses oncles, lieutenant-colonel de cavalerie, périt à 25 ans à la bataille de Fontenoy ; un autre, l'abbé de Pas, reçut de Louis XV l'abbaye de Cassan, en Languedoc.

LE NORMANT,

Seigneurs d'Ayssènes, de Lédergues, d'Espessergues, de Jos, d'Aboul, du Bruel, de Bozouls.

ARMES : *D'or, au chevron d'azur, accompagné de trois merlettes de sable, deux en chef et une en pointe.*

Famille noble divisée en trois branches ; les deux premières établies à Rodez ; la troisième qui était à Crespy, en Valois, est éteinte.

Suivant la tradition, cette famille est originaire de Calais, en Picardie, où, lors du siége de cette ville, en 1316, par Édouard, roi d'Angleterre, ceux de ce nom étaient compris parmi les plus notables habitants de la ville.

La Thomassière, dans son *Histoire gén. du Berri*, fait remonter cette famille à Guillaume Le Normant, sieur de Villabon, de Fleville, de la Forest et du Mesnil, qui fut un des habitants sortis de Calais que Philippe de Valois envoya dans le Berri, où, pour récompense de sa fidélité à la défense de la ville de Calais, il l'indemnisa de la perte de ses biens, entre autres de la terre de Tourneben, seigneurie située entre Ardres et Guines, qui appartenait, avant 1789, à M. Le Normant d'Étiolle. Cette famille, ensuite établie à Montdidier, en Picardie, a perdu beaucoup de ses titres dans les incendies dont cette ville a été affligée plusieurs fois, et encore tout récemment en 1775, ce qui fait qu'elle ne peut remonter qu'à noble Florent Le Normant, vivant en 1477, sous le règne de Louis XI.

VI. Il était le sixième aïeul de PHILIPPE LE NORMANT, sieur du fief de La Souille, né en 1626, mort en 1688, qui avait épousé, vers l'an 1648, Anne Le Fèvre, dont il eut dix-sept enfans ; douze morts jeunes et cinq qui lui survécurent, savoir :

1° PHILIPPE, mort en 1707, âgé de 53 ans, prieur et curé de Bus, du ressort de l'élection de Montdidier ; 2° FRANÇOIS, qui suit ; 3° LOUIS, tige de la branche de Bussy, rapportée ci-après ; 4° JEAN-BAPTISTE, grand-chantre de l'église cathédrale de Rodez ; 5° ANNE.

VII. FRANÇOIS LE NORMANT, né à Montdidier, alla à Montauban, où il passa quelques années, de là se transporta à Rodez, où il épousa, en 1695, Françoise de Nègre, jeune veuve. Peu après son mariage, il acheta, de M. de Balsa, la seconde charge de receveur des tailles alternatives de l'élection de Rodez, et en fit pourvoir le sieur Coignac, qui ne prêta son nom que jusqu'en 1716, qu'il mena son fils à Paris, où il obtint dispense d'âge pour le faire recevoir, à la chambre des comptes de Paris, à cette seconde charge de receveur des tailles ; ensuite, François Le Normant alla vendre les biens qui lui restaient à Montdidier et acheta plusieurs terres dans le Rouergue, où il venait de s'établir, et quoique qualifié de noble et écuyer comme ses ancêtres, pour éviter de payer les lods et ventes, il se fit pourvoir d'une charge de secrétaire du roi en la chancellerie de Montauban, qu'il ne garda que trois ans. Il acheta ensuite la baronnie d'Ayssènes et de Lédergues, ainsi que les seigneuries d'Espessergues, de Jos, de Marragou, des Anglès, d'Aboul, du Bruel, de Bozouls. Il mourut le 5 juin 1734, et fut inhumé en l'église de Saint-Amans, dont il était bienfaiteur, dans un caveau, sous la chapelle de Sainte-Trojécie, en l'un des bas-côtés du chœur, du côté de l'Evangile, sépulture qu'il avait acquise pour lui et sa famille ; mais par la nouvelle construction de cette église plus resserrée, ce caveau se trouve aujourd'hui au-dessous des murs extérieurs de l'église. Il a laissé de son mariage :

1° JEAN-FRANÇOIS, qui suit ; 2° JOSEPH, grand-archidiacre de Comminges.

VIII. JEAN-FRANÇOIS LE NORMANT, seigneur d'Ayssènes, épousa Marie-Anne de Solanet, fille de N..... de Solanet, trésorier de France, dont :

1° Jean-Baptiste-François, qui suit; 2° Antoine, *dit de Bozouls*, capitaine au régiment de Vexin; 3° François-Régis, aide-major au même régiment.

IX. JEAN-BAPTISTE FRANÇOIS LE NORMANT, seigneur d'Ayssènes, pourvu d'une charge de conseiller au parlement de Toulouse en 1750, épousa, en 1754, Marie-Catherine de Renaldy, fille de N..... de Renaldy, seigneur de Colombiès, dont :

1° Jean-François-Marie-Anne-Joseph; 2° Marie-Anne-Catherine-Françoise; 3° Josephe, mariée, le 11 mars 1774, avec Joseph-François-Régis de Séguret, président, juge-mage à Rodez; 4° Marie-Catherine-Régis.

BRANCHE DE BUSSY.

VII. LOUIS LE NORMANT, sieur de Bussy, fut envoyé en Bretagne, en 1681, pour faire la régie des impôts et billots qui sont les droits de cette province. Il y épousa, en 1685, Jeanne de Thomer, jeune veuve de condition, dont dix-huit enfans; parmi les garçons, il n'y en a que deux qui aient pris alliance, savoir : François-Dauphin, qui suit, et Pierre, marié à Guingamp, en Bretagne.

VIII. FRANÇOIS-DAUPHIN LE NORMANT, sieur de Bussy, né le 8 février 1693, épousa, à Rodez, par contrat du 30 mars 1734, Thérèse-Louise-Claudine d'Alichoux, fille de noble Jean-François d'Alichoux, seigneur de Buzareingues, et de Louise Dumas de Villaret, dont :

1° Amans-François, qui suit; 2° une fille, mariée avec Joseph-François-Régis de Séguret, écuyer, président, juge-mage et lieutenant-général en la sénéchaussée et siége présidial de Rodez, fils de Joseph de Séguret et de Marie-Madeleine Le Normant.

IX. AMANS-FRANÇOIS LE NORMANT, sieur de Bussy, né le 22 août 1743, reçu, en 1768, en la chambre des comptes de Paris, à la charge de receveur des tailles dans l'élection de Rodez, par la résignation qui lui en fut faite par son père, épousa, par contrat du 20 janvier 1783, Marie-Jeanne-Antoinette de Pomayrols de Ginal, dont il a eu :

(*Ce qui précède extrait de La Chenaye-Desbois.*)

X. 1° AMANS-AUGUSTE LE NORMANT DE BUSSY, contrôleur principal des contributions directes, marié, le 24 juillet 1832, à Albi, avec Adolie-Françoise-Augustine Dupin, fille de Pierre-Paul-Charles-Louis Dupin et de Marie-Sophie de Gentou; 2° HENRI-ANTOINE-VICTOR LE NORMANT DE BUSSY, garde-du-corps du roi en 1814, puis lieutenant d'infanterie, marié, le 22 juillet 1837, avec Aglaé-Saure-Luce de Clémens de Graveson, fille de Félix Clémens, marquis de Graveson, et de Lucie de Bionneau d'Eyragues (*Famille du comtat Vénaissin*); 3° JULIE DE BUSSY, mariée à Charles Janson de Peyrable. De ce mariage sont nés Henri, Charles, Joséphine et Auguste Janson; 4° VICTOIRE DE BUSSY, femme de M. Rocque, directeur de l'enregistrement et des domaines du département de l'Aveyron, sous la Restauration, dont un fils et deux filles : Alphonse Rocque, qui a épousé Mlle Devoisins-Lavernière, de Lavaur (Tarn), fille de M. Marius Devoisins-Lavernière, ancien député du Tarn, et de dame Élise Devoisins-Lapeyrotte. Les deux filles ont épousé : l'une, M. Auguste Prunet, avocat d'Albi; l'autre, M. Philibert Dorsène, propriétaire à Béziers.

DE TULLIER,

Seigneurs de La Roquette, de Montrozier, de Saint-Mayme, de Combret, du Cayla-d'Arjac et des Ondes.

La famille de Tullier, originaire de Bretagne, forma deux branches, l'une établie en Berry et l'autre en Rouergue.

I. GUILLAUME DE TULLIER eut de Catherine de Toullon :

II. JEAN DE TULLIER, Ier du nom, marié à Cécile Sabatier, qui le rendit père de :

1° FRANÇOIS, qui suit : 2° JEAN DE TULLIER, bailli de Rodez (1), époux de N..... de Vérières et père d'autre Jean de Tullier, seigneur de La Roquette, des Ondes et de Combret, conseiller du roi, receveur de la haute-marche du Rouergue, président et trésorier de France à Montauban, lequel acheta, par acte du 13 avril 1668, de Charles-d'Arjac-Solages, la terre du Cayla-d'Arjac; fonda, à Rodez, une académie de jeux floraux, et mourut, en 1675, sans enfans des deux mariages qu'il avait contractés : le premier, avec Marguerite de Maynard; le second,

---

(1) Jean de Tullier était bailli de la cité de Rodez dès 1619. On trouve, contemporain de son père, un Pierre de Tullier, fils de François et de Catherine Paraire, et petit-fils de Jeanne du Cros, mentionné dans un arrêt du parlement de Toulouse, du 13 août 1613, rendu contre lesdits François et Pierre de Tullier, père et fils, en faveur de François de Solages, IIIe du nom, baron de Tholet, au sujet d'une saisie opérée sur les biens de ce dernier.

avec Isabelle de Senneterre (1); 3° JEANNE DE TULLIER, femme de noble Jacques Courtois, capitaine de Muret.

III. FRANÇOIS DE TULLIER, seigneur de Lax, reçut des reconnaissances en 1601, et fit son testament le 6 juillet 1612. Il avait épousé : 1° Madeleine Delrieu, dont une fille nommée Françoise, mariée au sieur Jean Astorg ; 2° par contrat du 16 avril 1599, Elisabeth de Cayron (2), fille de Raymond de Cayron, conseiller du roi et juge criminel au présidial de Villefranche, qui le rendit père de :

1° JACQUES, qui suit ; 2° JEAN DE TULLIER DE LA GRIFFOULIÈRE, époux de Marie de Roaldès, dont : Pierre de Tullier, vivant en 1696, seigneur de Combret, du Cayla-d'Arjac et des Ondes, par héritage de Jean, trésorier de France, son cousin, et qui de Marie-Anne de Villaret (3), eut Jean-Claude de Tullier, qui, par contrat du 27 septembre 1718, épousa Anne de Barrau, fille de Firmin, seigneur del Puech, et d'Anne de Flavin.

IV. JACQUES DE TULLIER, seigneur de Lax, conseiller du roi en ses conseils et trésorier de France, se maria deux fois : 1° avec Anne de Corneillan de Gages, dont Jean-Jacques de Tullier, qui suit : 2° par contrat du 23 février 1637, avec Anne de Baudinel, fille de noble Louis de Baudinel, docteur, archidiacre de l'église cathédrale de Rodez ; et de feue Madeleine de Raoult.

---

(1) Isabelle de Senneterre, dame de Cadayrac, d'Onet et de Gajac, devenue veuve, se remaria, en 1678, avec Arnaud-Louis, marquis de Cadrieu.

(2) Elisabeth de Cayron était sœur de Jacques de Cayron, conseiller au présidial, héritier de son père par testament du 10 décembre 1585; de François, juge criminel; de Joseph, chanoine de la cathédrale de Rodez; de Catherine, femme de Jean de Rességuier, trésorier; de Marguerite, mariée avec Antoine de Bonald, juge des montagnes.

(3) François de Villaret, de cette famille, sieur de La Calsade, écuyer, secrétaire du roi, maison et couronne de France, en la généralité de Languedoc, habitait, en 1698, Sévérac-le-Château (*Titres de Combret*).

V. JEAN-JACQUES DE TULLIER, seigneur de Saint-Yris, chevalier de Saint-Louis, épousa, le 6 août 1651, Anne de Labro, fille de noble David de Labro (1), et de feue Marguerite de Malian, du lieu de Montrozier. De ce mariage vint :

VI. JEAN DE TULLIER, seigneur de La Roquette, qui, d'Anne de Colonges, fille de Jean-Jacques, sieur de Laurière, conseiller du roi, président au présidial de Villefranche, et de Marie de Pomayrol, qu'il avait épousée le 1er janvier 1678, eut :

1° Jean-Jacques, qui suit; 2° Jean de Tullier, mort sans postérité.

VII. JEAN-JACQUES DE TULLIER, seigneur d'Arjac, capitaine au régiment de Condé, s'allia, le 3 octobre 1714, avec Henriette d'Alboy, fille de Jacques d'Alboy, seigneur de Montrozier, et de Marie de Fleyres. Ses enfans furent :

1° Louis, sieur de Saint-Mayme, qui suit; 2° Claude, grand-vicaire du diocèse de Bazas; 3° Laurent, capitaine au régiment de Saint-Louis, tué à l'affaire d'Arty; 4° François de Tullier, capitaine de cavalerie, en 1753, chevalier de Saint-Louis en 1755, commandant de 1,800 dragons gardes-côtes de la Guienne avec rang de colonel en 1756, mestre-de-camp de dragons en 1759, commandant du Rouergue en 1760. François de Tullier acheta la baronnie de Montrozier, vendue par décret du parlement sur la tête d'Antoine-François d'Alboy, et obtint l'érection de cette terre en marquisat en 1761. Il avait épousé Arthémise-Jeanne Douin, d'une famille étrangère au Rouergue, dont il n'eut qu'une fille, mariée, contre sa volonté, à M. de Cachi, garde-du-corps du roi, et qu'il déshérita; 5° Joseph, sieur de La Roquette, perclus de ses membres après les campagnes de Bohême; 6° Charles de Tullier, sieur de Magnac, tué à la défense de Louis-Bourg; 7° Gabrielle, femme de N..... de Saint-Yris.

(1) David de Labro avait un fils, sieur de Molinau.

VIII. LOUIS DE TULLIER, seigneur de La Roquette, Saint-Mayme, etc., capitaine au régiment de Foix, mort en 1788, avait épousé, vers 1740, Marguerite de Faramond, fille de Jean-Jacques, baron de Joqueviel, et de Elisabeth de Micheau, dont il n'eut que deux filles qui partagèrent sa succession :

1° Elisabeth-Charlotte, femme d'Antoine de Goudal de Curlande, qui eut en partage les terres et châteaux de La Roquette et de Saint-Mayme ; 2° Louise de Tullier, appelée, par hérédité de son oncle François, à la possession de la belle terre de Montrozier, et qui épousa Charles Colrat, fils de N..... Colrat, originaire de Chaudesaygues, et de N..... d'Albaret du Brusquet. De ce mariage est né Charles Colrat qui s'est allié à Delphine Anthoine des Brunes.

La baronnie de Montrozier, ancien patrimoine de la maison d'Alboy, fut vendue, par décret (expropriation forcée), quelques années avant la Révolution, et François de Tullier, mestre-de-camp, en devint l'acquéreur ; c'est en faveur de ce dernier que cette terre ainsi que celles de Montferrier et de Saint-Grégoire, près de Sévérac, furent érigées en marquisat sous le titre de Montrozier, par lettres patentes du mois de mai 1761.

FONDATION DE JEUX FLORAUX A RODEZ, PAR JEAN DE TULLIER.

Cette petite académie, qui fut fondée à Rodez, en 1675, par Jean de Tullier, seigneur de la Roquette, président-trésorier de France à Montauban, joignait tous les ans des prix d'éloquence et de poésie à ceux du collége pour l'encouragement des jeunes élèves :

Le fondateur s'exprime ainsi dans son testament, en date du 18 mars 1675, relativement à cette institution :

« Je veux aussi, pour animer la jeunesse aux lettres et à la vertu, instituer des jeux floraux et lègue cent livres de rente pour distribuer trois fleurs d'argent à ceux qui auront mieux réussi en poésie latine, française et vulgaire, à savoir : une branche de palme qui est dans mes armoiries; la marguerite, en faveur de Marguerite de Maynard, ma défunte femme ; et l'œillet, pour l'honneur d'Isabeau de Senneterre, ma très-aimée femme, de valeur chacune de 25 livres, ayant mes armoiries au bas. Le thème de composition sera baillé à la fête Saint-Jean de chaque année par M. l'évêque, s'il lui plait en prendre la peine, et les compositions jugées par lui ou son vicaire-général, deux de messieurs du présidial, deux des officiers de l'élection, deux consuls, deux avocats et les chefs des révérends pères jésuites que j'aurais dû nommer les premiers, lesquels donneront leur jugement le jour après Notre-Dame d'août, et après la distribution faite des fleurs, ceux qui les auront eues feront le tour-de-ville avec violons et hautbois, etc. »

Dans la suite, les exécuteurs testamentaires modifièrent les dispositions du testateur, en décernant la palme d'argent au discours français; l'œillet au poème français et la marguerite au poème latin.

Ces prix se distribuaient encore en 1767, et l'on voit par le programme que les sujets avaient été, cette année, pour le discours français:

De quelle utilité peuvent être les sciences pour la défense et progrès de la religion?

Pour les vers français:

Les tristes effets des ouragans.

Pour les vers latins:

Les désastres occasionnés à Montauban par la crue des eaux: *Suburbia Montis-Albanis, ab incremento aquarum intumescentium hucusque inaudito, infeliciter immersa et eversa.*

Bientôt après cette époque, les prix, faute de concurrens, finirent par être réunis à ceux du collége et ne cessèrent d'être distribués qu'à la Révolution.

Ce Jean de Tullier, trésorier de France, que nos historiens ont confondu avec son père, bailli de Rodez, appelé aussi Jean, laissa de grands biens et en légua une partie pour des œuvres de bienfaisance, entre autres, quatorze mille livres destinées à la fondation d'un petit collége de six écoliers, qui devaient être entretenus et élevés gratuitement pendant six ans, sous la conduite d'un prêtre instituteur.

LA ROQUETTE, SAINT-MAYME, MONTOLIEU, GROS, ARSAC.

En remontant l'Aveyron, à une lieue environ au-dessus de Rodez, on aperçoit à gauche, au pied d'un tertre qui borne et domine un magnifique bassin de prairies, le château de La Roquette, grand édifice seigneurial qui avait autrefois sous sa dépendance un grand nombre de fiefs et de hameaux épars sur cette belle rive. Tels étaient le village même de La Roquette et ses dépendances (la Brengairie, la Soyrinie, les Combes-Vigourouses, Fontanilles, las Landes); Saint-Mayme, Montolieu, Lacombe et Molergues dans la vallée adjacente;

Gros et Manhac, dans la paroisse d'Agen;

Arsac, Arsaguet et la Tende, dans celle de Sainte-Radegonde.

La plupart de ces lieux provenaient de l'ancien patrimoine de la maison de Saunhac.

LA ROQUETTE ET SES DÉPENDANCES.

En 1267, Pierre Raymond de Saunhac, chevalier, était seigneur de La Roquette.

Le 27 octobre 1419, le comte Jean d'Armagnac fit don à Alzias de Saunhac, son descendant, de la justice haute sur Onet, Saint-Mayme, La Roquette, la Soyrinie, la Brengairie, le château de Montolieu, la Boissonade (paroisse de Luc) et leurs appartenances.

Par acte du 25 août 1514, Géraud et Hugues d'Aulhou, marchands de Rodez, achetèrent ces terres à Jacques de Gautier, fils de Mathelin, faisant tant pour lui que pour autre Jacques, son frère, et Jeanne, sa sœur, qui en étaient alors possesseurs.

Hugues d'Aulhou rendit hommage, le 8 juillet 1531, au comte de Rodez pour les châteaux de Montolieu, de Saint-Mayme et de La Roquette; pour la Brengairie, la Soyrinie avec toute justice; pour le village de Lacombe et la terre des Cayrouses qui avaient précédemment appartenu à Géraud et Dordé Ségui; plus pour Arsac, Arsaguet et Manhac, possédés par indivis avec les Rességuier, avec justice moyenne et basse jusqu'à 60 sous.

Le 26 avril 1594, noble Antoine de Baudinel, habitant de Rodez, fils de Pierre et d'Anne d'Aulhou, se trouvait en possession desdits lieux, pour lesquels il fit hommage au comte, le 14 juillet 1608. Cet Antoine, seigneur de la Roquette, premier consul du Bourg, fut député par le tiers état de Rodez aux Etats généraux du royaume, tenus à Sens le 10 septembre 1614.

Antoine fut père de Louis, seigneur de La Roquette, qui, de Madeleine de Raoul, eut Claire de Baudinel, mariée, en 1633, à Raymond de Bonald, conseiller au sénéchal.

Jean de Tullier, receveur des tailles, acheta les terres ci-dessus, par acte du 1er octobre 1631, d'autre Louis de Baudinel, archidiacre de Rodez, et en fit le dénombrement au roi le 28 février 1634.

MAISON DE LA RENAISSANCE SUR LA PLACE DE L'OLMET.

La famille de Baudinel possédait, à cette époque, la belle maison de la place de l'Olmet, qui offre un type si parfait, dans les constructions civiles, de l'art à la renaissance. Le 15 février 1623, Louis de Baudinel, seigneur de La Roquette, la céda, en échange d'une autre maison située rue Sainte-Catherine, à Raymond Durif, marchand, sous la réserve de la seigneurie directe et rente d'un sol rodanois, payable par le tenancier à chaque foire de Saint-André.

Il paraîtrait que Raymond de Bonald, conseiller au sénéchal, en eut ensuite la possession par suite de son mariage, en 1678, avec Antoinette de Focras, fille de Jean-Antoine et d'Anne Durif. Ce Raymond eut une fille, Christine de Bonald, qui épousa, en 1712, Etienne Mathat, conseiller du roi, et apporta ladite maison dans cette famille, qui l'a vendue à M. Teulat, juge.

Cette maison avait été bâtie, au commencement du XVIe siècle, sur l'emplacement de l'ancien château des comtes, par un riche marchand qu'on croit avoir été un Neuvéglise.

A l'occasion de cette belle maison, nous en signalerons ici deux autres qui méritent l'attention des archéologues et des hommes de l'art.

L'une d'elles, dans la rue Saint-Just, sert aujourd'hui d'auberge. Sa façade, noircie par le temps, se fait remarquer par l'encadrement des fenêtres et les figures grimaçantes dont elle est ornée. On croit qu'elle faisait autrefois partie de l'hôtel de Nattes, qui se prolongeait beaucoup sur la place jusqu'à cette tour romane qui en est la partie la plus ancienne.

La troisième maison, située sur un coin de la même place, fut vendue, le 28 mai 1759, par M. Amans Azémar, conseiller au présidial et sénéchal de Rodez, héritier de Guillaume-Ignace Azémar, son père, aussi conseiller, à Jean-François Boisse, procureur du roi près la même cour, au prix de 3,000 livres. On ne saurait voir une plus élégante façade. Cette jolie maison, dont la construction est un peu postérieure aux deux autres, a été restaurée et rajeunie avec beaucoup de goût, en 1853, par le sieur Tournal, marchand, qui en a fait l'acquisition.

MONTOLIEU ET SAINT-MAYME.

Montolieu, château féodal, bâti sur ce monticule pittoresque qui borne à l'est la riante vallée de Saint-Mayme, avait fort anciennement appartenu aux comtes de Rouergue.

Le 17 des calendes de février 1252, Pierre Raymond de Saunhac acheta de Guillaume *Create*, habitant du Bourg de Rodez, la terre et seigneurie de Montolieu et tout ce que ce dernier possédait à Saint-Mayme.

L'an 1254, le même Pierre-Raymond acquit de Gabrielle de La Roque, femme de Raymond de Montolieu, une maison, jardin et pièce de terre sis au lieu de Montolieu.

On voit un hommage rendu, le 23 juin 1384, à Jean d'Armagnac, comte de Rodez, par Guillaume de Saunhac, pour le château de Montolieu, La Roquette et la Navette, Saint-Mayme, Onet, Les Garrigues, dans la paroisse de Saint-Amans ; La Calmette et la Boissonnade, dans celle de Luc, sur tous lesquels lieux le seigneur hommager ne possédait alors que la mixte impaire et basse justice.

On a vu plus haut par quelle succession cette terre parvint, ainsi que La Roquette, à la famille de Tullier. Quant à Saint-Mayme, dont elle avait aussi la seigneurie, Jean de Tullier, président-trésorier des finances à Montauban, en acheta le domaine au marquis de Beaufort et à Jeanne d'Austry, sa femme, par acte du 19 novembre 1665.

LACOMBE.

Le village et fief de Lacombe, sis dans la paroisse de Saint-Mayme, avait plusieurs fois changé de main.

Le plus ancien titre où il soit fait mention de cette seigneurie, est une donation faite, l'an 1295, par Bernard d'Armagnac, comte de Rodez, du village de Lacombe, à Pierre Rossignol.

En 1307, Géraud Ségui, marchand de Rodez, achète des rentes à La Combe.

En 1347, Gaillard Rossignol, du Bourg de Rodez, achète à Durand Séguret le moulin de La Combe.

En 1358, Amalric de Saunhac était seigneur de La Combe.

En 1391, Dordé et Géraud Ségui frères, de Rodez, achetèrent à noble Bertrand de Murat de l'Estang, la seigneurie de ce lieu, dont peu de temps après, savoir : le 10 mars 1394, le comte Bernard d'Armagnac leur donna la justice jusqu'à 60 sous.

En 1404, Géraud Ségui, marchand du Bourg de Rodez, au nom de Bérangère Séguine, sa mère, fit hommage pour La Combe à Bernard d'Armagnac, comte de Rodez.

Autre hommage du même en 1420.

Autre du 22 février 1461, par Pierre Cussielh, notaire, pour le même fief.

Par acte du 22 mai 1512, noble Jean Ségui, seigneur de Roussennac, vendit à Géraud et Hugues d'Aulhou des droits seigneuriaux qu'il avait à La Combe.

FAMILLE D'AULHOU.

I. Il est question pour la première fois de GÉRAUD et HUGUES D'AULHOU, père et fils, marchands de Rodez, dans les actes de vente des terres de La Combe et de La Roquette, acquises par eux : l'une, en 1512; l'autre, en 1514.

II. HUGUES D'AULHOU, seigneur de La Roquette et de La Combe, acheta des droits seigneuriaux sur Arsac en 1521 et 1525. Il avait épousé noble Catherine de Gignac, qui était veuve de lui en 1552, et l'avait rendu père d'Amans, qui suit :

III. AMANS D'AULHOU, seigneur de la Roquette, de La Combe et d'Arsac, acquit, en 1545, ce qui restait de droits seigneuriaux non vendus à Arsac, Arsaguet, Manhac et La Tende. Il eut pour fils François.

IV. FRANÇOIS D'AULHOU, seigneur de La Roquette, de La Combe et d'Arsac, vivant en 1569, n'eut, à ce qu'il paraît, qu'une fille, Anne d'Aulhou, mariée, avant 1582, à Pierre de Baudinel, auquel elle apporta les biens de sa maison.

MOLERGUES.

Du 26 février 1340, hommage au comte Jean d'Armagnac, par noble Bernard de Brossinhac, pour le village de Molergues, sis dans la paroisse de Saint-Mayme, avec justice jusqu'à 60 sous.

En 1462, Jean de Brossinhac, seigneur de Molergues, vendit ce fief aux Lavernhe, de Gros, et, en 1678, M. de Tullier l'acheta de ces derniers.

GROS ET MANHAC.

Noble Vivien de Galvan, écuyer, de la ville de Rodez, fit hommage au comte Jean d'Armagnac, en 1323, pour raison des villages de Gros et de Manhac, La Capelle et Fontmarty. Il vivait encore en 1346.

ARSAC.

Au commencement du xvie siècle, Arsac et ses dépendances, Arsaguet, Manhac et La Tende, appartenaient aux maisons de La Valette et de Rességuier. En 1521 et 1525, Hugues d'Aulhou acheta de nobles Guillot Valette et Jean de Rességuier les droits seigneuriaux qu'ils avaient à Arsac, paroisse de Sainte-Radegonde, avec justice jusqu'à 60 sous.

Raymond de Rességuier acheva de vendre, en 1545, à Amans d'Aulhou, ce qui lui restait aux mêmes lieux.

Le fief de La Panouse, intercallé dans la même terre, appartenait, au milieu du xviie siècle, à la famille de La Tour-Saint-Igest.

(Extrait des titres du château de La Roquette).

DE GACHES,

Seigneurs de Belmon, de Vensac et de Canfay.

ARMES : *Parti au 1 de gueules à trois coquilles d'argent, 2 et 1 ; au 2 d'azur à deux étoiles d'or en chef et une fleur de lis du même en pointe* (Nobiliaire d'Auvergne).

Venzac est un ancien château près du Mur-de-Barrez, possédé depuis fort longtemps par la famille de Gaches, établie au Mur-de-Barrez avant 1543 et originaire de la ville d'Aurillac. Elle fut ennoblie, en 1668, par lettres-patentes du roi dans les personnes de Louis et Jacques Gaches frères, sieurs de Belmon, pour services rendus à l'Etat (1).

I. GUILLAUME DE GACHES, seigneur de Venzac, testa le 7 février 1765. Il avait eu de son mariage avec Charlotte

---

(1) Registres de la chambre des comptes et cour des aides de Paris.

Viale du Chambon, des seigneurs de Pleaux et Lanjac (Haute-Loire), les enfans qui suivent :

1° Louis-Balthazar, sieur de Neuville, qui suit; 2° Augustin de Gaches de Sanhes de Campest, sieur de Carenagues, membre de l'assemblée de la noblesse réunie à Villefranche pour les Etats généraux en 1789; 3° Marie de Gaches, femme, en 1758, de Guillaume-Jean-Philippe du Verdier de Mandillac; 4° Jeanne de Gaches, religieuse à Lanjac.

II. LOUIS-BALTHAZAR DE GACHES, sieur de Neuville, épousa Jeanne-Crispine du Verdier de Mandillac, et décéda, le 2 décembre 1782, laissant de son mariage :

1° Jean-Louis de Gaches de Belmon, garde-du-corps du roi, qui, pendant l'émigration, reçut, dans la dernière action qui eut lieu, une blessure mortelle à la tête sur le pont de Fribourg; 2° Pierre, ci-après; 3° Jérôme de Gaches de Vensac, officier dans le régiment de La Sarre, infanterie, émigré; 4° Françoise, mariée à N..... d'Arjealet-Montignac, de Chaudesaygues, décédée sans enfans.

III. PIERRE DE GACHES DE VENZAC, né le 29 janvier 1769, reçu, le 1er octobre 1784, à l'école militaire d'où il sortit, le 25 juillet 1787, de la même promotion que Bonaparte, sous-lieutenant au régiment d'Aunis, servit avec ce corps en Amérique, revint en France en 1792 et n'émigra point. Décédé au Mur-de-Barrez, le 28 juillet 1825. Il avait épousé Louise-Marguerite de Chaudesaygues, dont :

1° Balthazar de Gaches, marié, le 31 août 1840, à Catherine-Françoise de Bancarel; 2° Louis, receveur de l'enregistrement à Chaudesaygues; 3° Arthur, demeurant au Mur-de-Barrez; 4° Paul, id.

(Titres de famille).

DUMAS DE CORBIÈRES.

Armes : *De gueules, à la fasce d'argent, chargée d'une hure de sanglier de sable, accostée de deux corbeaux affrontés du même.*

I. PIERRE DUMAS DE CORBIÈRES (1) épousa, en 1590, Anne de Girels, de Saint-Geniez, et mourut, en 1623, laissant de son mariage :

1° Raymond, ci-après ; 2° Antoinette Dumas, qui se maria, en 1622, avec le sieur Caboul, de Lyon, fils d'Antoine Caboul, contrôleur pour le roi à Nantua ; 3° Anne Dumas, femme, en 1620, de Pierre Campels, docteur en droit, de Saint-Geniez ; 4° Marguerite, alliée, en 1635, au sieur de Podavigne de Granval, contrôleur en l'élection de Saint-Flour.

II. RAYMOND DUMAS DE CORBIÈRES épousa, en 1629, Marie de Junius, fille de Jacques de Junius, conseiller au parlement de Toulouse. Raymond était contrôleur en l'élection de Villefranche. Il eut pour enfans :

1° Jean, dont l'article suit ; 2° Geniez Dumas, né en 1635 ; 3° Marie ; femme, en 1654, de Philibert de Lastic, seigneur de Fournols ; 4° Anne, mariée au seigneur de Roquefeuil du Bousquet.

III. JEAN DUMAS DE CORBIÈRES, conseiller-secrétaire du roi en la généralité de Montauban, épousa, en 1669, Catherine d'Izarn de Valady, dont il eut :

1° Ignace, dont on va parler ; 2° Marie-Anne Dumas, femme

---

(1) Corbières, fief des environs de Saint-Geniez

du sieur de Fajole-Puylausic, conseiller au parlement de Toulouse; 3° Louise, mariée à Jean-François d'Alichoux, seigneur de Buzareingues; 4° Anne, qui épousa Etienne Grandsaigne, seigneur d'Auberoque et de Loupiac; 5° Raymond-Geniez Dumas, sieur de Vilaret, capitaine au régiment de Dauphin, mort, en Allemagne, à la suite de blessures, en 1673; 6° Jean-Claude, servant dans les mousquetaires, mort célibataire.

IV. IGNACE DUMAS DE CORBIÈRES, ancien capitaine de dragons, épousa, en 1727, Marie-Anne de Fajole de La Ferrière et en eut:

1° Jean-Claude, qui suit; 2° Hylarion Dumas, mort célibataire; 3° Josephe, religieuse ursuline; 4° Madeleine, mariée, en 1754, à François Solanet de Laval, de Buzeins; 5° Marguerite, morte célibataire; 6° Jeanne, religieuse ursuline.

V. JEAN-CLAUDE DUMAS DE CORBIÈRES s'allia, en 1774, à Marie-Jeanne Solanet de Laval, fille de Jean Solanet et de Marie-Anne de Layrolle. De ce mariage, il n'y a eu qu'une fille, Marie-Marguerite-Louise Dumas, qui a épousé, en 1798, Guillaume-Raymond Benoît, de Saint-Geniez. Elle est décédée le 19 juin 1839 *(Titres de la famille Dumas)*.

De cette famille étaient sorties deux branches, dont l'une a fini dans la personne de Mme Dumas de Lugans, femme de M. Deslandes de Combettes.

L'autre portait le nom de Dumas de Mongros. Ses descendans allèrent se fixer à Toulouse, achetèrent le château d'Aiguebère dont ils prirent le nom, et donnèrent plusieurs conseillers au parlement. On ignore si elle est éteinte.

On trouve, dans le Vabrais, une autre famille Dumas, à laquelle appartenait un capitaine Dumas, nommé, le 29 août 1586, au gouvernement du Pont-de-Camarès, par François, comte de Coligny, sieur de Châtillon, gouverneur et lieutenant-général pour le roi de Navarre de la province de Rouergue.

Le sieur Dumas de Serres servait dans le corps de la noblesse de la sénéchaussée de Villefranche, réunie à Montauban, en 1695, d'après un certificat du marquis de Crillon, commandant lesdites troupes.

(Anciens titres épars).

DE PASCAL,

Seigneurs de Courtil, de Saint-Juéry et de Montagnol, en Rouergue;
barons de Cazillac et de Vallhon, près de Béziers.

(Famille maintenue dans sa noblesse par M. Langeois, le 7 février 1716).

Armes : *D'azur, à deux bourdons d'or en sautoir, accompagnés en chef d'une étoile d'argent.*

La terre de Saint-Juéry, dont les Pascal ont pris le nom, située sur les montagnes méridionales du département de l'Aveyron, aux environs de Saint-Sernin, appartenait à noble Jean-Louis de Pascal, en 1682.

Cette famille, dont deux branches existent encore en Languedoc, était représentée, pour la première, en 1789, par N..... Pascal, vicomte de Saint-Juéry, lieutenant aux gardes-du-corps de Monsieur, qui fit toutes les campagnes de l'émigration, et mourut, sous la Restauration, maréchal-de-camp, chevalier de Saint-Louis et de la Légion-d'Honneur, laissant un fils qui habite Montpellier.

La branche cadette s'est éteinte dans la personne de N..... Pascal, marquis de Rochegude, contre-amiral, domicilié à Albi.

Les Pascal sont alliés aux Mostuéjouls et aux Fleury. Anne de Pascal avait épousé, en 1636, Jean de Rosset, grand-père du premier duc de Fleury. La généalogie de cette famille est rapportée dans l'ouvrage du marquis d'Aubais.

DE JOUVENCE,

Famille noble qui possédait les seigneuries de Broussy et de Lislet au bailliage de Sédan, et de Cambron, dans le diocèse de Laon, en Picardie.

ARMES : *D'azur, à trois têtes de gerfaud de gueules.*

Un gentilhomme de cette maison, que les chances de la vie militaire avaient appelé momentanément en Rouergue, s'y établit par un mariage et y laissa une descendance qui a subsisté jusques vers la fin du siècle dernier.

Voici, sur cette famille, les courts renseignemens que nous trouvons dans des titres conservés par un des anciens notaires de Rodez.

Henri de Jouvence, seigneur de Broussy et de Cambron, rentré en France avec sa mère, après une expatriation de quelques années, trouva ses affaires en si mauvais état qu'il se vit forcé de prendre du service, et il s'enrôla, en 1698, dans la compagnie d'un de ses parens, nommé M. de Gercy (1), alors en quartier d'hiver à Villefranche-de-Rouergue. Là, s'étant épris

---

(1) Ce M. de Gercy était de Vervin, en Picardie.

d'une belle passion pour une demoiselle du pays, Louise-Madeleine Dumas, de Fijaguet (1), près de Valady, il obtint sa main le 12 août 1690, quitta le service et se fixa dans la maison de sa femme où il mourut, le 25 septembre 1725, âgé de 50 ans, et fut enterré dans l'église de Valady.

Il laissait deux filles, dont l'aînée épousa M. Garrigues du Cluzel, avocat.

Marie de Jouvence de Cambron, la cadette, habitait, en 1753, une maison située dans la rue de la Barrière, qui avait appartenu aux Dumas (2). Elle y mourut le 23 janvier 1774.

(*Archives de M. Dejean, ancien notaire*).

(1) Fille de feu François Dumas, de Rodez, et d'Antoinette Duranty, et sœur d'Hélène Dumas. Marie Dumas, sœur de son père, était femme du sieur de Roquan.

(2) Cette maison, située à l'angle formé par la rue des Pénitens avec la rue de La Barrière, vis-à-vis la maison Grailhe, avait appartenu longtemps, et dès 1386, à la famille de Nattes. En 1634, elle était occupée par Pierre Dumas, époux d'une Moyssety, et, après les Dumas et les Jouvence, elle passa aux Garrigues du Cluzel.

DE BALSAC,

Barons de Firmi, seigneurs du Claux, de La Garrigue, de Colombiès.

ARMES : *De gueules, au pal d'or, chargé d'une plante de baume de sinople (Tit. de La Garrigue).*

Les archives de cette famille furent publiquement brûlées sur la place de Firmi en 1793. Nous n'avons pu consulter, pour établir sa filiation, que les titres qui se trouvaient alors en double dans différens dépôts du pays et que, depuis cette époque, elle est parvenue peu à peu à réunir, encore ne remontent-ils qu'à l'année 1694.

Il y a lieu de croire toutefois que la famille de Balsac est issue des anciens seigneurs de Balsac, qui disparurent du lieu de ce nom vers la fin du xive siècle (1), laissant, comme preuve de la liaison des deux races, le fief de Pradelles, qui s'est conservé et transmis dans la seconde famille jusqu'à l'époque de la Révolution.

I. ANDRÉ DE BALSAC, seigneur de Vabres, de Gamarus, Garrigous, etc., nommé président de la cour des aides de

---

(1) Tome IIe, p. 440 et 441.

Montauban, le 8 juin 1694, mort en 1726, eut de son mariage avec Marie de La Theule, qui lui apporta la terre baronniale de Firmi et la seigneurie du Claux :

1° JEAN-CLAUDE, qui suit ; 2° GUILLAUME, qui forma la branche de Gamarus, aujourd'hui éteinte ; 3° JEAN, docteur de Sorbonne et chanoine de la cathédrale de Rodez ; 4° ANTOINE, docteur de Sorbonne ; 5° JEANNE, qui épousa N. de Moly, seigneur des Ondes ; 6° CATHERINE, femme, le 1er novembre 1700, de Jean de Fajole, seigneur de La Ferrière ; 7° MARIE-ANNE, alliée à M. du Verdier de Mandillac.

II. JEAN-CLAUDE DE BALSAC, seigneur-baron de Firmi, du Claux, etc., conseiller au parlement de Toulouse en 1707, épousa, le 22 septembre 1704, Isabeau de Séguret, fille d'Etienne de Séguret, président au sénéchal et siège présidial de Rodez, et de Marie Dumas de Corbières. De ce mariage provinrent un grand nombre d'enfans :

1° JEAN-ANDRÉ, qui suit ; 2° JEAN-CLAUDE, dit l'abbé de Firmi, chanoine archidiacre du chapitre de Rodez, décédé dans les premières années de l'empire, laissant une mémoire vénérée. Son grand âge et ses vertus ne purent le soustraire aux persécutions révolutionnaires ; et il demeura longtemps enfermé au couvent de l'Annonciade, transformé en prison ; 3° MARIE-THÉRÈSE, mariée, le 25 février 1748, avec Antoine de Gaston ; 4° MARIE-ANNE, morte célibataire ; 5° PIERRETTE-VINCENTINE, née en 1725, décédée en novembre 1788, étant supérieure du couvent de N.-D. à Rodez. Sa mort fut annoncée par une lettre imprimée, sous la date du 30 novembre, à tous les couvens de N.-D. du royaume, par la religieuse qui l'avait remplacée comme supérieure, madame de Molière, en des termes qui révèlent tout ce qu'il y avait d'éminent dans ses vertus et dans les qualités de son esprit ; de plus, sept officiers, dont cinq eurent la glorieuse distinction de mourir les armes à la main à la bataille de Fontenoy, en 1725 ; deux ecclésiastiques, dont un jésuite, et plusieurs religieuses.

III. JEAN-ANDRÉ DE BALSAC, seigneur-baron de Firmi, etc., conseiller au parlement de Toulouse en 1727, s'unit, le 31 décembre 1733, à Marie-Josephe de Madrières, fille de Jean-Jacques, seigneur de La Garrigue, et de Marie de Benoît. Ses enfans furent :

1° JEAN-JACQUES, dont l'article suit ; 2° VICTOR, prêtre, prieur de Foissac, de Lunac et Saint-Salvadou, conseiller-clerc au parlement de Toulouse, député du clergé pour la province d'Auch, décédé au château du Mazet sous la Restauration ; 3° MARC-ANTOINE, chevalier de Firmi, qui a formé la branche de Colombiès ; 4° ANDRÉ-ANTOINE DE BALSAC-CADRÈS, doyen du chapitre de Conques ; 5° MARC-ANTOINE DE BALSAC, *dit du Salès*, prieur de Saint-Christophe ; 6° N..... DE BALSAC, sieur du Claux, officier dans les armées du roi, tué devant Gibraltar, et plusieurs filles religieuses.

IV. JEAN-JACQUES DE BALSAC, baron de Firmi, coseigneur d'Auzits, etc., conseiller au parlement de Toulouse, fut victime du tribunal révolutionnaire de Paris, le 20 avril 1794. Il avait épousé à Toulouse, Jeanne-Anne de Berdolle de Goudourville, dont :

1° JOSEPH-DOMINIQUE-MARIE-ANNE, ci-après ; 2° ANNE-JACQUETTE-JEANNE-MARIE-COLOMBE-HONORÉE, mariée au château de Sirac, en Gascogne, à Joseph-Marie-Louis de Puymirol, seigneur de Sirac, dont, entre autres enfans, N..... de Puymirol, chef d'escadron d'artillerie ; 3° CLAUDETTE, morte sans alliance.

V. JOSEPH-DOMINIQUE DE BALSAC DE FIRMI, né le 26 novembre 1768, marié pendant l'émigration, en Angleterre, avec Mlle Duston, a eu :

1° HARDOUIN, qui suit ; 2° ANNE, supérieure du couvent du Refuge à Toulouse ; 3° VICTORINE, célibataire ; 4° CLAUDINE, mariée à M. Espiguat de Sieurac, magistrat, ancien député du Tarn.

VI. HARDOUIN DE BALSAC DE FIRMI, décédé peu d'années après son mariage avec Amélie de Saint-Jean, fille du vicomte de Saint-Jean, dont sont issus :

1° MARIE ; 2° ERNESTINE.

BRANCHE DE COLOMBIÈS.

IV. MARC-ANTOINE DE BALSAC, chevalier de Firmi, capitaine au régiment de Vexin, chevalier de Saint-Louis, décédé dans les derniers jours de janvier 1832, avait épousé, par contrat du 26 août 1782, Victoire-Pauline-Eulalie de Barrau, fille de Jean-Antoine de Barrau, de Carcenac, et de Françoise-Charlotte-Pauline de Solages. De ce mariage sont issus :

1° JACQUES-HIPPOLYTE, qui suit ; 2° MARIE-ELISABETH-JEANNE-CHARLOTTE-PAULINE, décédée sans alliance ; 3° ANTOINETTE, décédée sans alliance ; 4° MARIE-AUGUSTE, baron de Balsac, ancien préfet et conseiller d'Etat, etc., marié, par contrat du 22 novembre 1822, avec Louise-Antoinette-Blanche de Couronnel (1), fille d'André-Charles-Honoré, marquis de Couronnel, chevalier de Saint-Louis, ancien capitaine au régiment du roi, et de Marie-Claire-Blanche de Chassepot de Pissy, famille des environs d'Amiens, en Picardie. Le contrat de mariage fut signé, au grand lever, le 15 décembre 1822, par le roi Louis XVIII et les princes de la famille royale.

V. JACQUES-HIPPOLYTE DE BALSAC, décédé à Rodez, le 18 novembre 1841, a eu de Joséphine Seconds, de Rodez, qu'il avait épousée, le 22 février 1811, et qui est morte, le 21 avril 1852 :

1° PAULIN DE BALSAC ; 2° LOUISE, mariée, le 18 octobre 1853, avec Amédée de La Rivière, inspecteur des eaux et forêts de l'Aveyron, fils de Claude-Marie de La Rivière et d'Uranie de Goudal de La Goudalie, du château de La Prade (Tarn).

LE BARON DE BALSAC.

Marie-Auguste de Balsac, élevé par son mérite aux plus hauts emplois, est un des hommes du pays qui se sont fait le plus

---

(1) Le marquis de Couronnel, son frère, a épousé plus tard Mlle de Montmorency.

remarquer dans leur vie publique par la noblesse et la droiture de leur caractère, leur aptitude, leur zèle persévérant et consciencieux dans l'accomplissement de leurs devoirs.

Une notice biographique lui sera consacrée ailleurs. Nous nous contentons de placer ici l'état exact de ses services :

Marie-Auguste de Balsac, né le 4 août 1788, nommé auditeur au conseil d'Etat par décret du 10 novembre 1810 ;
Sous-préfet d'Avignon, le 3 octobre 1811 ;
Chevalier de la Légion-d'Honneur, le 16 octobre 1814 ;
Sous-préfet de Carpentras (Vaucluse), le 16 mars 1816 ;
Préfet de Tarn-et-Garonne, le 16 août 1817 ;
Préfet de l'Oise, le 23 mars 1822 ;
Investi du titre de baron par ordonnance du 21 novembre 1822 ;
Préfet de la Moselle, le 27 juin 1823 ;
Officier de la Légion-d'Honneur, le 8 juin 1825 ;
Commandeur du même ordre, le 12 décembre 1827 ;
Secrétaire-général du ministère de l'intérieur et directeur de l'administration départementale, le 23 janvier 1828 ;
Conseiller d'Etat, le 16 février 1828 ;
Président du grand-collège de la Moselle, le 6 juin 1829 ; élu député par ce collège, le 22 juin même année ;
Nommé membre du conseil général des prisons du royaume, le 14 décembre 1829 ;
Président du collège électoral de Villefranche (Aveyron), par ordonnance du 6 juin 1830 ;
Elu député de cet arrondissement, le 23 juin, même année ; réélu par le même collège, en 1837.
Elu membre du conseil général de l'Aveyron en 1848 ;
Elu député à l'assemblée législative par le même département, en 1849.

BRANCHE DE GAMARUS.

II. GUILLAUME DE BALSAC, seigneur de Gamarus, fils d'André, président de la cour des aides de Montauban, et de N..... de La Theule, se maria deux fois :

1° Par contrat du 7 septembre 1719, avec Marie-Honorée de Landès, laquelle testa le 3 décembre 1724 ; 2° le 23 décembre 1734, avec Marie de Jouéry.

Il mourut en 1758, laissant du premier lit :

1° ANDRÉ, né en 1722, dont l'article suit; 2° DALMAS, né en 1723, sieur de La Valette, chevalier de Saint-Louis; 3° MARIE, religieuse en 1741; 4° JOSEPH DE BALSAC, décédé le 6 décembre 1724.

III. ANDRÉ DE BALSAC, seigneur de Gamarus, acquit la terre du Cayla-d'Arjac, de M. de Goudal de Curlande, le 9 avril 1774. Il était, à cette époque, conseiller d'honneur au sénéchal et siège présidial de Rodez. Il avait épousé Denise de Jouéry, fille de Jean-François de Jouéry, II° du nom, lieutenant-criminel, et de Marie-Anne de Séguret. Ses enfans furent :

1° GUILLAUME, ci-après; 2° MARIE-DENISE-CLOTILDE, mariée à M. Guirbaldy du Crès.

IV. GUILLAUME DE BALSAC, seigneur de Gamarus et du Cayla, né le 20 septembre 1753, membre du conseil général de l'Aveyron et maire de Rodez en 1811, est décédé dans les premières années de la Restauration sans être marié. Ses biens sont passés aux enfans de sa sœur.

Une autre branche de la même famille était celle de Balsac-Vialatelle, établie depuis fort longtemps à Rodez et d'où sont sortis :

Guillaume de Balsac, prieur-curé de Ceignac à l'époque de la Révolution, qui refusa de prêter le serment, fut d'abord reclus à l'Annonciade, maison de détention des prêtres, et déporté dans les prisons de Figeac, le 1er novembre 1793.

N..... de Balsac-Duvignal, marié à Paris, vers l'année 1807, avec Aglaé Le Doulcet de Méré, de la même famille que les Doulcet de Pontécoulant (1).

Victor et Auguste-Isidore de Balsac, neveux du précédent, ce dernier nommé chevalier de la Légion-d'Honneur, en 1840, pour ses beaux faits d'armes en Afrique où il fut mis plusieurs fois à l'ordre du jour de l'armée n'étant encore que sous-officier, chef d'escadron au 9e régiment de dragons en 1857.

(1) Le mariage fut célébré au château de Fontaine-Henri, chez la marquise de Canisy, sœur de la mariée.

RECH,

Seigneurs de Saint-Amans de Pinet.

ARMES : *Ecartelé de gueules et d'argent, à la croix de l'un à l'autre.*
(COURCELLES, t. XII, art. *Gaston*).

I. DORDÉ RECH, notaire à Cassagnes-Bégonhès, vivant en 1610.

II. JACQUES RECH, fils du précédent et notaire comme lui, mourut le 24 décembre 1670. Il avait épousé Antoinette de Canac, dont il eut Jean-Jacques, qui suit :

III. JEAN-JACQUES RECH (1), avocat, lieutenant-général du sénéchal de Rouergue, eut d'Elisabeth d'Imbert, sa femme :

1º LOUIS, né en 1671, qui suit; 2º JEAN-JACQUES, avocat,

---

(1) Décédé le 7 août 1700.

juge de Taurines, marié, en 1687, avec Marie d'Escourailles, fille de noble Jean d'Escourailles, sieur du Modier ; 3° BARBE, mariée, en 1683, à Bernard Gaston, fils de Jean et d'Antoinette Pomarède.

IV. LOUIS DE RECH, seigneur de Pinet, lieutenant-général de la châtellenie de Cassanhes, trésorier de France, se maria : 1° en 1696, avec Thérèse-Gaston, fille de Bernard Gaston et de Jeanne Fabries, dont il eut Jean-Jacques et Marie-Anne, morts jeunes. Jeanne Fabries décéda en 1701.

2° Il épousa Françoise de Bruel de Guibal, dame de Pinet, qui le rendit père de :

1° RAYMOND-LOUIS, né en 1707, qui suit; 2° FRANÇOISE, née en 1706 ; 3° MARIE-ANNE, née en 1712 et décédée aussitôt.

Louis de Rech décéda en 1735 et Françoise de Guibal, sa femme, en 1769.

V. RAYMOND LOUIS DE RECH, seigneur de Saint-Amans de Pinet, trésorier de France en 1763, épousa Mademoiselle Guilhe, de Rodez, dont il eut :

1° RAYMOND, qui suit; 2° N.... DE RECH, dit l'abbé de Saint-Amans, qui fut aumônier de quartier ; 3° N...., dite Mademoiselle de Saint-Remy ; 4° et 5° deux filles religieuses à Villefranche ; 6 et 7 deux autres filles religieuses à Espalion. Tous vivans, à Saint-Amans, en 1804.

Raymond-Louis décéda en 1792.

VI. LOUIS-RAYMOND RECH, baron de Saint-Amans, épousa, en février 1766, Marie-Julie-Clémence de Vesins, fille d'Antoine IV de Levezou, comte de Vesins, et de Marie-Anne de Lapanouse, dont deux filles :

Marie-Anne, l'aînée, fut mariée, en 1756, à Marc-Antoine-François de Gualy, sieur de Creyssels; la cadette, dite Mademoiselle de Saint-Amans, est morte célibataire dans la famille de Gualy.

(*Titres compulsés par feu M. Rudelle, de Cassanhes*).

DE GLAVENAS,

Seigneurs de Burgatel.

Famille maintenue dans sa noblesse par M. Sanson, intendant de Montauban, le 15 avril 1697.

ARMES : *D'azur, à la croix alésée d'or.*

Les Glavenas habitaient Les Camps, petit château situé entre Combret et N.-D. de Bélirac. Quelques notes tirées de l'état civil de Combret sont les seuls documens que nous ayons sur cette famille, aujourd'hui éteinte ou du moins entièrement obscurcie.

Noble Jacques de Glavenas, sieur de Roquerouge, décédé le 22 décembre 1692, âgé de 95 ans et inhumé dans l'église de Combret, laissant deux fils :

1° Alexandre de Glavenas, sieur de Burgatel, qui mourut le 19 août 1710, âgé de 78 ans ;

2° Louis-Achille, sieur de Montlas, marié à Hippolyte de Citon d'Espine, dont :

A Rose de Glavenas, baptisée le 27 août 1707 ;
B Marguerite-Christine, baptisée le 24 août 1708 ;
C N...., née le 10 décembre 1721 (1).

Alexandre de Glavenas, sieur de Compal, prieur du Cayla, ancien curé de Castor, décédé le 3 juillet 1747.

Louis-Joachim de Glavenas, sieur de Corbon, ancien garde-du-corps du roi, habitait le château des Camps en 1763.

Il paraît qu'il avait épousé Françoise Reynes, qui le rendit père de Zérode de Glavenas de Montlas, décédé le 17 janvier 1816, après avoir eu de Catherine Cabanel, sa femme, Cécile de Montlas, décédée le 10 mars 1810, et un fils Jean, qui mourut vers 1827 dans la commune de Vabre.

Le château des Camps est aujourd'hui possédé par la famille Augé, de Combret.

---

(1) Les registres portent le décès, en 1811, de Louis-Barthélemi de Montlas, fils de Louis-Achille et de Claire-Barthélemi.

DE GAUJAL,

Seigneurs de Luzençon, d'Issis, de Grandcombe, de La Ferrière, de La Blaquière, barons de Tholet.

Cette famille n'habitait point Millau avant la fin du XVIe siècle. Comme elle était alors calviniste et que Millau était un des boulevards des religionnaires, elle y vint chercher un asile. Auparavant on la trouve dispersée en Rouergue, en Gévaudan et dans l'Albigeois.

I. JACOB DE GAUJAL fit hommage au roi, en 1612, pour Luzençon dont il était coseigneur. En 1621, éclata, en Rouergue, la dernière guerre religieuse. Ce château appartenait à un calviniste. Les catholiques l'en délogèrent pour l'occuper, et le duc de Rohan dit dans ses mémoires qu'il s'en empara parce qu'il y avait quelques soldats qui incommodaient son passage de Millau à Castres. A cette époque de guerre intestine, tout château susceptible de résistance était un poste important qu'on se disputait avec acharnement. Jacob rentra alors en possession de celui-ci.

Il avait acheté, en 1614, le fief d'Issis pour lequel il rendit hommage en 1627, et eut de Suzanne d'Albis, sa femme, quatre fils qui firent autant de branches :

1° JACQUES, ci-après ; 2° PIERRE ; 3° JACOB IIe ; 4° JEAN.

I.

BRANCHE AÎNÉE ou D'ISSIS.

Armes : *De gueules, au chevron d'argent accompagné en chef de deux étoiles d'or, et en pointe d'un souci du même.*

II. JACQUES DE GAUJAL, Ier du nom, seigneur d'Issis, le fut aussi de Cornus par sa femme.

La ville de Cornus, qui tenait alors pour les calvinistes, était revêtue d'un mur d'enceinte qui enveloppait aussi le château, lequel y avait été réuni au moyen d'un réduit, et ce mur formait un bastion à l'un des angles de l'enceinte carrée de la place. Au-dela de cette fortification et à une distance assez considérable, on avait élevé une autre enceinte, également en maçonnerie, qui présentait des angles saillans et rentrans et un front flanqué de deux demi-bastions, le tout protégé par un large fossé.

Jacques eut d'Isabeau de Salvan, sa femme, un fils et une fille :

1° Jacques II, qui fit hommage au roi en 1648, et mourut sans être marié ; 2° Françoise, dame de Cornus après la mort de son frère, et qui épousa, le 17 octobre 1676, Michel d'Izarn de Villefort à qui elle apporta cette terre.

II.

BRANCHE DE GRANDCOMBE.

Armes : *D'azur, à l'aigle éployé d'argent, surmonté d'une croisette du même* (1).

II. PIERRE DE GAUJAL, seigneur de Ségonnac, deuxième fils de Jacob, épousa Marguerite de Rochefort, dont il eut :

1° Pierre, qui suit ; 2° Marie, alliée, en 1654, à Pierre de Tauriac, seigneur de Bussac, de Lavincas et de Tiergues.

---

(1) Mêmes armes que celles des Crozat de Creyssels.

III. PIERRE DE GAUJAL, IIe du nom, devint seigneur d'Issis après la mort de Jacques II, son cousin, en vertu d'une substitution établie par Jacob de Gaujal, leur aïeul commun. Il abjura le calvinisme, en 1635, ainsi que toute la ville de Millau, et il épousa Marguerite de Crozat-de-la-Croix-de-Grandcombe, qui, en 1700, ajouta à l'église paroissiale de Millau une chapelle, dédiée à Saint-Caprais, et placée à côté du chœur, dans laquelle furent depuis inhumés tous les membres de la famille.

Marguerite de Crozat avait hérité, en 1695, de Pierre de Crozat de Grandcombe, son frère, aide-des-camps et armées du roi, officier très-distingué, l'un des meilleurs ingénieurs de cette époque, chevalier de l'ordre de Saint-Louis dès 1695, membre, en 1696, d'un comité de fortifications en tiers avec Vauban et Laparra (1).

Il avait fait la guerre dans une grande partie de l'Europe, et ses services lui avaient valu les titres de *praticien de Messine et de noble vénitien*. Il avait mérité, en combattant sous ses ordres et sous ses yeux, l'estime et la bienveillance particulières du célèbre doge Morolini, le *péloponésiaque*, à qui sa patrie érigea une statue de son vivant, et dont Voltaire a dit que le nom durerait autant que Venise.

C'est de ce Grandcombe, qui lui donna son héritage, que la deuxième branche des Gaujal, établie à Millau, tint à honneur de porter le nom et les armes (2).

Les fils de Pierre II de Gaujal et de Marguerite de Crozat-Grandcombe furent :

1° JEAN, seigneur de Grandcombe, comme héritier de son oncle maternel, capitaine au régiment du Dauphiné, infanterie, tué sur place à la bataille de Cassano, le 16 août 1705 ; 2° JACQUES, cadet gentilhomme, à Tournay, en 1689, dans la compagnie commandée par le comte de Mesgrigny, plus tard capitaine

---

(1) *Notice sur Laparra*, par M. le colonel N.

(2) On trouve dans les *Etudes historiques sur le Rouergue*, par M. le baron de Gaujal, une notice très-détaillée sur les campagnes et les services de cet officier général.

dans le régiment de Damas, infanterie, mort à Lodi, en Italie, le 15 juillet 1705, des blessures qu'il avait reçues dans la campagne; 3° SAMUEL, qui suit; 4° LAURENT, lieutenant d'une compagnie de la marine à La Rochelle, marié à Paris, le 22 septembre 1690, avec Jeanne Sorel, fille de feu Claude Sorel, greffier au grenier à sel de La Ferté-Milon, et de Jeanne Caillos.

Après leur mariage, les deux époux s'embarquèrent pour l'Amérique et s'établirent au cap français de l'île Saint-Domingue, où ils firent, à l'aide du commerce, une fortune assez considérable. Laurent Gaujal repassa en France, en 1721, avec une partie de ses richesses, et mourut, à Millau, le 2 novembre, peu de jours après son arrivée.

Jeanne Sorel, sa femme, était demeurée au Cap français. Son caractère résolu et entreprenant lui avait donné une certaine autorité parmi les habitans de l'île. Le gouvernement français ayant voulu introduire des billets de banque dans cette colonnie, éprouva de la résistance, et découvrit que Jeanne Sorel, par ses menées, avait excité ses compatriotes à la sédition. On lui donna l'ordre de quitter l'île et de se rendre en France, avec défense de résider à plus de 30 lieues des ports du royaume.

Mme de Gaujal rentra, en effet, et apprit seulement à Toulouse la mort de son mari qu'elle ignorait encore. Elle se retira alors au château de La Bastide-des-Fonts, où le seigneur, Jean-Hyacinte Dicher, lui offrit un asile. La succession de Laurent de Gaujal donna lieu à un procès qui se termina par transaction.

IV. SAMUEL DE GAUJAL, seigneur de Grandcombe, Issis, etc., né en 1680, lieutenant au régiment de la vieille marine en 1700, blessé à la bataille de Luzzaro en 1702, estropié à celle de Cassano en 1705, ce qui l'obligea de quitter le service, épousa, le 28 juin 1707, Anne de Tauriac, fille d'Antoine de Tauriac, seigneur de Lavincas, et d'Angélique de Grenier. En 1710, il fut nommé lieutenant de louveterie dans la juridiction de Millau, et mourut le 29 mai 1723, laissant de son mariage :

1° PIERRE, né en 1716, mort en 1739 sans être marié;
2° SUZANNE, mariée, en 1739, à Jean de Crespon, seigneur de

La Raffinie; 3° ELISABETH, mariée : 1° en 1744, avec Pierre de Tauriac, baron de La Romiguière, capitaine d'infanterie, fils de Jean et de Suzanne de Carbon; 2° avec Pierre de Carbon, conseiller au parlement de Toulouse, mort sans enfans en 1780; 4° JEANNE, femme, en 1750, de François-Louis de Blanc, seigneur de La Guizardie, dont la postérité existe.

III.

BRANCHE DE LA FERRIÈRE.

ARMES : *Les mêmes que la branche aînée.*

II. JACOB DE GAUJAL, IIe du nom, seigneur de La Ferrière et coseigneur de Luzençon, né en 1645, fut père de :

III. JACOB III DE GAUJAL, seigneur de La Ferrière et coseigneur de Luzençon, convoqué pour le ban et arrière-ban en 1690 et années suivantes, mort garçon en 1716.

IV.

BRANCHE DE THOLET,

Aujourd'hui la seule existante.

ARMES : *De gueules, à l'épée antique d'or, au chef du même chargé de trois étoiles d'azur.*

II. JEAN DE GAUJAL, seigneur du Claux, quatrième fils de Jacob Ier, fut convoqué pour le ban et arrière-ban en 1693. Il avait épousé, en 1643, Marthe de Conducher de Veyrac, et en eut :

III. ETIENNE DE GAUJAL, seigneur du Claux, coseigneur de Luzençon, substitut, à Millau, du procureur général près le parlement de Toulouse; marié à Françoise de Reynés de

Prodéjac, fille du procureur du roi au bailliage de Millau, dont :

IV. JEAN-ETIENNE DE GAUJAL, seigneur du Claux; garde-du-corps du roi en 1717 (compagnie d'Harcourt), major de Millau en 1724, conseiller-correcteur en la chambre des comptes de Montpellier en 1729, mort, en 1747, père, par Anne Roques, sa femme, de :

V. MARC-ANTOINE DE GAUJAL, seigneur de La Blaquière et de La Plane, fiefs qui lui venaient d'Elisabeth Conducher de Veyrac, sa grand-tante, veuve de Pierre de Gualy. Il mourut en 1782. Il était conseiller-correcteur en la chambre des comptes de Montpellier dès 1755. Il fit l'acquisition de la terre et baronnie de Tholet, qui lui fut vendue, le 12 avril 1768, par Mathieu-Alexandre-Félix de Bessuéjouls, comte de Roquelaure, au prix de quatre-vingt-quatre mille livres. Il avait épousé Louise-Ursule de Beillert, sœur d'un chevalier de Saint-Louis, et en eut :

VI. MARC-ANTOINE DOMINIQUE DE GAUJAL, baron de Tholet, seigneur de La Blaquière et de La Plane, qui fut mousquetaire de la garde du roi, et mourut en 1786, laissant six enfans de Marguerite Aldebert qu'il avait épousée en 1766 :

1° MARC-ANTOINE-FRANÇOIS, qui suit; 2° ALEXANDRE-MARC-FRANÇOIS, né en 1775, mort garçon au château de Tholet, le 8 avril 1845; 3° JACQUES-CHARLES-VICTOR-CASIMIR, né le 6 novembre 1777, conseiller à la cour d'appel de Limoges, chevalier de la Légion-d'Honneur, mort le 27 février 1848, sans être marié (1); 4° HERCULE-FRANÇOIS-HIPPOLYTE, né le 1er novembre

---

(1) Victor de Gaujal mourut loin de son pays et de sa famille. Des collègues et des amis firent graver sur sa tombe, à Limoges, l'épitaphe suivante :

« Ci-gît M. Victor de Gaujal, conseiller à la cour d'appel de Limoges, chevalier de la Légion-d'Honneur, décédé le 27 février 1848. Magistrat aussi savant qu'intègre, parent dévoué, excellent ami, il emporte les regrets de sa famille, de sa compagnie et des nombreux amis que lui avaient gagnés la noblesse de son cœur et l'aménité de ses manières. Priez pour lui. »

1778, vivant en 1855, point marié; 5° PHILIPPE-LOUIS-MAUR, né le 15 avril 1782, maire de Millau, membre du conseil général de l'Aveyron, élu membre de la chambre des députés en 1841, en 1842, en 1847, officier de la Légion-d'Honneur, marié à Mélanie Poujade, fille du président du tribunal civil de Millau, dont il n'a pas eu d'enfans, décédé à Saint-Beauzély, le 18 mars 1856; 6° JEAN-PIERRE-MARIE-ACHILLE-AMBROISE-NESTOR, né en 1783, mort garçon, le 28 juin 1853.

VII. MARC-ANTOINE-FRANÇOIS DE GAUJAL, baron de Tholet (1) et de Gaujal, né le 28 janvier 1772, premier président honoraire de la cour impériale de Montpellier, ancien député, conseiller d'Etat, conseiller à la cour de cassation, chef de bataillon, chevalier de Saint-Louis, officier de la Légion-d'Honneur, correspondant de l'Institut et de la Société centrale d'agriculture, membre de la Société des antiquaires de France, de celle des antiquaires du Nord, séant à Copenhague, et de plusieurs autres Sociétés savantes en France et à l'étranger, décédé, le 17 février 1856, à Vias (Hérault), avait épousé, le 11 décembre 1809, Marie-Joséphine-Adélaïde-Elisabeth-Félicité Fabre, fille du baron Fabre, procureur général près la cour impériale de Montpellier, et de Marie Barral. De ce mariage :

1° MARC-ANTOINE-MARIE-FULCRAND-EUGÈNE-CHARLES, dont l'article suit; 2° JEAN-MARIE-MICHEL-HIPPOLYTE, né le 28 septembre 1812, lieutenant-colonel au corps d'état-major, officier de

(1) Ainsi qualifié dans son brevet de chevalier de Saint-Louis, en date du 3 août 1814, inséré au *Moniteur* du 6.
La terre de Tholet avait été confisquée et vendue révolutionnairement comme bien d'émigré. Il a fallu, pour l'avoir encore, la racheter pièce à pièce. Marc-Antoine-François ne voulant point perdre le titre dont il jouissait et qui, jusque-là, avait été attaché à la possession de cette terre, obtint, d'abord par ordonnance du 28 octobre 1821, et puis par lettres-patentes du 2 avril 1822, enregistrées, la collation du titre de baron de Gaujal, héréditaire pour sa postérité, sans obligation de constituer un majorat. Tel est le titre dont jouit sa famille aujourd'hui.

la Légion-d'Honneur (1), marié, le 18 juin 1845, à Léonore Cornuau, fille de N..... Cornuau, chevalier de la Légion-d'Honneur, et de Marie N....., dont il a eu une fille, Marie-Amélie, née le 15 mai 1849.

VIII. MARC-ANTOINE-MARIE-FULCRAND-EUGÈNE-CHARLES DE GAUJAL, né le 20 mars 1811, avocat général près la cour impériale de Paris, membre du conseil général de l'Aveyron, le 12 novembre 1853, chevalier de la Légion-d'Honneur, le 9 août 1854, pour services exceptionnels. Ses réquisitoires dans un grand nombre d'affaires qui soulevaient des questions neuves et ardues ont été sténographiés à l'audience et imprimés dans les journaux et les recueils de jurisprudence.

Il a épousé à Paris, le 30 avril 1846, Joséphine-Mathilde La Fonta, dont sont issus :

1º MARGUERITE, née le 25 janvier 1847; 2º HÉLÈNE, née en octobre 1848; 3º FERNAND, né le 6 octobre 1852.

(Titres de famille).

Une très-bonne biographie du baron de Gaujal a été publiée par M. Jules Duval en 1857. On y trouve des détails pleins d'intérêt sur la longue vie de cet éminent écrivain.

GAUJAL DE MONTALÈGRE (2).

Il existait autrefois à Saint-Sernin une famille du même nom de Gaujal, dont on trouve un grand nombre de traces dans les archives de cette localité.

I. JEAN DE GAUJAL, bourgeois de Saint-Sernin, mourut,

---

(1) En 1842, cet officier n'étant encore que capitaine, publia un mémoire étendu intitulé : *Des Remontes de l'armée.* C'était une réponse à un écrit de M. de Torcey, membre du conseil général d'agriculture. Le maréchal Soult, ministre de la guerre, après en avoir pris connaissance, le fit imprimer à part à 1,200 exemplaires pour être distribué. C'était déjà un grand succès.

(2) Un domaine de ce nom existe près de Saint-Sernin, ainsi qu'un autre appelé Ganjal.

le 11 juin 1707, âgé de 84 ans. Il avait épousé Geneviève Dumas, qui le rendit père de :

1° Geneviève de Gaujal, décédée le 3 avril 1686, âgée de 27 ans ; 2° Charles de Gaujal, qui suit.

II. CHARLES DE GAUJAL DE MONTALÈGRE, conseiller du roi, lieutenant du sénéchal et juge civil et criminel au siège royal de Curvale, mort le 13 juillet 1750, âgé de 80 ans, épousa Suzanne de Boscat, de Saint-Rome, et en eut :

1° François-Marie-Joseph, né le 1er septembre 1710 ; 2° Jean-Marc-Alexandre, né le 2 janvier 1714, ci-après ; 3° Marie-Jeanne, née le 23 janvier 1717 ;

III. JEAN-MARC-ALEXANDRE DE GAUJAL DE MONTALÈGRE, avocat au parlement, épousa, le 11 octobre 1733, Marie-Jeanne de Boziat de Mantelet, héritière de la terre d'Esplas, fille de François de Boziat de Mantelet et de Jeanne de Martrin, dame d'Esplas. De ce mariage :

1° Charles-Marie-Joseph, né le 21 novembre 1737, décédé le 14 novembre 1740 ; 2° Jeanne-Anne de Gaujal, née le 8 mars 1739.

Le ménage d'Alexandre de Gaujal et de Marie-Jeanne de Boziat, d'abord assez heureux, fut troublé, le 5 octobre 1739, par une horrible catastrophe. Gaujal, qui avait conçu quelques soupçons sur la conduite de sa femme, résolut de les éclaircir. Il feignit un voyage imprévu qui devait le tenir éloigné du logis pendant quelques jours, et s'éloigna le cœur plein de sinistres pensées et de projets de vengeance. Mais, à peine parti, il retourna brusquement sur ses pas et s'embusqua à peu de distance de la ville de Saint-Sernin, dans un endroit d'où il apercevait sa demeure. Bientôt, dans l'obscurité de la nuit, il remarqua une lumière indiscrète dans la chambre de sa femme, et, tout palpitant de crainte et de colère, il se dirigea rapidement vers sa maison, ne doutant plus de la réalité de ses prévisions. Elles n'étaient que trop fondées. Il surprit sa femme en *conversation criminelle* avec un jeune homme du pays, nommé Soulié de Lavergne, et, ne pouvant se venger du séducteur qui se sauva, il assouvit sa colère sur la malheureuse infidèle, et, malgré ses prières et ses larmes, il la perça impitoyablement de son épée.

Cet événement tragique, qui épouvanta la contrée, se passait dans les premiers jours d'octobre 1739; c'est le 5 octobre qu'eurent lieu les obsèques de Mme de Gaujal.

Cependant, le père de la victime ne voulut pas laisser le meurtre de sa fille impuni. Il intenta une action criminelle contre le meurtrier devant le parlement de Toulouse, qui, après une rapide instruction et par un arrêt, en date du 24 mars 1740, condamna Jean-Marc-Alexandre de Gaujal de Montalègre « atteint et convaincu du crime d'assassinat et meurtre commis sur la personne de sa femme, à être rompu vif et son corps mis sur une roue pour y vivre, tant qu'il plaira à Dieu ; en peine et répentance de ses crimes et méfaits sur un échafaud dressé sur la place de Saint-Sernin, en Rouergue. Il fut, en outre, condamné en 10,000 livres de dommages et intérêts, et en 150 livres de messes pour le repos de l'âme de la défunte. »

A ceux qui seraient tentés de se récrier contre la rigueur de cet arrêt, nous dirons qu'il ne reçut point son exécution, attendu que le meurtrier prit la fuite, et que c'est à cette absence même et au défaut de défense et de débats contradictoires qu'on doit attribuer la sévérité du parlement, car, en pareil cas, le crime de meurtre trouve une excuse suffisante dans l'outrage reçu, ce qu'ont très-bien compris nos législateurs modernes en modifiant l'ancienne loi.

Quoi qu'il en soit, M. de Gaujal ne fut exécuté qu'en effigie. Il se sauva en Espagne, y embrassa la carrière des armes et parvint à un grade élevé. Il commandait, en 1785, le régiment de cavalerie de Saint-Jacques et s'était trouvé au siége de Gibraltar. Il devint brigadier des armées du roi et gouverneur de Barcelone, où il mourut en 1792, âgé de 78 ans.

Il avait contracté en Espagne un second mariage, dont il eut quatre garçons et quatre filles. Une seule de ces dernières a survécu. Elle a épousé don Llamas, capitaine au régiment de San-Yago, alors que son père en était colonel.

Jeanne-Anne de Gaujal, issue de la première union, hérita du château d'Esplas à la mort de son oncle maternel, et s'allia, en 1759, à Jean-Pierre de Cambiaire, du Fraysse.

(*Arch. de Saint-Sernin*).

DU VERDIER.

Verdier de Mandillac, de Marcillac et de Suze, étaient trois branches de la même famille, fort anciennement et honorablement connues au Mur-de-Barrez, et qui avaient acquis la noblesse par charges.

I.

DU VERDIER DE MANDILLAC.

ARMES : *Parti au 1 d'or, à trois arbres arrachés de sinople, au chef d'azur chargé d'un croissant d'argent, accosté de deux étoiles d'or; au 2 de gueules, à trois coquilles d'argent posées 2 et 1; au chef d'azur, chargé d'une fleur de lis d'or, accostée de deux étoiles d'argent.*

I. ANTOINE DU VERDIER, juge-royal du Mur-de-Barrez, eut de Marguerite de Monteil :

II. JÉROME DU VERDIER, né le 23 février 1680, trésorier-honoraire de France en la généralité de Montauban, décédé le 3 juin 1767, qui s'était marié deux fois : 1° le 10 novembre 1709, avec Marie-Anne de Balsac ; 2° par contrat du 17 décembre 1720, avec Antoinette de Pélamourgue, qui mourut le 15 novembre 1759. De ce deuxième mariage vinrent sept enfans :

1° GUILLAUME-JEAN-PHILIPPE, qui suit ; 2° JÉRÔME DU VERDIER DE VALON, capitaine dans le régiment de dragons du Languedoc, chevalier de Saint-Louis, décédé célibataire ; 3° FRANÇOISE-MARIE, femme d'Alain de Belmon, seigneur de Malcor, baron de Roussy et Condat, habitant du Mur-de-Barrez ; 4° MARIE-LOUISE, mariée à Jean-Joseph Vidal, sieur de Saint-Urbain, habitant de Saint-Laurent-de-Rive-d'Olt, coseigneur de Canillac et des montagnes de Saint-Urcisse ; 5° JEANNE-CRISPINE, alliée à Louis-Balthazar de Gaches, seigneur de Neuville et Venzac, habitant du Mur-de-Barrez ; 6° ANTOINETTE-MARGUERITE, femme de Jean-François Pagès, sieur des Huttes, etc., habitant de Vic, en Carladez (1) ; 7° CÉCILE-LUCE DU VERDIER, mariée à Gaspard d'Audebert, seigneur de Miégemont, paroisse d'Antillac, en Limousin.

III. GUILLAUME-JEAN-PHILIPPE DU VERDIER, seigneur de Mandillac, de Valon, etc., pourvu de la charge de trésorier de France au bureau des finances de Montauban, le 12 juin 1754, épousa, le 29 août 1758, Marie de Gaches de Venzac, fille de Guillaume de Gaches de Venzac, seigneur de Venzac, et de Charlotte Viale du Chambon, des seigneurs de Pleaux et Lanjac (Haute-Loire). De ce mariage :

1° MARCELLIN-JÉRÔME, mort pendant l'émigration en Allemagne ; 2° GUILLAUME-FAUSTE DU VERDIER DE MANDILLAC, officier dans le régiment de chasseurs du Languedoc, émigré comme son frère, qui, après sa rentrée, a vécu longtemps au Mur-de-Barrez, et a institué pour héritier universel Jérôme Bancarel, son petit neveu ; 3° MARIE-MARGUERITE DU VERDIER, mariée, en 1782, à Raymond de Bancarel.

---

(1) Ce des Huttes avait dans la compagnie écossaise des gardes-du-corps du roi quatre frères, dont l'un perdit la vie à Versailles, dans la funeste journée du 6 octobre 1789, en défendant courageusement la reine. Sa tête sanglante fut placée au haut d'une pique, et les voitures royales firent leur entrée à Paris précédées de cet horrible trophée.

II.

DU VERDIER DE MARCILLAC.

Charles du Verdier de Cadillac, président-trésorier de France à Montauban en 1781, seigneur de Montmayoux, Cadillac, Groses, Le Castel, Marcillac, baron de Mels et coseigneur de Montézic, habitant du Mur-de-Barrez, eut deux enfans :

L'aîné succéda à la charge de son père, et se maria avec N..... de Cadars de Montech, dont une fille Jeanne-Josephe-Marguérite-Claire du Verdier-Marcillac, qui épousa Arnaud-Louis-Henri de Juge, comte de Brassac, habitant à Toulouse ;

Le cadet, nommé Antoine, *dit le chevalier de Marcillac*, capitaine-commandant au régiment de chasseurs de Flandres et chevalier de Saint-Louis, quitta le service au commencement de la Révolution. Il avait épousé Mlle Lacoste, de Mauriac, sœur du conventionnel de ce nom, qui fut ensuite préfet du département des forêts. La postérité d'Antoine existe encore à Aurillac.

III.

DU VERDIER DE SUZE.

Jean-Baptiste du Verdier de Suze, commandant des volontaires de Grassin, eut de son mariage avec Louise-Dorothée de Molinery de Murols :

1° Charles-Alexandre, ci-après ; 2° Jean-Baptiste-Charles-Augustin du Verdier de Suze, ancien émigré, chevalier de Saint-Louis et de la Légion-d'Honneur, porte-étendard de la compagnie de Luxembourg (garde-du-corps du roi) en 1819, lieutenant-colonel de cavalerie en 1827, en retraite depuis 1830, décédé, à Paris, le 13 janvier 1852 ; 3° Suzanne, mariée à N..... d'Anjoly ; 4° Louise.

Charles-Alexandre du Verdier de Suze, élève à l'école militaire d'Effiat, puis officier dans le régiment de Rohan-Soubise, infanterie, membre du conseil général de l'Aveyron sous la Restauration, épousa Henriette de Lafaige (de Saint-Flour), dont le père était maréchal-de-camp et cordon rouge. Il en eut :

1° Emile de Suze, né le 20 juin 1800, marié, en 1830, avec Alphonsine d'Aubier de Rioux, membre du conseil général depuis 1830, et qui a eu six enfans de son mariage ; 2° Alphonse de Suze, agent-comptable dans les Haras, aussi marié.

DE FAJOLE,

Seigneurs de La Ferrière.

Armes : *D'azur, au frêne d'or, accosté de deux épées en pal.*

La famille de Fajole, d'ancienne bourgeoisie, avait établi une maison de commerce à Livourne (Toscane), où se trouvaient alors de grands entrepôts de commerce avec le Levant. Elle possédait plusieurs fiefs dans le ressort de la châtellenie de Saint-Geniez, entre autres, celui de La Ferrière dont elle prit le nom à l'époque de son ennoblissement. Ce fut par la charge de *secrétaire du roi, maison et couronne de France*, dont fut pourvu Jean Fajole, dont l'article suit :

I. JEAN FAJOLE, sieur de La Ferrière, maire perpétuel de Saint-Geniez, conseiller-secrétaire du roi, contrôleur en la chancellerie du parlement de Toulouse, par lettres patentes du roi du 3 janvier 1701, avait épousé, le 1er novembre 1700, Catherine de Balsac, fille d'André de Balsac, président de la cour des aides de Montauban, et de Marie de La Teule, dame du Claux et de Firmi. Ses enfans furent :

1° JEAN-ANDRÉ, qui va suivre ; 2° MADELEINE DE FAJOLE, mariée, le 8 mai 1731, à Joseph-Guillaume Delauro, lieutenant principal de la sénéchaussée de Rodez; 3° MARIE, qui épousa, le 23 janvier 1719, Jean de Viguier, seigneur de Grun ; 4° ANSELME DE FAJOLE, officier dans le régiment du roi, infanterie, décédé à Metz, le 13 juin 1741 ; 5° MARIE-ANNE, femme de Ignace Dumas de Corbières, capitaine de dragons au régiment d'Harcourt; 6° JEAN-JOSEPH, religieux Augustin, décédé le 24 janvier 1792 ; 7° ANTOINE, garde-du-corps du roi, décédé le 22 septembre 1765.

II. JEAN-ANDRÉ DE FAJOLE, conseiller-secrétaire du roi après son père, par provisions du 2 juillet 1727 (1), épousa, le 17 janvier 1735, Marguerite de Guilhe, fille de Jean-François de Guilhe, chanoine-ouvrier de la cathédrale de Rodez, et de Marguerite Combacan. Le 5 septembre 1721, il fut déchargé, par arrêt du conseil d'Etat, d'une amende de 2,000 livres à laquelle l'avait mal à propos condamné l'intendant de Montauban comme usurpateur du titre de noble. Il eut pour enfans :

1° JOSEPH-RÉGIS, dont l'article suit ; 2° JEAN-BAPTISTE, prêtre, docteur de Sorbonne, chanoine de la cathédrale, vicaire-général du diocèse de Rodez en 1786, décédé le 29 pluviôse an XII ; 3° JEAN-ANDRÉ DE FAJOLE, docteur de Sorbonne, successivement chanoine et vicaire-général du diocèse de Rennes, député aux Etats de Bretagne, sous-directeur de l'asile des émigrés fondé à Londres par l'abbé Caron, décédé le 18 juin 1831 ; 4° MARIE-ANNE-URSULE, religieuse Ursuline, décédée au couvent de cet ordre à Espalion en 1764; 5° ANTOINE-MAURON, fédéré de 1790, magistrat et administrateur, décédé le 5 juin 1825.

III. JOSEPH-RÉGIS DE FAJOLE, fédéré de 1790, décédé le 2 décembre 1823, avait épousé, le 7 février 1774, Marie-

---

(1) Les lettres sont signées par Fleurian d'Armenonville, garde-des-sceaux.

Jeanne Astorg, fille de Pierre, marchand, et de Thérèse Camboulas (1). De ce mariage :

1° MARIE-CASIMIR, qui continue la filiation; 2° MARIE-THÉRÈSE, mariée, le 11 janvier 1791, avec Antoine-Casimir Couret, négociant à Saint-Geniez; 3° MARIE-ANDRÉ DE FAJOLE, ancien chef de bureau de la comptabilité au ministère des cultes, décédé le 26 avril 1839, laissant du mariage qu'il avait contracté, le 23 mai 1810, avec Rosalie-Alexandrine Clausel de Gages, fille de Simon-Alexandre Clausel, du lieu de La Gratarelle, Marie-Rose-Régis-Amélie, qui a épousé, le 5 mai 1836, Auguste de Lavernhe, de Rodez, ancien capitaine d'infanterie, décédé le 16 juillet 1853, laissant postérité.

IV. MARIE-CASIMIR DE FAJOLE, décédé à Saint-Geniez, le 30 janvier 1844, avait épousé, le 18 juillet 1809, Simone-Joséphine Camboulas, fille de Simon Camboulas, ancien député à la convention nationale et au conseil des Cinq-Cents, et de Marguerite Lavernhe. Il en est né :

1° MARIE-RÉGIS DE FAJOLE, prêtre, curé de Sainte-Eulalie-d'Olt, décédé; 2° MARIE-CASIMIR-SIMON, officier d'infanterie; 3° ROSE-ANTOINETTE, mariée, le 10 février 1846, à Edouard Camboulas, son cousin, négociant au Havre; 4° JEAN-ANDRÉ-HENRI, employé de l'enregistrement; 5° MARIE-AMÉLIE; 6° MARIE-ANTOINE-GUSTAVE.

(Titres de famille).

---

(1) Joseph-Régis de Fajole ayant été compris par les consuls de Saint-Geniez au rôle de la capitation roturière, obtint, le 19 janvier 1776, de M. Terray, intendant à Montauban, une ordonnance qui le rétablissait au rôle de la capitation de la noblesse. Il vota, en 1789, pour la nomination des députés de cet ordre aux Etats généraux.

DE CARBON.

La famille de Carbon, originaire, dit-on, du Quercy, portait d'abord le nom de Barthélemy. Antoine de Barthélemy, marié à Catherine Evesque, était viguier du marquisat de Sévérac, vers le milieu du xviie siècle. Il vivait encore en 1702 et 1714, et se qualifiait alors seigneur de Las Cases, secrétaire du roi, maison et couronne de France.

De lui était issu Barthélemy de Carbon, conseiller à l'élection, marié, en 1701, à N... de Vattas, qui le rendit père de vingt-trois enfans.

Pierre de Carbon continua la branche aînée, connue plus tard sous le nom de Carbon-Prévinquières. Un de ses frères se fit missionnaire et mourut martyr en Cochinchine. La plupart des autres prirent la carrière des armes et se retirèrent chevaliers de Saint-Louis. Les Carbon-Ferrières, dont la postérité existe encore, et les Carbon-Molinier, seigneurs de Saint-Juéry, branche éteinte (1), tiraient leur origine de cette nombreuse lignée.

Pierre de Carbon, conseiller au parlement de Toulouse, né en 1701 et mort en 1776, se maria, en 1733, avec N..... d'Aygua, fille d'un officier de la marine royale, et en eut :

Pierre-Louis, qui suit, et deux filles, dont l'une se fit religieuse, et l'autre épousa M. de Gauzy, juge-mage à Castelnaudary.

---

(1) Noble Jacques-Louis de Carbon de Molinier, seigneur-baron de Saint-Juéry, de Courtois, Le Bouyssou, coseigneur de Saint-Sernin, fit partie de l'assemblée de la noblesse réunie à Villefranche pour l'élection des députés aux Etats généraux en 1789.

Pierre-Louis de Carbon, né en 1734, conseiller comme son père au parlement de Toulouse, périt victime du tribunal révolutionnaire de Paris en 1794.

Il avait épousé, en 1766, Jeanne de Prévinquières de Varès, dont il eut deux enfans :

1° Pierre-Jean-Louis; 2° Elisabeth-Gabrielle-Antoinette de Carbon-Prévinquières, mariée à Pierre-Jean-Joseph d'Alingrin de Falgous, ancien capitaine au régiment de cuirassiers du roi, dont la fille unique, Marie-Louise-Elisabeth-Adrienne, a épousé, le 14 février 1816, Etienne-Pierre-Sylvestre, comte Ricard, lieutenant-général et pair de France.

Pierre-Jean-Louis de Carbon-Prévinquières, né le 15 novembre 1767, unique héritier de la maison de Prévinquières, fut, avant 1830, juge de paix et puis sous-préfet de Millau. Il avait épousé, en 1794, Julie-Antoine des Brunes, qui l'a rendu père de dix enfans :

1° Pierre-Jean-François-Auguste, né en 1796, décédé en 1845, avait épousé, en 1835, Louise Forestier, dont : Pierre-Louis-Amable, né en 1836, et Emile, né en 1841; 2° Adrienne de Carbon, née en 1795, mariée à M. Arlabosse, remariée à M. Duché, en Auvergne, dont Anatole Duché; 3° Clotilde, née en 1798, veuve de Raymond, comte de Méric de Vivens, à qui elle avait donné Adrien, Auguste et Daniel de Vivens; 4° René, né en 1799, mort en 1836; 5° Henriette, née en 1800, décédée en 1805; 6° Jules, né en 1802, décédé en 1806; 7° Septime, né en 1803, marié, en 1843, avec Stéphanie de Méric de Vivens; 8° Octavie, née en 1804; 9° Louis, né en 1818; 10° Onésime de Carbon, née en 1823, et mariée, en 1843, avec Auguste de Méric de Vivens.

ALINGRIN DE FALGOUS.

ARMES : *D'argent, au chevron de sable, chargé en pointe d'une étoile à six rais d'argent et accompagné de trois hermines de sable* (Warroquier).

I. BERNARD D'ALINGRIN, d'une ancienne famille du Vabrais, connue dès l'an 1463, acheta, le 23 avril 1715, de la famille de Valette (1), la terre, château et seigneurie de Falgous, près le pont de Camarès, moyennant 2,600 livres. Il fut père de Jean, qui suit :

II. JEAN D'ALINGRIN DE FALGOUS, avocat en parlement, eut de son mariage avec Jeanne d'Audibert :

1° PIERRE-JEAN-JOSEPH, dont l'article suit ; 2° BERNARD-JOSEPH, chevalier de Falgous, mousquetaire du roi dans la 2ᵉ compagnie, mort à Noyon, en 1755, à la suite d'une chute qu'il fit en courant devant le carrosse du roi qui allait à Compiègne ; 3° JOSEPH, capitaine au régiment de Montboissier, infanterie, mort à Anvers, en 1747, des suites de plusieurs blessures reçues au siége de Bergopsoom ; 4° MARIE-ROSE, religieuse à Nonenque en 1764, et autres trois filles religieuses au couvent de Saint-Affrique.

---

(1) Les titres de Combret mentionnent un noble Pierre de Valette, seigneur de Falgous en 1665, et Jean de Valette, seigneur de la même terre en 1680.

III. PIERRE-JEAN-JOSEPH D'ALINGRIN DE FALGOUS, né le 8 mars 1720, entra dans les mousquetaires de la 2e compagnie le 1er avril 1738, se trouva aux batailles de Fontenoy, de Lauffeld, de Ramoux et de Dettingen; à cette dernière, il fournit avec son corps trois charges brillantes, fut renversé au fort de la mêlée et courut grand risque de sa vie.

Le 12 juin 1753, il avait reçu du roi commission de prendre et tenir rang de capitaine de cavalerie, sous M. de Turenne, colonel-général de la cavalerie légère, et sous M. de Clermont-Tonnerre, mestre-de-camp-général d'icelle. Il fut fait chevalier de Saint-Louis, le 26 juillet 1755, et obtint sa retraite, motivée sur ses infirmités et blessures, avec une pension de 400 livres, le 9 mai 1756. Le roi le nomma gouverneur de la ville de Vabres, le 10 janvier 1768. Il avait épousé, en 1758, Jeanne-Marie de Pardaillan-Gondrin, sœur du lieutenant-général comte de Pardaillan-Gondrin. De ce mariage vinrent :

1° JOSEPH-PIERRE D'ALINGRIN DE FALGOUS, qui suit ; 2° JOSEPH-AMÉDÉE DE FALGOUS, mousquetaire du roi, chevalier de Saint-Louis, ancien émigré, commandant des gardes nationales de l'arrondissement de Saint-Affrique en 1816, qui épousa Justine de Bonafous, dont il eut un garçon, Adrien de Falgous, et trois filles; 3° MARIE-FÉLICITÉ DE FALGOUS, alliée, en 1795, avec Alexandre de Cambiaire, conseiller à la cour royale de Toulouse.

IV. JOSEPH-PIERRE D'ALINGRIN DE FALGOUS, capitaine au régiment de cuirassiers du roi, marié à Elisabeth-Gabrielle-Antoinette de Garbon-Prévinquières, a eu une fille unique, Marie-Louise-Elisabeth-Adrienne de Falgous, qui a épousé, le 14 février 1816, le lieutenant-général comte Ricard.

Le château de Falgous, situé au-delà du Pont-de-Camarès, à la naissance d'un ravin qui débouche dans le Rance, fut vendu à feu M. Solier, négociant de Marseille, lors des arrangemens pour Varès, en 1810.

(Archives du château de Varès).

DE GIROU.

La famille de Girou, connue depuis longtemps à Rodez, offre la glorieuse distinction de services rendus dans la carrière militaire par trois générations successives et dans des grades supérieurs.

I. Noble JEAN GIROU, de Rodez, lieutenant-colonel de cavalerie et chevalier de Saint-Louis, mourut, le 5 décembre 1704, à Strasbourg, des blessures qu'il avait reçues, le 13 août précédent, à la bataille d'Hochstet. Il avait épousé Anne du Bousquet qui lui apporta la terre de La Bosque, près de Clairvaux, qu'elle tenait de la famille de Buscaylet.

II. BERNARD DE GIROU, son fils, capitaine au régiment de cavalerie de la reine, reçu chevalier de Saint-Louis à Anvers, le 16 juin 1748, avait été gravement blessé, en 1743, à la bataille de Dettingen. Il devint lieutenant-colonel comme son père, se retira, après 30 ans de services, avec une pension de 800 livres, et l'agrément de sa compagnie pour son fils, alors cornette dans le même corps. De son mariage avec Denise de Bonald, il eut :

1° Antoinette, née le 28 août 1716; 2° Catherine, née le 6 novembre 1718, mariée à Jean-Claude Jouéry, lieutenant-criminel, morte sans enfans en 1743; 3° Bernard, dont on va parler.

III. BERNARD DE GIROU, II° du nom, né le 25 septembre 1720, décédé quelques années avant la Révolution, servit comme son père et son aïeul, dans le régiment de la reine, dont il était lieutenant-colonel en 1762. Son patronage fut fort utile à plusieurs jeunes gens du pays qui servaient dans le même corps, entre autres, au vieux colonel Daban, officier de fortune, qui lui succéda plus tard dans son grade, et que nos contemporains se rappellent encore avoir vu déployer son brillant, quoique vieux, uniforme, les jours de fête à Rodez, où il finit ses jours dans les premières années de l'Empire.

Bernard de Girou avait épousé Marie-Anne de Mathat, dont il eut :

1° JOSEPH-BERNARD, né le 15 février 1767 ; 2° BERNARD, né le 11 octobre 1770 ; 3° JULIE, décédée le 22 juin 1772, âgée de deux ans ; 4° MARIE-ANNE, née le 7 janvier 1773 ; 5° ETIENNETTE, vivant, sans alliance, en 1859 ; 6° ROSALIE, décédée le 9 février 1855.

(Titres de la famille de Girou).

NOTE SUR LA FAMILLE DE MATHAT.

Cette famille était originaire des environs de Rignac.

Jacques Mathat, bourgeois de la Maison-Neuve, paroisse de Rignac, avait eu de Catherine Combettes, entre autres enfans :

1° Raymond, ci-après ; 2° Etienne Mathat, conseiller du roi au présidial de Rodez, qui épousa, le 2 janvier 1712, Christine de Bonald, fille de Raymond et d'Antoinette de Focras ; 3° François Mathat, archidiacre de l'église cathédrale de Rodez ; 4° Marc-Antoine, qui testa en 1788 ; 5° Catherine.

Raymond Mathat s'allia, le 2 février 1712, à Marie-Anne Neuvéglise, qui lui apporta, entre autres biens, la belle maison de la Renaissance, située sur la place de l'Olmet. Raymond testa le 21 mai 1774, et sa femme, le 8 décembre 1766.

Ils avaient eu de leur mariage sept filles :

1° Marie-Anne, femme de Bernard de Girou, II° du nom, lieutenant-colonel de cavalerie ; 2° Etiennette, morte fille ; 3° Françoise, mariée, le 9 avril 1784, à M. Dijols de La Cassanhe ; 4° Marie, qui épousa, le 9 août 1784, M. Rouvellat de Cussac ; 5° Catherine-Christine, femme, le 26 février 1764, de M. de Patris de Cougbusse ; 6° N..... Mathat, mariée à M. Benoît, de Saint-Géniez ; 7° N..... Mathat, femme de M. Rogéry.

DE BENOIT,

Seigneurs d'Alauzière, de La Garde, de Marignac, de Cézals, d'Altayrac et de Taurin.

Armes : *D'argent, à un bénitier de gueules.*

Famille noble, originaire de Montauban, qui, pendant les guerres religieuses du xvie siècle, vint s'établir en Rouergue où elle forma trois branches : l'une, à Millau ; l'autre, à La Falque, et la troisième, à Saint-Geniez (1).

La branche de Millau s'éteignit dans la maison d'Auriac et posséda la seigneurie de Taurin. Cette branche se maintint dans sa noblesse. Il n'en fut pas ainsi de celle de Saint-Geniez, qui dérogea en faisant le commerce ; mais elle obtint sa réhabilitation par l'acquisition d'une charge au commencement du xviiie siècle.

I. ANTOINE DE BENOIT, marié avec Rose Vidal, eut pour fils :

II. GUILLAUME DE BENOIT, qui épousa, en 1571, Marie Fontanier, fille de Guillaume Fontanier et de Gabrielle Roquette, dont : Marc, Pierre et Antoine de Benoit, qui ont formé trois branches ; et Marie, femme, le 26 juin 1611, de François Bancalis, de Muret, docteur en droit.

---

(1) Les chefs de la famille étaient alors, à Montauban, Brenguier et Jean. Ce furent les enfans de Jean qui passèrent en Rouergue, après avoir embrassé le calvinisme.

PREMIÈRE BRANCHE.

III. MARC DE BENOIT, docteur en droit, juge de Pomayrols, seigneur de La Garde et de Marignac, épousa, en 1613, Anne de Frézals, fille de Victor de Frézals, juge des montagnes et quatre châtellenies du Rouergue, et de Marie de Noyer; ladite Anne héritière de feu Marc de Frézals, conseiller assesseur au sénéchal de Rodez. Il en eut :

1° MARIE DE BENOIT, mariée, le 8 avril 1660, avec Antoine-Arnaud, vicomte de Corneillan, seigneur de Saint-Germain, Montalègre et Orlhonac; 2° VICTOR DE BENOIT, qui suit, né en 1636; 3° ANNE DE BENOIT, femme de noble et puissant seigneur François de La Roque-Sénezergues, seigneur de Moret; 4° GUILLAUME; 5° MARC DE BENOIT, né le 15 juillet 1635; 6° MARGUERITE, née le 6 août 1639.

IV. VICTOR DE BENOIT, juge des montagnes et quatre châtellenies du Rouergue en 1666, après Victor de Frézals, son grand-père maternel, épousa Jeanne de Coudercy, morte en 1706, et qui le rendit père de :

1° MARC DE BENOIT, seigneur de Cezals, conseiller-secrétaire du roi, maison et couronne de France, en 1704, mort sans enfans de Françoise de Forestier, qu'il avait épousée le 22 février 1705, ladite Françoise, fille de Jean de Forestier, procureur d'office au marquisat de Sévérac, et de N..... de Malzac; 2° MARC-ANTOINE DE BENOIT, seigneur d'Altayrac, juge de Saint-Geniez en 1707, mort aussi sans postérité; 3° ANNE-CHARLOTTE DE BENOIT, qui, par contrat du 30 août 1700, épousa Jean-Gabriel de Gascq, seigneur de La Gasquie, du Mialet et du Bouyssou, en Quercy, capitaine dans le régiment d'Agenais, morte en 1720, et dont la postérité subsiste encore; 4° JOSEPH DE BENOIT, qui entra dans la maison de Planard, de Millau, et y apporta tous les biens de cette branche (1).

(1) De cette branche : Marie de Benoît de Taurin, mariée avant 1730, avec Antoine de Poujol, de Salmiech; autre Marie de Benoît

DEUXIÈME BRANCHE.

III. PIERRE DE BENOIT, Ier du nom, épousa, en premières noces, N..... de Thorène, et, par ce mariage, La Falque passa dans la famille de Benoît. Il eut d'un second mariage, contracté en 1614, avec Elisabeth Valdin, Pierre, qui suit :

IV. PIERRE DE BENOIT, IIe du nom, épousa, en 1610, Philippe de Jory, de Campagnac, et en eut :

1° Pierre III, qui suit; 2° Marie de Benoît, femme d'Antoine de Nuéjouls, conseiller à l'élection de Figeac.

Pierre II se remaria, en 1614, avec Françoise d'André, fille de noble d'André et de Marie de Boisset, de La Borie de Prades.

V. PIERRE DE BENOIT, IIIe du nom, seigneur d'Alausière, s'allia avec Marie de Tubières-Morlhon-de-La-Vacquaresse, testa à La Falque, le 30 août 1651, et fut enterré dans l'église des Augustins de Saint-Geniez, à côté de son père, mort en 1643. Il avait eu :

1° Françoise, née en 1648; 2° Dorothée de Benoît, née en 1652; 3° François de Benoît, né en 1655.

de Taurin, morte, en 1742, sans enfans d'Antoine-Sébastien de Bonald, du Monna.

Gabriel-Antoine de Benoît de Taurin, dernier du nom, coseigneur d'Auriac et habitant de Saint-Rome-de-Tarn, avait épousé Elisabeth de Julien de Roquetaillade. Il vendit, en 1774, sa coseigneurie d'Auriac, à Jacques Affre, avocat, de Saint-Rome.

TROISIÈME BRANCHE.

III. ANTOINE DE BENOIT, troisième fils de Guillaume, et de Marie Fontanié, épousa, en 1614, noble Marie de Rochefort, et fit son testament le 7 mai 1661. Ses enfans furent :

1° MARC-ANTOINE, mort sans postérité ; 2° JACQUES DE BENOÎT, sieur des Rives, habitant à Saint-Côme, marié avec Isabeau du Rey de Salacroup, mort sans postérité, après avoir institué pour héritier, en 1703, Jean-Anselme de Benoît, son neveu ; 3° GUILLAUME DE BENOÎT DES CROUSETS, prêtre ; 4° ANTOINETTE DE BENOÎT, femme de Victor de Frézals, juge des quatre châtellenies du Rouergue ; 5° JEAN DE BENOÎT, qui suit ; 6° FRANÇOIS, né en 1630.

IV. JEAN DE BENOIT testa le 30 mars 1698. Il avait épousé Anne de Fajole, qui le rendit père de :

1° MARC-ANTOINE DE BENOÎT, prêtre, curé de La Fage ; 2° JEAN DE BENOÎT, mort sans postérité ; 3° MARIE, femme du sieur Vernières, dont l'héritage a passé dans la maison de Lavernhe, de Rodez ; 4° JEAN-ANSELME, dont l'article suit :

V. JEAN-ANSELME DE BENOIT, IIe du nom, eut de son mariage avec N..... Mazuc, fille de N..... Mazuc, avocat à Rodez, et de N..... de Pons :

VI. GUILLAUME DE BENOIT, qui épousa, en 1773, Françoise-Rose Privat, fille de N..... Privat, avocat, et de Jeanne-Marguerite Delauro, de Rodez, dont :

1° CATHERINE, mariée avec M. Perségol, de Saint-Geniez ; 2° MARGUERITE, femme de M. Gibelin, de La Guiraldie ; 3° GUILLAUME, qui suit :

VII. GUILLAUME DE BENOIT, juge des quatre châtellenies (1), épousa, le 24 juin 1772, Antoinette de Mathat, de Rodez, dont il eut :

---

(1) Guillaume de Benoît, membre de l'assemblée provinciale de Haute-Guienne, fut remplacé en 1786

1° ANTOINETTE, mariée à Aymar Frayssinous; 2° ETIENNETTE, femme de Paul Solanet, négociant de Saint-Geniez; 3° JULIE, alliée au colonel Joseph Rogéry, de Saint-Geniez; 4° JEAN-BAPTISTE, marié à Marguerite Solanet de Laval de Buzeins, mort sans enfans; 5° GUILLAUME-RAYMOND, qui suit:

VIII. GUILLAUME-RAYMOND DE BENOIT, chevalier de la Légion d'Honneur, député de l'Aveyron sous la Restauration, juge de paix de Saint-Geniez, a eu de son mariage avec Marguerite Dumas de Corbières :

1° EUGÈNE DE BENOIT, substitut à Espalion, mort au mois de septembre 1828; 2° AIMÉ, marié avec Nathalie Couderc, d'Aurillac, dont : Norbert et Nathalie; 3° JEAN-BAPTISTE, habitant en Russie; 4° PAULINE, décédée; 5° ELISE.

(Titres de famille).

NOTICE SUR LA FAMILLE DE GASCQ.

ARMES : *De gueules, à la bande d'or, accompagnée de cinq molettes du même, posées en orle, trois en chef et deux en pointe.*

La famille de Gascq, en latin *Vasconis*, originaire du Quercy, figure parmi l'ancienne chevalerie de cette province depuis le commencement du XIII° siècle, et s'y est constamment rendue recommandable par ses services et par ses alliances. Elle eut pour berceau les terres de Mialet et de La Gascquie, auxquelles elle joignit ensuite Prendeignes, le Bouissou, Mauriac, Plaisance, etc.

Son premier auteur connu est Guillaume de Gascq, chevalier, vivant vers 1200; c'est à lui que Courcelles commence la filiation établie par titres originaux.

Hugues de Gascq, ayant suivi Saint-Louis à la croisade d'Égypte, fit un emprunt à des marchands génois, comme on le voit par un titre original. Son nom et ses armes figurent dans la quatrième salle carrée des croisades au musée de Versailles.

Aymeric de Gascq, damoiseau du château de Cardaillac, fut chancelier dans le duché d'Auvergne pour le duc de Berry, frère de Charles V.

Pierre de Gascq, issu au douzième degré de Guillaume, se distingua, sous le nom de *capitaine de La Gascquie*, dans les troubles de religion du Quercy et du Languedoc. Son fils, Philippe de Gascq, reçut d'Henri de Bourbon, prince de Condé, en 1625, une commission pour lever et commander 200 hommes de pied. Louis XIII lui écrivit, à cette occasion, une lettre flatteuse par laquelle il l'invitait à se concerter avec Thémines.

Philippe de Gascq ayant eu un différend sérieux avec le seigneur de Vaureilles, Sully, l'ancien ministre de Henri IV, rendit, *comme leur ami commun*, une sentence arbitrale qui les réconcilia.

(*Annuaire de la noblesse de France*, par Borel-d'Hauterive, 1845.)

Jean-Gabriel de Gascq de Mialet, son descendant, eut d'Anne-Charlotte de Benoît, qu'il avait épousée le 30 août 1700, Antoine de Gascq, marié, en 1742, à Marie-Jeanne Dupuy (1), dont deux fils :

Marc-François, comte de Gascq, chevalier de Saint-Louis, mort en 1816, et Jean, dit le *chevalier de Gascq*, tous deux mariés après leur retour de l'émigration, et ayant laissé postérité.

Le nom de la famille de Gascq est mentionné dans plusieurs anciens titres du pays, et tout porte à croire qu'une de ses branches s'y était établie.

Il existe, sous Rodez, un moulin qui porte encore le nom de La Gasquarie.

Parmi les chevaliers du Temple qui figurent au procès de l'ordre, se trouve Bertrand de Gascq, *de Rodez*, l'un des 231 témoins entendus, en 1311, par la commission papale.

On assure que le fameux Lagasquie, qui exerça une si violente autorité à Rodez, au mois d'octobre 1793, comme délégué du représentant du peuple Taillefer, appartenait à la même famille.

---

(1) Marie-Jeanne Dupuy était sœur de Marie-Thérèse, qui avait épousé N... Laubiès, de Villeneuve, près de Villefranche.

DE LISLE.

Armes : *D'azur, à trois lis fleuris d'argent, boutonnés du même, feuillés et tigés de sinople, et posés 2 et 1.*

Famille anoblie, originaire de la ville de Saint-Geniez, où elle avait un rang distingué parmi ceux du second ordre. François Lisle était docteur en théologie, prieur de Canillac et curé de Saint-Geniez en 1662; Antoine Lisle, son neveu, fut fait curé de la même ville le 12 décembre 1687.

I. N..... DE LISLE eut, entre autres enfans :

1° Jean-Victor, qui suit; 2° Antoine, lequel alla s'établir à Marseille où il attira ses neveux.

II. JEAN-VICTOR DE LISLE fut pourvu, en 1704, d'un office de secrétaire du roi, qu'il exerça jusqu'à sa mort, arrivée en 1724. Il laissa de son mariage avec N.... Privat :

1° Alexis, mort en bas-âge; 2° Jean-Antoine, capitaine au régiment du roi, cavalerie, mort en Barbarie en 1741; 3° Victor et Joseph, jésuites; 5° Guillaume, curé de Saint-Geniez, chanoine de la cathédrale et vicaire-général du diocèse de Rodez en 1785; 6° Maurice, chanoine de la cathédrale de La Rochelle; 7° Etienne, abbé de Saint-Maur et grand-vicaire de l'évêque d'Auxerre; 8° Pierre-Jean, qui suit; 9° et 10° Jean-Louis et Claude, qui se sont mariés à Marseille, où ils ont fait chacun une branche; 11° Une fille, mariée, à Marseille, à noble Nicolas Poulhariès.

III. PIERRE-JEAN DE LISLE, écuyer, pourvu, en 1750, d'une charge de secrétaire du roi, audiencier en la chancellerie, près le parlement de Provence, acquit dans le même temps la terre et baronnie de Roussillon, viguerie d'Apt, et eut pour enfans trois fils et une fille, mariée à Jean-Pierre-François de Rippert, baron de Montclar, sieur de Saint-Savourin et de Salonet, procureur général au parlement de Provence.

(*Extrait de Lachenaye-Desbois*).

DE GRANDSAIGNE-D'HAUTERIVE,

Seigneurs de Loupiac, de la vicomté d'Hauterive, de Brousse, de Montclar, Salelles, Ennoux.

ARMES : *D'or, à un chêne de sinople terrassé du même, accosté de deux lions mornés de gueules, au chef cousu d'azur, chargé d'un croissant d'argent accompagné de deux étoiles du même.*

I. GÉLY DE GRANDSAIGNE, de la ville de Sévérac, acheta, le 16 mars 1693, à Jean-François de Bessuéjouls, marquis de Roquelaure, le château et domaine de Loupiac, avec justice moyenne et basse pour 36,500 livres.

Il acquit aussi, le 28 avril 1705, au nom de son fils Gilles, conseiller-secrétaire du roi, de Catherine-Françoise d'Arpajon, comtesse de Roucy, la baronnie de Brousse, avec les terres de Montclar, Faveyrolles, Ennoux, vicomté de La Rigaldie, moyennant 70,000 livres (1), et mourut en 1713.

---

(1) Gély acheta ces terres au nom de Gilles pour n'avoir pas de droits à payer, ce dernier étant déjà noble ; mais par acte du 12 février 1712, il donna la moitié de la baronnie de Brousse à son fils aîné Etienne (l'administration attaqua cet acte de vente comme entaché de fraude), qui la céda, en 1715, à son frère cadet Gilles, en échange de la terre de Loupiac, que son père avait donnée à ce dernier.

Il avait épousé, le 26 avril 1665, Anne de Vacquier-d'Auberoques, dont il eut :

1° ETIENNE, qui suit ; 2° ANTOINE, prêtre, docteur en théologie, curé de Sévérac et prieur de Brousse ; 3° JACQUES DE GRANDSAIGNE, sieur de La Roquette, auteur d'une branche fondue par femmes dans la famille Julien, de Rivière ; 4° GILLES DE GRANDSAIGNE, conseiller secrétaire du roi, baron de Brousse, seigneur de Montclar, Faveyrolles, Ennoux, Salelles, qui mourut en 1724, et fut inhumé dans l'église de Brousse où l'on voit encore son épitaphe sur une grande dalle au milieu de la nef. Il avait eu pour enfants de Jeanne de Julien de Pégayrolles : A Etienne-Gilles qui fut son héritier, et qui, pour payer les legs faits par son père, vendit, le 5 avril 1739, Montclar, Faveyroles et Salelles à Antoine de Sambucy, sieur de Broquiès, châtelain de Compeyre, conseiller du roi en ses conseils, avocat-général en la cour des aides et finances de Montauban. Brousse dut aussi être aliéné par Etienne, car en 1765 Gilles de Leyrolles en était seigneur ; B Joseph de Grandsaigne, sieur de Montclar, lieutenant au régiment d'infanterie de La Vallière ; C Catherine-Félice, mariée à Barthélemi d'Assier, sieur de Roumégoux, en Albigeois ; D Charlotte, supérieure du couvent des religieuses de Sainte-Claire, à Millau ; E Marie, religieuse au même couvent ; F Rose de Grandsaigne ; 5° MADELAINE DE GRANDSAIGNE, femme d'Antoine Vacquier de La Beaume.

II. ETIENNE DE GRANDSAIGNE, seigneur d'Auberoques, de Loupiac, etc., conseiller-secrétaire du roi, maison et couronne de France, épousa, en 1709, Anne Du Mas de Corbières, fille de Jean, conseiller du roi, et de Catherine d'Izarn de Frayssinet, mariés à Saint-Geniez-d'Olt. Le 11 août 1710, il acheta, par égale part, avec François de Guérin des Arènes, de Millau, de la comtesse de Roucy, la vicomté d'Hauterive (1), Saint-Chély-du-Tarn, Montignac et leurs dépendances, avec justice haute, moyenne et basse, au prix

---

(1) Le château et terre d'Hauterive, avec titre de vicomté, sont situés aux confins du Gévaudan et des Cévennes, dans la paroisse de La Capelle, sur les bords du Tarn.

de 120,000 livres, et mourut, le 15 avril 1729, au château de Loupiac. Ses enfans furent :

1° Louis-Gilles, qui continua la filiation ; 2° Antoine-Charles de Grandsaigne, chevalier de Saint-Louis, capitaine de grenadiers au régiment de Vermandois ; 3° N..... de Grandsaigne, mariée avec N..... de Roquefeuil.

III. LOUIS-GILLES DE GRANDSAIGNE, né en 1710, conseiller-secrétaire du roi, vicomte d'Hauterive, seigneur de Loupiac, Auberoques, Saint-Chély-du-Tarn, Montignac, capitaine au régiment de Vermandois dans lequel il était entré fort jeune, s'allia, en 1730, étant encore au service, avec Françoise-Rose de Guérin des Arènes, fille de François, chevalier de Saint-Louis, premier capitaine au régiment de Vermandois, et de Marie de Forestier, dont il eut :

1° Antoine-Louis-François, qui suit ; 2° Antoine-Charles de Grandsaigne, capitaine au régiment de Vermandois ; 3° Jean-Casimir-Félix-François, capitaine dans le même régiment, mort, âgé de 22 ans, à Saint-Domingue, le 15 février 1764 ; 4° Etienne-François-Gabriel de Grandsaigne, aussi capitaine dans Vermandois, émigré à l'époque de la Révolution, marié avec Marie-Antoinette-Rose-Jacquette de Lascases de Calmels, dont une fille unique, Rose-Henriette-Antoinette de Grandsaigne, qui fut unie à M. Amédée de Mostuéjouls, ancien député ; 5° Pierre-Louis de Grandsaigne, *dit de Villaret*, émigré, marié avec Mlle Valois, de Millau, dont il eut, entre autres enfans, L.-J.-G.-E. de Grandsaigne-d'Hauterive, ancien garde-du-corps du roi et capitaine de gendarmerie en retraite, habitant la Vendée, et Jules-P.-C., chevalier de la Légion-d'Honneur, capitaine au 38e régiment de ligne en 1827, retiré à Neubrisac où il s'est marié ; 6° Suzanne ; 7° Marie-Jeanne ; 8° Marthe.

Louis-Gilles habitait presque toujours la ville de Millau, et il y mourut le 24 octobre 1769.

IV. ANTOINE-LOUIS-FRANÇOIS DE GRANDSAIGNE, vicomte d'Hauterive, seigneur de Loupiac, Auberoques, Saint-Chély-du-Tarn, Montignac, Briadels, capitaine au régiment d'infanterie de Vermandois, fit neuf campagnes, fut pensionné du roi en 1762, décoré de la croix de Saint-Louis en

1771, et mourut, à Loupiac, en 1812. Il avait épousé, en 1762, Marie-Anne de Leyrolles, fille de Gilles et de N..... de Rodes de Castin, dont il eut :

1° GILLES-ANTOINE-FRANÇOIS, mort à l'âge de 17 ans; 2° PIERRE-JEAN-ANTOINE-XAVIER, qui suit ; 3° GUILLAUME-AMANS-VICTOR-MARGUERITE, collégiat de Saint-Léons, clerc minoré, qui ne se fit pas prêtre à cause de la Révolution, après laquelle il mourut au château de Loupiac ; 4° PIERRE-GILLES-LOUIS DE GRANDSAIGNE, chanoine de Cahors, décédé au château de Loupiac, le 7 mars 1848 ; 5° LOUISE-MARGUERITE, femme de Henri-Gilles de Lavaur-Charry ; 6° MARIE-ROSALIE, religieuse au couvent de la visitation du Puy ; 7° MARIE-LOUISE-ELÉONORE.

V. PIERRE-JEAN-ANTOINE-XAVIER DE GRANDSAIGNE, vicomte d'Hauterive, était entré, en 1783, comme sous-lieutenant au 4º régiment de chevau-légers. Au mois de mai 1788, son escadron fut incorporé au régiment de Conflans, hussards. Il émigra, en 1792, avec son régiment et fit la campagne de cette année à l'armée des Princes. Après le licenciement de ce corps, il passa au service d'Autriche où il obtint le grade de capitaine-commandant au 6º régiment de chevau-légers, fit toutes les campagnes d'Allemagne, y reçut cinq blessures dont trois graves, rentra en France en 1802, fut pensionné en 1815 et fait chevalier de Saint-Louis. Il s'était marié, en 1810, avec Françoise-Adelaïde de Retz, de Marvéjols, fille de Pierre-Adam-François de Retz de Malvieil, et d'Alexandrine-Etiennette-Hélène Le Filleul de la Chapelle, petite nièce de l'évêque de Vabres. De ce mariage sont issus :

1° MARIE-CHARLES-ANTOINE-ADAM DE GRANDSAIGNE, dont l'article suit ; 2° MARIE-ROSALIE ; 3° MARIE-ALEXANDRINE; 4° MARIE-CAROLINE.

VI. MARIE-CHARLES-ANTOINE-ADAM DE GRANDSAIGNE, vicomte d'Hauterive, a épousé, en 1843, Marie-Gabrielle-Eugénie Solacroup, sa parenté, petite-fille de Louise-Marguerite de Grandsaigne, dame de Lavaur-de-Charry, qui l'a rendu père de Marie-Antoinette-Louise-Charlotte.

(*Titres du château de Loupiac*).

BRANCHE DE MILLAU.

Armes : *D'azur, au bras d'argent posé en fasce arraché de gueules.*

Cette branche provenait, dit-on, d'un des fils d'Etienne de Grandsaigne de Loupiac, qui s'établit à Millau, et fut père de Gilles-Antoine.

Celui-ci servit d'abord dans les mousquetaires et fut ensuite attaché à la ferme générale des tabacs. C'était un homme distingué par ses talens et son aptitude aux affaires. Il rédigea, de concert avec M. de Barrau-Caplongue, le cahier de doléances et les délibérations de la noblesse de la sénéchaussée de Rodez et baillage de Millau, réunie au mois de mars 1789 pour l'élection des députés aux Etats généraux. Ses opinions politiques, favorables aux idées du jour, le firent choisir plus tard pour occuper la place de procureur-syndic du district de Millau. Il fut député à la législature en 1805, et membre de la Légion-d'Honneur. Il s'était marié avec Mlle de Rainville, d'Albi, dont il eut plusieurs enfans.

L'aîné mourut sur les champs de bataille dans la guerre d'Espagne.

Le cadet, Etienne-Hippolyte-Gilles de Grandsaigne, colonel, premier aide-de-camp du duc d'Abrantès, l'un des officiers les plus distingués de l'armée française, périt glorieusement, comme son frère, les armes à la main en 1812. Sa femme était d'une bonne famille de Morlaix.

(Voir son article biographique aux chevaliers de l'Empire).

Trois sœurs lui ont survécu. L'une, mariée à M. Belloc, originaire du Viala-du-Tarn, ancien procureur impérial à Millau ; les deux autres, Eugénie et Henriette, qui n'ont point contracté d'alliance et habitent Albi.

GUÉRIN DES ARÈNES.

Armes : *Gironné d'argent et de gueules, au chef d'or, chargé d'une croix d'azur.*

Jean Guérin, consul de Millau, député aux Etats généraux de 1614, fut un des membres du tiers-état qui soutinrent avec le plus de force les droits de la royauté.

Antoine de Guérin, sieur des Arènes, capitaine au régiment royal, infanterie, fut ennobli en considération de ses services, par lettres du mois de janvier 1668, enregistrées à la chambre des comptes, le 17 juillet 1676.

Cette famille avait embrassé le calvinisme. Elle abjura ses erreurs et rentra dans le sein de l'église en 1713. — 1,695 habitans de Millau ou des environs prirent part à cet acte solennel. On y voit parmi les plus notables :

Noble Jacques de Guérin, sieur des Arènes et sa famille ;
Noble Michel-d'Izarn, seigneur de Cornus ;
Messire Jean de Tauriac ;
La veuve de noble Jean de Tauriac et deux fils ;
Noble Pierre de Tauriac, sa femme et son fils ;
Noble Levy de Gualy, sa femme et quatre enfans.

François de Guérin des Arènes, chevalier de Saint-Louis, premier capitaine au régiment de Vermandois, eut de Marie de Forestier, Rose de Guérin, mariée, en 1730, à Louis-Gilles de Grandsaigne, lequel acheta de son beau-père la moitié de la seigneurie d'Hauterive, moyennant 60,000 livres, dont 20,000 furent tenus à-compte sur la dot de sa femme.

JOUERY DE BRUSSAC.

Cette famille possédait autrefois, à Rodez, la belle maison de la rue Saint-Just, qui appartient aujourd'hui au sieur Julien Ginestet.

I. FRANÇOIS JOUERY, avocat en parlement, vivant, à Rodez, en 1688, fut père de Raymond, ci-après :

II. RAYMOND DE JOUERY, secrétaire du roi en la chancellerie près la cour des aides de Montauban, acheta, le 27 juin 1706, d'Alexandre de Caysac, seigneur des Molinières et coseigneur de Brussac, lesdites terres des Molinières et de Brussac. Il mourut, le 19 avril 1732, laissant de son mariage avec Marguerite de Nègre, qui testa en 1746 :

1º RAYMOND, qui suit ; 2º JEAN-FRANÇOIS, sieur de La Lande, au service du roi ; 3º JOSEPH, prêtre, chanoine, habitant une maison sur la place du chapitre ; 4º MARIE DE JOUERY, religieuse ursuline à Espalion ; 5º MARGUERITE DE JOUERY, femme, en 1732, de Jean-Baptiste de Malhac, baron de Vessac, et qui reçut en dot la terre des Molinières et de Brussac, et une maison, à Rodez, que son père avait acquise, en 1715, d'Antoine Calmettes, marchand, époux séparé de Marie-Anne Guirbaldy.

III. RAYMOND DE JOUERY, IIe du nom, seigneur de Brussac, épousa Marie-Catherine de Rech, de Cassagnes, dont il n'eut pas d'enfans, et décéda, le 21 mars 1778, après avoir testé, le 10 octobre 1769, en faveur de Jean-

François Jouery, avocat, son neveu breton (fils de son cousin-germain).

IV. JEAN-FRANÇOIS JOUERY, seigneur de Brussac, d'abord conseiller du roi et son procureur en la maréchaussée et en la maîtrise des eaux et forêts de Rodez, n'eut pas d'enfans de son mariage avec N....., et par son testament du 13 août 1786, il institua pour héritier Jean-Pierre-Louis-Ignace Teulat, son neveu, natif de Calmont, avocat, et dans la suite juge à Rodez.

Jean-François Jouery, accusateur public pendant la Révolution près le tribunal de district de Rodez, était âgé de 64 ans à la fin de l'an II.

JOUERY DE BELCAYRE.

Il y avait encore à Rodez une autre famille Jouery, d'ancienne bourgeoisie, dont le dernier représentant Jean-Claude Jouery, seigneur de Belcayre, lieutenant-général-criminel au sénéchal, n'ayant pas eu d'enfans de Catherine de Girou, sa femme, disposa de ses biens en faveur de Guillaume de Balsac-Cayla, son neveu (1).

Ce Jean-Claude était fils de Jean-François et petit-fils d'autre Jean-François, qui avaient occupé l'un et l'autre la même place de lieutenant-criminel au sénéchal et siège présidial de Rodez.

La terre de Belcayre, ancienne propriété de la maison de Sévérac, vint à Jean-François Jouery, IIe du nom, par donation de Grégoire Novéglise, qui avait épousé Rose de Jouery, sœur de Jean-François de Jouery, Ier du nom.

La famille Jouery, dont il est ici question, possédait, à l'entrée de la place du Bourg, la maison qui a depuis été achetée par M. de Barrau.

(1) André de Balsac, père de Guillaume, avait épousé Denise Jouery, sœur de Jean-Claude.

NOVÉGLISE ou NEUVÉGLISE.

Un ancien titre du chapitre mentionne une dame Vigourouse, vivant en 1435, et alors veuve de N..... Neuvéglise.

Jean de *Novagleya* était notaire à Rodez en 1541.

Un Neuvéglise, son descendant, fonda à Rodez, en 1616, au faubourg Sainte-Marthe, le couvent des Capucins.

François Neuvéglise possédait, en 1627, la seigneurie du Pas. On croit qu'il fut père de Marguerite, femme d'Antoine de Vigourous, seigneur de Barry, dont une fille, Françoise, mariée, en 1681, à Guyon de Saunhac, seigneur d'Ampiac, et qui hérita de son père de la seigneurie du Pas.

Cette famille, devenue fort riche, fit l'acquisition de plusieurs autres terres, entre autres de la seigneurie de Belcayre ou Beaucaire, que Grégoire Neuvéglise, époux de Rose Jouery, acheta, au commencement du xviiie siècle, moyennant 20,000 livres, et que, par testament du 7 février 1738, il légua à Jean-François Jouery, lieutenant-criminel, son neveu.

La famille Neuvéglise avait à Rodez, sur la place de l'Olmet, une très-belle maison qui a été occupée, plus tard, par la famille Mathat, et, après la Révolution, par M. Teulat, juge.

GASTON,

Seigneurs-barons de Landorre, comtes de Vauvineux.

ARMES : *D'argent, à trois fasces de gueules, accompagnées en pointe d'une corneille de sable, au chef d'azur, chargé de trois étoiles d'argent.*

La famille de Gaston, du lieu de Cassagnes, avait une origine modeste, et ne dut sa noblesse qu'au capitoulat; mais bientôt des emplois éminens accordés au mérite et le talent de quelques-uns de ses membres, lui acquirent une juste considération.

I. JEAN GASTON, du lieu de Cassagnes, eut d'Antoinette Pomarède :

1° BERNARD, qui suit; 2° MADELEINE GASTON, mariée, par contrat du 8 juin 1670, à Raymond Thomas, fils de Gabriel Thomas, de Cassagnes; 3° THÉRÈSE GASTON, femme, en 1696, de Louis Rech, fils de Jean-Jacques et d'Isabeau d'Imbert.

II. BERNARD GASTON épousa en premières noces, en 1677, Jeanne Fabre, veuve Rudelle, dont un fils, Bernard-Albert Gaston, décédé jeune en 1680.

Il se maria en secondes noces avec Barbe de Rech, fille de Jean-Jacques et d'Isabeau d'Imbert, fit son testament le

17 mars 1699 et mourut le 19 du même mois. Il avait eu du second lit :

1° BERNARD-ALBERT, qui suit ; 2° LOUIS GASTON, lieutenant au régiment de Louvigny, établi en Alsace ; 3° FRANÇOISE, mariée, le 11 décembre 1708, à noble Jean de Vedelly ; 4° MARIE-ANNE, alliée, le 24 février 1715, à noble François Le Fèvre, seigneur d'Astières et de La Mothe, fils de feu Antoine et de Suzanne Du Mas ; 5° LOUISE GASTON, qui fit son testament le 20 juillet 1710 ; 6° MARIE-CLAIRE, qui fit le sien le 20 juin 1712 ; 7° CATHERINE.

II. BERNARD-ALBERT DE GASTON, sieur de Larguiez, capitoul de Toulouse, épousa, le 24 septembre 1716, Jeanne de Balsac-Vialatelle, fille de noble Antoine de Balsac et d'Anne Delmas. Il décéda à Rodez, en 1787, âgé de 96 ans, laissant de son mariage :

1° ANTOINE, dont l'article suit ; 2° JOSEPH-ALBERT, abbé de Locdieu, puis évêque de Thermes, premier aumônier de M. le comte d'Artois, sous-précepteur des enfans de France, décédé à Paris en 1785 ; 3° JEAN-LOUIS, aumônier de M. le comte d'Artois, puis abbé commandataire de l'abbaye royale de la couronne à Angers, et grand vicaire de Vabres, décédé à Paris en 1788 ; 4° N...., DE GASTON, chanoine et vicaire-général de Cahors, mort dans l'émigration ; 5° BERNARD DE GASTON, chanoine à Montpellier, qui, âgé de 69 ans quand la persécution contre les prêtres éclata, fut d'abord mis en réclusion, à Rodez, dans la maison de l'Annonciade, en avril 1793, et puis transféré, le 1ᵉʳ novembre suivant, dans les prisons de Figeac où il mourut ; 6° HYACINTHE DE GASTON, prieur de Marcolès, ancien grand vicaire de Cahors ; 7° N....., religieuse à Espalion ; 8° ANNE, mariée avec François-Antoine Mazars de Colombiès, dont entre autres enfans : Martin-Ambroise-Zacharie, vicaire-général du diocèse de Rodez, mort en 1846 ; Antoine-Jean-Chrysostôme, chanoine à Rodez ; Jean-Joseph-François-Alexandre, *dit Bellefons*, tous décédés.

III. ANTOINE DE GASTON, avocat, né le 19 août 1718, épousa, au château de Firmi, le 25 février 1748, Marie-Thérèse de Balsac, fille de Jean-Claude de Balsac, seigneur de Firmi, du Claux, etc., conseiller au parlement de Toulouse, et de feue Elisabeth de Séguret. Il mourut à Rodez, le 7 avril 1797 (1), ayant eu de son mariage :

1° JEAN-JOSEPH-ALBERT, dont l'article suit ; 2° JEAN-CLAUDE, né à Rodez, le 12 octobre 1756, chanoine de Cahors, vicaire-général de Rodez, aumônier de *Monsieur*, comte d'Artois ; 3° JOSEPH-AMAND, né le 23 février 1758, officier de la marine royale, mort célibataire ; 4° JOSEPH-ANTOINE-XAVIER, né à Rodez le 30 avril 1762, chanoine de Montpellier, décédé à Paris, le 21 février 1807 ; 5° MARIE-JOSEPH-HYACINTHE, dit *Saint-Sauveur*, baptisé, à Rodez, le 3 février 1767, officier aux chasseurs à pied du Gévaudan, émigré en Russie, littérateur et poëte distingué, proviseur du lycée de Limoges, sous l'Empire, mort à l'âge de 41 ans, le 14 décembre 1808.

IV. JEAN-JOSEPH-ALBERT DE GASTON, comte de Vauvineux, au Perche, né à Rodez, le 27 décembre 1749, successivement garde du pavillon, enseigne de vaisseau, le 19 juin 1771, chevalier de l'ordre de Saint-Louis, le 28 juillet 1782, membre de l'association de Cincinnatus, puis capitaine de vaisseau, le 1er mai 1786, servit avec distinction dans la guerre d'Amérique. Il décéda aux Chaises, département de l'Orne, le 7 octobre 1814. Il avait épousé, le 3 octobre 1783, Adelaïde Sentier de Chuignes, fille de François Sentier, écuyer, seigneur de Chuignes, de Hauteloge, etc., et de Marie-Henriette-Constance de Bray. De ce mariage est issu :

V. CHARLES-ALBERT DE GASTON, comte de Vauvineux, né à Amiens le 14 août 1784, gentilhomme honoraire de S. M. Charles X, marié, en 1817, avec Ursule de Sachy de Saint-Aubin, décédé à Paris, en 1858, fut le premier, disent les mémoires du temps, qui arbora dans Paris les couleurs blanches, le 31 mars 1814, et fit entendre, à l'entrée de la rue de Rivoli, le cri de : *Vive le roi !*

Il a laissé un fils, Alfred de Vauvineux.

(Composée, pour l'origine, d'après les titres originaux compulsés, par feu M. Rudelle, de Cassagnes).

(1) Antoine acheta du marquis de Lignerac, en 1771, la baronnie de Landorre.

GASTON DE SAINT-SAUVEUR.

Marie-Joseph-Hyacinthe de Gaston de Saint-Sauveur, né à Rodez, le 3 février 1767, fut élevé au collége du Plessis, prit du service et devint capitaine au régiment de Gévaudan. Emigré en 1791, il porta les armes dans l'armée de Condé, se rendit ensuite à Saint-Pétersbourg, où ses talens littéraires et ses nobles sentimens lui captivèrent la bienveillance et l'estime de l'impératrice Catherine II et du czar Paul Ier, son successeur. Il avait publié à Francfort, en 1796, *une déclaration des Français restés fidèles à leur roi*. Ce fut à Saint-Pétersbourg qu'il commença sa traduction de l'*Enéide*, terminée en France lorsque des jours moins orageux lui permirent de revoir sa patrie. Il y reçut, par l'organe du comte de Romanzoff, les témoignages du souvenir honorable que lui conservait l'empereur Alexandre.

Son amour constant pour l'étude lui fit embrasser la carrière de l'instruction, et il obtint la place de proviseur du lycée de Limoges.

Ce fut là que, malgré le délabrement de sa santé, il s'occupa sans relâche de sa traduction de l'*Enéide*. Cet ouvrage, généralement accueilli avec une grande faveur, reçut d'honorables suffrages. On y remarque un style élégant et pur, des vers faciles et harmonieux, quelquefois de l'élévation et de la force, surtout dans les derniers livres.

On doit encore à M. de Gaston diverses poésies fugitives, empreintes de grâce et de légèreté; une ode sur le rétablissement du culte; deux tragédies, l'une représentée sur le théâtre de Saint-Pétersbourg; l'autre, *Artaxerce*, destinée à la scène française. Une mort prématurée ne lui permit pas de mettre la dernière main à cette pièce, non plus qu'à un poème sur les quatre âges de la femme dont il n'a paru que des fragmens. Atteint depuis longtemps d'une maladie de poitrine, il y succomba à l'âge de 41 ans, le 14 décembre 1808. Il avait donné une partie de sa fortune à l'hospice de Rodez.

MAILHES,

Né à Villefranche, en 1685, d'Antoine Mailhes, chirurgien, et d'Antoinette Blatgier, fut élevé au collège que dirigeaient dans sa ville natale les Pères de la Doctrine chrétienne. Après avoir terminé ses études, il partit pour Montpellier, où il prit le grade de docteur en médecine. Il se livra avec succès à l'exercice de sa profession. Des cures merveilleuses le mirent en relief dans le monde médical, et sa science lui valut une chaire à l'Université de Cahors. Son intelligence vive et rapide, sa parole facile et riche en images, donnèrent à son enseignement un éclat plein de charmes que tempérait la justesse de sa raison.

Sa réputation s'était étendue jusqu'à la cour. Chirac, médecin du duc d'Orléans et surintendant du jardin des plantes, l'appréciait; aussi le désigna-t-il au Régent comme un des hommes de l'art les plus capables de servir Marseille que ravageait la peste (1720).

Mailhes se signala, en effet, dans cette ville par son dévoûment; plusieurs fois il exposa sa vie. Marseille a inscrit son nom à côté de celui de ses échevins et de Belzunce. Le roi, en récompense de ses services, lui conféra des lettres de noblesse, et lui permit d'écarteler ses armes avec celles de Marseille. En outre, il lui accorda une pension de cent pistoles.

(Guirondet).

DE MASSON,

Seigneurs de Saint-Félix, de La Teule, etc.

ARMES : *D'azur, à une massue d'or, garnie de pointes de gueules et posée en pal. L'écu timbré d'un casque de profil, orné de ses lambrequins d'azur, d'or et de gueules.*

Famille ancienne, originaire d'Italie, établie en Rouergue vers le milieu du XVIe siècle, et ennoblie par le roi Louis XV, en 1723, pour services éclatans rendus au pays.

I. ANTOINE DE MASSON, Ier du nom, marié, en 1560, à Marque de Lacoste, de Villecomtal, eut pour fils :

II. ANTOINE DE MASSON, IIe du nom, qui épousa, en 1622, Constance du Verdier, dont il eut :

III. JEAN-ANTOINE DE MASSON, Ier du nom, époux, vers 1650, de Marthe de Nattes de La Calmontié, fille de Pierre, seigneur de La Calmontié, et de Marie de Rességuier. De ce mariage :

1° Jean-Antoine, qui suit, 2° N....., 3° N....., tués au service du roi.

IV. JEAN-ANTOINE DE MASSON, IIe du nom, seigneur de Saint-Félix, entra, en 1689, dans la 2e compagnie de mousquetaires, y servit pendant dix ans, jusqu'au siége d'Ath, en 1697, où il reçut un coup de pertuisane au travers du corps et un coup de fusil à la tête ; ce qui l'obligea de quitter le service.

Pourvu, en 1700, de l'office de conseiller au présidial de Rodez, il donna dans ces fonctions autant de marques de sa droiture et de son intégrité que de sa capacité.

Quelque temps après, les fanatiques des Cévennes s'étant révoltés, le roi, informé de l'aptitude militaire du sieur de Masson, lui donna le commandement des gardes bourgeoises levées pour la défense des frontières du Rouergue, et celui-ci exerça pendant cinq années ce commandement avec tout le zèle et la prudence possibles, et plusieurs fois au péril de sa vie.

La peste ayant ensuite éclaté dans le Midi de la France et jusques dans le Gévaudan, Jean-Antoine de Masson fut nommé, en 1721, inspecteur général des gardes bourgeoises de Rouergue. Il servit, en cette qualité, sous les ordres de M. de Pardailhan-Gondrin, commandant général, et rendit, pendant 18 mois, les services les plus importants en dirigeant, avec une infatigable activité, les troupes sous ses ordres, services d'autant plus méritoires qu'il les rendit à ses frais et dépens et qu'il parvint, par ses efforts, à préserver son pays du cruel fléau qui désolait les provinces voisines.

En récompense de ces services, le roi Louis XV, par lettres patentes du mois de mai 1723, lui accorda le titre « de noble gentilhomme, ainsi qu'à ses enfans, tant mâles que femelles, nés et à naître en légitime mariage, de même que ceux qui sont issus de noble et ancienne race, voulant, est-il dit, qu'ils puissent prendre la qualité d'écuyers et jouir comme tels des droits, prérogatives et priviléges dont jouissent les autres nobles dans le royaume, etc... » Ces lettres furent enregistrées la même année à la cour de comptes et au parlement de Toulouse.

Jean-Antoine de Masson avait épousé, en 1700, Elisabeth de Solanèt, fille du sieur de Solanet, conseiller au même siége de Rodez. Il en eut entre autres :

1° Charles de Masson, ci-après ; 2° Isabeau, 3° Catherine, 4° Marie, religieuses à l'Union chrétienne de Saint-Geniez, et vivant toutes encore en 1723.

V. CHARLES DE MASSON, Ier du nom, seigneur de Saint-Félix, né le 4 février 1714, épousa, en 1738, Antoinette de La Panouse de Bourran, qui le rendit père de :

1° Jean-Antoine, dont l'article suit ; 2° Charles, né le 9 mars 1740, chanoine de Sainte-Foi de Conques ; 3° Marie-Jeanne-Gabrielle, née le 11 juillet 1742, célibataire ; 4° Pierre-Alexis, né le 6 juillet 1742, lieutenant au régiment de Toul ; 5° Pierre, *dit le chevalier de Laleule*, né le 9 août 1744, officier d'artillerie au régiment de Metz ; 6° Joseph-Victor, né le 5 septembre 1745 ; 7° Louis-Marc-Antoine, *dit d'Altecan*, né le 6 septembre 1746, capitaine d'artillerie au régiment d'Auxonne, chevalier de Saint-Louis le 24 décembre 1789, avait alors 28 ans de service, quatre campagnes en Amérique, et s'était trouvé, en 1779, au combat de *Caucale*, sur la côte de Bretagne, où il s'était distingué contre les Anglais ; mort, à Pinet, en 1817 ; 8° Alexis-Grégoire, né le 22 mars 1748, sergent-major au régiment de Toul ; 9° Jean-Augustin, né le 17 mars 1749, prieur de Saint-Agnan en 1789 ; déporté à Bordeaux où il mourut le 13 prairial an VII ; 10° Marie-Antoinette, née le 18 mars 1752, femme du sieur de Camboulas, du Grandmas ; 11° Charlotte-Catherine, née le 20 juin 1753, restée fille ; 12° Joseph-Gaspard, né le 5 juillet 1755, prébendé de l'église Sainte-Catherine de Toulouse, émigré ; 13° Marc-Dominique, né le 4 août 1756, curé de Saint-Félix-de-Lunel ; 14° Marie-Thérèse, née le 24 août 1757, restée fille ; 15° Rose-Madeleine, née le 5 juillet 1761, restée fille ; 16° Jacques-Joseph, né le 24 juillet 1766, prieur de Mouret ; 17° Antoine, né le 20 novembre 1769 ; 18° Louis-Melchior, né le 13 septembre 1770, marié à N..... Dupuy, mort à Dalmayrac en 1843.

VI. JEAN-ANTOINE DE MASSON, IIIe du nom, seigneur de Saint-Félix, marié : 1° à Anne d'Elpons, fille d'Antoine d'Elpons, officier de cavalerie, et de Catherine Albine : il n'y eût pas d'enfans de cette alliance : 2° en 1767, à Marie-Jeanne du Fayet de La Tour, fille de Roger du Fayet de La Tour, écuyer, seigneur de La Bastide, en Limousin, chevau-léger de la garde du roi, chevalier de Saint-Louis (en 1742), et d'Angélique d'Eybrol, dont dix enfans, parmi lesquels l'aîné a continué la descendance en Rouergue, et huit autres se sont établis dans le Limousin :

1° Jean-Antoine, ci-après ; 2° Marie-Françoise-Elisabeth ; 3° Jean-François-Charles, décédé sans enfans ; 4° Antoine-Martin, *dit de La Bessière*, né le 16 janvier 1772, marié, en 1815, à Rose Pélou de La Soulairie, près de Saint-Cyprien, canton de Conques, et auteur de la branche encore existante en ce lieu ; 5° Jacques-Antoine, marié à Marguerite de La Farge de La Pierre, près de Salers (Cantal), dont plusieurs enfans demeurant à Liginiac, dans l'arrondissement d'Ussel ; 6° Marie-Charlotte, femme du sieur Ratelade ; 7° Louis-Melchior, mort officier de marine ; 8° Louis-Joseph, marié à N..... de Fonmartin ; 9° Jean-Auguste, décédé officier, en Espagne, en 1810 ; 10° Jean-Emmanuel-Victor, marié à N..... Gaite, et qui a laissé quatre enfans.

VII. JEAN-ANTOINE DE MASSON, IV° du nom, seigneur de Saint-Félix, etc., né en 1768, émigré en 1794, capitaine d'infanterie en 1799, chevalier de Saint-Louis en 1816, juge de paix du canton de Conques en 1823, décédé à La Teule, le 5 septembre 1826, qui, de son mariage contracté, en 1810, avec Marie-Jeanne Baduel-d'Austrac, a laissé :

1° Jean-Antoine, ci-après ; 2° Jenny, née en 1811 ; 3° Louis-Charles, curé de Villecomtal, né en 1815.

VIII. JEAN-ANTOINE DE MASSON, V° du nom, né le 12 juillet 1813, allié, en 1840, à Marie-Clémentine-Darie Bonnefous (1), d'Arvieu, dont :

(1) Cette famille Bonnefous, d'ancienne bourgeoisie dans le canton de Cassagnes, remonte jusqu'à Raymond Bonnefous, possesseur du Roube en 1648, et qui était troisième fils de Pierre Bonnefous et de Brigitte de Grimal, établis par voie d'achat à Montels, juridiction de

1° Jean-Antoine-Félix, né le 17 janvier 1841; 2° Léontine-Marie-Jeanne, née le 31 janvier 1842; 3° Mathilde, née le 29 septembre 1844; 4° Amable, née le 24 mars 1845; 5° Jules, né le 18 janvier 1849; 6° Albert, né le 15 juin 1854.

(Titres de famille).

La Selve. La filiation par titres certains ne remonte pas plus haut; mais il serait très-possible que ces Bonnefous fussent issus de l'ancienne race féodale de Salmiech, (v. t III, p. 108), car, après la disparution de celle-ci vers le milieu du xv⁰ siècle et sa translation à Coudols, on voit encore se perpétuer, pendant longtemps à Salmiech, des Bonnefous que l'on disait être d'obscurs rejetons de la famille primitive et qui jetèrent plusieurs rameaux dans les environs.

DE TREILLE.

François de Treille, originaire de Villefranche-de-Rouergue, capitaine d'infanterie, réformé et chevalier de Saint-Louis, fut ennobli par lettres patentes du roi Louis XV, données à Meudon, au mois de juillet 1723, à cause de ses bons services et de ses nombreuses blessures. Ses armoiries, réglées par le juge d'armes de France, furent :

> *De sinople, à un cep de vigne, fruité de gueules, rampant autour d'un échalas d'argent, l'écu timbré d'un casque de profil.*
>
> (D'Hozier, Armor. génér., 1er registre).

DAUDÉ DE LA VALETTE.

Cette famille, originaire des Cévennes, est fixée à Saint-Jean-du-Bruel depuis l'année 1731.

Jean Daudé, seigneur de La Valette, Alzon, Arigas, Beaufort, Mars, Lassale, etc., était, en 1704, lieutenant et maire de la ville du Vigan et subdélégué de l'intendant de la province de Languedoc.

Le manoir de cette famille ayant été incendié pendant les guerres de religion et tous ses papiers et documens étant devenus la proie des flammes, ses titres de noblesse furent confirmés par lettres patentes du roi Louis XV du mois d'avril 1727, enregistrées à la cour des comptes, le 7 septembre 1728, sur la tête d'Etienne Daudé de La Valette, fils de Jean, garde-du-corps du roi.

Le fils d'Etienne servit dans la maison du roi comme son père, et mourut au service des suites d'une chute de cheval qu'il fit en escortant Louis XV.

Etienne Daudé de La Valette, II° du nom, fils du précédent, né à Saint-Jean-du-Bruel, le 12 avril 1771, l'un des membres de la noblesse du bailliage de Millau, réunis, à Rodez, le 16 mars 1789, pour l'élection des députés aux Etats généraux, a eu pour enfans :

1° Emile Daudé de La Valette, avocat près la cour d'appel de Montpellier, distingué par ses talens d'écrivain autant que par ses facultés oratoires, l'un des anciens et brillans rédacteurs des *Mélanges occitaniques*, marié, au mois d'août 1835, avec Amélie Caplat, fille de l'avocat renommé de ce nom, qui était originaire de La Panouse, près de Sévérac, décédé, le 9 juillet 1855, à Montpellier ; 2° Jules Daudé de La Valette, représentant actuel de la famille à Saint-Jean-du-Bruel.

Il existe dans le Languedoc une autre branche de la même famille, connue sous le nom de Daudé-d'Alzon. Le dernier de cette branche, qui est prêtre, a fondé, à Nîmes, un établissement florissant pour l'éducation des jeunes gens.

CHIRAC,

De Conques, médecin célèbre, ennobli en 1728 (1).

Pierre Chirac, premier médecin du roi, de l'Académie des sciences de Paris, naquit à Conques en 1650.

Le célèbre Chicoyneau, chancelier de l'Université de Montpellier, ayant connu les talens de ce jeune homme, alors ecclésiastique, lui confia l'éducation de ses deux fils dont l'un fut depuis premier médecin du roi. Le goût de l'abbé Chirac pour la médecine paraissant plus déterminé que sa vocation pour l'état ecclésiastique, il devint membre de la faculté de Montpellier en 1682, et y enseigna cinq ans après avec le plus grand succès. De la théorie il passa à la pratique, et ne fut pas moins applaudi. Le maréchal de Noailles, à la prière de Barbeyrac, alors le plus célèbre docteur de Montpellier, lui donna la place de médecin de l'armée de Roussillon en 1692. L'armée ayant été attaquée de la dyssenterie l'année d'après, Chirac lui rendit les plus importans services. Le duc d'Orléans voulut l'avoir avec lui en Italie en 1706, et en Espagne en 1707. Homberg étant mort en 1715, ce prince, déjà régent du royaume, le fit son premier médecin, et à la mort de Dodart, en 1730, il eut la même place

---

(1) Registres de la chambre des comptes et de la cour des aides de Paris.

auprès de Louis XV. Il avait été reçu, en 1716, membre de l'Académie des sciences, et, deux ans après, il succéda à Fagon dans la surintendance des jardins royaux.

Cet habile homme obtint du roi, en 1728, des lettres de noblesse, et mourut, en 1732, à 82 ans.

Rochefort et Marseille lui eurent de grandes obligations : la première de ces villes, dans la maladie épidémique connue sous le nom de *Maladie de Siam*, et la seconde, dans le ravage de la peste en 1720. Du sein de la cour, il procura à cette ville les médecins les plus instruits, les conseils les plus salutaires, les secours les plus abondans.

On connaît de lui : 1° une grande dissertation, en forme de thèse, sur les plaies, traduite en français; 2° une partie des consultations qui sont dans le deuxième volume du recueil intitulé : *Dissertations et consultations médicinales*, de MM. Chirac et Sylva, 3 vol. in-12; 3° deux lettres contre Vieussens, célèbre médecin de Montpellier, sur la découverte de l'acide du sang, dans lesquelles on trouve beaucoup de personnalités.

(*Dictionnaire historique*).

DE LAYROLLE.

Cette famille est originaire de Sévérac. Pierre-Jean de Layrolle, de Sévérac, était secrétaire du roi en 1732.

Gilles de Layrolle, seigneur de Rogers, viguier de Sévérac, acheta la baronnie d'Aurelle, et eut de son mariage avec Marguerite de Rhodes de Castain :

1° Pierres-Gilles, né le 4 octobre 1738, chef de bataillon au régiment de Barrois, chevalier de Saint-Louis, émigré pendant la Révolution ; 2° Marie-Anne-Geneviève, née le 21 septembre 1739 ; 3° Antoine, né le 27 avril 1741 ; 4° Marie-Anne, mariée, en 1762, avec Antoine-Louis-François de Grandsaigne, seigneur de Loupiac, vicomte d'Hauterive ; 5° Marie-Madeleine, décédée en bas-âge ; 6° Jean-Gabriel, né le 18 mai 1745 ; 7° Charles, né le 7 juin 1746, docteur en théologie de la faculté de Sorbonne, vicaire-général de Rodez sous M. de Cicé, et puis de Tarbes, sous M. Gain de Montagnac, nommé, en 1817, à l'évêché de Perpignan qu'il refusa ainsi que l'évêché de Rodez, qui fut alors offert à M. de Ramond-Lalande, mort à Marvéjols, le 7 décembre 1820 ; 8° Pierre-Jean de Layrolle, vicomte de La Rivaldie, baron d'Aurelle, etc., président à la cour des comptes de Montpellier en 1784, père d'Edouard de Layrolle, conseiller à la cour royale de Montpellier, qui, de son mariage avec Alsacie de Mostuéjouls, a eu trois enfans, Edmond, Sophie et Marie ; 9° Louise, célibataire ; 10° Marguerite, femme du baron de Prades, de Marvéjols.

DE MALBOIS.

Ancienne famille de Saint-Jean-du-Bruel, connue dès 1501. Pierre de Malbois, sieur du Caussonel, habitant au Viala-de-Saint-Jean, était conseiller secrétaire du roi, maison et couronne de France, en 1733. Il était aussi procureur fondé de Marie-Régis, comte de Langehac, époux de Jeanne-Baptiste Palatine de Dio-Montpeyroux, dame du marquisat de Roquefeuil *(Titres de Brussac)*.

N..... de Malbois, son descendant, eut de N..... de Ginestous, du Vigan, trois garçons et deux filles.

L'aîné, avocat général au parlement de Toulouse, possesseur d'une grande fortune, entre autres de la terre de Poussan, près de Béziers, que lui avait léguée une de ses tantes, mariée à M. de Poussan, décéda sans enfans, après avoir dissipé sa fortune.

Louis, le deuxième, *dit le chevalier de Malbois*, lieutenant-colonel d'infanterie, ancien émigré, chevalier de Saint-Louis, fit partie de la députation qui, le 15 août 1815, fut chargée de porter au roi Louis XVIII l'adresse du département de l'Aveyron. Il n'a laissé qu'une fille, Elisa de Malbois, qui a épousé, en 1833, Eugène d'Hombres, ancien officier de hussards, chevalier de la Légion-d'Honneur, maire de Saint-Jean-du-Bruel.

Guillaume de Malbois, troisième frère, chef de bataillon du génie, émigré, comme son frère, dans l'armée de Condé, chevalier de Saint-Louis, est décédé sans postérité.

POMARÈDE DE LA VIGUERIE.

Ancienne famille, originaire de Cassagnes-Bégonhés, en Rouergue, et transplantée à Toulouse où elle a donné deux jurisconsultes renommés.

I. ANTOINE POMARÈDE eut de Marie Brassac :

1° BERNARD, ci-après; 2° ANTOINETTE, mariée à Jean Gaston, chef de la famille de ce nom, qui a produit plus tard des hommes distingués et qui occupe un haut rang aujourd'hui dans la société parisienne sous le nom de *Vovineux*; 3° CLAIRE, femme, le 5 septembre 1606, de Guillaume de Rudelle.

II. BERNARD POMARÈDE, Ier du nom, avocat en parlement, et résidant à Cassagnes, se maria deux fois :

1° Avec Marie de Méjanès, dont il eut :

1° JEAN-BAPTISTE-ARNAUD POMARÈDE, officier supérieur dans un régiment d'infanterie, marié avec la cousine du duc de Fleury, gouverneur de Marseille, et qui, devenu veuf et sans enfans, donna sa démission, se retira dans ses foyers et institua Bernard Pomarède, son neveu, pour son héritier général et universel ;

2° Avec Jeanne de Vacaresse, qui le rendit père de :

2° BERNARD, IIe du nom, dont on va parler ; 3° LOUIS, docteur en théologie, prieur et curé de Campestre, dans le diocèse d'Alais; 4° ANTOINETTE, mariée à Pierre de Bournhiol, sieur de Fombonne.

III. BERNARD POMARÈDE DE LA VIGUERIE, IIe du nom, fit ses études au collége des jésuites de Toulouse et termina son cours en 1714. D'abord voué au service militaire et pourvu d'un brevet d'officier, il abandonna bientôt cette profession, fit avec succès un cours de droit à Cahors, se fixa ensuite à Toulouse où sa science, sa droiture et son zèle lui valurent d'éclatans succès et la réputation bien méritée d'un des plus habiles jurisconsultes de l'époque. Il fut nommé capitoul par le roi en 1740, dix ans après, chef du consistoire, et, en 1772, professeur de droit français.

C'est à ses soins persévérans que l'on doit l'établissement de la magnifique promenade appelée la *Grande-Allée*, qu'il parvint à créer malgré une violente opposition. Il mourut environné de l'estime universelle, le 15 avril 1774, laissant un fils qui vint ajouter de nouveaux titres à la belle réputation laissée par son père.

IV. JEAN-BAPTISTE POMARÈDE DE LA VIGUERIE, né à Toulouse, le 21 juillet 1737, reçu avocat en 1758, conseiller au parlement Meaupou en 1774, mort doyen et ancien bâtonnier de l'ordre des avocats, le 23 décembre 1829, à l'âge de 93 ans, l'un des plus savans et plus profonds jurisconsultes qu'ait possédé la ville de Toulouse, avait épousé, en 1761, Mlle Lafue-d'Auzas, décédée le 20 juin 1772, et dont la fille fut unie à Jean Ignace Vidal de La Coste, d'Entraygues, autre jurisconsulte aveyronnais très-distingué par son mérite et son savoir.

(Renseignemens transmis de Toulouse).

DE PEYROT,

Seigneurs de Vailhauzy.

ARMES : *De sable, à deux fasces ondées d'or, au poirier de sinople brochant sur le tout.*

I. N..... DE PEYROT, de Millau, président-trésorier de France à Montauban, acheta, en 1740, la terre de Vailhauzy, d'Antoine-Paulin de Solages, marquis de Carmaux, pour le prix de 69,000 livres. Il eut pour enfans :

1° JEAN-FRANÇOIS, ci-après; 2° MARIE-JEANNE, qui épousa Joseph-Jean-François Peyrot-Restaurand, d'une autre branche de la même famille, conseiller-auditeur à la cour des aides de Montpellier, dont une fille unique, Joséphine de Peyrot, mariée à M. de Bonald, de Rodez.

II. JEAN-FRANÇOIS DE PEYROT, baron de Brousse, seigneur de Vailhauzy et de Luganhac, conseiller au parlement de Toulouse, périt victime du tribunal révolutionnaire, le 6 décembre 1793.

Il avait eu de Marie-Gabrielle de Barbéyrac-Saint-Maurice deux filles :

1° CAROLINE, mariée à Joseph-André-Guillaume-Régis Delauro, qui fut maire de Rodez et député de l'Aveyron, sous la Restauration; 2° ALEXANDRINE-JEANNE-GABRIELLE-CAMILLE, femme du général comte de Pélissier, décédée, le 8 janvier 1850, à l'âge de 64 ans.

A une troisième branche de la famille de Peyrot appartenait Jean-Claude Peyrot, ancien prieur de Pradinas, né à Millau en 1709, mort à Pailhas, en 1795, âgé de 86 ans, connu par un recueil de charmantes poésies patoises qui ont rendu son nom populaire. Il existe encore à Nant des rejetons de cette branche.

DE SAMBUCY,

Seigneurs de Linas (1) et coseigneurs de Luzençou.

Armes : *D'or, au sureau de sinople fleuri d'argent, mouvant d'un croissant de sable, au chef d'azur, chargé d'un soleil d'or.*

On trouve la famille de Sambucy, à Saint-Georges, dès le commencement du XVIe siècle ; mais sa filiation, par titres, n'est établie que depuis André, dont on va parler. Les branches de Sorgues, de Miers et de Vendeloves étaient sorties de la même souche.

I. ANDRÉ DE SAMBUCY, Ier du nom, habitant à Saint-Georges-de-Luzençon, eut, entre autres enfans de Catherine Enjalbert qu'il avait épousée au commencement du XVIIe siècle :

1° ANDRÉ, qui suit ; 2° ANTOINE, qui s'établit à Millau et y devint la tige des Sambucy de Sorgues.

II. ANDRÉ DE SAMBUCY, IIe du nom, sieur de Linas et coseigneur de Luzençon, testa le 13 mai 1693, laissant d'Honorée de Bourzès, sa femme :

1° PIERRE, ci-après ; 2° ANTOINE DE SAMBUCY, sieur du Rocan, entré dans les cadets-gentilhommes en 1690, lieutenant dans le

---

(1) Linas, près de Comprégnac et de Saint-Georges.

régiment de La Vallière, cavalerie, le 31 octobre 1694, capitaine dans le même corps, le 30 juillet 1696, chevalier de Saint-Louis, mort de ses blessures à Landrécies.

III. PIERRE DE SAMBUCY, sieur de Linas et de Luzençon, fut héritier de son père et s'allia à Marie d'Alingrin de Falgous, dont il eut :

1° JEAN-BAPTISTE, qui suit ; 2° LOUIS-PIERRE, *dit le chevalier de Sambucy*, entré dans le corps royal de la marine en 1756, fut fait successivement enseigne, lieutenant, capitaine de vaisseau et commandant de la compagnie des gardes du pavillon amiral à Toulon. Décoré de la croix de Saint-Louis et de l'ordre Américain de Cincinnatus, M. de Sambucy avait servi pendant quarante-quatre ans, fait les guerres d'Amérique, sous les ordres du comte d'Estaing et de Suffren, rempli plusieurs missions importantes de la part des princes en émigration et s'était trouvé dans nombre de combats où l'on fit l'éloge de sa conduite et de sa bravoure. En 1816, le roi lui accorda le brevet de contre-amiral honoraire, récompense justement méritée de ses longs et honorables services. Il est mort le 22 décembre 1821.

IV. JEAN-BAPTISTE DE SAMBUBY, avocat en parlement, coseigneur de Luzençon et de Saint-Georges, acheta, le 10 mars 1778, à Jean-Louis d'Arnal, seigneur de Serre, habitant du Vigan, la charge de conseiller-auditeur à la cour des comptes de Montpellier. Il avait épousé, le 18 janvier 1767, Charlotte de Neyrac, fille de Charles-Alexandre et de Marie-Anne Durand, de Saint-Paul-des-Fons. De ce mariage :

1° CHARLES DE SAMBUCY, dont on va parler ; 2° VICTOR, marié aux îles où il laissa un fils mort sans postérité ; 3° JOSEPH, comte palatin, officier de la Légion-d'Honneur et chevalier de l'ordre de l'Eperon-d'Or (1), chef de bataillon de la garde natio-

---

(1) Plusieurs membres de cette famille ont reçu cette distinction accordée par les papes :

Joseph de Sambucy, de Saint-Georges, le 4 juin 1816 ;
Edouard de Sambucy de Sorgues, le 28 décembre 1816 ;
Le baron de Sambucy de Sorgues, le 31 octobre 1825.

nale parisienne dans les premières années de la Restauration, avait épousé Mlle de Castanéo, sœur de la femme de son frère aîné, dont deux fils et une fille; 4° HIPPOLYTE, célibataire, vivant à Saint-Georges; 5° N..... DE SAMBUCY, mariée à M. Vivié de Lauras; 6° N..... DE SAMBUCY, femme de M. de Pomayrols; 7° Une troisième fille, alliée à M. Olier, de Saint-Georges.

V. CHARLES DE SAMBUCY-LUZENÇON, membre de plusieurs académies et ingénieur en chef, a occupé en Italie, sous l'empire, une haute position, celle de directeur général des ponts-et-chaussées. Chargé, en France, d'une mission dans la partie maritime, il dirigea plusieurs travaux importans à Cherbourg, à Saint-Valery, etc.; la ville d'Amiens lui offrit un magnifique étui de mathématiques.

Il a fait graver, à ses frais, les plans d'Aquilée et de Tusculum, et a dirigé plusieurs fouilles en Italie, publiant, à ce sujet, des détails scientifiques très-curieux. Parmi d'autres écrits sortis de sa plume, nous citerons le *Musée Royal*, dont les journaux firent l'éloge, et que l'Université a adopté pour être donné en prix dans les colléges.

Charles de Sambucy avait épousé, en Italie, Aurélie de Castanéo, fille aînée du comte de Castanéo, qui figurait à la cour de la princesse Elisa, et dont la famille, originaire des environs de Lucques, a donné plusieurs doges à Gênes, et se trouve glorieusement inscrite dans le livre d'or de cette République. De ce mariage sont issus :

1° FÉLIX, qui suit; 2° ADOLPHE, marié à Mlle de Bray, de Toulouse, mort sans postérité en 1855.

VI. FÉLIX DE SAMBUCY DE LUZENÇON a épousé, en 1836, Théodie Barthe, d'une famille originaire de Murasson, dont une fille, Aurélie de Sambucy.

SAMBUCY DE SORGUES.

II. ANTOINE DE SAMBUCY, deuxième fils d'André de Sambucy, de Saint-Georges, et de Catherine Enjalbert, dont il a été parlé dans l'article précédent, épousa, le 15 juin 1642, Marie-Guillaume, et en eut :

III. JEAN DE SAMBUCY, né le 30 mai 1644, avocat, marié, le 30 juin 1682, à Catherine Vacquier La Beaume, d'Auberoques. De ce mariage :

1° ANTOINE, né le 10 mai 1687, conseiller du roi en ses conseils, avocat général à la cour des aides de Montauban, le 15 octobre 1715, baron de Miers, décédé sans postérité (1);
2° MARC-ANTOINE, dont l'article suit.

IV. MARC-ANTOINE DE SAMBUCY, né le 2 juin 1695, avocat au parlement de Paris, capitoul de la ville de Toulouse en 1745, s'allia à Marie-Antoinette de Laverne, fille de Edme-Hubert de Laverne, seigneur comte de Gamache, capitaine au régiment de la reine, cavalerie, et fut receveur des tailles de l'élection de Millau. Ses enfans furent :

1° ALEXANDRE-MARC-ANTOINE, héritier de son oncle l'avocat général, et chef de la branche des barons de Miers, dont il sera parlé ci-après; 2° AUGUSTE-JEAN-BAPTISTE, qui suit; 3° ANGÉLIQUE-URSULE-MARIE-ANNE, femme, en 1775, de M. Delauro, de Rodez.

V. AUGUSTE-JEAN-BAPTISTE DE SAMBUCY, receveur des tailles de l'élection de Millau, se maria, le 19 mars 1754, avec Marguerite-Jacquette d'Izarn, fille de Pierre d'Izarn, seigneur de Cornus, et de Marie-Éléonore de Bonald. Il

---

(1) Antoine fut châtelain de Compeyre, et acheta, le 5 avril 1739, les terres de Montclar et de Salelles, à Étienne-Gilles de Grandsaigne.

devint baron de Sorgues par l'achat qu'il fit de cette terre, en 1774, à M. de Maureillan. Ses enfans furent :

1° AUGUSTE-MARC-ANTOINE DE SAMBUCY, qui continue la filiation ; 2° HERCULE-BÉRENGER DE SAMBUCY, lieutenant de vaisseau, mort en émigration ; 3° l'abbé GASTON DE SAMBUCY, successivement maître de chapelle de l'Empereur et de Louis XVIII, chanoine honoraire de Saint-Denis, aumônier de *Monsieur* au mois de juillet 1823, puis du roi Charles X, vicaire-général de Reims en 1830, décédé le 7 mars 1834 (1) ; 4° l'abbé LOUIS DE SAMBUCY, attaché à l'ambassade de Rome en 1817, chanoine de Notre-Dame de Paris ; 5° FRANÇOISE-ROSALIE DE SAMBUCY, mariée au baron de Maguelonne-Saint-Benoit en 1807.

VI. AUGUSTE-MARC-ANTOINE DE SAMBUCY, seigneur-baron de Sorgues, chevalier de l'ordre de l'Eperon-d'Or, épousa, par contrat du 15 février 1786, Elisabeth-Adelaïde de Barbeyrac-Saint-Maurice, dont il eut :

1° AUGUSTE-EDOUARD-CHARLES-MARIE-JOSEPH, dont on va parler ; 2° ANTOINE-FRANÇOIS-AMÉDÉE DE SAMBUCY, né le 30 octobre 1800, marié, le 30 novembre 1830, avec Léonice de Narbonne-Lara, dont Anna et Antoinette-Charlotte de Sambucy.

VII. AUGUSTE-EDOUARD-CHARLES-MARIE-JOSEPH DE SAMBUCY, baron de Sorgues, né le 30 octobre 1796, a épousé, le 19 avril 1826, Athenaïs-Justine-Françoise Saint-Sauveur-Rouziès, qui l'a rendu père de :

1° GASTON DE SAMBUCY-DE-SORGUES, marié, le 10 mai 1859, à Mathilde de Boyer de Montaigut; 2° ERNEST ; 3° GABRIEL ;

---

(1) M. l'abbé Gaston de Sambucy, étant à Paris pendant la Révolution, se distingua, à l'époque de la Terreur, par son zèle et son courage à accompagner jusqu'au pied de l'échafaud les malheureux condamnés, avertis qu'un prêtre déguisé devait se rendre sur leur passage pour leur donner l'absolution. Parmi ceux-ci, se trouva un jour la vertueuse et sainte Madame Elisabeth ! et que l'on juge, à cette vue, de tout ce qui se passa dans le cœur du prêtre courageux, qui, en bénissant en secret la royale victime, était forcé de renfermer en lui-même des émotions dont la moindre manifestation eut été son arrêt de mort !.....

(Note de M. de Bonald).

4° ADRIEN et de trois filles, dont l'une a épousé, en Agenais, Athanase-Clodomir Codéré de Lacan.

BRANCHE DES BARONS DE MIERS.

V. ALEXANDRE-MARC-ANTOINE DE SAMBUCY, baron de Miers, fils aîné de Marc-Antoine et de Marie-Antoinette de Laverne, est l'auteur de cette branche. Etant lieutenant dans le régiment de Lille, en Flandre, il fut le premier à monter à l'assaut, lors du siége de Mantoue, dans la guerre d'Italie, vers 1750.

De lui était issu Alexandre de Sambucy, baron de Miers, vicomte de Compeyre, seigneur de Montclar, Salelles, etc., vivant en 1789, qui, de Marie-Catherine de Fajole, a eu Antoine-Henri-Marie-Victor, *dit le chevalier de Sambucy-de-Miers*, officier d'infanterie, blessé à la bataille d'Eylau, lequel a épousé Marguerite-Euphrasie Le Brun de Rabot, fille de Bernard-Joseph, officier de marine, et de Claire-Euphrasie Le Gendre de Fougainville.

BRANCHE DE VENDELOVES.

François de Sambucy de Courtines, conseiller, secrétaire du roi, maison et couronne de France, de l'ancien collége en la chancellerie du Languedoc, près le parlement de Toulouse, et maire de la ville de Millau, acheta de noble Guillaume-Gabriel de Galatrave, le 27 mai 1743, la terre et seigneurie de Vendeloves *(Archives du château de Varès)*.

De cette branche, il n'existe plus que Henriette de Sambucy, mariée au vicomte d'Albignac.

COSEIGNEURIE DE LUZENÇON.

Luzençon, près de Saint-Georges, sur le Cernon, était une coseigneurie. Il y avait deux châteaux dont les vestiges sont parfaitement reconnaissables; l'un près de l'église du village, et l'autre non loin et au midi du premier, flanqué de trois tours dont les bases existent encore.

« Le premier château appartenait, dès le commencement du XIIIe siècle, à la famille de Luzençon, d'où il passa, par femmes, en 1378, dans celle de Levezou. Jean de Levezou, IIe du nom, transporta, en 1482 (Pierre Martin, notaire), sa part de la seigneurie de Luzençon, en échange de celle de Comprégnac, à nobles Jean et Amalric de Tubières, dont les descendans la vendirent, en 1612 et 1617, à François de Julien de Pégayrolles.

Le reste de la terre, dépendant en grande partie du deuxième château, avait été successivement possédée, avec des droits plus ou moins étendus, par les maisons de Prévinquières, de Sénégra, de Pélegry, de Garceval, et enfin par celle de Sambucy qui en fit l'acquisition en 1675.

Les droits des coseigneurs, dans les derniers temps, sont clairement indiqués dans plusieurs actes.

A la famille de Sambucy : 1° le droit des Prévinquières, sauf un sixième, à M. Olier, et quelques fiefs aliénés aux Pégayrolles; 2° Le droit qui avait été de Sénégra, ci-devant de Guitard, plus avant d'Arnorel, sauf quelques fiefs aux Pégayrolles ; 3° le droit qui avait appartenu aux Pélegry, sauf quelques fiefs à M. Olier.

A M. Olier : un sixième, plus quelques fiefs de la dame de Neyrac.

A M. de Tauriac : tout le droit de Garceval.

(Archives de la maison de Pégayrolles).

SORGUES.

Le plateau du Larzac est environné de vallées riantes et fertiles, vrais oasis que l'œil contemple avec ravissement du haut de ce désert aride et monotone.

Au sud, c'est la Dourbie, aux bords si pittoresques et si accidentés, qui coule vers Millau, après avoir effleuré les bords de la vallée de Nant, renommée entre toutes les autres par sa richesse végétale, son aspect gracieux et ses belles eaux (1).

A l'opposite, c'est la Sorgue qui sert de limite occidentale

---

(1) La fontaine du Durzou, la principale de ces sources, jaillit au pied du Larzac et sert à l'arrosement de toute la vallée.

aux mêmes plateaux, bordés presque partout par des corniches de rochers calcaires.

Les bords de la Sorgue, en remontant son cours, au-dessus de Saint-Affrique, présentent çà et là un grand nombre de lieux encore tous peuplés de souvenirs de l'époque féodale. Ce sont les châteaux de Vailhauzy, de La Peyre, de Montalègre, de Versols, de Saint-Félix, ancienne commanderie de l'ordre du Temple, de La Tour, de Saint-Maurice, de Montpaon, dont le monticule, couronné de ruines imposantes, domine au loin la vallée, et enfin Cornus, l'un des bourgs les plus anciens du pays. Il ne faut pas oublier Saint-Amans-de-La-Tour, petite église bysantine, aujourd'hui abandonnée.

A son extrimité, la vallée se bifurque : une branche court vers Cornus; en remontant l'autre, on arrive à la source de la Sorgue, qui jaillit du pied du Guillaumar (1) et avec une telle puissance qu'elle produit en naissant une rivière.

Ce pays est bien digne de fixer l'attention du naturaliste et du géologue. Le Guillaumar ou Saint-Xist, très-grand plateau qui forme à l'ouest comme un appendice du Larzac, dont il n'est séparé que par quelques déchiremens de terrain, offre une enceinte continue de rochers à pic qui en défendent l'entrée comme un rempart élevé dans tout son parcours ; naguère encore tout cet espace était couvert d'une antique et sombre forêt qui remontait sans doute au temps des Druides.

On y voit de curieux accidens de terrain, entre autres, près de Sorgues, parmi les rochers, une grotte qui descend obliquement à une quarantaine de mètres, et au fond de laquelle se trouvent une grande quantité d'ossemens humains incrustés dans le sol. On prétend dans le pays que c'était dans ce lieu que Pons de Lerazo précipitait les victimes de ses brigandages (2).

---

(1) La source de La Sorgue rappelle par son volume et la pureté de ses eaux celle de Vaucluse. On en voit, dans la même contrée, plusieurs autres fort remarquables ; telles sont celles de Fondamente, d'Aiguebelle, de Fons.

(2) Pons de Lerazo, qui fonda le monastère de Sylvanès en expiation de ses crimes, vivait au XIIe siècle.

Les ossemens en question, qu'on a pris au premier aspect pour des fossiles humains, ne sont que des ossemens incrustés par des sédimens calcaires, tels qu'on en voit si fréquemment dans les dépôts modernes.

En avançant sur le plateau, on rencontre un abîme profond dont l'ouverture elliptique peut avoir une trentaine de mètres dans son grand axe. Une exacte exploration de tous ces lieux ne pourrait que profiter à la science.

A quelques pas de la source de la Sorgue est situé le château du même nom.

Le château de Sorgues, siége d'un fief baronial, appartenait, en 1390, à Guion, seigneur de Saint-Beaulize, comme le prouve un hommage rendu cette année par ce seigneur, à l'évêque de Rodez, pour les lieux de Saint-Maurice, *Sorgues* et Fondamente, dans la baronnie de Montpaon *(Titres de Montpaon)*.

En 1460, Dordé de Valespassans, inscrit parmi les hommes d'armes du comté, est qualifié seigneur de Sorgues.

Pons de Clermont-Lodève, seigneur de Brusque, devint, à ce qu'il parait, seigneur de Sorgues et des Canals en 1470, car Bertrand, évêque de Rodez, lui donna, cette année, l'investiture de ces deux terres *(Idem)*.

Sorgues était passé, dès le XVIe siècle, dans la maison de Boyer.

Gabriel de Boyer, baron de Sorgues et du Clapier (1), chevalier de l'ordre du roi, eut de Gabrielle de Catuzières une fille, Claire de Boyer, qui épousa, en 1533, François de Caylus, seigneur de Colombières, en Languedoc.

Pierre de Boyer, baron et seigneur haut de Sorgues et du Clapier, vivant en 1654, avait épousé Marguerite de Saint-Etienne.

Pierre de Boyer, IIe du nom, baron de Sorgues, etc., épousa Jacqueline de Graves *(D'Aubais,* t. II, *Preuves des chevaliers de Malte,* p. 167.)

Vers l'an 1700, le chef de cette maison s'allia avec Antoinette de Caylus, sa parente, descendante de François de Caylus et de Claire de Boyer.

Charles de Boyer de Sorgues était chevalier de Malte en 1704.

---

(1) Le Clapier, près de La Bastide-des-Fonds, canton de Cornus. La famille de Boyer était du Languedoc.

La baronnie de Sorgues passa ensuite dans la maison de Maureilhan, et, en 1774, Joseph de Bonnet de Maureilhan la vendit à Auguste-Jean-Baptiste de Sambucy.

Boyer de Sorgues porte : *D'or, à trois hures de sanglier de sable, posées 2 en chef et 1 en pointe.*

Le château de Sorgues, encore habitable, appartient aujourd'hui à la famille d'Izarn de Villefort.

CLAUSEL DE COUSSERGUES.

Armes : *Parti au 1 d'azur, à un lion rampant d'argent accompagné à dextre de deux clés d'or en sautoir; au chef d'or, chargé de trois étoiles d'argent*, qui est Clausel ; *au 2 de gueules, à la tour crénelée d'argent*, qui est Rey de Salacroup.

Cette famille, qui a acquis de nos jours un grand lustre, était honorablement connue depuis plusieurs siècles à Coussergues, lieu de son origine.

Vers la fin du XVIIe siècle, Jean Clausel, par son mariage avec Catherine de Rey, héritière de sa maison, eut la terre et château de Salacroup, près de Saint-Chély, ainsi que différens fiefs à Saint-Côme.

François-Amable Clausel, fils aîné de Jean (1), marié avec Rose de Besplas, sœur de l'abbé de Besplas, prédicateur de Louis XV, acquit, en 1754, la charge de conseiller à la cour des comptes du Languedoc, et, peu d'années avant la Révolution, la seigneurie de Coussergues, qui lui fut vendue par François

---

(1) Un frère de François-Amable eut en apanage la terre de la Gratarelle et s'y établit. On l'appelait *Clausel de Gages*, parce qu'il avait acquis du roi plusieurs propriétés dépendantes de cette ancienne châtellenie. Il n'eut que deux filles.

1° Rosalie-Alexandrine, femme de Marie-André de Fajole ; 2° Rose-Simonne, qui fut mariée à Jean-François Falcon de Longevialle, de Saint-Flour, émigré et chevalier de Saint-Louis, lequel demeura à La Gratarelle et eut pour fils Augustin de Longevialle, né le 28 septembre 1810.

Le Normand d'Ayssènes, conseiller au parlement de Toulouse. Ses enfans furent :

1° Jean-François-Amable, qui suit ; 2° Claude-Hippolyte Clausel de Montal, né à Coussergues, le 5 avril 1769, chanoine honoraire d'Amiens, prédicateur ordinaire du roi, aumônier de Madame, duchesse d'Angoulême, évêque de Chartres en 1824, décédé dans les premiers jours de janvier 1857, à l'âge de 88 ans ; 3° Michel de Clausel, qui fut successivement, sous la Restauration, vicaire général d'Amiens et de Beauvais, conseiller au conseil royal de l'instruction publique (30 décembre 1822), chanoine honoraire du chapitre royal de Saint-Denis, décédé, à Paris, le 22 janvier 1835, âgé de 72 ans ; 4° Charles de Clausel, mort à la Trappe.

Jean-François-Amable-Claude de Clausel, né à Coussergues le 4 novembre 1759, chevalier de Saint-Louis, officier de la Légion-d'Honneur, commandeur de l'ordre espagnol de Charles III, ancien député, conseiller à la cour de cassation, démissionnaire en 1830, mort à Coussergues, le 7 juillet 1846, dans sa 87e année, avait épousé, au commencement de la Révolution, Dorothée-Elisabeth Cassan de Floyrac, dont il eut :

1° Claude-Charles, né le 13 septembre 1801, magistrat sous la Restauration, puis membre du conseil général de l'Aveyron, marié à Julienne Le Jeune, d'une famille de Belgique ; 2° Dorothée, femme de Denis de Moly, receveur particulier des finances ; 3° Elisa, qui épousa le comte Duplessis-Grenedan, membre de la chambre des députés, sous la Restauration ; 4° Henriette, religieuse au Sacré-Cœur à Bordeaux.

Nous allons maintenant revenir en arrière pour consacrer quelques lignes aux membres de cette famille que leurs fonctions élevées, leur beau caractère ou leurs talens placent au premier rang parmi les hommes distingués du pays.

M. CLAUSEL DE COUSSERGUES.

M. Clausel de Coussergues s'était préparé par de fortes études à la carrière de la magistrature, et il allait prendre possession d'une charge de conseiller-maître à la cour des comptes, aides et finances du Languedoc, que lui transmettait son père, lorsque la Révolution éclata.

Trop éclairé pour ne pas reconnaître que tout n'était pas également parfait dans les institutions de notre vieille monarchie, il était loin de repousser les sages et salutaires réformes que les besoins de ces temps nouveaux pouvaient exiger; mais son esprit prévoyant autant que juste comprit bientôt que ce but allait être dépassé et que l'on ne voulait pas tant réformer que tout détruire.

Aussi ne tarda-t-il pas à manifester une vive opposition aux mesures désastreuses auxquelles l'Assemblée constituante se laissa entraîner. Mais toute résistance devint inutile. Dénoncé pour l'activité de son zèle, il se vit en butte aux menaces et aux persécutions, et bientôt condamné à fuir le sol désormais inhospitalier de la patrie; il alla rejoindre sur la terre étrangère ces autres Français qui combattaient sous le vieil oriflamme. Un de ses frères l'y avait déjà précédé.

Incorporé dans la compagnie des *gentilshommes de Guienne*, il y eut pour frères d'armes plusieurs de ses compatriotes les plus distingués, parmi lesquels se faisait remarquer déjà celui à qui ses écrits devaient bientôt faire un nom européen, l'illustre auteur de la *Législation primitive*. La même tente abrita pendant toute une campagne M. de Bonald et lui, et ce fut au feu du bivouac, et en s'entretenant tristement de la patrie absente, que se forma entre eux cette union qui devait durer autant que leur vie, et que ne cessa de fomenter la communauté de principes, de sentimens et de vues.

Mais bientôt les tentes des soldats de Condé s'abattirent. M. de Clausel, qui avait fait toutes les campagnes de ces chevaleresques légions, assistant, ainsi que son frère, aux actions les plus sanglantes, parvint à rentrer en France et à gagner Paris. Caché sous le faible voile d'un nom supposé, il voulut continuer encore de défendre de sa plume la cause qu'il ne pouvait plus servir de son épée, et il publia, sous le titre de *Journal des Lois et des Faits*, une feuille quotidienne qui acquit bientôt assez d'autorité pour exciter les ombrages de la police et mériter d'être inscrite sur les tables de proscription du 18 fructidor.

Lorsque enfin la paix fut rendue aux gens de bien et la liberté à l'Eglise, M. de Clausel put donner un libre cours à son zèle. Une nouvelle génération s'élevait ignorante de la nature de l'homme et de ses premiers devoirs. M. de Clausel, secondant les efforts faits de toutes parts pour rendre à la religion et aux principes éternels de justice cet empire des esprits sans lequel il n'y a pas parmi les hommes de société possible, donna successivement de nouvelles éditions des ouvrages les plus propres à atteindre ce but. C'est à lui que l'on doit, entre autres publications qu'il serait trop long d'énumérer, l'*Abrégé du Génie du christianisme*, qu'il fit sous les yeux de son illustre auteur, et qui a tant contribué à rendre populaire cet admirable ouvrage.

Mais bientôt une nouvelle carrière s'ouvrit devant lui et offrit à sa passion du bien un plus vaste théâtre. Nommé, en 1806, par ses concitoyens, candidat au Corps législatif, il fut, bien qu'émigré et connu comme tel, élu par le Sénat, suivant les formes de ce temps-là, et à une immense majorité. Depuis cette époque jusqu'à la fin de 1827, c'est-à-dire pendant vingt-un ans, il ne cessa de faire partie de nos assemblées politiques, ayant été élu six fois consécutives par ses concitoyens : rare et insigne honneur, à une époque où les mœurs publiques avaient de la dignité et où les suffrages étaient le prix de l'estime !

M. de Clausel ne tarda pas à acquérir une grande considération parmi ses collègues. En 1810, il fut nommé secrétaire du Corps législatif, et, en 1813, il fit partie de cette minorité courageuse qui ne craignit pas d'élever la voix pour demander qu'il fût enfin donné à la patrie des institutions libres, et que le sang des enfans de la France cessât de couler par la seule ambition d'un homme. On n'a pas oublié le rapport à jamais mémorable du célèbre Lainé dans le comité secret du 29 décembre 1813. C'était le premier cri de liberté, depuis vingt ans, qu'une assemblée publique faisait entendre. M. de Clausel se joignit à ceux qui en demandèrent l'impression, et monta à la tribune pour motiver son vote. Son discours, en quelques lignes, qui n'a jamais été imprimé, mais qui existe, étonnerait bien ceux qui ont pu voir en lui un partisan aveugle du pouvoir absolu. L'impression du rapport fut ordonnée, mais l'empereur la défendit; et on se rappelle quelles paroles de colère lui arracha ce noble mouvement d'indépendance du Corps législatif.

La conduite courageuse de ce représentant, dans la courte session de 1813, avait fixé sur lui les regards et lui mérita bientôt un témoignage éminent de confiance.

Louis XVIII venait de remonter sur le trône de ses pères. Sa première pensée, en remettant les pieds sur le sol de la patrie, fut de donner une constitution à ses peuples. Déjà il en avait fixé les bases dans la déclaration de Saint-Ouen ; mais avant de publier la charte, il voulut qu'une commission, prise dans le Sénat et le Corps législatif, en scrutât toutes les parties. M. Clausel de Coussergues eut l'honneur d'être l'un des neuf commissaires choisis par le roi parmi les membres du Corps législatif, et ce fut pour lui une occasion de rendre de grands services (1).

Dans cette session de 1814, où la Charte fut promulguée et dans toutes celles qui suivirent, il y eut peu de discussions importantes auxquelles il ne prît une part active, et dans celle de 1821, nommé membre de la commission du budget, il fut assez heureux pour contribuer puissamment au dégrèvement annuel de quatorze cent mille francs que notre département obtint à cette époque, et qui, bien que ce ne fût qu'un acte de rigoureuse justice, excita si fort la jalousie et les réclamations d'une foule de départements (2).

On sait assez que ce fut son accusation contre M. Decazes qui, dans la session de 1820, renversa le pouvoir de ce ministre (3).

(1) Il n'y avait pas dans le projet de Charte, soumis à la commission, d'article relatif à la *liste civile*. M. Clausel fit réparer par l'article XXIII cette omission qui aurait eu de graves conséquences pour la couronne.

Il proposa aussi et fit adopter l'article LXI qui établit l'amovibilité des juges de paix, à l'exception du reste de la magistrature, article dont on a eu tant d'occasions depuis de reconnaître la sagesse.

(2) Il est juste de rappeler que ce dégrèvement avait été bien préparé par les travaux éclairés de M. France-Delorme, directeur des contributions directes, et par les démarches actives et intelligentes de M. de Cabrières, envoyé par le département à Paris pour cet objet.

(3) Cette accusation, provoquée par la douloureuse indignation qu'inspirait à M. Clausel, comme à l'immense majorité des Français, un si exécrable attentat, causa une stupéfaction profonde plus qu'elle ne porta la conviction dans les esprits. Les hommes sérieux la regardèrent comme un coup hardi porté à la puissance d'un ministre dont la marche équivoque compromettait les intérêts de la monarchie et dont on voulait se débarrasser à tout prix. Les plus prévenus même ne purent croire, sans un plus ample informé, que M. Decazes, favori du monarque, comblé de grâces royales, se fût porté à cette horrible extrémité. Il y a loin, en effet, d'un homme qui suit une fausse route à un infâme scélérat. Or, l'instruction ne fit jaillir aucun trait de lumière. La chambre repoussa l'accusation; mais le coup avait porté, et le ministre fut renversé. Et qu'on ne croie pas qu'en nous exprimant ainsi nous cédions à un sentiment de complaisance pour M. Decazes. La vérité seule nous inspire, car nous sommes de ceux qui ont toujours considéré son entrée aux affaires et sa haute faveur comme un des faits les plus déplorables du règne de Louis XVIII.

Les événemens de 1830 affligèrent profondément M. de Clausel, mais ne le surprirent pas. Vieux soldat de la monarchie, pour laquelle il avait tant combattu, il ne s'était pas aveuglé, un seul jour, sur les dangers qui la menaçaient. Il connaissait le nombre de ses ennemis et leur audace, et, sentinelle vigilante, sa voix avait plus d'une fois fait retentir le cri d'alarme. Comme tant d'autres, elle fut impuissante ; mais après la chute même du trône, il ne se crut pas encore dégagé de tout devoir envers lui.

Appelé à son insu, lors de la réorganisation des cours d'appel, vers 1810, à faire partie de celle de Montpellier (ce qu'il avait dû au souvenir bienveillant de l'archichancelier Cambacérès, autrefois collègue de son père à la cour des aides), M. de Clausel avait été, en 1815, et après avoir refusé la première présidence d'une cour royale, nommé conseiller à la cour de cassation par Louis XVIII, qui, se souvenant du service rendu à la royauté dans la commission de la charte, écrivit son nom, de sa propre main, sur la liste des nouveaux membres de la cour. C'est dans cette position que le trouva la catastrophe de 1830.

Un nouveau serment fût alors demandé aux magistrats; ce serment n'avait rien de contraire à la conscience ; M. de Clausel le jugea ainsi, et non-seulement il ne blâma aucun de ceux qui le prêtèrent, mais il engagea même plusieurs magistrats, qui lui avaient soumis leurs scrupules, à surmonter leurs répugnances et à ne pas déserter un poste où ils pourraient encore être utiles à la société. Pour lui, il crut que la position qu'il avait prise, dès les premiers jours de la Restauration, lui imposait des devoirs particuliers, et en renonçant au rang élevé qu'il occupait dans la magistrature, il voulut donner à la monarchie, qu'il avait si fidèlement servie, un nouveau et dernier gage de son dévouement.

Bien que rentré dans la vie privée et déjà avancé en âge, il ne pouvait rester indifférent aux affaires publiques qui sont, après tout, les nôtres à chacun, et il publia, dans les premiers temps qui suivirent 1830, plusieurs écrits sur les grandes questions du jour, notamment pour engager ses amis politiques à se rendre fidèlement aux élections (1).

Enfin, après avoir passé quelques années encore à Paris, où

---

(1) *Du Serment politique depuis 1789 jusqu'en 1830*, Paris, 1834.

s'était écoulée sa vie presque entière et où le retenaient de vieilles et nombreuses amitiés, il se retira dans la maison de ses pères pour y recueillir ses pensées et mettre, comme il le disait lui-même, *quelque intervalle entre la vie et la mort.* C'est là qu'il a passé ses dernières années, répandant autour de lui le double bienfait des bons exemples et des bonnes œuvres, et qu'il a terminé sa vie si pleine et toujours si égale, pleuré des siens, vénéré et regretté de tous (1).

M. Clausel de Coussergues était un homme d'une instruction profonde : indépendamment de ses écrits politiques (2), qui empruntèrent surtout leur intérêt aux circonstances qui les avaient inspirés et dans lesquels se retrouve toujours la fermeté de ses principes et la sagesse de son jugement, il laisse deux ouvrages importans : l'un sur le *Sacre des rois de France*, qui renferme les recherches les plus curieuses sur les institutions de la monarchie; l'autre, sur la *Charte de 1814*, à la rédaction de laquelle il avait concouru, traité complet de droit public et qui est demeuré le meilleur commentaire de notre loi fondamentale. Ses connaissances en histoire étaient immenses; il en avait exploré tous les monumens, et telle était son érudition en ce genre, qu'à peine se trouvait-il un fait de quelque importance dans l'histoire des nations modernes, surtout dans celle de notre France, dont il ne pût préciser, à l'instant même, la date et les détails. Aussi ses amis et les plus illustres avaient-ils l'habitude de le consulter comme une sorte de bibliothèque vivante.

Nous venons de parler de ses amis; ils furent nombreux, et il eut le bonheur de compter parmi eux une foule d'hommes éminens en tout genre, parmi lesquels il nous suffira de nommer : dans l'Eglise, M. de Boulogne, M. Emery, M. le cardinal de Beausset; nous n'avons pas besoin d'ajouter le vénérable évêque d'Hermopolis, auquel il tenait de plus par les liens du

---

(1) C'est au château de Coussergues que ce vieillard vénérable a rendu son âme à Dieu, le 7 juillet 1846, âgé de 87 ans, dans les sentimens de piété fervente qu'il avait toujours professés pendant le cours de sa longue vie.

(2) *Projet d'accusation contre M. Decazes; Itinéraire de Bonaparte à l'île d'Elbe et à l'île Sainte-Hélène; les Bourbons Martyrs; les Missionnaires de 93; le Génie de la Révolution*, etc.; *de la Succession au trône d'Espagne et de la Convocation des Cortès*, Paris, 1833, etc., etc.

sang; dans les lettres, M. de Fontanes, M. Joubert; dans la magistrature, l'illustre défenseur de Louis XVI, enfin, le grand écrivain (Châteaubriant) qui a jeté tant d'éclat sur son siècle et dont l'amitié fidèle a fait, pendant quarante ans, le charme de sa vie.

E. de B.

L'ÉVÊQUE DE CHARTRES.

Claude-Hippolyte de Clausel était le plus jeune de quatre frères. Il venait de terminer avec succès sa rhétorique à Rodez, sous la direction de l'abbé Girard, quand, un matin, l'on vit partir du vieux manoir de Coussergues deux jeunes cavaliers qui, après avoir reçu la bénédiction et l'embrassement de leurs parens, se mirent en marche et chevauchèrent à travers les montagnes jusqu'à Clermont d'où ils arrivèrent, après un long voyage, à Paris.

Le plus jeune de ces deux voyageurs avait treize ans, et c'était Hippolyte de Clausel; l'autre en avait dix-sept, il se nommait Denis Frayssinous.

Là, tous deux achevèrent cette éducation littéraire dont nous devions recueillir les fruits. Hippolyte y puisa une connaissance approfondie de notre langue nationale qui devait le compter plus tard parmi ses plus purs et ses meilleurs écrivains.

L'éducation théologique du jeune candidat au sacerdoce, commencée depuis quelques années, fut interrompue par les premiers excès révolutionnaires.

Déguisé sous le vêtement d'emprunt d'un de ses condisciples, il avait regagné sa province, mais ce fut pour en revenir bientôt. Hippolyte Clausel avait résolu d'être prêtre, et c'était une de ces natures chez qui l'obstacle ne faisait qu'affermir la résolution. Il entra dans les ordres sacrés au plus fort de la tempête; puis, il retourna s'abriter au sein de ses montagnes d'où il vit passer devant lui toute la série des crimes et des malheurs de notre patrie, séparé d'une partie des siens qui avaient émigré, et quelque temps incarcéré lui-même.

Pour utiliser cette vie de retraite et d'obscurité prolongée, il se réfugia dans l'étude de la science ecclésiastique et des principaux monumens de l'histoire; en un mot, il fit alors cette rare provision de savoir étendu et varié que sa tardive apparition sur la scène des événemens devait un jour mettre en lumière.

Fidèle aux leçons de sa mère, femme d'une haute distinction, il marcha toujours d'un pas ferme et assuré dans le sentier de la foi et de la vertu, et il conçut de bonne heure cet esprit de religion vraie et sincère qu'il a toujours tant aimé à reconnaître et à louer dans les autres.

Ce fut en 1803 que commencèrent, dans l'église Saint-Sulpice de Paris et se continuèrent jusqu'à 1809, ces conférences religieuses qui devaient valoir à M. l'abbé Frayssinous, leur auteur, une si éclatante et si juste renommée. Vers le même temps, l'abbé Clausel de Montals, dans quelques-uns de ces voyages qui le ramenaient de temps à autre au pays natal, prononçait, dans l'église cathédrale de Rodez, des discours du même genre, qui ont eu moins de retentissement, mais où se révélaient une profonde connaissance de la science chrétienne et un talent qui firent prévoir dès-lors à tous les hommes éclairés la hauteur à laquelle atteindrait un jour le jeune diacre, encore inconnu, qui faisait de tels débuts.

Toute sa vie et longtemps avant son élévation à l'épiscopat, il avait sans cesse devant les yeux les intérêts de Dieu. C'était sa préoccupation constante dans l'observation des événemens qui se succédaient. Les mollesses et les transactions, en ce qui touche à la cause divine, étaient pour lui une cause d'affliction profonde, aussi les retours politiques qui semblaient devoir lui apporter le plus de joie, lui inspirèrent-ils de sinistres pressentimens. Il comprit que si la colonne était relevée, elle n'était pas replacée ; et il répéta plus d'une fois que la bacchante révolutionnaire n'avait fait que changer d'habit. Il eût voulu faire prévaloir auprès des hommes d'Etat la maxime de Jésus-Christ : « Cherchez premièrement le règne de Dieu, et tout le reste vous sera donné par surcroît. » Mais la politique humaine persistait à chercher le salut ailleurs que dans l'Evangile.

Un jour qu'il cheminait, triste et rêveur, dans les rues de Paris (c'était vers les premiers temps de la Restauration), une main lui frappa sur l'épaule et une voix lui dit : « Mon ami, que les vrais chrétiens sont rares en ce monde ! » Il se retourne ; c'était le vicomte de Bonald : et les deux amis s'embrassèrent, parce que la parole inattendue de l'un répondait à la préoccupation actuelle de l'autre.

Cependant, l'abbé Clausel de Montals avait acquis déjà un nom dans le monde et dans l'Eglise. Outre diverses autres publications, il avait fait un livre dont le titre seul renferme une grande pensée : *la Religion chrétienne prouvée par la Révolution française.* Il avait prêché avec succès à la cour et dans la ville, et il était devenu aumônier de l'auguste fille de Louis XVI, dont le nom n'a jamais été prononcé devant lui sans provoquer des marques visibles de son émotion. Enfin, l'ami de son enfance, le compagnon de son premier voyage à Paris, était devenu l'évêque d'Hermopolis, le ministre des affaires ecclésiastiques. Voici qu'il est nommé par lui à l'épiscopat (1) et destiné par la Providence à l'antique siége de Chartres, sur lequel il déploiera ce noble et grand caractère qui le placera à la hauteur de ses plus illustres devanciers.

Dans son administration comme dans son caractère, ce fut la force qui excella. Spectateur désolé des inconvéniens d'un pouvoir faible et hésitant dans l'ordre temporel, il apporta au maniement des affaires ecclésiastiques cette promptitude de détermination, cette énergie d'exécution dont il avait étudié les maximes et les modèles dans trois grands hommes d'Etat : les cardinaux Ximénès, d'Ossat et Richelieu, ses oracles en matière de gouvernement public. Il savait qu'en toute chose l'excès doit être évité; mais il était convaincu que la vigueur entraîne moins de maux que la faiblesse, et il se souvenait que Bossuet a recommandé avant tout aux princes de gouverner hardiment.

La Providence permit que notre pontife descendit d'abord dans l'arène sous un gouvernement qui possédait toutes ses affections. Elle voulait par là mettre à l'abri de tout soupçon et de tout reproche d'opposition politique la longue lutte qu'il devait continuer sous un autre régime. Il savait, d'ailleurs, comme notre Hilaire, qu'il n'est pas permis aux évêques de conniver aux fautes, même des meilleurs princes, et que toute faiblesse dans la cause de la vérité est à la fois un crime envers Dieu et envers le prince lui-même.

Il n'en fut pas ainsi. L'évêque de Chartres devint presque un embarras aux yeux d'un pouvoir qui espérait tout sauver par les concessions et les atermoiemens. Sa voix prophétisa de prochaines ruines; mais quand elles se firent, nul ne les arrosa de plus de larmes que lui.

La lutte se ranima plus tard, d'autant plus vive que l'impiété

---

(1) M. Clausel de Montals, nommé évêque de Chartres par ordonnance royale du 26 avril 1824, fut sacré le 22 août suivant.

était devenue plus audacieuse. La première lettre du pontife, alors plus que septuagénaire, est datée du 4 mars 1841. L'infatigable vieillard signait son quarantième écrit à la fin de 1850. Et durant cet intervalle de dix ans, quel déploiement d'énergie, d'érudition, de style, de savoir! quels tours variés d'élocution! quelles ressources étonnantes de polémique! Pour trouver rien de semblable dans les annales de la tradition ecclésiastique, il faut remonter à ce pape octogénaire et nonagénaire, Grégoire IX, dont les écrits nous offrent toute la fraîcheur et le parfum de ces fleurs qu'on voit s'épanouir sous la neige des hivers.

Mais ne pécha-t-il pas au moins par la forme? — On le lui a dit et il y a bien répondu à diverses reprises. — Dans un de ces mémorables entretiens de Dreux, où le vieux évêque et le vieux roi usaient d'une liberté réciproque, celui-ci ayant entendu un pathétique exposé des dangers que la mauvaise éducation d'alors faisait courir à la société, n'avait pas craint de dire au préfet de la province : « L'évêque a raison pour le fond, malheureusement il est trop vif dans la forme. » A quoi l'évêque de répliquer aussitôt : « Sire, je suis heureux d'emporter l'assentiment de Votre Majesté; je dis l'assentiment complet, car dans les questions capitales d'où dépend le salut de la religion et des empires, tout gît dans le fond et la forme n'est rien. C'est un détail sur lequel les adversaires se réservent toujours d'incidenter. Ni les ennemis de Votre Majesté, ni ceux de la religion ne nous donneront jamais raison dans la forme sur les points où ils ont résolu de nous contester le fond. »

La France est le pays de la bravoure et de la franchise. Aussi, les adversaires même du pontife ont-ils plus d'une fois rendu justice à la loyauté de ses attaques, à la droiture de son caractère, à la pureté de ses intentions. En vrai gentilhomme français, il ne s'adressait pas au faible, il allait droit au fort. Voulant attaquer l'impérieuse dominatrice de ce siècle, la *presse*, il se mesura du premier coup avec le colosse de la publicité politique et littéraire; le pontife ne croyait pas que les combats religieux dussent être engagés à huis-clos et se terminer à des correspondances et à des négociations enterrées dans les archives des ministères et des évêchés, ou dans les tiroirs des écrivains et dans les collections d'autographes des curieux. Ces feux croisés d'écritures secrètes lui semblaient en pure perte. Il n'avait du goût que pour les batailles à ciel ouvert et en pleine campagne. Et quoiqu'il ne fût pas dépourvu de compassion pour ces multitudes d'esprits forts ou d'esprits faibles, qui crient à tout propos au scandale et qui se montrent volontiers plus indulgents aux détracteurs de la religion qu'à ses défenseurs, il n'en tenait aucun compte. « Si les apôtres et les saints docteurs avaient suivi le système recommandé par les sages de ce temps, disait-il, le monde serait encore aujourd'hui païen ou arien. » A ses yeux, la publicité de la défense était commandée par la publicité de l'agression, et le retentissement ne l'effrayait pas. L'histoire lui avait appris que les discussions, même d'évêques à évêques, quand ils diffèrent de vues concernant les grands intérêts de la cause divine, sont un indice de la vitalité de la religion en même temps que du zèle et de la conviction de ses ministres. Il n'hésitait donc pas à contredire publiquement ses meilleurs amis, parce qu'il plaçait la vérité, ou ce qu'il croyait l'être, au-dessus de toutes ses affections humaines. Mais la paix de Jésus-Christ triomphait toujours alors dans son cœur comme dans celui de ses illustres adversaires. On peut dire que, sous ce rapport, notre siècle a eu ses grands jours qui rappellent les plus beaux âges de l'Eglise.

Du reste, ce généreux athlète, toujours attentif aux choses importantes, ne se passionnait jamais pour les petites choses. Les hommes publics qui, sous tous les régimes, ont pris part à l'administration des divers intérêts de la province dont il avait la conduite spirituelle, peuvent dire si jamais il leur suscita l'ombre d'une difficulté. Le pontife était guerrier, il n'était pas tracassier. « Je n'aime pas la guerre à coups d'épingle, disait-il un jour ; quand il faut la faire, je tâche de la faire à coups de canon. » De telles allures se feront toujours apprécier en France.

Partout où il se trouvait, bientôt il n'y avait plus d'oreilles que pour lui : hommes du monde, magistrats, jeunes officiers, tous s'approchaient du vieillard, et le salon le plus élégamment occupé ne tardait pas à se concentrer tout entier autour de sa personne. Sa verve était inépuisable ; il avait dans l'âme un fonds intarissable de gaîté. C'est que les passions qui engendrent la tristesse n'avaient jamais effleuré cette âme. L'argent, il le méprisait avec la générosité d'un chrétien et d'un grand seigneur. Et dès qu'il en apercevait devant lui un peu plus qu'il n'en fallait pour suffire à ses besoins de quelques mois et aux besoins d'une hospitalité toujours honorable, il se hâtait de le distribuer en œuvres de religion et de charité. L'ambition, il n'en avait qu'une, celle de rester ce qu'il était. Il refusa les distinctions honorifiques que les gouvernemens successifs lui offrirent à plusieurs reprises. Sans blâmer personne et surtout sans attribuer à certaines choses une gravité qu'elles n'ont pas, il croyait cependant qu'un évêque en ce siècle n'est jamais plus apte à rendre des services à la religion et à la société que quand il est seulement évêque.

Ceux qui ne l'avaient connu qu'à distance, ceux qui ne l'avaient aperçu qu'à travers le prisme de sa grande renommée, ne pouvaient assez exprimer leur étonnement de sa merveilleuse condescendance, de la facilité de ses rapports, de la simplicité de ses habitudes, de l'indulgence excessive de son cœur. Il avait de ces attentions, de ces prévenances, il adressait de ces questions qui dénotent un intérêt profond et sincère. Notre pontife eut des amis, de vrais et fidèles amis, et parmi ceux qu'il honora de ce nom et auxquels il a donné des marques éclatantes de son affection et de son dévoûment, il s'en est trouvé qui n'appartenaient pas à la croyance catholique. Plus d'une fois il gagna à Dieu, par la réserve et la sobriété de ses entretiens en matière religieuse, des hommes considérables, plus touchés de la délicatesse de ce silence qu'ils ne l'eussent été de la prédication la plus éloquente.

Cette notice serait incomplète si nous n'insistions sur ce qui, dans la vie militante de ce courageux prélat, a été son plus beau titre de gloire. Nous voulons parler de sa longue lutte pour la liberté d'enseignement.

C'est là, dit un de ses biographes (1), que la génération actuelle l'a vu debout pendant vingt ans, déployant une énergie que rien ne put dompter.

Il s'agissait de liberté de conscience ; il s'agissait de l'éducation de la jeunesse française et, par conséquent, du sort du catholicisme en France ; c'est assez dire combien ce cœur de pontife dut s'émouvoir, combien son âme, si fortement trempée, dut se raidir contre les efforts d'un monopole qui disposait de tout en souverain.

La direction des études appartient à l'Etat, disait l'*Université*, et l'Etat, c'est nous, pouvait-elle ajouter avec plus d'or-

---

(1) Ce qui précède a été extrait en grande partie du panégyrique prononcé, à Chartres, le jour de ses funérailles. Ce qui suit est emprunté à une notice publiée, à Rodez, dans l'*Echo de l'Aveyron*, par M. Eugène de Barrau.

gueil que Louis XIV. — L'Etat, qui atteint la propriété par l'impôt et les personnes par la conscription, peut, au même titre, s'emparer de l'éducation des enfans par son université; et, chose singulière, à l'appui de cette doctrine qui faisait peser le pouvoir sur l'âme des enfans, au mépris des droits primordiaux du père de famille, et consommait ainsi la ruine de la liberté dans ce qu'elle a de plus saint, l'on vit une foule de théoriciens libéraux apporter leur concours. Leurs plus adroits dialecticiens s'épuisaient en subtilités pour emporter ces derniers retranchemens des libertés privées, et, forts de leur nombre, forts de leur puissante organisation, railleurs et triomphants, ils osaient accuser ceux qu'ils opprimaient de vouloir se faire oppresseurs.

Dans cette mêlée, ce fut notre saint évêque qui reçut de la Providence la mission de défendre la vérité. On entendit toujours sa voix dominant les clameurs; on vit son bras écartant les voiles épais sous lesquels on s'efforçait de faire disparaître le drapeau du droit et de la liberté. Ce fut lui qui, toujours sur la brèche, soutint jusqu'au bout le courage des siens.

Déjà plus qu'octogénaire, cette lutte de vingt ans n'avait épuisé ni ses forces, ni son courage, et sa polémique pleine de verve faisait encore sentir le feu de sa jeunesse, tandis que sa ferme logique attestait toute sa virilité. Nourri à l'école des grands modèles et de cette pure littérature du grand siècle, il faisait revivre dans ses lettres et ses mandemens le souvenir des grands écrivains du siècle de Louis XIV.

Presque privé de la vue, la lucidité de son esprit semblait en devenir plus vive, et, replié sur lui-même, plus absorbé dans ses méditations, les ténèbres physiques faisaient mieux jaillir en lui les lumières de l'intelligence. Oui, dans notre âge, si vain de ses progrès et de son indépendance, ce fut encore, comme à l'origine, aux évêques que la France dut de reconquérir la plus précieuse de ses libertés, et, parmi eux, le premier rang appartient à notre octogénaire dans sa cécité.

C'est à lui que doit revenir, dans cette œuvre, la meilleure part de la reconnaissance de toutes les générations qui goûteront le fruit de cette liberté, perdue, comme bien d'autres, dans le désordre de nos révolutions.

Comme O'Connell, en Irlande, épuisant sa vie à reconquérir les droits foulés de ses frères, l'évêque de Chartres fit en France, pour une liberté particulière, mais infiniment précieuse, ce que le grand agitateur pacifique d'outre-mer fit pour l'affranchissement de sa malheureuse patrie.

En récompense de tant de zèle, Dieu lui accorda de jouir, avant la fin de sa carrière, d'un commencement de réparation qui lui montra les confins de la terre promise, s'il ne lui fut pas permis d'y établir entièrement sa tente.

Tel est l'homme que l'Aveyron a compté au nombre de ses enfans et dont la province peut à si bon droit être fière.

Comment devant cette forte vieillesse, devant cette mâle vertu et ce pur talent ne pas sentir le besoin de s'incliner? Saluons du moins, si nous ne pouvons les imiter, ces grands caractères qui semblent se perdre. Le pays qui cesserait d'honorer de si beaux titres, serait bien avancé dans les voies de la décadence !

Parmi les nombreux et remarquables écrits de Mgr l'évêque de Chartres, nous citerons :

1° *Réclamation en faveur de l'Eglise*, Paris, 1817, in-12.

2° *La Religion prouvée par la Révolution française*, Paris, 1817, in-18.

3° *Questions sur les dernières éditions de Voltaire et de Rousseau*, Paris, 1817, in-12.

4° *Le Concordat justifié*, Paris, 1818, in-18.

5° *Eclaircissements sur quelques objections touchant le Concordat*, Paris, 1818, in-8°.

6° *Réponse aux quatre Concordats de M. de Pradt*, Paris, 1819, in-8°.

7° *Réflexions diverses sur les écrits de M. de Lamennais*, Paris, 1826, in-8°.

8° *Lettre de l'évêque de Chartres à un de ses diocésains*, Paris, 1826, in-8°.

9° *Lettre de l'évêque de Chartres au sujet du mandement de M. de Bonald contre quelques écrits de M. Dupin*, 1845.

10° *Lettre de l'évêque de Chartres sur les philosophes*, 1846.

11° *Coup-d'œil sur la constitution de l'Eglise catholique et sur l'état présent de cette religion dans notre France*, 1854.

12° *Lettre pastorale sur la gloire et les lumières qui ont distingué jusqu'à nos jours l'Eglise de France et sur les périls intérieurs dont elle semble aujourd'hui menacée*, 1850.

CHARLES DE CLAUSEL,

Moine de la Trappe.

Charles de Clausel, né en 1765, avait gaspillé dans la dissipation et le plaisir les premières années de sa vie, lorsque la Révolution vint ébranler la société et ramener son esprit à des idées plus graves. Il quitta la France au moment où le sol tremblait déjà sous ses pas, passa en Allemagne et servit avec honneur sous les drapeaux du prince de Condé. Puis, par un retour soudain, renonçant au monde, il se retira au monastère de la Trappe de Sainte-Suzanne, en Espagne, où il fut reçu comme *convers*, sous le nom de frère *Jean Climaque*, le premier lundi du carême de 1799. Charles de Clausel y mourut en 1802, âgé de 37 ans 9 mois, après avoir prononcé ses vœux. Pendant son noviciat, il écrivit plusieurs lettres à ses frères et à ses amis. M. de Châteaubriand les a publiées dans son *Génie du christianisme*. « Dans ces feuilles écrites sans art, dit l'illustre écrivain, il règne souvent une grande élévation de sentimens et toujours une naïveté d'autant plus précieuse qu'elle appartient au génie français et qu'elle se perd de plus en plus parmi nous. »

Dans une lettre à son frère il disait :

« S'il reste quelque chose, je désire qu'on fasse bâtir une chapelle, dédiée à Notre-Dame des Sept-Douleurs, dans l'arrondissement de la maison paternelle, selon le projet que nous en fîmes sur la route de Munich, pendant notre émigration. »

Et son frère aîné érigea ce monument, où il a été lui-même inhumé et où on lit son épitaphe. Son autre frère, l'évêque de Chartres, vint le dédier à la reine des cieux. Peu de temps après, M. de Châteaubriand écrivant à l'honorable député, lui disait : « Ah ! si je pouvais du moins aller vous voir et vous embrasser dans vos montagnes, avec quelle ardeur et quelle foi je prierais dans la sainte chapelle du Trappiste ! »

Ce petit monument de style ogival s'élève dans un site pittoresque près de Coussergues. Il est orné d'un rétable de même goût qui couronne un autel en marbre, d'un beau tableau représentant la descente de la croix et de vitraux coloriés. Une source limpide coule sur le devant du parvis et son murmure interrompt seul le silence profond qui règne habituellement en ce lieu où tout dispose l'âme à de saintes émotions.

REY DE SALACROUS.

Armes : *De gueules, à la tour crénelée d'argent.*

Arnaud Rey, de Saint-Côme, le plus ancien membre connu, était notaire de la baronnie en 1315.

Ses descendans y exercèrent longtemps la même profession, entre autres, Durand Rey, seigneur de Salacrous, qui instrumentait, à Saint-Côme, en 1380 et 1414.

Antoine Rey-Dordé fit construire, en 1556, le château de Salacrous, ou *maison haute, à quatre murailles, avec carnelz de fortaresse, en forme de château de seigneur haut.* Le châtelain de Salgues prit ombrage de cette construction, prétendant que le terrain de *Solacrop* était compris dans son fief. Le sénéchal fut saisi de l'affaire; mais le procès finit par un accommodement, grâce à l'intervention de l'évêque de Saint-Pons (de Fleyres), qui obtint, pour Antoine Rey-Dordé, l'autorisation de continuer son ouvrage.

Le fils de celui-ci, Antoine Rey-Dordé, IIe du nom, eut de sa femme, noble Isabeau de Fleyres :

1° Bernardin; 2° Antoine, sieur del Bosquet, qui fut tué en duel, le 7 juin 1626, par le fils du seigneur de La Boissonnade; 3° Pierre, sieur de Sarnhac; 4° Gabrielle, femme du sieur de la Clastre, de Saint-Pons-de-Thomières; 5° Marceline, mariée au sieur d'Espaliac.

Bernardin, l'aîné, épousa noble Claude de Retz de Bressoles, dont il eut, entre autres enfans, Jean-Claude, qui épousa dans l'église de Perse, le 22 juillet 1669, Marguerite de Benoît, veuve d'Antoine Ayral-Galdon, bourgeois d'Espalion.

Jean-Claude fut recherché dans sa noblesse, par Nicolas Catel, en 1668, et, à ce qu'il paraît, maintenu, comme il conste d'après un rôle de ladite année.

Jacques de Benoit, sieur de Rives, mari d'Isabeau de Rey, était seigneur de Salacrous en 1683, et mourut sans enfans en 1703.

Jean Clausel de Coussergues, vers la fin du xviie siècle, épousa Catherine de Rey, qui devint héritière de sa maison.

Cette terre passa dans la famille de Méric de Vivens quelques années avant la Révolution.

(Extrait de l'Histoire de l'arrondissement d'Espalion, t. Ier, p. 267).

BELMON DE MALCOR.

Ancienne famille du Mur-de-Barrez, à laquelle appartenait Jacques Belmon, sieur de Malcor, qui fut capitoul de Toulouse en 1760.

A l'époque de la Révolution, cette famille se composait de deux frères et une sœur :

1° Jérôme de Belmon de Malcor, baron de Roussy et Condat, conseiller au parlement de Toulouse ; 2° Firmin de Belmon, *dit Valaissac*, qui émigra en Espagne et fut officier dans les gardes Valonnes ; 3° Philiberte de Belmon de Malcor, qui, en 1789, était veuve de N..... de Monteil de Signalac.

JÉRÔME BELMON DE MALCOR.

Le baron de Malcor, conseiller au parlement de Toulouse en 1770, s'acquit dans cette compagnie toute la considération que méritaient ses talens et ses nobles qualités. Il rédigea les remontrances du parlement à l'occasion des édits Bursaux, sous le ministère de M. de Brienne. M. de Malcor cultivait les lettres avec succès et son nom figura parmi les plus distingués de l'Académie des jeux floraux. Lorsque les jours mauvais furent venus et que la monarchie française tombait sous les coups des novateurs, le magistrat fidèle n'hésita pas à quitter la France pour rejoindre la bannière des princes, et il devint soldat dans l'armée de Condé. Sa faible santé ne lui permit pas de continuer longtemps cette pénible carrière ; il parcourut alors l'Allemagne pour chercher des appuis à la cause que son bras ne pouvait plus défendre. Le duc de Wurtemberg l'accueillit et le nomma son ministre plénipotentiaire à la cour de Londres. M. de Malcor occupa longtemps ce poste honorable ; puis, quand les événemens politiques firent cesser les relations des deux Etats, il rentra dans la vie privée et demeura en Angleterre pour y partager l'exil des Bourbons.

Appelé souvent aux conseils d'Hartwel, il fut un des agens les plus actifs de Louis XVIII, et ne revint dans sa patrie que sur le même vaisseau qui ramenait en France ses légitimes souverains.

A Saint-Ouen, il reçut l'honorable mission d'aller porter au duc d'Angoulême les premiers ordres du monarque rétabli.

Appelé au conseil d'Etat, il fut encore obligé de sortir avec son roi après le retour de Bonaparte; il reprit ensuite ses fonctions auxquelles il apporta toujours l'aptitude d'un homme intelligent et l'expérience éprouvée d'un homme d'Etat.

Retiré des affaires en 1819, il emporta dans sa retraite les témoignages non équivoques de l'affection que ne cessait de lui porter le roi, et a fini paisiblement ses jours, en 1825, au Mur-de-Barrez, sa patrie, à l'âge de 77 ans.

DE MOLY,

Seigneurs des Ondes, de Cadayrac, de Maleville, de Billorgues, etc.

ARMES : *D'azur, à trois meules de moulin d'or posées 2 et 1, au chef cousu de gueules, chargé de trois étoiles d'or.*

Cette famille qui habita longtemps le lieu de Ceignac, près de Rodez, et donna des magistrats au présidial et des officiers aux armées du roi, s'était divisée, dans les derniers temps, en deux branches, dont l'une fit l'acquisition des terres des Ondes, de Cadayrac, de Maleville, et l'autre, du château de Billorgues, près de Montdalazac.

I. JEAN-FRANÇOIS DE MOLY, conseiller au présidial de Rodez, épousa, le 16 juillet 1675, Anne de Barrau. Il en eut :

1° ANTOINE, ci-après; 2° JEAN-FRANÇOIS, sieur de Peyrignac, qui servit dans les mousquetaires; 3° PAUL, sieur de St-Amans, commandant, en 1742, la forteresse de Pietra-Santa, en Toscane; 4° ANTOINE, qui fut officier d'infanterie, et mourut, en 1741, dans sa maison de Rodez, qui avait appartenu au comte d'Estaing (1); 5° JEANNE DE MOLY, femme de François de Jouéry, qui mourut, le 29 avril 1706, sans enfans.

(1) C'était, à ce qu'on croit, la maison située dans la rue de l'Embergue, qui a été vendue par la famille Portier au sieur Ratery.

II. ANTOINE DE MOLY, conseiller du roi, trésorier-général de France au bureau des finances de Montauban, reçut, en cette qualité, des lettres d'ennoblissement, datées du 17 mai 1715. Il acquit, de M. de Tullier, la terre des Ondes (château mineur de Salles), au commencement du XVIIIe siècle, et décéda en 1739, laissant de Marguerite de Calviac, sa femme, Paul-Joseph, qui suit :

III. PAUL-JOSEPH DE MOLY, seigneur des Ondes, succéda à la charge de son père, fut seigneur engagiste de Salles-Comtaux, acheta les terres de Cadayrac et de Maleville, et fut père d'Antoine-Joseph, ci-après :

IV. ANTOINE-JOSEPH DE MOLY-MALEVILLE, trésorier de France, seigneur des Ondes, de Maleville, de Cadayrac, acquit, vers 1789, la terre de Privezac, dont il habitait le château, lorsqu'il fut pillé et brûlé par les paysans soulevés, le 1er avril 1792, et d'où il n'échappa, ainsi que sa femme, qu'à travers mille périls. M. de Maleville émigra (1), et, après sa rentrée, il se retira à Montauban où il vivait encore en 1818, pourvu d'un emploi. Il avait épousé Marguerite de Vernhes, dont il eut :

N. DE MOLY, officier du génie, mort en Allemagne, et deux filles, dont l'une se fit sœur de la Charité, et l'autre épousa M. Castan de Bages, dans le département de la Haute-Garonne.

PRIVEZAC.

L'ancienne terre baroniale de Privezac, qui avait appartenu au XIIIe siècle aux maisons de Balaguier et de Cardaillac-Varaire, puis successivement à celles de Lévi, de Pestels et de Tubières, comtes de Caylus, fut vendue, le 13 juillet 1771, devant Perron, notaire, au prix de 200,000 livres, par Achille-Joseph Robert, marquis de Liguerac (2), héritier des biens, nom et armes de la

---

(1) Sa radiation de la liste eut lieu le 15 prairial an XI.
(2) Père du premier duc de Caylus.

famille de Tubières-Caylus, à M. Brunet, qui vint l'habiter au mois de mai 1774, et prit dès-lors le nom de Privezac que ses descendans portent encore aujourd'hui.

M. Brunet revendit Privezac peu de temps avant la Révolution (vers 1789), à M. de Moly-Maleville, qui en était possesseur, lorsque le château fut dévasté par les révolutionnaires, le 1er avril 1792. La fortune de celui-ci ayant reçu de graves atteintes par suite de ce désastre et des autres événemens de l'époque, il se vit dans la dure nécessité de délaisser cette propriété et de la rendre à M. Brunet, qui la vendit, quelque temps après, à un marchand de biens, et se retira lui-même à Moulins avec sa famille.

Les Brunet étaient originaires de Conques. Un membre de cette famillle épousa, vers 1740, Antoinette de Morlhon de Luc. De ce mariage vint Marie-Jacques Brunet, dont il vient d'être question, qui se maria, à Paris, avec Marie-Françoise Latizeau, femme distinguée par son mérite et possédant une belle fortune. Il en eut plusieurs enfans :

1° N..... Brunet de Paliers, se qualifiant baron de Privezac, maréchal-des-logis des gardes-du-corps sous la Restauration, chevalier de la Légion-d'Honneur, père d'une fille mariée au vicomte de La Taille des Essarts ; 2° Antoine-Nicolas Brunet, chevalier de Privezac, qui était directeur des contributions directes de la Mayenne en 1825, marié à N..... des Perriers de Fresnes, décédé à Moulins, le 9 juillet 1858, sans enfans, âgé de 83 ans ; 3° N..... Brunet, capitaine de chasseurs, chevalier de la Légion-d'Honneur, mort à l'armée sous le premier empire ; 4° N..... Brunet, lieutenant de chasseurs, mort idem ; 5° Auguste Brunet de Privezac, procureur du roi, démissionnaire en 1830, puis avocat à la cour d'appel de Paris, conseil et avocat de la *Gazette de France* jusqu'à la mort de M. de Genoude dont il était le coopérateur et l'ami, marié à Mlle Willemin, dont une fille ; 6° et 7° deux filles, dont l'une femme de M. de Laquintery, et l'autre, de M. Talemard du Ginestoux.

DÉVASTATION ET INCENDIE DU CHATEAU DE PRIVEZAC.

Les troubles qui, pendant le mois de mars 1792, s'étaient manifestés dans le département du Cantal ne tardèrent pas à se reproduire dans celui de l'Aveyron. Le 1er avril, jour de dimanche, un grand nombre de paysans se réunirent à Privezac, sous le prétexte de demander à M. de Moly-Maleville, propriétaire du château, un drapeau de la garde nationale qu'il avait précédemment refusé de livrer. Là, des malintentionnés se mettent à monter le peuple par leurs discours, où ils peignent cet ancien seigneur sous des traits odieux; les têtes s'échauffent, on s'excite les uns les autres et l'attaque du château est résolue.

En vain le juge de paix du canton, M. Manhaval du Bès, accouru aux premiers signes du danger, employa ses efforts et son éloquence pour détourner de ses desseins cette multitude irritée et la ramener à des sentimens plus doux. Tout fut inutile. Menacé bientôt lui-même et craignant pour ses jours, il se vit contraint de se retirer. Le maire était absent. Un officier municipal qui avait voulu intervenir, fut aussi forcé de se soustraire à la fureur du peuple et se cassa la jambe en fuyant.

Des émissaires vont ameuter les villages des paroisses voisines; le tocsin sonne de tous côtés; de tous côtés il arrive des flots de peuple. Quand on juge que le rassemblement est assez formidable, un certain Laval, à la tête de tous ces forcenés, pénètre dans le château. Le pillage s'opère rapidement, puis la destruction par les flammes. Les dévastateurs exercent leur rage jusques sur les arbres des jardins et sur les murs de clôture.

M. de Maleville, à l'approche du danger, s'était enfui par une fenêtre, et sa femme était parvenue, de son côté, à se sauver, déguisée en servante.

Mais elle n'était pas encore au bout de ses peines. Fuyant, la nuit, à l'aventure, elle arriva, haletante, éperdue, au hameau de La Farenguie, dont tous les habitans avaient couru à Privezac. Là, entendant derrière elle des bruits sinistres qui annonçaient une poursuite, ne sachant où trouver un asile, elle aperçoit devant elle une bouche de four : elle se jette dans ce réduit et s'y blottit. Presque au même instant, les bruits se rapprochent; elle entend distinctement les vociférations et les propos menaçans de la bande. En un instant, celle-ci touche au four qu'elle environne.

» Elle est ici! » s'écrie une voix qui raisonne comme un glas funèbre aux oreilles de Mme de Maleville. Et sur un doute exprimé par quelques individus : « Nous allons voir ça » reprend le premier interlocuteur, qu'on apporte de la paille! »

Le four était contigu à un aire-sol où se trouvait une meule de paille. En un instant, cinq ou six bottes y furent jetées. Celui qui paraissait le chef par son ardeur, court allumer un brandon dans la maison la plus voisine, et, s'avançant vivement vers la bouche du four : « Voici, s'écria-t-il, le bouquet d'œillets rouges que nous allons présenter à Mme la comtesse, » faisant allusion à une redevance féodale que payaient les gens de Privezac à leur seigneur pour une ancienne concession de terres. De sauvages éclats de rire répondirent à cette facétie. L'horreur du supplice rendant alors toutes ses forces à la malheureuse fugitive, elle s'élance, et d'un bond tombe au milieu de la troupe. Cette apparition subite, imprévue pour plusieurs, produisit d'abord un effet suspensif. Malgré le trouble d'une pareille situation, Mme de Maleville s'en aperçut, et, profitant de cet éclair, elle adressa à ses persécuteurs quelques paroles d'un tel accent qu'elle ébranla leurs funestes résolutions. Puis, avisant parmi eux un homme dont elle connaissait la nature cupide et la situation besogneuse, elle lui glissa dans la main une somme de 800 livres en assignats, en le suppliant d'être son protecteur et son sauveur. Cet homme n'eut pas de grands efforts à faire pour déterminer ses camarades à retourner à Privezac dont le pillage offrait un plus grand attrait que la mort d'une pauvre femme sans défense. Quant à lui, il conduisit Mme de Maleville jusqu'à quelques kilomètres de Villefranche où elle arriva vers minuit.

BRANCHE DE BILLORGUES.

I. MARIE-JOSEPH DE MOLY, procureur du roi à la sénéchaussée de Rodez, eut pour enfans :

1° GUILLAUME, ci-après ; 2° MARIE DE MOLY, femme de Jean-François de Vidal, seigneur de La Coste, et juge à Entraygues.

II. GUILLAUME DE MOLY, seigneur de Billorgues, conseiller à la sénéchaussée de Rodez, fut capitoul de la ville de Toulouse au capitoulat de Saint-Barthélemy, comme il conste d'après un certificat des capitouls gouverneurs de Toulouse, en date du 5 février 1765, portant qu'à ce titre « lui et ses enfans ont droit de jouir de la noblesse et de toutes les prérogatives dont jouissent les nobles d'extraction et de race, dans lesquels privilèges les capitouls et leurs descendans ont été maintenus par nos rois et par le roi Louis quinzième heureusement régnant par ses lettres patentes du mois de septembre 1717, etc. »

Guillaume de Moly eut de Marie-Apollonie de Julien qui lui apporta la terre de Billorgues :

1° MARIE-JOSEPH, qui suit; 2° GUILLAUME, *dit le chevalier de Moly*, qui, adjudant-major au commencement de la Révolution, après avoir fait la campagne des Indes, émigra et fut tué, servant dans les chasseurs nobles, aux lignes de Wissembourg; 3° N..... DE MOLY, *dit l'abbé de Billorgues*, grand vicaire de l'évêque de Nantes, avec lequel il émigra, mort dans l'émigration; 4° JEANNE-ROSE, qui épousa, le 8 février 1762, Joseph-Raymond Lavergne, sieur de La Garde, fils de Jean-Antoine et de Marie de Vernières; 5° N..... DE MOLY, mariée à M. Labro, de Villecomtal; 6° N..... DE MOLY, religieuse.

III. MARIE-JOSEPH DE MOLY, seigneur de Billorgues, eut d'Elisabeth de Garrigues de Bellefont de La Garcie :

1° GUILLAUME-ANTOINE DE MOLY, né le 24 février 1780, président du tribunal civil de Toulouse en 1824, chevalier de la Légion-d'Honneur, marié à Bénédicte de Liborel, fille du baron de Liborel, conseiller à la cour de cassation, ancien membre du conseil des Cinq-Cens, originaire du département du Nord, ledit Guillaume-Antoine, décédé sans enfants, à Toulouse, le 25 février 1849; 2° DENIS, receveur particulier des finances à Lombez (Gers), et plus tard à Villefranche (Haute-Garonne), marié à Dorothée de Clausel de Coussergues; 3° AUGUSTE, qui a épousé, à Aubin, Julie Ponsard, mort sans enfans; 4° AMANS-EDOUARD, élève de l'école polytechnique, puis procureur du roi à Brioude, allié à Rose de Maleville, fille du marquis de Maleville, pair de France, conseiller à la cour de cassation, originaire du département de la Dordogne; 5° JULIE DE MOLY, femme de Jean-Ignace-François Delcamp, son cousin, originaire d'Entraygues, ancien greffier en chef du tribunal de Rodez et membre du conseil général.

NOTES.

Un acte, tiré des archives de la maison de Bessuéjouls-Roquelaure et dont la copie authentique se trouve dans l'étude de M⁰ Viguier, notaire de Rodez, contient ce qui suit :

« L'an 1325 et le jeudy avant le dimanche des Rameaux, noble Nice de Bessuéjouls requit Hugues de Moly, bajulhomme (bailli royal) du roi de France, dans le château de La Roque-Valsergues et son mandement, de lui rendre un individu nommé Simon, que ledit bajulhomme retenait en prison, et qui avait été arrêté au Mas-de-Brousse par un certain Ménheville et Bertrand, servans du roi, pour délit commis dans la terre et juridiction dudit seigneur Bessuéjouls; etc. (1). »

(1) Les témoins à cet acte sont Pierre de Solages; Astorg de Gabriac, damoiseau; M° B. Colrat, notaire royal; Jean de Solages, et Jean de Marcenac, clerc, notaire public de la baronnie de Calmont, qui retint l'acte à Espalion.

CASSAN DE FLOYRAC.

Armes : *D'azur, à une levrette d'argent, au chef de gueules, chargé de trois étoiles d'argent.*

I. JEAN CASSAN, avocat en parlement, habitant dans son domaine de Floyrac, fils de feu Jean-Pierre Cassan et d'Anne Clausel, épousa, le 11 décembre 1738, au château de Lafon, paroisse de Saint-Pierre-de-Saint-Santin, en Rouergue, Louise Dufau, fille de Jean Dufau, seigneur de Saint-Santin, et d'Elisabeth de Peyronnenc de La Roque-Saint-Chamaran. De ce mariage :

II. JEAN DE CASSAN, sieur de Floyrac, conseiller en la chambre des comptes de Montpellier en 1768, qui, par contrat du 27 février 1772, s'allia à Catherine-Elisabeth-Dorothée Pélissier Duclaux, fille de Jean-Baptiste Pélissier, avocat, sieur d'Hauteville, et de Marie-Jeanne Dalle, du bourg d'Aumont, diocèse de Mende. Il eut pour enfans :

1° JEAN-JOSEPH, dont l'article suit ; 2° ELISABETH-DOROTHÉE, qui épousa, le 25 août 1789, Jean-Claude de Clausel, seigneur de Coussergues, décédée en 1839 ; 3° JEAN-LOUIS, directeur des contributions à Pau, chevalier de la Légion-d'Honneur, décédé le 25 août 1851 ; 4° ROSALIE, mariée, en 1801, à M. Delclaux de Boisse ; 5° CHARLOTTE, femme, en 1808, de M. Descrozailles de Puy-la-Borie ; 6° ANTOINE-MAURICE, payeur à Lavaur, qui avait épousé, en 1820, Mlle Boutet, décédé, à Paris, en 1853 ; 7° SOPHIE, décédée, à Rodez, en 1851 ; 8° AUGUSTINE, qui s'allia, en 1810, à Louis de Patris, chevalier de Saint-Louis, directeur du Haras de Rodez, décédé dans cette ville en 1811 ;

9° Ursule, femme, en 1817, de M. Cochi-Moncan, des Vios, décédée en 1858.

III. JEAN-JOSEPH DE CASSAN-FLOYRAC se maria, en 1800, avec Marie-Elisabeth de Villaret, et mourut en 1838, laissant, entre autres enfans :

1° Jean-Joseph, ci-après ; 2° Elisabeth-Adolie, femme, en 1824, de M. de Bancarel, d'Hyars ; 3° Mathilde ; 4° Louis-Alphonse, prêtre à Paris ; 5° Emile.

IV. JEAN-JOSEPH DE CASSAN-FLOYRAC a épousé, en 1833, Christine-Séraphine-Zoé de Patris, sa cousine, dont il a eu, entre autres enfans :

1° Marie-Monique ; 2° Jean-Henri-Arthémon.

Le château actuel de Floyrac a été bâti vers l'année 1670.

RODAT DE DRUELLE.

Armes : *D'or, au chêne de sable terrassé de sinople; au chef d'azur, chargé de trois roues d'argent.*

Cette famille est venue du Pont-de-Cirou. Le château de la Mirandole, d'où elle est sortie, porte encore le nom de Rodat.

Les titres de famille ne remontent pas au-delà de :

I. ANTOINE DE RODAT, seigneur de Druelle après la famille de Rossignol, qui épousa, en 1580, Claire de Cat de Cocural, dont :

1° Pierre, qui suit ; 2° Marie, femme de M. Delauro.

II. PIERRE DE RODAT, seigneur de Druelle, receveur des décimes, marié, en 1620, à Antoinette de Foucras, en eut :

1° Antoine, qui fut le chef de la branche d'Olemps ; 2° Guillaume, ci-après.

III. GUILLAUME DE RODAT, Ier du nom, seigneur de Druelle, président en la cour présidiale de Rodez, s'allia, en 1651, à Marie de Maynard, dont :

IV. FRANÇOIS DE RODAT, qui se maria deux fois :

1° En 1678, à Anne Dumas ; 2° à Marie de Patris.

Premier lit :

1° GUILLAUME, qui suit ; 2° FRANÇOIS, curé de Conques ; 3° ANTOINETTE, femme de Pierre Portal de Comberoque ; 4° et 5° deux filles religieuses.

Deuxième lit :

6° FRANÇOIS, qui fut établi à La Calçade ; 7° DOMINIQUE ; 8° JEAN-JOSEPH, chef de la branche des Rodat-Delon (1), 9° PIERRE ; 10° MARIE ; 11° JEANNE ; 12° THÉRÈSE ; 13° MARIE-ANGÉLIQUE.

V. GUILLAUME DE RODAT, II° du nom, seigneur de Druelle et de La Garrigue, conseiller du roi au siège présidial de Rodez, épousa, en 1726, Catherine de Roux, fille de Jean de Roux et de N..... de Séguret, qui le rendit père de Guillaume, ci-après.

D'un second mariage, contracté avec Catherine Lagorrée, il n'eut pas d'enfans.

VI. GUILLAUME DE RODAT, III° du nom, seigneur de Druelle et de La Garrigue, fut pourvu, en 1770, d'une

---

(1) Les derniers représentans de cette branche, établie à Rodez, ont été François-Auguste et Alexandre :

1° François-Auguste Rodat-Delon, capitaine au régiment de Berry, cavalerie, chevalier de Saint-Louis, décédé le 21 février 1814, eut de son mariage, contracté, le 25 octobre 1785, avec Marie-Catherine d'Izarn de Villefort :

a Théodore, mort de bonne heure, sans alliance ; *b* Joséphine, femme d'André-Philippe-Augustin France de Lorne, né le 5 mai 1771, directeur des contributions directes, à Rodez, sous l'Empire et la Restauration, chevalier de la Légion-d'Honneur, décédé sans enfans, le 27 juin 1857, dans sa 87° année.

2° Alexandre Rodat-Delon, officier d'infanterie, chevalier de Saint-Louis, émigré dans l'armée des princes, rentré après les premières campagnes ; mais obligé de s'expatrier encore par suite des événemens du 18 fructidor, se réfugia en Espagne, où il mourut peu de temps après, à Barcelone.

charge de trésorier de France en la généralité de Montauban. De son mariage avec Jeanne Foulquier, de Rodez, il eut :

1° Jean-Louis-Guillaume-Amans, qui suit; 2° Simon de Rodat, garde-du-corps du roi, chef de la branche établie à La Valière; plusieurs filles, toutes religieuses.

VII. JEAN-LOUIS-GUILLAUME-AMANS DE RODAT prit alliance, le 10 juin 1786, avec Henriette de Pomayrols, de Villefranche, dont sont issus :

1° Louis-Guillaume, qui suit; 2° Henri-Antoine, célibataire; 3° Emilie de Rodat, fondatrice et supérieure de la confrérie des sœurs de la Sainte-Famille, à Villefranche, décédée, en 1852, en odeur de sainteté; 4° Eléonore, mariée, en 1811, à M. Colomb, de Rignac.

VIII. LOUIS-GUILLAUME DE RODAT, marié, en 1820, à Sophie-Etiennette Séguret, fille de Pierre Séguret, de La Vayssière, et de Marie-Etiennette de Frayssinous (sœur de l'évêque d'Hermopolis), a eu pour enfans :

1° Louis-Henri, né le 15 août 1822; 2° Denise-Eléonore, mariée, en 1854, à Anatole de Séguret.

(Titres de famille).

DE BONALD (1).

Seigneurs des Bastries, de Vielvayssac, du Terrail, de Comps.

ARMES : *D'azur, à l'aigle éployé d'or (2).*

La famille de Bonald, dont il s'agit ici, prouve sa possession d'Etat : 1° par un rôle du 15 octobre 1558, d'après lequel Bernard de Bonald, II° du nom, fut cotisé comme noble par les syndics, pour les charges du ban et arrière-ban ; 2° par une ordonnance de M. de Gourgues, intendant de la généralité de Montauban, en date du 2 mai 1772, en vertu de laquelle Joseph-Raymond de Bonald fut déchargé du droit de franc-fief, et ce, à raison de ses domaines, rentes et droits seigneuriaux qu'il avait à *Vielvayssac, Comps* et *les Bastries, attendu sa qualité de noble et extrait de noble lignée.*

Le même Joseph-Raymond, qu'on trouve sur tous les rôles de la capitation noble de l'époque, fit partie de la noblesse de l'élection de Rodez, réunie pour l'élection des députés aux Etats généraux en 1789, et prit part à toutes ses délibérations.

I. La famille de Bonald, originaire du lieu de Cassagnes, dans la paroisse de Saint-Côme, est connue par actes depuis GUILLAUME DE BONALD, qui exerçait la profession de

---

(1) Ce nom se trouve écrit dans les anciens titres de famille avec le *d* final ; ce n'est que postérieurement qu'on le voit souvent sans *d*.

(2) Ces armes décoraient autrefois deux tableaux : l'un placé dans une chapelle de la cathédrale de Rodez ; l'autre, à Vielvayssac. Elles sont décrites aussi dans un vieux terrier commençant en 1534,

notaire dans la deuxième moitié du XIV° siècle. Il ne vivait plus en 1406, époque à laquelle Bénengude Bonald, sa veuve, reçut un legs d'Aygline Pozot, de Bieunac (H. Affre, *Histoire de l'arrondissement d'Espalion*).

II. Son fils, DÉODAT-DORDÉ ou DIEUDONNÉ BONALD, testa le 27 mai 1444, laissant pour enfans :

1° JEAN, qui continua d'habiter la maison paternelle et avait épousé Marguerite, fille de noble Marc Dujou, notaire de Mandailles (1), laquelle le rendit père d'autre Jean, etc.; 2° HUGUES, bachelier en l'un et l'autre droit, dès 1423, et qui fut exercer le notariat à Rodez où il vivait encore en 1451 *(idem)*; 3° BERNARD, aussi notaire, et qui s'établit pareillement à Rodez (2).

C'est de ce dernier dont nous allons rapporter la descendance.

III. BERNARD DE BONALD, I°° du nom, notaire de la cité de Rodez, fit, le 4 février 1476, son testament, dans lequel sont nommés Antonie de Neuréglise, sa femme, et ses enfans :

1° JEAN, son héritier, qui suit; 2° BONNET; 3° ANTONIE, femme de Gui Malet, notaire de Rodez; 4° MARGUERITE, mariée à Jacques Valette, de Villefranche; 5° MARALDE, alliée à Jean de Rodes; 6° HÉLÈNE; 7° CATHERINE.

Il paraît que Bernard s'était marié deux fois. Sa première femme n'est connue que sous le nom d'*Hélène*.

---

(1) La profession de notaire, d'après la commune opinion des auteurs qui ont traité de la matière nobiliaire, et notamment de la Roque, en son savant *Traité de la noblesse*, ne faisait pas déroger avant 1560.

(2) La co-existence des trois frères est prouvée par plusieurs actes mentionnés dans les titres de la famille de Bonald, de Rodez. L'un, du 27 novembre 1437; l'autre, du 12 octobre même année; un troisième, du 4 février 1440, dans lesquels Bernard de Bonald, *frère de Hugues*, intervient comme témoin.

Baux à cens consentis par Hugues de Bonald, devant Régis, notaire de Saint-Côme : l'un le 1° novembre 1450; l'autre, le 8 juin 1451, dans lesquels *Jean* de Bonald, *frère* dudit Hugues, figure comme témoin.

IV. JEAN DE BONALD, Ier du nom, notaire, comme son père, se maria aussi deux fois. Sa seconde femme s'appelait Antoine Garibalde. Il testa le 4 novembre 1519, laissant pour enfans :

1° BERNARD, ci-après ; 2° JEAN, greffier en la comté de Rodez ; 3° ANTONIE, mariée à Pierre Bole, notaire à Rodez.

V. BERNARD DE BONALD, IIe du nom, licencié ès-droits, est connu par un instrument d'échange, du 15 juin 1524, qu'il fit tant pour lui, qu'au nom de son père Jean, avec Antoine Roques, prêtre de Saint-Côme, des rentes qui lui appartenaient à Carnejac et dans le mandement de la baronnie de Calmont-d'Olt, et pour lesquelles il reçut d'autres rentes et droits seigneuriaux que ledit Roques possédait au village des Bastries, et que celui-ci avait acquises de nobles Bonnet et autre Bonnet Hèbles, père et fils, seigneurs de Camboularet. Il testa, le 24 juillet 1562, laissant d'Isabeau *Millava*, sa femme :

1° JEAN, dont l'article suit ; 2° PIERRE, marié à Villecomtal ; 3° autre PIERRE, licencié à Rodez ; 4° ANTOINETTE, mariée à Figeac ; 5° HÉLIPSE, femme de Bernard Savy, bourgeois de Cordes ; 6° GUILLEMETTE, qui épousa le sieur Viguerie, conseiller à Figeac ; 7° MARGUERITE, alliée à Bernard Barthélemy, du Mur-de-Barrez ; 8° CATHERINE, femme de M. de Gradels, de Rodez.

VI. JEAN DE BONALD, IIe du nom, qualifié docteur et avocat du roi de Navarre, épousa Françoise de Patras, dont il eut plusieurs enfans énumérés dans son testament, qui est du 1er juillet 1573, et à chacun desquels il légua 2,000 livres :

1° RAYMOND DE BONALD, son héritier, ci-après ; 2° JEAN ; 3° PIERRE ; 4° FRANÇOIS ; 5° CATHERINE ; 6° ANTOINETTE ; 7° Autre CATHERINE.

VII. RAYMOND DE BONALD, Ier du nom, docteur ès-droit, fut avocat général des quatre châtellenies en la comté de Rodez. Les provisions de cette charge, concédée par Henri, roi de Navarre et comte de Rodez, sont du 22 juillet 1586. Raymond se maria deux fois :

1° Par contrat du 6 août 1592, avec Françoise de Gorronie, fille de Pierre de Gorronie, docteur et syndic du haut pays de Rouergue, et de Jeanne de La Roche;

2° Le 30 janvier 1604, avec Diane de Patris, fille de François, seigneur de La Jonquière, et d'Isabeau d'Escaralian. Il en eut Raymond, ci-après :

VIII. RAYMOND DE BONALD, II⁰ du nom, docteur et avocat, fut, en 1635, conseiller du roi en la sénéchaussée de Rodez, et testa en 1682. Il avait épousé, le 4 décembre 1633, Claire de Baudinel, fille du sieur de Baudinel, seigneur de La Roquette, et de Madeleine de Raoul. Les enfans issus de ce mariage furent :

1° RAYMOND ; 2° JEAN DE BONALD, garde-du-corps du roi, qui fit son testament, le 31 décembre 1728 ; 3° ISABEAU, femme, en 1688, d'Antoine Germain, conseiller du roi au sénéchal et présidial de Villefranche, fils d'Antoine, licencié, et d'Isabeau de Buisson, de Villeneuve ; 4° ANNE, mariée, le 30 mai 1656, à Bertrand Planard, de Rodez, trésorier général de France en la généralité de Montauban, et qui testa le 23 juillet 1686 ; 5° CLAIRE, alliée au sieur Vedel.

IX. RAYMOND DE BONALD, III⁰ du nom, d'abord avocat en parlement et puis conseiller au sénéchal, par provisions du 20 juin 1665, épousa, le 15 mai 1678, Antoinette de Focras (1), fille de Jean-Antoine de Focras-le-Noir, seigneur de La Garde, conseiller du roi et lieutenant en l'élection de Rodez, et d'Anne de Durif.

Raymond III eut de son mariage :

1° FRANÇOIS DE BONALD DE LAFON, dont l'article suit ; 2° IGNACE DE BONALD, sieur du Gua, qui testa le 12 juin 1741 ; 3° JOSEPH-RAYMOND DE BONALD, prêtre, archidiacre de Millau en la cathédrale de Rodez, qui donna ses biens, en 1737, au sieur de Lafon, son frère ; 4° BERTRAND, chanoine, prieur de Meljac, qui testa en faveur de son frère aîné, le 13 avril 1753 ; 5° ANNE DE

---

(1) Dédédée en 1731. C'est par elle que le vignoble de Baulès parvint à la famille de Bonald.

Bonald, mariée, le 12 septembre 1704, à Guillaume-Ignace Azémar, avocat au sénéchal, fils de Jean-Jacques Azémar, conseiller du roi, doyen au sénéchal, et de Jeanne de Moysseti ;
6° Christine de Bonald, femme, le 2 janvier 1712, d'Etienne Mathat, conseiller du roi et son avocat en l'élection de Rodez, fils de feu Jacques Mathat, bourgeois de la Maison-Neuve, paroisse de Rignac, et de Catherine Combettes.

X. FRANÇOIS DE BONALD, sieur de Lafon, conseiller du roi au sénéchal en 1724, se maria deux fois :

1° Par contrat du 7 septembre 1720, avec Marie-Thérèse de Madrières, fille de Jean-Jacques, seigneur de La Garrigue, conseiller du roi au sénéchal de Villefranche, et de Thérèse de Benoît ;
2° Le 30 mars 1732, avec Marguerite du Vivier, fille de Pierre, ancien secrétaire du roi, maison et couronne de France, et de Claudine de Picapaire, mariés, du lieu de Saint-Georges-de-Luzençon. De ce second mariage vinrent :

1° Joseph-Raymond, qui suit ; 2° François-Ignace, chanoine à Rodez ; 3° Jeanne-Claudine-Christine, mariée, en 1763, au sieur Palous de Manhac ; 4° Marguerite-Antoinette ; 5° Marie-Thérèse, qui testa le 24 novembre 1759.

François de Bonald fit son testament clos en 1740, et Marguerite de Vivier, sa veuve, en 1754.

XI. JOSEPH-RAYMOND DE BONALD, seigneur de Vielvayssac, succéda à son père dans la charge de conseiller au sénéchal et siége présidial de Rodez, le 28 mai 1753. Il fut nommé, par le roi, maire de Rodez, le 28 novembre 1782 (1), administra fort sagement la ville qui lui dut, entre autres mesures utiles, l'introduction des pompes à incendie, et fit ses dernières dispositions, le 10 janvier 1799, après avoir traversé les orages de la Révolution.

Il avait épousé, le 5 novembre 1758, Marie-Régis de Ségu-

---

(1) Il fut remplacé dans cette charge par M. de Cétigousse, en janvier 1789.

ret, fille de M. de Séguret, président au sénéchal, et de Marie-Madeleine Le Normant. De ce mariage sont venus :

1° AUGUSTE, ci-après; 2° RENÉ, qui émigra en 1791, fit toutes les campagnes dans l'armée des Princes et de Condé, reçut la croix de Saint-Louis, le 14 novembre 1814, et le brevet de capitaine de cavalerie, le 29 novembre 1815, exerça successivement, à cette époque, les fonctions de conseiller de préfecture et de sous-préfet, et mourut en....., fort regretté de ses concitoyens; 3° VICTOIRE DE BONALD, mariée à M. Carcenac de Bourran.

XII. AUGUSTE DE BONALD, né à Rodez en août 1774, émigra, ainsi que son frère René, en sortant du collège de Juilly, au commencement de 1791, et fut incorporé dans la compagnie à cheval des gentilhommes du Périgord, fit la campagne de 1792 dans l'armée des princes, passa, en 1793, dans l'armée de Condé (9e compagnie du régiment d'infanterie noble), où il servit sans interruption jusqu'à la fin, se trouvait notamment à l'affaire de Berkeim où son frère fut blessé à ses côtés, ne rentra qu'après le licenciement, en 1800.

Il fut fait chevalier de Saint-Louis, le 14 novembre 1814, et reçut un brevet de capitaine d'infanterie, le 23 septembre 1815.

Auguste de Bonald s'était marié, en 1801, avec Joséphine de Peyrot, fille unique de Joseph-Jean-François de Peyrot-Restaurand, ancien conseiller auditeur à la cour des aides de Montpellier, dont il a eu :

1° GUSTAVE DE BONALD, élève à l'école militaire de Saint-Cyr, puis officier de cavalerie dans la garde royale, payeur du département de l'Aveyron en 1840; nommé receveur général de la Lozère, par décret impérial du ..... août 1854; chevalier de la Légion-d'Honneur en 1847; marié, en 1838, avec Claire Jalabert de Sanhes, qui l'a rendu père de plusieurs enfans; 2° CHARLES; 3° ELISABETH, mariée, en novembre 1833, à Frédéric-Roger de la Ferrière, du coté de Castres.

Mme de Bonald est décédée, à Rodez, le 8 février 1858, dans la 72e année de son âge.

(Titres de famille).

AUTRE-FAMILLE DE BONALD, A RODEZ.

Il y avait anciennement à Rodez une autre famille de Bonald qui a produit divers personnages mentionnés dans l'histoire locale et qui pourrait bien avoir la même origine que la précédente, quoiqu'on n'en trouve pas la jonction.

Hugues Bonald était juge des montagnes et quatre châtellenies du Rouergue au commencement du XVe siècle.

Il existe un procès-verbal de l'an 1415, écrit en latin et fait par cet Hugues Bonald et Guillaume Cocural, *commissaires pour la réformation du domaine des comtes*, dans lequel sont énumérés la plupart des priviléges de ces seigneurs-souverains.

Jean Bonald, petit-fils de Hugues, fut emmené en Gascogne par le comte d'Armagnac qui le protégeait. Il fut d'abord chanoine et vicaire-général de Bordeaux, et ensuite évêque de Bazas en 1486 (*Bosc*, t. Ier, p. 233 ; t. III, p. 263).

Antoine de Bonald, de la même famille, né en 1548, mort en 1628, fut juge des montagnes et quatre châtellenies en 1589 ; il était fils de Jean Bonald, greffier du conseil et garde du Trésor et des archives du comté de Rodez. Il nous a laissé un manuscrit sur les comtes de Rodez, intéressant par les nombreux actes qui y sont insérés et où les historiens modernes ont puisé le fond de leurs récits.

M. de Doat en fit faire à Rodez même une copie déposée à la bibliothèque du roi où elle forme trois volumes in-folio.

La Société des Lettres, etc., de Rodez, en possède une autre, en un grand volume in-folio, d'une très-belle écriture, qui provient de la bibliothèque de M. de Rey, juge au présidial de Rodez.

Cet exemplaire, qui a été donné à la Société par M. Jules Duval, renferme

1° *Mémoires concernant le comté de Rodez, l'établissement des comtes en icelui et leur succession jusqu'à présent*, dressés par maître Antoine de Bonald, juge des montagnes et quatre châtellenies du Rouergue (646 pages) ;

2° *L'Histoire des comtes de Rodez*, par le sieur Sicard, conseiller assesseur en la comté de Rodez. « Nous l'avons ici placée, dit le copiste, parce qu'il remonte l'histoire des comtes de Rodez plus haut que le sieur Bonald. Nous ne l'avons copiée que jusqu'à Richard, le surplus de l'histoire de Sicard se trouvant dans celle de Bonnal (26 pages) ; »

3° *Ruthena Christiana, sive series et historia episcoporum Ruthenensium*, depuis saint Martial jusqu'à Paul-Philippe de Luzignen (116 pages). Il n'y est pas dit que Bonald en soit l'auteur, et il n'a pu l'être, du moins de toute l'histoire, puisqu'il est mort en 1628, et que M. de Luzignen, le dernier évêque dont il est parlé, fut nommé évêque de Rodez en 1684.

Quant au manuscrit original de Bonald, il s'est retrouvé depuis et a été donné aussi à la Société des lettres. Il sortait également de la bibliothèque de M. Rey; c'est un manuscrit in-4° très-épais, fort serré et dont les ratures annoncent la main de l'auteur.

Il paraît que les biens de cette famille de Bonald passèrent, par héritage, dans celle de Rey, et de cette dernière dans la maison de Séguret (1).

François Bonald, de l'observance de Saint-François, qu'on croit être de la même lignée, a laissé un ouvrage religieux intitulé : *Le Chrétien du Temps*, Paris, 1655, in-4°.

Cette deuxième maison de Bonald possédait, dans la rue traversière des Embergues, une maison qui a été acquise, en 1856, de la famille Girou (2), par la société de Saint-Vincent-de-Paul.

---

(1) Jean-François de Bonald, juge au présidial, eut d'Hélix de Rey, sa femme, une fille, Denise de Bonald, qui épousa, le 10 juillet 1651, Bernard Jouéry, conseiller au sénéchal.

Dominique de Rey, frère d'Hélix, fut père, entre autres enfans, de Marie de Rey, qui s'allia à Jean de Séguret. Etienne de Séguret, issu de ce mariage, fut donataire du frère de sa mère, qui possédait de grands biens, entre autres le domaine de Puechmaynade et l'hôtel situé dans la rue de l'Embergue.

(2) Bernard de Girou, 1er du nom, lieutenant-colonel, avait épousé Denise de Bonald, dont :

Bernard II°, marié à Marie-Anne de Mathat.

CARCENAC DE BOURRAN.

Armes : *D'argent, à deux chaines de sable, posées en fasce.*

I. **Bernard Carcenac**, de Rodez, seigneur de Bourran, terre qu'il avait acquise en 1756, acheta, le 12 octobre 1772, de M. de Balsa, l'office de conseiller secrétaire du roi, maison et couronne de France en la chancellerie établie près la cour des aides de Montauban, avec droit et privilége de survivance et transmission. Il exerça cette charge jusqu'à son décès arrivé le 13 juin 1787. De son mariage, contracté en 1762 avec Marie-Marguerite Chaubard, il avait eu :

1° François-Bernard, qui suit ; 2° Jean-Antoine de Carcenac-Bourran, né le 19 avril 1773, émigré en 1791 dans l'armée de Condé où il fit toutes les campagnes, fait chevalier de Saint-Louis en 1796, rentré en France en 1800, brigadier des gardes-du-corps du roi en 1814, employé dans l'armée d'Espagne en 1823 ; chevalier de l'ordre militaire de Charles III en 1826, retiré du service avec retraite en 1828 ; 3° Jean-Baptiste-François de Carcenac-Bourran, né le 27 février 1780, entré au service en qualité de grenadier-vélite dans la garde impériale, le 28 mai 1804 ; sous-lieutenant au 32° régiment de ligne, le 15 juillet 1807, lieutenant, le 4 mars 1810 ; capitaine, le 29 mai 1813 ; fut d'abord employé à l'armée des côtes de l'Océan, se trouva à Ulm, fit les campagnes de 1805, 1806 et 1807 en Autriche, Prusse et Pologne ; passa en Espagne, en 1808, et y demeura pendant toute la durée de l'occupation par nos armées, se distingua particulièrement à l'affaire de Ticola, le 2 février 1812 ; rappelé à la grande armée pour la campagne de 1813, il fut mis à l'ordre du jour pour sa belle conduite au combat de Donha, en Saxe, le 8 octobre, où il entra le premier dans le village et fit déposer les armes à trente Russes ou Autrichiens, étant accompagné d'un adjudant seulement ; fut fait prisonnier de guerre, le 11 novembre, à Dresde, et rentra en France le 20 juin 1814.

M. Carcenac avait reçu plusieurs blessures pendant le cours de ses campagnes : un coup de feu à la tête et un coup de sabre à la main gauche à la bataille d'Almouaud, le 11 août 1809 ; un coup de feu à la main droite à l'affaire de Ticola, en Espagne, et un autre coup de feu à la poitrine à Donha, en Saxe.

Ce brave officier reçut, le 2 août 1813, la décoration de la Légion-d'Honneur, juste récompense de ses longs et glorieux services, et fut fait chevalier de Saint-Louis, le 25 avril 1821 (1).

Il s'est marié, le 25 juillet 1820, avec Françoise-Fanny Colaud, fille de Claude-Sylvestre, comte Colaud, lieutenant-général, pair de France, grand-officier de la Légion-d'Honneur, originaire de Briançon, décédé en 1819.

De ce mariage sont nés deux enfans : Sylvestre de Carcenac-Bourran et une fille.

II. FRANÇOIS-BERNARD DE CARCENAC, seigneur de Bourran, né le 17 septembre 1767, héritier de son père, prit possession de sa charge dès qu'il eut l'âge requis, se maria, en 1794, avec Marie-Victoire de Bonald, et décéda, le 17 décembre 1834, laissant de son mariage cinq enfans parmi lesquels un seul garçon.

III. AUGUSTE DE CARCENAC-BOURRAN, né le 11 janvier 1804, juge-auditeur au tribunal de Rodez en 1827, juge au tribunal de Villefranche-de-Rouergue depuis le mois d'octobre 1829, marié, le 3 octobre 1836, avec Flore-Joséphine de Vassal de Lasbordes, dont deux filles.

Marie, l'une d'elles, s'est mariée, en mai 1859, à Montauban, avec Jean de Scorbiac, fils du baron de Scorbiac et de N..... de Chastenet de Puységur.

(1) Extrait des états de service de Jean-Antoine et de Jean-Baptiste-François.

DUFAU,

Seigneurs de La Roque-Toirac et de Saint-Affre.

Armes : *D'argent, à un faîne de sinople terrassé et un agneau de gueules passant au pied de l'arbre ; au chef d'azur, chargé d'un croissant d'argent, accosté de deux étoiles d'or* (De Magny).

Jean-Joseph-François Dufau, issu d'une famille de Villefranche, enrichie par le commerce, fut capitoul de Toulouse en 1772, et acheta la terre de La Roque-Toirac, sur le Lot.

Jean Dufau, qualifié baron de La Roque, son petit-fils, fut maire de Villefranche sous la Restauration, et mourut le 10 décembre 1819, laissant les plus honorables souvenirs de son administration et de son caractère.

Il avait épousé Mlle Syrieis de Mayrignac, dont il a eu :

Charles Dufau, officier dans un régiment d'infanterie, qui, après s'être retiré du service, s'est allié à Mlle Dissez, et habite Villefranche.

DE NEIRAC.

Charles-Alexandre de Neirac, avocat au parlement de Toulouse et subdélégué de l'intendant de Montauban à Vabres, obtint un titre de noblesse, daté du 23 février 1775.

« Les services rendus au public par son père, comme subdélégué, pendant plus de trente ans, avec autant de désintéressement que de zèle et de succès, et les siens, dans le même emploi, depuis 1745 qu'il fut adjoint à son père, lui méritèrent cette grâce. »

De son mariage avec Marie-Anne Durand, de Saint-Paul-des-Fonds, il eut plusieurs enfans, savoir :

1° Charlotte de Neirac, née le 2 avril 1747, et mariée, le 28 janvier 1767, à Jean-Baptiste de Sambucy, coseigneur de Luzençon, fils de Pierre et de feue Marie d'Alingrin de Falgous ; 2° Jean-Charles de Neirac, né le 8 mars 1749, et décédé le 28 mai suivant ; 3° Françoise-Catherine, née le 23 mai 1750, mariée, le 28 avril 1772, à Marc-Antoine de Frézals, juge-royal de Balaguier ; 4° Louise-Madeleine-Rose, née le 3 novembre 1751, religieuse ; 5° Charles-Antoine, né le 5 mars 1753, épousa, en 1785, Sophie de Gros, fille de N..... de Gros, président à la cour des aides de Montpellier. Il est décédé, le 22 avril 1825, après avoir légué sa fortune à sa femme (1). Il avait été conseiller à la cour des aides de Montpellier, et, depuis la Révo-

---

(1) Celle-ci, au préjudice des neveux de son mari, adopta, le 18 octobre 1825, Marie-Jérôme-Léon de Courtois, chevalier de Saint-Louis et de la Légion-d'Honneur, capitaine de cavalerie, d'une famille du comtat vénaissin, et son propre neveu.

lution, membre du conseil général de l'Aveyron; 6° Madeleine-Henriette, née le 14 mai 1754; 7° Gabrielle de Neirac, née le 5 juin 1755, mariée, le 10 janvier 1786, à Jacques de Malrieu, seigneur de Salmanac (1), docteur en médecine, intendant des eaux minérales de Sylvanès et de Camarès; 8° Antoine-Xavier de Neirac, né le 20 novembre 1757, nommé évêque de Tarbes en 1817, mort le 28 janvier 1833, laissant toute sa fortune aux pauvres. En lui a fini la maison de Neirac.

(1) Jacques de Malrieu avait acheté, en 1770, cette terre à noble Alexandre de Méjanès.

Il existe deux actes où les Malrieu prennent la qualité de nobles: 1° Pactes de mariages du 10 décembre 1668 (Benel, notaire de Saint-Rome), entre Pierre-Jean de Malrieu, fils de Pierre et d'Anne de La Croix, du lieu de Lédergues, et Marthe de Rouvé, du village d'Arques, paroisse de Ladepeyre; 2° Autres pactes, du 6 février 1700 (même notaire), entre Pierre de Malrieu, fils des précédens, et Jeanne de Barthe, fille de Jacques, sieur de La Bessière, et d'Anne d'Aure, du lieu d'Ayssène. Jacques de Malrieu, qui épousa en 1786 Gabrielle de Neirac, était fils de ce dernier.

De lui était issu Raymond-Jean-François de Malrieu, procureur du roi, à Saint-Affrique, sous la Restauration, décédé le 14 avril 1851, qui, de son mariage avec Marie-Laure Grand-Pilande, a eu, entre autres enfans, Raymond-Charles-Joseph, né le 28 février 1826.

DELFAU-BELFORT.

François Delfau, seigneur de La Roque-Bouillac, avait été capitoul de Toulouse en 1746.

Louis Delfau, capitaine au régiment d'Angoumois, se qualifiait, à l'assemblée de la noblesse tenue à Villefranche en 1789, seigneur baron de Belfort, Bouillac, Roquefort, coseigneur de Cambulit.

Son père, receveur des tailles à Figeac, avait acquis la plupart de ces terres de M. Duval, de Montauban, qui les avait achetées, lui-même, en 1719, au dernier seigneur de La Roque-Bouillac.

Louis-Delfau-Belfort eut de Catherine de Veyrazet, sa femme :

1° Alexandre, émigré; 2° Armand; 3° Augustin; 4° Christine; 5° Charlotte.

DE CABRIÈRES.

Armes : *De gueules, à la chèvre saillante d'or.*

La filiation de cette famille remonte, par titres authentiques, à Aymeric de Cabrières, vivant, en 1450, dans la petite ville de Marcillac.

Il fut père de Pierre, mentionné dans des actes de 1491, lequel eut pour fils Jean, qui suit :

III. JEAN DE CABRIÈRES épousa, par contrat du 2 février 1514, Antoinette R......, du lieu de Marcillac, dont il eut Antoine et deux autres enfans, décédés en bas-âge.

IV. ANTOINE DE CABRIÈRES se maria, en 1558, avec Marie de Jouéry, et en eut :

1° Pierre, 2° et 3° Jean et Catherine, décédés sans postérité.

V. PIERRE DE CABRIÈRES s'allia, par contrat du 3 juin 1584, à Marie Roaldès de La Roaldie, qui le rendit père de six enfans :

1° Antoine ; 2° Pierre, prêtre et curé de Marcillac ; 3° Delphine ; 4° Antoinette ; 5° Jeanne, femme de noble Jean de Mazars de Limayrac, du lieu de Marcillac ; 6° Gaspard, qui testa, sans être marié, le 26 août 1644, et donna ses biens, par égale part, à Antoine, son frère, et à Jean de Mazars, son beau-frère.

VI. ANTOINE DE CABRIÈRES eut de Marie Dolières, qu'il avait épousée en 1648, huit enfans :

1° JEAN, chanoine de Saint-Christophe et curé de Marcillac, décédé en 1705; 2° GASPARD, dont l'article suit; 3° ANTOINE, qui mourut chanoine de Villaudrand, diocèse de Bazas, et donna ses biens au chapitre; 4° PIERRE, religieux capucin; 5° MICHEL; 6° JEAN-ANTOINE, mort jeune; 7° CATHERINE; 8° DELPHINE.

VII. GASPARD DE CABRIÈRES épousa, par contrat du 3 février 1657, Françoise de Cambefort, fille de Jean de Cambefort, et d'Antoinette du Verdier, et mourut en 1705, laissant de son mariage Claude et François.

VIII. CLAUDE DE CABRIÈRES prit alliance, le 6 février 1690, avec Isabeau de Parayre, et fut conseiller du roi, lieutenant particulier au sénéchal et siège présidial de Rodez. Il eut pour enfans :

1° JEAN-CLAUDE, qui suit; 2° MARIE-MARGUERITE, femme : 1° de N..... Ayral, d'Espalion, sieur du Bourg, capitaine de cavalerie; 2° en 1722, de noble Bernardin de Patris; 3° ANTOINE-GASPARD DE CABRIÈRES, né à Rodez, le 30 janvier 1701, chanoine et archidiacre de l'église cathédrale, prieur de Saint-Amans et vicaire-général du diocèse. Ce fut lui qui posa la première pierre de l'église de Saint-Amans, en 1753.

IX. JEAN-CLAUDE DE CABRIÈRES, conseiller du roi et lieutenant particulier, comme son père, au siège présidial de Rodez, épousa, en 1724, Marie-Anne de Jouéry, fille de Jean-François, lieutenant-criminel, et de Delphine de Médal. Il mourut en 1739, laissant :

1° JEAN-FRANÇOIS, dont on va parler; 2° JOSEPH-ANTOINE-GASPARD, prêtre, prieur de Roussennac, vicaire-général du Mans, puis chanoine du chapitre de Noyon et grand-vicaire du même diocèse sous M. de Grimaldi, reclus, à Chantilly, pendant la Révolution et délivré après le 9 thermidor; 3° AGATHE; 4° ELISABETH, et 5° PAULE, religieuses.

X. JEAN-FRANÇOIS DE CABRIÈRES, conseiller-secrétaire du roi à la chancellerie de Douai, lieutenant au sénéchal et présidial de Rodez, subdélégué de l'intendant avant 1789, et depuis président de l'administration centrale du département de l'Aveyron pendant les années IV, V et VI de la République, ensuite conseiller de préfecture depuis l'institution de cet emploi jusqu'à 1810, président et l'un des fondateurs de la Société d'agriculture, décédé en 1815, avait épousé, en 1760, Marie-Anne Merviel, fille de N..... Merviel, avocat à Rodez. Il en eut :

1° Jean-François-Gaspard ; 2° Antoine-Claude, mort à l'armée des Pyrénées en 1794.

XI. JEAN-FRANÇOIS-GASPARD DE CABRIÈRES, membre du conseil général de l'Aveyron, puis secrétaire-général de la préfecture sous la Restauration, chevalier de la Légion-d'Honneur, secrétaire perpétuel de la Société d'agriculture, décédé le 18 juillet 1836, avait épousé, le 22 septembre 1795, Marie-Geneviève Robert de Méric de Vivens, morte en 1804, et dont sont issus :

1° Marie-Michelle-Françoise-Lucie, mariée, le 18 janvier 1817, à Pierre-Alexandre-Elie-Edouard de Roquefeuil, comte de Roquefeuil du Bousquet, officier supérieur d'infanterie, officier de la Légion-d'Honneur, dont : A Frédéric de Roquefeuil ; B Joséphine de Roquefeuil, femme, en 1846, de Camille de Courtaurel, comte de Rouzat ; C Eugénie de Roquefeuil ; 2° Jacques-François-Gaspard, dont l'article suit ; 3° Marie-Joseph-Eugène, officier d'artillerie, décédé à Metz en 1825 ; 4° Marie-Marc-Théodore, ancien officier de la marine royale, puis secrétaire-général de la préfecture de l'Aveyron après son père, marié, en 1838, au château de Verrières, département du Puy-de-Dôme, avec Marie-Louise-Hippolyte de Servières, fille de Gilbert de Servières, comte de Servières, lieutenant-colonel d'infanterie, chevalier de Saint-Louis, et de Marguerite-Adélaïde de la Salle, dont plusieurs enfans.

XII. JACQUES-FRANÇOIS-GASPARD DE CABRIÈRES s'est marié, en 1830, avec Elisabeth-Louise-Sophie Coste, fille de feu Jean-Joseph Coste, ancien maire d'Espalion, membre du conseil général, et de Marie-Louise-Emmanuelle Izarn de Freyssinet. De ce mariage :

1° EUGÈNE-GABRIEL-GASPARD, décédé à Saint-Flour en 1843 ;
2° ALBERT-GUSTAVE-JOSEPH, sous-lieutenant au 7ᵉ régiment de hussards, décédé à Rodez, le 1ᵉʳ mars 1858, dans la 23ᵉ année de son âge, des suites d'une maladie qu'il avait contractée en Algérie.

(Titres de famille).

NOTE SUR LA FAMILLE DE PARAYRE.

Famille de robe, originaire d'Espalion.

Noble Hérail de Parayre se qualifiait seigneur de Cruéjouls sur la fin du XVIᵉ siècle.

Raymond de Parayre, vivant en 1582, fut père de Jean.

Jean de Parayre, lieutenant particulier au sénéchal, épousa, le 4 juillet 1617, Marie-Anne de Cambon. Ce fut lui qui, en 1632, fit don à l'église de Ceignac d'un beau calice en argent. Il avait eu de son mariage :

1° Jean IIᵉ, qui suit ; 2° Amans, prêtre, curé de Broquiès ; 3° Nicolas, abbé de Flavan, prieur de l'église Saint-Amans, à Rodez.

Jean II de Parayre, conseiller secrétaire du roi, s'allia à Marguerite de Roux, fille de Jean de Roux, et de Catherine de Bony. De ce mariage vinrent :

Elisabeth, mariée, en 1690, à Claude de Cabrières ; Antoinette et Paule, non mariées, qui léguèrent leurs biens à Jean-François de Cabrières, leur petit-neveu.

DE SÉGURET.

ARMES : *Écartelé, aux 1 et 4 d'azur, à la tour d'argent maçonnée de sable, à trois étoiles d'or en chef; aux 2 et 3 d'azur, au chevron d'or accompagné en chef de 2 étoiles d'argent et d'un lion rampant du même en pointe.*

I. PIERRE SÉGURET, du Bourg de Rodez, épousa, le 16 février 1609, Antoinette de Malet, fille de Laurent de Malet, médecin, originaire de l'Albigeois, qui a laissé des notes précieuses sur les événemens de la fin du xvi⁵ siècle, et particulièrement sur une invasion du *choléra morbus* qui fit, en 1575, de grands ravages dans le Midi de la France, et de N..... de Jouéry.

De ce mariage naquirent, entre autres enfans, Jean, qui suit, et Marguerite, femme de Claude de Natles, morte fort jeune, à la survivance de deux enfans mâles.

II. JEAN SÉGURET épousa Marie de Rey (1), fille de Dominique de Rey, et en eut cinq enfans :

1° ETIENNE, dont l'article suit; 2° ISABEAU SÉGURET, mariée avec Pierre Dièche, avocat à Cordes, en Albigeois; 3° PIERRE

---

(1) Le frère de Marie de Rey fut juge-mage de Rouergue, épousa Mlle de Flory, dont il n'eut pas d'enfans, et transmit sa charge et ses biens à Étienne de Séguret, son neveu.

Séguret, religieux de Saint-Bernard, à Beaulieu ; 4° Claude, qui fut prieur de Montron, en Limousin ; 5° Guillaume, capitaine au régiment de Champagne.

III. ETIENNE SÉGURET, président au sénéchal et siége présidial de Rodez, se maria deux fois :

Premier lit :

1° Par contrat du 20 janvier 1684, avec Marie Du Mas, de Saint-Geniez, décédée à Cougousse, le 8 juillet 1687, laissant de son mariage deux filles, dont l'une, Isabeau, s'allia, le 27 septembre 1704, à Jean-Claude de Balsac, baron de Firmi, conseiller au parlement de Toulouse.

Deuxième lit :

Etienne Séguret épousa, en secondes noces, Marie-Anne de Balsac, fille de M. N..... de Balsac, juge-criminel à Rodez, et de Jeanne de Rogéry, de Saint-Geniez.
Il reçut à titre de donation entre-vifs, de M. de Rey, son oncle maternel, la terre de Puechmeynade, la charge de lieutenant-général juge-mage et l'hôtel situé rue de l'Embergue où sa famille, quittant la maison qu'elle possédait sur la place du Bourg, vint s'établir le 14 octobre 1705.
De son mariage, qui fut béni par l'évêque de Rodez, le 21 novembre 1688, naquirent treize enfans, parmi lesquels :

1° Joseph, ci-après ; 2° Marie-Anne, femme de Jean-François Jouéry, lieutenant-criminel, à Rodez, le 25 novembre 1712 ; 3° et 4° Dominique et Guillaume, prêtres, chanoines au chapitre de Laval, diocèse du Mans ; 5° Etienne-Hyacinthe, qui embrassa la carrière militaire et mourut, à Rouen, le 20 avril 1756, chevalier de Saint-Louis et capitaine au régiment des grenadiers de France.

IV. JOSEPH SÉGURET fut pourvu, en 1725, des offices de président présidial et juge-mage en la sénéchaussée de Rodez, que son père avait exercés. Il épousa, le 6 août de la même année, Marie-Madeleine Le Normant, fille de François Le Normant, receveur des tailles, et de Françoise de Nègre, dont il eut quinze enfans, au nombre desquels figurent :

1° JOSEPH-FRANÇOIS-RÉGIS, ci-après ; 2° MARIE-RÉGIS, femme, le 8 novembre 1758, de Joseph-Raymond Bonald de Lafon, conseiller au sénéchal, fils de François et de Marguerite de Vivier.

V. JOSEPH-FRANÇOIS-RÉGIS DE SÉGURET, né le 2 novembre 1738, qui succéda à son père dans les charges de lieutenant-général juge-mage et président au présidial de Rodez, fut pourvu de celle de conseiller secrétaire du roi maison et couronne de France.

Premier lit :

Il épousa en premières noces, Marie-Anne Le Normant de Bussy (1), fille de François-Dauphin Le Normant de Bussy, et de Thérèse-Louise-Claudine d'Alichoux de Buzareingues, dont trois enfans morts en bas-âge, et Marie-Anne-Etiennette de Séguret, qui épousa, le 9 août 1788, Marie-Jean-Antoine-Régis de Lavernhe, fils de Raymond de Lavernhe, écuyer, conseiller du roi et son premier avocat en la sénéchaussée présidiale de Rodez.

Deuxième lit.

Joseph-François-Régis de Séguret épousa, le 12 mars 1774, en secondes noces, Marie-Anne-Catherine-Françoise-Josephe Le Normant d'Ayssènes, fille de Jean-Baptiste-François Le Normant, baron d'Ayssènes, conseiller au parlement de Toulouse, et de Marie Catherine de Raynaldy.

La bénédiction nuptiale leur fut donnée par messire Champion de Cicé, alors évêque de Rodez, depuis archevêque de Bordeaux et garde des sceaux de France.

M. de Séguret est mort, le 2 mars 1825, après avoir eu de son second mariage neuf enfans :

1° MARIE-RÉGIS, né le 19 février 1775, qui émigra à l'âge de

---

(1) Décédée le 13 juin 1770.

16 ans et mourut de la fièvre jaune à Saint-Domingue, en 1797; 2° JOSEPH-AMANS-HENRI DE SÉGURET, né le 10 janvier 1784, conseiller-auditeur à la cour impériale de Montpellier, le 10 août 1808; président du tribunal de Rodez, le 31 décembre 1811; député de l'Aveyron en 1824, chevalier de la Légion-d'Honneur et membre du conseil général en 1830; décédé, le 4 octobre 1835, sans enfans de Coraly Manson, qu'il avait épousée le 16 mai 1815; 3° MARIE-ANNE-CATHERINE DE SÉGURET, mariée, le 23 février 1802, avec Augustin-Amans de Rudelle, de Cassagnes; 4° AUGUSTINE-HENRIETTE DE SÉGURET, femme, le 21 novembre 1801, de Jean-François-Régis-Hippolyte Bonnefous, de Randan; 5° SOPHIE-AMANSE DE SÉGURET, alliée, le 8 février 1804, à Jourdain-Bernard-Marie-Etienne, baron de Roquemaurel La Tour, dans le département de l'Ariège; 6° MARIE-RÉGIS-PAULINE DE SÉGURET, décédée à Rodez, le 10 juillet 1837; 7° JEAN-RÉGIS-MARIE-VICTOR DE SÉGURET, ordonné prêtre, le 11 juin 1816, et actuellement chanoine honoraire de la cathédrale de Rodez; 8° ADRIEN DE SÉGURET, dont l'article suit:

VI. ADRIEN-JOSEPH-AUGUSTIN-VINCENT DE SÉGURET, né le 22 février 1800; substitut du procureur du roi à Millau, le 21 février 1827; substitut du procureur général près la cour royale de Montpellier, le 25 octobre 1829, et procureur du roi au tribunal de 1re instance de la même ville, le 31 janvier 1830, démissionnaire, le 6 août de la même année; enfin membre du conseil général de l'Aveyron en 1839.

De son mariage, contracté, le 23 novembre 1824, avec Mlle Virginie de Monseignat, sont issus trois enfans:

1° ADRIEN, avocat, juge-suppléant au tribunal de 1re instance de Rodez, marié, le ..... juillet 1854, avec Alix de Saincric, fille de Pierre-Thadée de Saincric, ancien colonel du 72e régiment de ligne, chevalier de Saint-Louis et commandeur de la Légion-d'Honneur, originaire de Blois, retraité et décédé à Villefranche; 2° ANATOLE, marié, le 25 avril 1854, avec Denise-Eléonore Rodat de Druelle, fille de Louis-Guillaume Rodat de Druelle et de Sophie-Etiennette Séguret de la Vayssière; 3° HENRIETTE DE SÉGURET, religieuse, fondatrice d'un couvent pour l'éducation des jeunes filles à Rodez.

LE PRÉSIDENT DE SÉGURET (PÈRE).

Né d'une famille honorée dans la magistrature, M. de Séguret suivit les traces de ses pères.

A 19 ans, il siégeait avec voix consultative; à 27 ans, il fut juge-mage, lieutenant-général président du sénéchal et présidial de Rodez.

En 1788, le gouvernement se débattait avec aussi peu d'adresse que de succès contre la crise prochaine dont les symptômes se manifestaient de toutes parts.

Les édits du timbre et de l'impôt territorial, publiés par le ministère du cardinal Loménie de Brienne furent jugés oppressifs par la magistrature et leur enregistrement refusé. La résistance fut d'autant plus honorable qu'elle était périlleuse dans son exécution et patriotique dans son principe. Cet acte de fermeté reçut sa punition ou mieux sa récompense. Une lettre de cachet envoya le président de Séguret à Saint-Etienne; les vœux et les regrets de ses concitoyens l'accompagnèrent dans son exil. A son retour, la population entière se porta au loin à sa rencontre; les plus unanimes acclamations saluèrent son rappel dans ses foyers et à ses fonctions, et la ville lui fit hommage, ainsi qu'à ses compagnons d'infortune, d'un drapeau blasonné de deux écussons avec cette inscription : *Cives virtuti legum vindici*, que la famille de Séguret conserve encore (1).

L'heure de la Révolution ne tarda pas à sonner. Les états-généraux furent convoqués, et M. de Séguret fut désigné par son souverain pour présider l'assemblée de la noblesse de sa sénéchaussée, réunie, le 23 mars 1789, pour l'élection des députés de cet ordre.

Choisi, l'année suivante (12 juillet 1790), par les électeurs pour être procureur-général-syndic près de la première administration du département, présidée par M. de Bonald, M. de Séguret se crut obligé, peu de temps après, ainsi que son noble coopérateur, de donner sa démission (2); ils avaient l'un et

---

(1) Par la même lettre de cachet qui est du 29 juillet 1788, MM. Enjalran, lieutenant-criminel, Azémar, doyen, et Bessière, avocat du roi, partagèrent la disgrace de M. de Séguret. Elle cessa au mois de septembre suivant, après la chute du ministère de Brienne, et le 30 du même mois, les quatre exilés rentrèrent à Rodez.

(2) 22 février 1791.

l'autre trop de sagesse et de prévision pour ne pas calculer les prochains ravages du torrent qui, grossissant avec rapidité, devait bientôt rompre toutes les digues.

Aux jours où la fidélité devint un crime, la modération une faiblesse, la vertu un préjugé, les persécutions éprouvèrent M. de Séguret, et firent ressortir en lui cette force de caractère, cette impassibilité des grands cœurs, cette sérénité des belles âmes, qui distinguèrent dans tous les temps les grands magistrats et constituent le courage civil, plus rare et plus méritoire peut-être que l'héroïsme militaire.

Rendu à la liberté par la Révolution thermidorienne, M. de Séguret alla chercher dans la campagne le repos et consacrer tous ses soins, dans le calme de la solitude, à l'éducation de sa famille.

Cependant l'ordre se rétablit, la justice fut rappelée, la magistrature recomposée, ses membres recherchés et réunis.

En 1811, M. de Séguret fut arraché à sa retraite, reporté par l'entraînement de l'opinion publique à la présidence du tribunal civil de Rodez, et, par une circonstance bien faite pour émouvoir son cœur paternel, il fut installé par son fils aîné, alors conseiller-auditeur près la cour royale de Montpellier, qui le délégua pour faire remonter son père sur un siége qui semblait être son patrimoine, et que celui-ci ne tarda pas de céder, l'année suivante, à son même fils.

Qui de nous pourrait avoir oublié ces séances du plus haut intérêt, où tour à tour le père et le fils traçaient leur propre histoire et celle de leurs aïeux, et semblaient dire, l'un ce qu'il avait pratiqué, l'autre ce qu'il ferait, en traitant de l'importance, de l'étendue des devoirs de leur place et de la manière dont ils devaient être remplis.

Modèle des magistrats, austère dans ses mœurs, sévère observateur de la discipline et des lois, il réunissait la science à l'intégrité, la dignité dans les manières à l'affabilité dans l'expression.

Toujours accessible aux justiciables et jamais à l'intrigue, M. de Séguret méritera d'être cité pour exemple dans la carrière qu'il a parcourue avec tant de distinction et laissera au milieu de nous de longs et honorables souvenirs.

(Extrait d'un article nécrologique publié dans le Journal de l'Aveyron).

DE BANCAREL.

Armes : *D'Azur, au chevron d'argent, à deux étoiles d'or en chef et un chien passant du même en pointe.*

Famille d'ancienne bourgeoisie, qui occupa longtemps à Rodez des emplois dans la magistrature et fut aussi pourvue de charges qui conféraient la noblesse.

I. FRANÇOIS BANCAREL, à l'époque de l'érection du siége présidial de Rodez, en 1635, obtint l'office de conseiller *secrétaire du roi* en la chancellerie présidiale de ladite ville. Les provisions sont du 15 octobre 1635.

Par contrat du 9 avril 1643, retenu par Soulié, notaire, il épousa Antoinette de Vedel, dont un fils unique, qui suit :

II. JEAN DE BANCAREL, Ier du nom, fut pourvu du même office de conseiller secrétaire du roi, le 17 mai 1674, et mourut en 1678. Il avait épousé, par contrat du 21 mai 1676 (Franques, notaire), Catherine de Lisle, de Saint-Geniez, laquelle, voulant conserver la charge dans sa famille, fit agréer au roi, en 1690, pour remplacer son mari, Jean Rous, avocat en parlement, son parent, habitant de Rodez.

De son mariage, elle n'avait eu qu'un fils nommé Jean, ci-après :

III. JEAN DE BANCAREL, IIe du nom, né le 22 mars 1677, suivit la même carrière que son père et fut nommé, le 9 décembre 1716, procureur du roi de la justice royale de Rodez. M. de Tourouvre, évêque, y joignit, le 11 novembre 1719, l'office de procureur fiscal en paréage de la même ville.

Jean II avait épousé, le 16 avril 1708 (Bertrandi, notaire), Marguerite de Lagorrée. Il mourut à Toulouse, le 31 août 1737, laissant sept enfants presque tous mineurs, parmi lesquels Etienne, ci-après, et François, qui fut docteur en théologie et curé de Lanhac.

IV. ETIENNE DE BANCAREL, seigneur d'Hyars et de Las Grèzes, né en 1709, fils aîné et héritier de Jean, fut nommé conseiller au sénéchal et siége présidial de Rodez, par provisions du 4 octobre 1731. Il s'allia, le 18 septembre 1752 (Franques, notaire), à Marie-Hélène de Lavergne, et mourut, le 27 avril 1785, après avoir exercé avec honneur les fonctions de sa charge pendant cinquante-quatre ans et rempli à plusieurs reprises celles de maire de Rodez.

Il laissait quatre enfans :

1° RAYMOND, dont on va parler ; 2° FRANÇOIS BANCAREL, prieur de Gillorgues, prêtre à Saint-Sulpice et docteur de Sorbonne, auteur d'un *Recueil de Voyages*, en plusieurs volumes, et de quelques autres écrits ; 3° HÉLÈNE, femme d'Antoine de Nogaret, de La Canourgue, sieur de La Mothe, fils d'Augustin et de Catherine de Vernières ; 4° ELISABETH, supérieure des Carmélites à Riom.

V. RAYMOND DE BANCAREL, seigneur d'Hyars et de Las Grèzes, se maria, par contrat du 29 janvier 1782 (Lambel, notaire du Mur-de-Barrez), avec Marie-Marguerite du Verdier de Mandillac, et reçut en dot la charge de président-trésorier de France au bureau des finances de Montauban, dont était pourvu, depuis longues années, M. du Verdier de

Mandillac, son beau-père. Les provisions du roi pour cette charge sont du 22 mai 1782.

Raymond de Bancarel fut membre du conseil général de l'Aveyron depuis 1800 jusqu'en 1826, et, en qualité de président de cette assemblée, il reçut une lettre close du roi pour assister, à Reims, au sacre de Charles X, le 29 mai 1825. Il mourut le 8 février 1830, laissant de son mariage :

1° PHILIPPE, ci-après ; 2° HENRI, garde-du-corps du roi, décédé sans enfans de Mlle Belloc de Paulhe.

VI. PHILIPPE DE BANCAREL, ancien membre du conseil d'arrondissement, et puis du conseil général après son père, en 1826, décédé le 1er décembre 1857, à Hyars, âgé de 73 ans, s'est marié deux fois :

1° En 1815, avec Pauline Pons de Vayssettes, dont deux filles : Mathilde, l'aînée, femme de M. Baduel d'Oustrac ; Nina, la cadette, mariée à M. Gaches de Vensac.

2° En 1824, avec Adolie Cassan de Floyrac, qui l'a rendu père de :

1° JÉRÔME, héritier universel de Jérôme du Verdier de Mandillac, son grand-oncle maternel, marié, au mois d'octobre 1855, à Julienne Le Jeune de Waha ; 2° LOUIS DE BANCAREL, sorti de l'école militaire de Saint-Cyr, officier de cavalerie ; 3° ÉLISE, femme de M. Vidal de Saint-Urbain.

(Titres de famille).

DE MONSEIGNAT,

Famille originaire de la Champagne.

Armes : *D'azur, au chevron d'argent, accompagné de trois maillets d'argent, deux en chef et un en pointe.*

Félix de Monseignat, receveur des gabelles en 1739, fixa cette famille à Rodez.

I. LOUIS-FELIX DE MONSEIGNAT, fils du précédent, obtint, le 2 août 1782, la charge de conseiller-secrétaire du roi, maison et couronne de France. Il eut de Marie-Anne Hémard de Lambosc, fille d'un conseiller au présidial, née à Rodez, le 4 octobre 1735, et qu'il avait épousée en 1757 :

1° Denis-Félix, mort de bonne heure dans la traversée de Saint-Domingue aux Etats-Unis, laissant de Marie Boyer de Paume, sa femme, Léon de Monseignat, qui a été professeur à l'école de droit de Grenoble, et a lui-même laissé une fille nommée Marie, qui a épousé, en 1856, le vicomte de Sainte-Suzanne ; 2° Jean-Louis-Paul, qui continue la descendance ; 3° Félix-Hippolyte de Monseignat-Barriac, né le 7 juin 1764, avocat au parlement de Toulouse, envoyé à la prison de la Force, à Paris, en 1793, rendu à la liberté, par la mort de Robespierre, le 13 août 1794; président de l'assemblée électorale et député au conseil des Cinq-Cents; réélu trois fois membre du corps législatif; président, en 1811, de la commission de législation au corps législatif; il eut l'honneur, par suite d'un rapport remarquable, de rattacher son nom au Code pénal et fut nommé membre de la Légion-d'Honneur; puis longtemps conseiller de préfecture à Rodez, où il est décédé, le 4 décembre 1840, après avoir été plusieurs fois président du conseil général de l'Aveyron et président à vie de la Société d'agriculture du même département. Il s'était allié, le 25 mai 1794, à Marie-Anne Béteille, du faubourg Saint-Cyrice de Rodez, sœur du général baron Béteille, dont il a eu : A Marie-Rosalie, mariée, le 24 février 1812, à Jean-François Vergnes de Castelpers, intendant militaire, député de l'Aveyron, commandeur de la Légion-d'Honneur, décédé, à Rodez, le 22 septembre 1852; B Marie-Fanny, mariée à Henri Affre de Saint-Rome, ancien sous-préfet, représentant du peuple en 1848, conseiller de préfecture, décédé, à Rodez, le 7 janvier 1858; C Amélie, supérieure des religieuses de Saint-Vincent-de-Paul à Revel; D Désirée, célibataire et vouée au soin des pauvres et aux bonnes œuvres; E Virginie, mariée à Adrien de Séguret, ancien magistrat; F Hippolyte-Marie-Félix de Monseignat, successivement conseiller de préfecture, membre du conseil général, député, président de la Société d'agriculture de l'Aveyron, chevalier de la Légion-d'Honneur, marié, le 21 janvier 1834, à Hortense Borrelli de Serres, de Mende, dont une fille unique, Marie-Bastienne, née le 1er janvier 1836, qui a épousé, le 12 mai 1857, le vicomte Edouard-Henri de la Bonninière de Beaumont; 4° FÉLIX-LOUIS DE MONSEIGNAT, ancien sous-directeur de la caisse d'amortissement, officier de la Légion-d'Honneur, qui, de son mariage, contracté le 24 octobre 1808, avec Françoise-Désirée-Marie de Saint-Aubin, née à Chartres le 9 octobre 1787, a eu : A Eugène-Charles, chef de division à la direction générale des caisses de consignation et d'amortissement, chevalier de la Légion-d'Honneur, né à Paris, le 12 janvier 1811; B Charles-Félix, homme de lettres, avocat et docteur en droit, né à Paris, le 8 février 1814.

II. JEAN-LOUIS-PAUL DE MONSEIGNAT-LAGA, né à Rodez, le 30 juin 1759, épousa, en 1797, Marie-Procule-Elisabeth Cassan (1), fille de Joseph Cassan, habitant de Rodez, et en eut :

1° PAUL-FÉLIX-FRÉJUS, ci-après; 2° THÉOPHILE, agent-de-change, né à Rodez, le 15 septembre 1805; 3° ADELINE, mariée à Joseph-Guillaume Bourguet, docteur en médecine et en chirurgie, née à Rodez, le 2 janvier 1802.

III. PAUL-FÉLIX-FRÉJUS DE MONSEIGNAT, conservateur des hypothèques à Rodez, marié, le 5 novembre 1833, à Marie-Philippine Levesque, de Sévérac, fille de Jean Levesque et de Rose Lescure de Lavergne, a eu pour enfans :

1° CLÉMENCE-MARIE, née le 22 août 1836; 2° MARIE-JULES, né le 20 septembre 1838.

---

(1) Décédée à Rodez, le 19 mai 1859, âgée de 87 ans.

BONNIN DE LA BONNINIÈRE DE BEAUMONT,

Seigneurs des Grands et des Petits Châtelliers, de Beauvais, du Fresne-Savary, de Rortre, de la Gidonnière, de Rézé, Ruillé-sur-Loir, etc.; marquis de Beaumont-la-Ronce et de La Chartre-sur-Loir; en Touraine, au Maine et en Anjou.

Armes : *D'argent à une fleur de lis de gueules.*
Supports : *Deux lions.*
Devise : *Virtute, comite, sanguine.*

Cette famille est une des plus anciennes de la Touraine : un acte de 1191 montre Hugues Bonnin prenant part à la troisième croisade (1); en 1348, un autre Hugues Bonnin, chevalier, châtelain de Beaugency, rendait en cette qualité foi et hommage aux comtes de Namur, de Blois et de Vendôme; Jean Bonnin (1383) figure à la suite du comte de Sancerre, seigneur de Bueil, armé pour le voyage du roi en Allemagne; tandis que Guillaume Bonnin (1397) recevait l'aveu de Pierre de Bueil, chevalier, pour la seigneurie des Petits Châtelliers. Pierre Bonnin, fils de ce dernier, prend le nom de la Bonninière, conservé depuis lors, ainsi que l'atteste une filiation non interrompue.

Cette famille a donné des chevaliers de l'ordre de Saint-Jean-de-Jérusalem ou de Malte [1696, 1769, 1779, 1786] (2); des pages (1692, 1724, 1776, 1778, 1783, 1805, 1807); un lieute-

---

(1) Copie d'une charte des Croisades, tirée des papiers de la famille du Pont d'Oysouville, relatée dans l'ouvrage de Lainé, t. X., p. 10, *des archives de la noblesse de France.*

(2) *Notice sur l'ordre de Malte*, par M. de Saint-Allais, p. 256.

nant-général, plusieurs colonels et officiers supérieurs ; un chevalier d'honneur de l'impératrice Joséphine ; un ambassadeur (Gustave de Beaumont) ; des députés, etc.

Elle possédait deux marquisats : celui de Beaumont-la-Ronce, érigé par le roi, au mois d'août 1757, en faveur de Jean-Claude de La Bonninière de Beaumont, et celui de la Chartre-sur-Loir, par héritage. Elle possédait aussi deux sièges à la chambre des pairs (1), et avait obtenu les honneurs de la cour en 1786.

Dès les temps les plus reculés, on voit cette maison contracter des alliances avec la plus haute noblesse de la Touraine, du Maine, de l'Anjou, etc., avec les familles Savary, Gallois, Ronsard, Odart, du Plessis-Châtillon, d'Argouges, Hurault, de Gauville, Hue de Miroménil, de Ségur, Caumartin, etc., qui l'ont rendue alliée des maisons de Maillé, d'Argy, La Barre, de Bude, Coueffier, Poisieux, Launay, d'Harcourt, de Scepaux, de Voyer d'Argenson, d'Angluire, de Broglie, de Béthune, de Choiseul, de Montesquiou, d'Esclignac, Aligre, Boissy, de Gèvres, du Guesclin, de Biron, Gouffier, de Laval, de Luxembourg, de Coëtlogon, de Thuisy, de Bérulle, etc.

L'acte d'érection en marquisat des seigneuries de Beaumont-la-Ronce et des Grands-Châtelliers, seigneurie appartenant à la famille de temps immémorial, porte que « Jean-Claude de La Bonninière de Beaumont a d'autant plus lieu d'espérer la grâce qui va lui être accordée, qu'il est d'une famille distinguée de la province de Touraine, dont les ancêtres jouissaient de la noblesse dès le commencement du XIVe siècle et ont toujours servi dans nos troupes. »

Après l'exposé de différents faits militaires et autres services rendus par plusieurs membres de cette famille, l'acte porte encore : « A ces causes, etc., voulons et nous plaît que ledit sieur Claude de La Bonninière de Beaumont et ses enfants, postérité et descendants masles, légitimes, puissent se dire et qualifier et qu'ils soient nommés et qualifiés marquis de Beaumont-La-Ronce en tous actes et en toutes occasions, etc. »

Nous allons donner ici les derniers degrés de cette famille :

JEAN-CLAUDE DE LA BONNINIÈRE DE BEAUMONT, marquis de Beaumont-la-Ronce, épousa, en 1736, Anne-Françoise de Quantin, dont il eut Anne-Claude, qui suit.

---

(1) Théodore de Beaumont-Villemanzy fut appelé à la pairie par ordonnance du roi Louis XVIII, en date du 23 décembre 1823.

ANNE-CLAUDE DE LA BONNINIÈRE, marquis de Beaumont et de La Chartre-sur-Loir, eut de Marguerite Le Pellerin de Gauville, fille du lieutenant-général, marquis de Gauville, qu'il avait épousée en 1760, treize enfans, parmi lesquels :

1° ANDRÉ, l'aîné, marquis de Beaumont, page du roi, chevalier d'honneur de l'impératrice Joséphine, qui épousa, le 26 mai 1786, Anne Hue de Miroménil, nièce du garde-des-sceaux, issue de Victoire de Ségur, dont le fils aîné, Théodore, marquis de Beaumont, page de Napoléon, lieutenant-colonel, pair de France, eut pour femme, en 1820, Cécile Orillard de Villemanzy. Trois fils et une fille.

2° MARC-ANTOINE, comte de Beaumont, page de la reine, lieutenant-général, pair de France, marié à Julie Davoust, sœur du maréchal. Deux fils et une fille.

3° CHARLES, comte de Beaumont, chevalier de Malte, gouverneur de l'école militaire, qui épousa : 1° Mademoiselle Elisberg ; 2° Madame veuve de Mondenoy ;

4° Comte JULES DE BEAUMONT, chevalier de Malte, marié, le 22 vendémiaire an III, à Rose Préau de La Barandière-d'Artigné, dont entre autres enfans :

A Jules, comte de Beaumont, ex-mousquetaire noir, capitaine au 18e de chasseurs, chevalier de Saint-Ferdinand d'Espagne, époux de Félicie de Bonnet de Bellou, d'une très-ancienne et noble famille de Normandie, qui le rendit père, entre autres enfans, du vicomte Edouard-Henri, marié, le 12 mai 1857, à Bastienne de Monseignat, de Rodez ;

B Baron A..... de Beaumont, garde-du-corps de 1815 à 1830.

C Gustave de Beaumont, ex-député et ambassadeur, époux de Clémentine de La Fayette, dont deux garçons et une fille ;

5° Comte ARMAND DE BEAUMONT, ancien préfet de l'Aude, marié à Mlle de La Godelinière, qui lui a donné plusieurs enfans dont un, lieutenant-colonel, a été tué à Magenta ;

6° Vicomte EUGÈNE DE BEAUMONT, allié à Mlle Lejeune de la Furjonnière de Daumeray, dont, entre autres enfans, Eugène de Beaumont, officier aux carabiniers, qui a épousé Mademoiselle Constant de Moras ;

7° Comte OCTAVE DE BEAUMONT, lieutenant des mousquetaires noirs, colonel du 18e chasseurs, époux de Clémence de Crochard ;

8° Comte LÉOPOLD DE BEAUMONT, officier de hussards, tué dans la campagne de Russie.

(Titres de famille et preuves pour les honneurs de la cour devant Chérin, etc.)

VAISSIÈRE DE SAINT-MARTIN.

Armes : *De gueules, au vaisseau d'argent, au chef cousu d'azur, chargé de trois étoiles d'or.*

Cette famille, originaire de Millau, est divisée en deux branches, dont l'une a pris le nom de Saint-Martin-Valogne (1).

Jean Vaissière de Saint-Martin, avocat, avait épousé, avant 1687, Marguerite de Prévinquières-Montjaux, veuve de Jacques de Solages, seigneur de Vailhauzy.

Jacques Vaissière de Saint-Martin, son descendant, juge-royal de la vicomté de Creissels, eut de Françoise de Barrié :

Jacques Vaissière de Saint-Martin, IIe du nom, avocat en parlement, conseiller à la cour des comptes de Montpellier, marié, par contrat du 13 janvier 1781, à Christine de Blanc de Guizard, fille de feu Louis de Blanc et de Jeanne de Gaujal de Grandcombe. De ce mariage :

1° Henri-Victor-Louis, né le 4 juin 1787, sous-préfet de Millau sous la Restauration, marié à N...... Persegol d'Auberoque, sans enfans ; 2° Jean-Pierre Vaissière de Saint-Martin, officier de la Légion-d'Honneur, chef de bataillon en retraite, marié à

(1) Celle-ci est protestante.

N...... Martin-Maccarthy, de Libourne ; 3°, 4° et 5° trois filles, dont l'une est femme de Charles Barascud, négociant à Millau.

DEUXIÈME BRANCHE.

N...... Vaissière de Saint-Martin-Valogne, maire de Millau en 1792, fut député à la Convention nationale, le 2 septembre de la même année, y vota *la réclusion et le bannissement* de Louis XVI et se fit toujours remarquer par la modération de son caractère et de ses opinions politiques.

Devenu ensuite membre du Conseil des Cinq-cents, il en sortit en mai 1797, obtint la recette générale du département de Loir-et-Cher (Blois), et fut remplacé dans cet emploi par son fils aîné qui est mort le 21 février 1834. Ses autres enfans sont :

2° Euclyde Vaissière de Saint-Martin-Valogne, sous-intendant militaire, chevalier de Saint-Louis et officier de la Légion-d'Honneur (1), décédé ; 3° Maurice, capitaine retraité, entreposeur des tabacs au Hàvre ; 4° Aimé, capitaine retraité, puis négociant à Paris, décédé.

---

(1) Il a été promu à ce grade à Oran, en 1842. Il était sous-intendant militaire adjoint depuis le 6 septembre 1823.

DE PLANARD.

Armes : *D'azur, à la planète ou étoile d'argent, coupée de gueules à trois triangles d'argent.*

Antoine-Marie de Planard, originaire de Saint-Geniez, avait été pourvu de la charge de maître des comptes au bureau des finances de Montauban.

Son mariage, en 1782, avec Antoinette de Gualy, le fixa à Millau. Il émigra au commencement de la Révolution, fut dépouillé, par les confiscations, de sa fortune qui était considérable, rentra en France quand le calme fut un peu rétabli, fut appelé à la sous-préfecture de Millau au mois de septembre 1814, et reçut, quelques jours après, la croix de Saint-Louis, juste récompense d'une vie consacrée tout entière et avec un si noble désintéressement à la cause monarchique.

M. de Planard a laissé de son mariage :

1° François-Antoine-Eugène de Planard, secrétaire d'une des sections du conseil d'Etat, auteur dramatique distingué, sur lequel nous reviendrons bientôt (1) ; 2° Amédée, brigadier dans les gardes de *Monsieur*, frère du roi, en 1814, puis capitaine de dragons, chevalier de la Légion-d'Honneur, mort à la fleur de l'âge ; 3° Léopold, ancien employé au ministère de la justice ; 4° Léon, ancien garde-du-corps.

(1) Voir sa biographie dans l'ouvrage consacré à la Légion-d'Honneur.

ROZIER.

Georges Rozier, conseiller du roi et président au bureau de l'élection de Millau, seigneur de Vabres et d'Argeliez, décédé en 1785, avait épousé, en 1763, Marie-Catherine de Lahondès de Laborie, qui le rendit père de six enfans :

1° Georges-Henri-Rose, mort sans postérité ; 2° Georges-Antoine, *dit Montauroux*, émigré, mort riche colon à Demerary, laissant deux enfans : Henri, mort à Demerary, et une fille, qui a épousé Maurice Rozier, son cousin ; 3° Alexis-Frédéric, inspecteur des domaines à Angoulême, mort il y a quinze ans, laissant trois filles de N..... Prévaud de la Rasinière ; 4° Rosalie, religieuse, décédée à Angoulême ; 5° Jeanne-Victoire-Antoinette, femme de Claude-Charles Richard-Gondrecourt, inspecteur des domaines à Villefranche, décédé conservateur des hypothèques à Angoulême, laissant, entre autres, une fille, Mme de Saint-Surin, femme auteur, qui a épousé M. de Montmazour, conseiller à la cour de cassation ; 6° Jean-Baptiste-Henri, avocat, décédé à Millau, laissant six enfans de N....., Dugazel, sa femme, de Saint-Pons (Hérault), dont l'un, Maurice, inspecteur du chemin de fer à Bordeaux, a épousé sa cousine.

DU LAC.

Cette famille, de noble extraction, était originaire du Languedoc où elle possédait la seigneurie de Montvert, aux environs de Castres. Jean-Melchior, comte du Lac, seigneur de Montvert, membre de l'assemblée de la noblesse tenue à Villefranche, en 1789, pour l'élection des députés aux Etats généraux, puis émigré, s'était fixé à Villefranche par son mariage avec Mlle Borelly, dont il eut :

1° Jean-Melchior, ci-après ; 2° N..... Du Lac, mousquetaire de la maison du roi en 1814, décédé.

Jean-Melchior Du Lac fut maire de Villefranche en 1813, 1814 et 1815, après les Cent-Jours. A la fin de cette dernière année, il obtint la sous-préfecture de Millau, et, en 1818, il passa à celle de Villefranche. Nommé successivement, sous Louis-Philippe, préfet de la Nièvre, en août 1830, et des Basses-Alpes, l'année suivante, il fut ensuite révoqué et se retira à Castres.

De son mariage avec Monique de Villaret, nièce de l'évêque de Cazal, il avait eu Jean-Melchior Du Lac, né le 24 septembre 1806, qui, après avoir pris la carrière du barreau, se consacra à la littérature et devint bientôt l'un des écrivains les plus distingués de l'ancien *Univers religieux*, des *Annales de philosophie chrétienne* et de l'*Université catholique* (1835). Quand l'*Univers religieux* se transforma, en 1841, il en fut un des principaux collaborateurs.

Il a fait paraître, en 1850, deux volumes, l'*Eglise et l'Etat*, qui ont produit une certaine sensation dans le monde politique et qui font partie de la *Bibliothèque nouvelle*, en cent volumes, fondée par M. Louis Veuillot.

DUBRUEL ou DUBREUIL.

Dubruel (Pierre-Jean-Joseph), né à Rignac d'une honorable famille, était juge au tribunal du district d'Aubin en l'an IV. Nommé au Conseil des Cinq-Cents aux premières élections qui suivirent la Convention, il y montra le désir de fermer les plaies qu'un régime funeste avait faites à la France.

En 1796, il proposa de révoquer les lois révolutionnaires contre les prêtres, et exposa, dans un rapport, les concussions du conventionnel Laplanche. Il s'éleva contre les inscriptions sur les listes d'émigrés et contre le pouvoir accordé à cet égard au Directoire.

Au mois d'octobre de la même année, il demanda que l'on mît en liberté les prêtres sexagénaires.

En 1797, deux nouveaux rapports de M. Dubruel le signalèrent comme l'avocat des prêtres : le premier, du 30 pluviôse, proposait de rendre la liberté aux prêtres détenus et d'astreindre les prêtres à une simple soumission aux lois ; le second, du 8 messidor, abrogeait la loi contre les prêtres réfractaires. Ces deux rapports, et le second surtout, étaient en opposition avec la politique du Directoire et, en les lisant, on est étonné de la franchise avec laquelle on y caractérisait les lois révolutionnaires. Toutefois, M. Dubruel échappa à la proscription du 18 fructidor. Son élection fut cassée, mais on le laissa tranquillement retourner dans sa patrie, où il ne chercha qu'à se faire oublier. Depuis il entra dans l'instruction publique et fut successivement proviseur du lycée de Marseille et de Versailles.

Le roi Louis XVIII, pour reconnaître sa belle et courageuse conduite législative, lui avait accordé des lettres de noblesse au mois de décembre 1814. En 1816, le département de l'Aveyron l'élut membre de la chambre des députés et depuis on le nomma questeur de la chambre, et, au mois d'octobre 1824, inspecteur-général des études.

Dès 1827, le dérangement de sa santé fit craindre une fin prochaine. Il parut se remettre un peu, et il venait d'être élu encore député et d'être continué dans ses fonctions de questeur, quand la maladie dont il était atteint, devenant tout-à-coup plus grave, l'enleva de ce monde le 27 mars 1828.

M. Dubruel avait été promu au grade d'officier de la Légion-d'Honneur le 1er mai 1821, et à celui de commandeur au mois de mai 1825.

Plusieurs autres familles du même nom, toutes originaires du département de l'Aveyron, paraissent avoir une commune origine.

A l'une d'elles appartenait le médecin Dubruel, célèbre par l'amitié qui l'unit à Puechméja (1), son compatriote. Ils renouvelèrent l'exemple trop rare d'Oreste et de Pilade. Puechméja étant tombé malade à Paris en 1776, Dubruel vola à son secours, et dès-lors tout fut commun entre ces deux amis : habitation, fortune, bien et maux. La mort même ne put les séparer. Le médecin étant mort le 10 avril 1785 d'une maladie contagieuse, l'homme de lettres, qui ne le quitta pas dans ses derniers moments, mourut vingt jours après victime de l'amitié. Il comptait sur Dubruel comme sur lui-même. Un jour qu'on lui demandait quelle était sa fortune : « J'ai, répondit-il, 1,200 livres de rente. » — Et comme on s'étonnait qu'un si modique revenu pût lui suffire : — « Oh ! dit-il, le docteur en a davantage. »

On connaît les beaux vers qu'il fit mettre au bas du portrait de Dubruel :

> Il oublia son art pour le créer encore,
> Au sort de ses amis son bonheur fut lié,
> Et la Grèce l'eût pris pour le Dieu d'Épidaure
> Ou pour celui de l'amitié.

On compte encore parmi les hommes distingués qui portent le même nom :

M. Dubreuil, professeur à l'école de médecine de Montpellier.

M. Edouard Dubruel, de Villefranche, représentant du peuple à l'assemblée constituante en 1848.

---

(1) Littérateur distingué de Villefranche, auteur de *Télèphe*.

BOSCARY DE VILLEPLAINE.

La famille de Boscary, originaire de Villeplaine, petit village près de Sévérac-le-Château, s'était divisée en deux branches dont l'une s'établit à Saint-Côme (1) et l'autre à Lyon. L'auteur de celle-ci avait été appelé, vers 1730, dans cette ville par un de ses oncles ecclésiastiques qui y possédait un prieuré. Il fit de bonnes études, embrassa la carrière du barreau et acquit bientôt une grande réputation de capacité et de désintéressement.

D'un mariage contracté avec Mlle Chol de Clercy (famille très-honorable, anoblie par l'échevinage), il eut huit enfans, quatre fils et quatre filles.

L'aîné, Pierre-François Boscary, mort en 1809, succéda à son père. Il soutint et accrut encore cet honorable héritage et se distingua surtout par son esprit conciliant.

Jean Boscary se fixa à Paris, parcourut avec une haute distinction la carrière commerciale et ne se fit pas moins remarquer par la probité la plus sévère que par la solidité de son esprit. Il fut nommé, en 1791, par les électeurs de Paris, membre de l'assemblée législative, et prit place à côté des plus sages et des plus modérés de cette assemblée, tels que les Vaublanc, les Lacretelle, les Quatremère de Quincy, etc. Il faisait partie du comité du commerce et de celui de la dette publique. L'assemblée reconnut si bien son habileté financière qu'elle le fit administrateur de la Caisse d'escompte, aujourd'hui Banque de France.

Il était connu sous le nom de Boscary de *Romaine*, terre

---

(1) A celle-ci appartient M. Jean-François Boscary, capitaine en retraite, chevalier de la Légion-d'Honneur, ancien officier de la garde royale.

considérable acquise par lui aux environs de Paris. Il a laissé six enfans qui ont fait de très-belles alliances (1).

Jean-Baptiste-Joseph, le troisième de cette génération, né à Lyon le 12 juin 1757, fut M. Boscary de Villeplaine, qui fait le sujet de cet article. A l'âge de 19 à 20 ans, n'ayant pas encore d'état, il se disposait à partir pour les Indes afin d'y tenter la fortune, lorsque son frère Jean le détourna de ce projet, le fit venir près de lui à Paris et s'empressa de l'associer à ses travaux. L'intelligence et l'activité des deux frères conduisirent toutes leurs entreprises à un très-haut point de prospérité. L'union la plus parfaite ne cessa d'exister entre eux et la probité sévère dont ils firent constamment preuve l'un et l'autre leur mérita la confiance de tout le commerce.

Dès l'année 1787, M. Boscary de Villeplaine faisait déjà partie de la compagnie des agens de change et se trouvait possesseur d'une brillante fortune. En 1789, à l'époque de l'organisation de la garde nationale parisienne, il fut fait officier dans le bataillon de la section des *Filles-Saint-Thomas* (2), et la considération dont il jouissait, autant que son mérite bien connu, le firent bientôt porter au commandement de ce bataillon célèbre dont la courageuse fidélité ne se démentit jamais. Ce fut dans ce poste qu'il eut le bonheur de donner à la monarchie des preuves nombreuses d'un dévouement qui n'était point alors sans péril ; mais ce dévouement parut surtout avec le plus grand éclat dans les funestes journées du 20 juin et du 10 août 1792.

La France n'a pas oublié que dans la journée du 20 juin, environ huit mille individus, venus des différens faubourgs de la capitale, se présentèrent le matin aux guichets du Carrousel ; ils étaient partagés en deux bandes composées de femmes, d'enfans et d'hommes armés de piques et de bâtons ferrés ; à la tête de l'une de ces bandes figurait le fameux *Santerre*, brasseur de bière au faubourg Saint-Antoine ; un jeune clerc de palais, nommé Huguenin, dirigeait l'autre. Parvenue à la grille des Tuileries, cette cohue de bandits se précipite dans la cour

---

(1) Avec les Vergènes, les Latour-du-Pin, les Miramont. Sa fille cadette épousa le lieutenant-général comte Dutaillis, pair de France.

(2) M. Boscary prit alors pour instructeur un sergent des gardes-françaises, nommé Lefèvre. Ce sergent devint plus tard maréchal de France et resta toujours son ami.

du château et va droit aux appartemens. Louis XVI fait aussitôt éloigner la reine et ses enfans, et il se présente avec le plus grand calme à ce ramas de brigands : leurs piques sont tournées contre ce prince ; mais le courage de quelques fidèles serviteurs préserve les jours du roi. Pendant ce temps-là, une partie de cette affreuse bande cherchait à pénétrer dans la salle où s'était retirée la reine avec l'intention de l'assassiner. M. de Vergennes, l'un des commandans de la garde nationale, fait arriver, par l'escalier des *Carraches*, les grenadiers du bataillon des *Filles-Saint-Thomas* qui se trouvait de service au château ; M. Boscary paraît à la tête de ces braves gens, et, prenant position dans une galerie par laquelle les assassins devaient nécessairement passer, il fait placer en travers une longue table, et il range sa petite troupe derrière ce retranchement d'un nouveau genre. Il était temps : la porte est enfoncée à coups de hache, les brigands se précipitent dans la galerie, mais ils restent interdits à la vue d'un obstacle auquel ils ne s'attendaient point et qu'ils n'essayèrent même pas de forcer. La contenance ferme des grenadiers leur en imposa, et l'aspect du jeune Dauphin, que l'on fit monter sur la table, sembla adoucir ces tigres altérés de sang.

Au 10 août, ainsi que dans la nuit qui précéda cette fatale journée, M. Boscary se trouvait aux Tuileries avec tout son bataillon. L'infortuné Louis XVI, accompagné de la reine, de ses enfans, de Mme la princesse de Lamballe, de MM. de Boissieu et de Menon, maréchaux-de-camp ; de MM. de Maillardoz et de Bachmann, officiers suisses ; de M. de Lajeard, ancien ministre de la guerre, et enfin de MM. de Bridges et de Poix, passa la revue des troupes réunies pour la défense de la monarchie. A la vue du monarque, les tambours battirent aux champs, les cris de : *Vive le roi !* se firent entendre, les gardes nationaux le répétèrent ; il n'y eut que les canonniers du bataillon de la section de la *Croix-Rouge* qui crièrent constamment : *Vive la nation !* En revenant du *pont Tournant*, où était placée la réserve et que le roi trouva dans les meilleures dispositions, le malheureux prince fut accablé d'outrages ; de nouveaux bataillons, mêlés d'hommes armés de piques, s'étant introduits dans les cours du château et y ayant étouffé les cris de : *Vive le roi !* par ceux de : *Vive la nation !* on vint cependant à bout de les en faire sortir, et ils se placèrent sur le Carrousel dans une attitude qui montrait assez leurs intentions hostiles.

M. Rœderer, à la tête du directoire du département, arrivé alors dans la chambre du conseil où était le roi et sa famille : « Le danger, leur dit-il, est à son comble et au-dessus de toute expression ; la garde nationale fidèle est peu nombreuse, le reste est corrompu et serait même le premier à tirer sur le château ; toute la famille royale court le risque d'être massacrée avec ceux qui l'entourent si le roi ne prend sur le champ le parti de se rendre à l'assemblée nationale. »

Cette proposition déplut beaucoup à la reine ; mais sur les instances de M. Rœderer, le roi se décidant enfin à se rendre à l'assemblée avec sa femme et ses enfans, il ordonna de faire venir les grenadiers du bataillon des *Filles-Saint-Thomas* pour lui servir d'escorte. Ce fut alors que M. Boscary, doué d'une grande rectitude de jugement qui lui indiquait toujours le meilleur parti à prendre dans chaque circonstance, osa donner à Louis XVI un conseil qui, s'il eût été suivi, aurait sauvé la famille royale et peut-être la monarchie.

Écoutons, à ce sujet, M. de Lacretelle, dans son *Histoire de la Révolution française*, édition de 1824 :

« Le roi, déterminé à ce funeste parti, fit venir M. Boscary de Villeplaine, l'un des deux commandans du bataillon des *Filles-Saint-Thomas*, et lui ordonna de se réunir, avec sa troupe, aux Suisses, pour lui servir d'escorte dans sa marche à l'assemblée. M. Boscary le conjura de prendre un autre parti. — « Dès que Votre Majesté, lui dit-il, se sera livrée, ses sujets » les plus dévoués ne pourront plus rien pour elle : ne vaudrait-» il pas mieux qu'elle choisît ce moment même pour sortir de » Paris ? Nous formerions, avec les Suisses, un bataillon carré ; » nous avons au moins huit pièces de canon à notre disposition : » il est vrai que nos canonniers ne sont pas sûrs ; mais les piè-» ces seraient servies par les Suisses. Les rebelles ne pourront » être prêts avant deux heures ; je sais que la route de Rouen » est parfaitement sûre. » — Ce parti serait excellent, reprit le roi, si j'étais seul ; mais voyez (en lui montrant la reine et ses enfans) les êtres que j'exposerais au carnage. »

Après d'inutiles représentations, M. Boscary dût obéir aux derniers ordres qu'ait donnés son infortuné souverain ; il l'escorta jusqu'à l'assemblée avec les grenadiers de son bataillon, les Suisses et les grenadiers du bataillon des *Petits-Pères*. Bientôt après commença l'attaque du château par les masses populaires venues du faubourg Saint-Antoine et du faubourg

Saint-Marceau, à la tête desquelles figuraient le prussien *Westermann* et le polonais *Lazousky*. On sait assez avec quelle lâche perfidie la troupe de factieux, qui s'intitulait *Assemblée nationale*, répondit à la confiance de son roi, qui avait cru trouver un asile dans son sein.

Après le 10 août, M. Boscary mit tout en usage pour se dérober aux recherches de la commune de Paris. Tous ceux de son bataillon qui eurent le malheur d'être faits prisonniers périrent sur l'échafaud, même les simples grenadiers : il est facile de juger quel aurait été le sort du chef s'il eût été possible aux révolutionnaires de se rendre maîtres de sa personne. Un décret de mise hors la loi fut lancé contre lui ; il erra longtemps dans les environs de la capitale, caché chez d'honnêtes fermiers de sa connaissance. Un marchand de vins de Beaujeu, avec qui il était lié, vint le prendre dans une ferme où il s'était réfugié, près de Senlis, et, après lui avoir fourni les moyens de se déguiser, il le conduisit dans le Beaujolais. A l'aide d'un faux passeport, il gagna Lons-le-Saunier, sachant qu'il y trouverait des facilités pour passer en Suisse. Il y parvint, en effet, non sans peine et demeura presque tout le temps de son exil à Saint-Gall.

Après le 9 thermidor, il quitta la Suisse et vint à Lyon, sa ville natale ; il y passa près d'une année au milieu de ses parens et de quelques anciens amis. Ce fut à cette époque que son frère de Paris vint le rejoindre avec toute sa famille. Bientôt ils retournèrent l'un et l'autre dans la capitale, où Jean-Baptiste-Joseph reprit son état d'agent de change et s'occupa de rétablir sa fortune renversée ; mais, en 1797, il eut la douleur de perdre le frère chéri qui lui avait servi de père. Il acquitta noblement sa dette envers sa veuve et ses enfans ; il vécut constamment au milieu d'eux ; son active sollicitude rassembla les débris de leur fortune et Dieu bénit ses généreuses résolutions ; ses affaires prospérèrent, les malheurs furent réparés ; chaque jour il recueillit les fruits de sa sagesse et de son intelligence.

Lorsque, sous l'empire, la compagnie des agents de change fut réorganisée, ses collègues, qui avaient reconnu la supériorité de son mérite, ne tardèrent pas à le nommer leur syndic. Souvent il éclaira de ses lumières les questions les plus difficiles ; ses décisions étaient toujours d'un grand poids, et, dans une circonstance importante, appelé par Napoléon à une séance du conseil d'Etat, il exposa avec tant de clarté, de justice, de raison, les intérêts de son corps, que le chef de l'Etat, qui discuta longtemps avec lui, se rendit enfin, et fit droit à toutes ses propositions.

Quand vint la Restauration, sa conduite reçut la récompense qu'il ambitionnait le plus. Louis XVIII se ressouvint de ce qu'avait osé M. Boscary dans des temps orageux. Ce monarque le décora de la croix d'officier de la Légion-d'Honneur et le créa baron. Il donna des titres de noblesse à celui qui avait tant de noblesse dans les sentimens. Il fit plus encore : Quand M. de Villeplaine se présenta devant lui avec ses braves compagnons d'armes, le roi leur dit ces mémorables paroles : « Non-seulement, Messieurs, j'admire votre conduite, mais je la vénère, » et pour perpétuer à jamais le souvenir glorieux de sa noble conduite au 10 août, il lui donna pour armoiries le *château des Tuileries*.

Sans doute, par sa position sociale, par ses lumières, par sa vaste capacité dans les matières de finances, M. Boscary pouvait prétendre à de brillans emplois, mais il ne brigua jamais que des fonctions sans éclat. Au moment du danger, garde national, il s'exposait sans regarder en arrière, pour le maintien du Trône ou la défense de la cité. Dans les temps de paix, simple membre du bureau de charité de son arrondissement, il distribuait des aumônes aux pauvres et trouvait ainsi le moyen de répandre ses propres bienfaits sans être aperçu.

Plein d'affection pour sa ville natale, on le vit toujours accueillir avec empressement ceux de ses compatriotes qui se trouvaient à Paris. Propriétaire du château de *Lagrange* (1), qui jadis avait appartenu au maréchal de Saxe, il y conservait avec un respect religieux tout ce qui pouvait rappeler le souvenir de cet illustre guerrier.

Après quatre jours d'une maladie qui d'abord n'avait pas donné d'inquiétude, M. Boscary de Villeplaine mourut, le 28 décembre 1827, âgé de 70 ans et 6 mois.

Sa dépouille mortelle fut déposée au cimetière du Père-Lachaise, et M. Dugas-Montbel, député de Lyon, qu'une ancienne amitié liait à la famille Boscary, exprima, dans un touchant discours sur sa tombe, les regrets universels qu'inspirait la perte de cet homme de bien.

---

(1) Cette belle habitation est située à cinq lieues de Paris sur une hauteur qui domine Villeneuve-Saint-Georges.

La manière dont il a disposé de sa grande fortune (1), fait autant d'honneur à son jugement qu'à la bonté de son cœur; aucun de ses parens n'a été oublié, et les pauvres ont également eu leur part du riche héritage qu'il a laissé.

Marié, dès 1792, à la fille aînée de son frère, il n'eut pas le bonheur d'en avoir des enfans, mais ses neveux lui en ont servi (2).

(Extrait en partie des archives historiques et statistiques du département du Rhône, n° 39).

---

(1) A l'époque de la Restauration, il possédait déjà plus de cinq millions.

(2) Sa veuve, née Boscary de Romaine, l'une des femmes les plus distinguées de Paris, est citée, pour ses aimables qualités, par Brillat-Savarin, dans son charmant *Traité de la physiologie du goût*. Elle occupe à Paris le magnifique hôtel de Boscary, sur la place Vendôme.

LE GÉNÉRAL BARON HIGONET.

Armes : *D'azur, chargé à dextre d'un cygne d'argent accolé d'une couronne d'or ; à senestre, d'un dextrochère armé d'or, tenant une épée d'argent, au 2e point une croix croisettée d'or accompagnée de deux étoiles du même ; coupé cousu de gueules chargé de cinq épées d'argent en faisceau dans une couronne de laurier au naturel. L'écu timbré d'une couronne de baron.*
Croix de commandeur de Saint-Louis.
Croix de la Légion-d'Honneur.
Croix de Saint-Ferdinand d'Espagne.
Croix du Sauveur de la Grèce.

Devise : *Virtus, labor, pietas.*

Philippe Higonet, né à Saint-Geniez, le 5 mai 1782, engagé volontaire au 4e léger, le 25 mars 1804, nommé colonel du 108e régiment de ligne par l'Empereur, le 1er mars 1814, après avoir parcouru toute l'échelle hiérarchique et fait avec la plus grande distinction toutes les campagnes de l'époque ; maréchal-de-camp le 23 août 1823, commandeur de l'ordre de Saint-Louis et de celui de la Légion-d'Honneur, créé baron par le roi Louis XVIII, en 1818, député du Cantal en 1827 et 1830, etc.

Philippe Higonet épousa, n'étant encore que colonel, le 16 juin 1816, Marie-Françoise-Augustine de Jugeal-de-Peyrac-de-Veillan, d'une noble et ancienne famille de la Haute-Auvergne, alliée aux maisons de Pléaux, de La Gorse, de Clermont-Toucheboeuf, de Reilhac, de Saint-Aulaire, de Saillans, du Bosc, de Pouzols, de Sedaiges, etc., et se fixa bientôt après, par suite de ce mariage, au château de Veyrac, près d'Aurillac, où il consacra sa vie, inaugurée d'abord par de brillants exploits sur les champs de bataille, aux soins paisibles de l'agriculture, dont il était devenu un des adeptes les plus fervents et les plus éclairés.

Il est mort le 13 février 1859, âgé de 77 ans, emportant les regrets unanimes et profondément sentis de toute la population de son pays adoptif.

Nous allons consacrer quelques lignes à retracer la vie de cet officier général.

Les grandes époques historiques sont presque toujours des époques militaires ; depuis les temps héroïques, c'est toujours par de grandes guerres ou de grandes batailles que sont jalonnés les fastes de l'humanité. L'imagination des hommes n'est jamais plus fortement saisie que par l'éclat des beaux faits d'armes ; les douceurs des périodes de paix, l'épanouissement des arts et de l'industrie devraient, ce semble, obtenir un facile triomphe au nom de la raison, mais le cœur humain est ainsi fait, et c'est de si vieille date, qu'il est fort à craindre que le progrès n'y puisse rien, malgré tout ce qu'on promet en son nom.

C'est à cet ordre chronologique qu'appartient la première période de notre siècle immortalisée par les guerres de l'Empire. La génération qui a figuré dans ces luttes gigantesques, auxquelles le vernis du temps donnera, dans l'avenir, quelque chose de la poésie qui entoure les noms chantés par Le Tasse, cette génération s'écoule et, aux acteurs de ce drame belliqueux, succèdent ceux dont l'enfance et la première jeunesse fut bercée des chants de triomphe d'Austerlitz, d'Iéna, de Wagram.

La froide réflexion de l'âge mûr sait tempérer ces entraînemens ; mais dans l'ardeur de la jeunesse, lorsque l'étude des récits de César et de Quinte-Curce était interrompue par le bruit du canon de la victoire et qu'on apercevait à travers la sévère discipline des lycées quelques-unes de ces revues où brillaient les uniformes redoutés de l'Europe entière, où résonnait cette musique militaire dont les accens avaient retenti sur les bords du Nil et sur ceux du Borysthène, on comptait autant de soldats, autant d'ardens volontaires, impatiens de voir s'ouvrir la barrière, qu'il y avait de jeunes gens en France.

Un jour, ces vastes horizons s'obscurcirent, la France après tant de gloire eut ses revers, la lice se ferma, mais combien de ses enfans s'étaient illustrés !

Parmi ceux de nos compatriotes aveyronnais que le feu des

batailles avait ainsi sacrés, nul n'excita peut-être parmi ses jeunes compatriotes plus de cette émulation militaire qui assurait à l'empereur de nouvelles moissons de soldats que le général Higonet. Nul ne porta mieux le glorieux uniforme français ; nul ne sut mieux joindre à la bravoure du soldat français la distinction et l'élégance des manières, unies à la solidité de l'esprit et à la générosité des sentimens du cœur.

Pour justifier ce qui précède, nous n'avons qu'à exposer sans commentaire et dans toute la simplicité de sa forme le tableau de ses services militaires, et l'on jugera si cette carrière, dont les étapes furent Austerlitz, Iéna, Eylau, Moscou, ne suffit pas à l'intérêt d'une biographie.

Né à Saint-Geniez, le 5 mai 1782, Philippe Higonet, sentant en lui le feu sacré dont nous parlions en commençant, entra comme volontaire au 4e léger, le 4 germinal an XII (25 mars 1804); quatre mois après et le 30 juillet suivant, il était déjà sous-lieutenant, au camp de Boulogne. Au commencement de l'année 1805, il fut nommé lieutenant de grenadiers, et, bientôt après, adjudant-major au 108e de ligne, dont son frère Joseph, officier du plus grand mérite, était colonel.

La campagne d'Autriche s'étant ouverte à la fin de cette année, le jeune officier se distingua au combat de Mariagelle, le 6 novembre ; il traversa la colonne autrichienne à laquelle il enleva le colonel du régiment de Colloredo, qu'il força, l'épée à la gorge, à se rendre, en faisant mettre bas les armes à 200 hommes de ce régiment; il fit prisonnier, dans la même affaire, un major du régiment de Truschmeister et le prince de Rospogliosi.

Cet engagement précéda de peu la bataille d'Austerlitz qui fut livrée le 2 décembre 1805. Le jeune Higonet y déploya un brillant courage et fut blessé d'un coup de feu à la cuisse. Sa conduite lui valut une compagnie de grenadiers qu'il obtint le 6 janvier 1806.

Le pas pressé des victoires impériales ne donnait pas le temps de respirer. Le 8 février, l'armée française se heurtait violemment sur les champs couverts de neige d'Eylau contre l'armée austro-russe, et à peine remis de ses blessures, Higonet recevait une nouvelle balle à la jambe. Cette fois, la croix de la Légion-d'Honneur, cette croix objet de vœux si ardens et gage de tant d'actions valeureuses, devint sa récompense.

Le 22 avril 1809, à Ekmul, une balle lui traversait la cuisse, ce qui ne l'empêchait pas d'être, quelques mois après, à Iéna, à la tête de sa compagnie, enlevant bravement des drapeaux et des canons à l'ennemi, entrant à la tête d'une colonne de 400 hommes dans le village de Papell, défendu par trois pièces de canon et 1,200 hommes du régiment de Comming (garde royale de Prusse). Ce succès fut chèrement acheté pour l'armée française, et plus chèrement encore pour notre jeune capitaine, car son frère y trouva la mort, mort glorieuse sans doute, mais doublement regrettable pour lui. Des 1,200 hommes qui défendaient Papell, un grand nombre furent tués, le reste fait prisonnier.

A suite de ce brillant engagement, l'empereur, qui recrutait pour sa garde tout ce qui se distinguait dans les armées, appela le capitaine Higonet au commandement d'une compagnie du 1er régiment de grenadiers de la garde.

C'est dans ce grade qu'il fit partie de la grande expédition de Moscou en 1812.

Il se fit remarquer dans cette mémorable campagne, et notamment dans la désastreuse retraite qui la termina, par son courage et son zèle infatigables. Alors que tant de forces défaillirent, que tant de courages succombèrent à la fatigue et aux longues épreuves de ce rude hiver plus dévorant que le feu de l'ennemi, Philippe Higonet sut par l'énergie de son âme, par le ressort de son moral, maintenir ses forces jusqu'au bout.

Il fut récompensé de ses services par le grade de chef de bataillon dans ce même 108e de ligne qu'avait commandé son frère et dans le souvenir duquel vivait sa mémoire.

Le 108e prit position dans le 13e corps d'armée qui défendait Hambourg. Ce fut aux avants-postes que fut marquée la place du commandant Higonet. Il s'y maintint pendant toute la durée du siége, à la tête de la légion d'Altona, avec une vigueur qui ne laissa jamais soupçonner la faiblesse relative des troupes qu'il commandait. A neuf reprises diverses, les Russes revinrent à l'attaque pour l'entamer, neuf fois ils furent repoussés avec perte.

L'heure des grands revers approchait; mais malgré les graves complications politiques qui vinrent troubler les derniers momens de l'empire, les services du chef de bataillon avaient été remarqués et ils furent récompensés par le grade de colonel à la date du 1er mars 1814.

Nous trouvons ici une nouvelle preuve de ce qui a été si souvent publié et cependant si souvent contesté au sujet de la Restauration, qu'elle accepta, comme rendus à elle-même, tous les services rendus au pays.

Le grade de colonel, conféré par l'empire *in extremis* au vaillant soldat d'Austerlitz, fut confirmé par le roi, et comme pour mieux marquer encore l'adoption de ces services, le duc de Berry lui conféra la croix de Saint-Louis.

Après les grandes fatigues de ces guerres lointaines, la Restauration, voulant rapprocher les soldats de leurs foyers pour leur rendre un peu de repos, organisa des légions par département, et ce fut par une nouvelle preuve de la bienveillance du roi que le jeune colonel de l'empire vint commander la légion de l'Aveyron qui fut ainsi rendue à ses concitoyens et à son pays.

Il fut surpris dans ce commandement par l'événement du mois de mars 1815. S'il ne se fût agi que d'une question de fidélité au roi légitime, la conduite qu'a tenue depuis le général Higonet eût répondu facilement de celle qu'il eût tenue alors; mais nos frontières étaient menacées; en pareil cas, la place de tout militaire est marquée sous le drapeau qui marche contre l'ennemi du dehors. La Restauration avait rendu le colonel Higonet à son pays en lui donnant le commandement de la légion de l'Aveyron, l'Empereur le rendit au 108e régiment, où il avait conquis ses grades et qui, de la sorte et par la mort de son frère, était devenu aussi pour lui une sorte de famille.

A peine arrivé, il fut engagé contre l'ennemi, à Ligny, sous Fleurus, Ligny, prélude trompeur de cette funeste journée de Waterloo, dont la perte fut si cruelle pour la France. Le colonel du 108e y eut deux chevaux tués sous lui et y reçut deux coups de lance.

Dès son retour, le gouvernement du roi, interprétant le devoir de l'armée dans le sens large et national que nous indiquions tout-à-l'heure, loin de trouver dans la conduite du chef de la légion de l'Aveyron un grief contre le colonel du 108e, s'empressa, dès le 19 août de la même année, de lui confier le commandement de la légion du Cantal. Cette légion devint ensuite le 9e régiment de ligne.

Comme preuve de l'esprit de suite qui animait la Restauration dans cette voie, nous trouvons, au 24 août 1820, le colonel Higonet porté au tableau des officiers de la Légion-d'Honneur, et lorsque survint, en 1823, la guerre d'Espagne, nous y retrouvons le colonel entrant en campagne à la tête de son régiment.

Le 18 juillet, le gouverneur de Pampelune ayant fait une sortie avec 1,200 hommes d'infanterie, deux pièces de canon et un escadron de cavalerie, avait réussi à déborder la gauche des troupes royales espagnoles, lorsque, à la tête d'un piquet de 80 hommes de son régiment, le colonel Higonet enfonce et met dans une complète déroute la gauche de la ligne ennemie et la poursuit jusqu'aux retranchemens de la place : cette manœuvre hardie détermina le mouvement général de retraite des insurgés.

Ce fut en récompense de ces services, que le duc d'Angoulême promut le colonel Higonet au grade de maréchal-de-camp, le 11 août.

Le 3 septembre, à l'attaque des retranchemens extérieurs de Pampelune, il se fit remarquer à la prise de La Madeleine et fut honorablement cité dans le 23e *Bulletin de l'armée*.

Il commanda ensuite la brigade de blocus de Saint-Sébastien.

Le roi d'Espagne lui conféra, le 22 décembre, la croix de l'ordre royal et militaire de Saint-Ferdinand.

Il serait difficile de produire de plus beaux états de service que ceux que nous venons d'enregistrer et de trouver une carrière militaire plus complète, un courage plus éprouvé ; il y a, certes, dans tout cela de quoi honorer suffisamment une vie d'honneur, mais il en est de privilégiées pour qui les faits d'armes ne suffisent pas et qui ont le rare avantage d'unir aux lauriers de la guerre la couronne de chêne du dévouement et des vertus civiques.

Toujours sur les traces de son vaillant frère qui s'était prodigué à Saint-Jean-d'Acre au secours des blessés, le général Higonet, animé par un sentiment d'humanité non moins généreux, voyant un de ses soldats emporté par les eaux de l'Arga, horriblement débordé, n'hésita pas à se précipiter dans la rivière pour le sauver. Renversé de son cheval par la violence des flots, son pied s'étant engagé malheureusement dans l'étrier, il fut sur le point de périr, à la vue des soldats glacés d'effroi, lorsque, par un dernier effort, s'étant dégagé de ce danger, il eut le bonheur de regagner le bord, y ramenant le malheureux soldat, au salut duquel il s'était dévoué.

Cette carrière était noblement remplie ; mais sous un gouvernement qui avait fait succéder les libertés publiques à la gloire militaire et les luttes de la tribune nationale à la fureur des combats, il restait encore quelque chose à faire pour le baron Higonet. Le département du Cantal, auquel de nouveaux liens de famille (1) le rattachaient depuis peu, se hâta de se l'attacher par un lien de plus en lui confiant, lors des élections de 1827, l'honorable mandat de le représenter.

Là, il défendit les intérêts de ses anciens frères d'armes avec l'autorité d'une raison toujours droite et sûre. Ce fut lui qui présenta le rapport sur lequel fut continué le traitement des officiers en demi-solde.

En 1828, la Restauration, poursuivant les traditions glorieuses et chevaleresques de la France dont l'épée fut toujours au service des idées d'émancipation des peuples, rouvrit au général Higonet la carrière de ses services militaires.

Louis XVI avait affranchi l'Amérique, Charles X médita de soustraire la Grèce au joug des musulmans. Il était digne de la France de délivrer un peuple chrétien, au nom duquel se rattachaient les plus beaux souvenirs de l'antiquité, de l'oppression asiatique dans Constantinople.

Le général Higonet sentit renaître toute l'ardeur du volontaire de 1804 sur cette terre héroïque ; il signala son courage particulièrement au château de Morée et au siége de Navarin où le premier il monta à l'assaut et pénétra dans la ville.

« Choisi plusieurs fois par le marquis Maison, général en chef de l'armée, pour parlementer avec les assiégés, il déploya, dans ces missions délicates, autant de zèle que de prudence et de sagacité. La croix de commandeur de l'ordre de Saint-Louis fut le prix de ses services comme soldat et comme négociateur.

» Avant de quitter la Grèce, il reçut des autorités de Patras des hommages de reconnaissance pour les heureux efforts qu'il avait faits, afin de préserver la Morée de la peste qui désolait Colovrita et ses environs, et fut ensuite nommé par le roi Othon commandeur de l'ordre du Sauveur de la Grèce (2). »

Rendu à la vie parlementaire par la fin de l'expédition et réélu par le département du Cantal aux élections de 1830, le général Higonet trouva dans les tristes événemens de cette année un nouveau genre de gloire, bien propre à couronner une carrière si bien remplie.

Les perspectives les plus flatteuses de l'ambition, à l'âge qui

---

(1) Il venait d'épouser Mlle de Veillan, d'une noble et ancienne famille de ce pays.

(2) *Annuaire historique et biographique.*

s'accorde le mieux avec elle, ne purent prévaloir dans son cœur sur la fidélité du soldat, il donna sa démission et rentra dans le cadre de disponibilité.

L'agriculture devint, à cette époque, le refuge d'un grand nombre de nobles cœurs que ne purent entraîner les séductions du temps : après l'épée, la charrue ; à la vie du soldat, succéda, pour le général, celle du laboureur. Ainsi nulle période de cette carrière ne sera restée oisive ; vingt ans durant, le général Higonet, retiré dans sa terre de Veyrac, s'est attaché « par son exemple et par ses conseils à propager de bonnes méthodes et à exciter une noble émulation.

» C'est à ses profondes et vastes connaissances théoriques et pratiques dans les diverses sciences, dont l'application, fécondant de plus en plus le sol, répand incessamment l'aisance dans les diverses classes de la société, qu'il a dû sa nomination aux fonctions de président de la Société d'agriculture de cette ville.

« Le comice agricole des cantons d'Aurillac, appréciant toute l'importance des services rendus par M. Higonet au premier des arts, sur un sol naturellement froid et peu fertile, a pris tout récemment une délibération aussi honorable pour cette Société que pour l'illustre général :

» *Considérant que M. le général Higonet est de tous nos agronomes celui qui s'occupe avec le plus de succès de l'agriculture progressive ; que les travaux qu'il a exécutés au domaine de Veyrac ont servi et servent encore de modèle à tous nos agriculteurs ; considérant qu'un sentiment d'une noble délicatesse a empêché M. le général Higonet de se présenter à un concours dont il savait d'avance qu'il aurait tous les honneurs, le comice charge les membres du bureau d'écrire à M. le baron Higonet pour le prier, au nom du comice, d'accepter ses remercîmens et l'hommage de sa reconnaissance pour l'exemple salutaire qu'il ne cesse de donner aux agriculteurs de notre canton (1).* »

Croirait-on après tout ce qui précède qu'il puisse encore rester quelque chose pour couronner cette carrière d'un plus noble laurier ? — Nous n'avons vu le général que dans sa vie publique, mais sur ce théâtre et dans cette lice ouverte aux éclatans applaudissemens de la renommée, que de chevaliers sans peur,

---

(1) *Annuaire historique et biographique.*

dont la vie privée ne serait pas sans reproche ; que de vertus d'étalage contrastant avec des infirmités morales, dignes de pitié ! Combien peu d'hommes, élevés sur le piédestal de la renommée, pourraient, sans déchoir, exposer leur vie privée au grand jour !

Mais de combien sont rehaussés les caractères qui ont eu le rare privilége de relever leur vie publique par ces vertus modestes qui vivent dans le secret des cœurs ; par cette fleur de délicatesse qui semble l'apanage exclusif d'un monde idéal et des portraits de fantaisie !

Qu'on nous permette de révéler ce que fut sous ce rapport le baron Higonet, par un seul trait :

Sa conscience se sentait intérieurement blessée de ce qu'il trouverait un jour dans son patrimoine une parcelle de biens démembrés de l'héritage d'un émigré de nos contrées. Cette perspective, d'une responsabilité qui ne pouvait encore peser sur lui et qu'il aurait suffi à tant d'autres d'ajourner à son avènement, était un sujet de sollicitude qui troublait la sérénité de son âge ; dans cette situation d'esprit, cherchant le moyen de se mettre en repos avec lui-même, il prit le parti de faire agréer annuellement à la famille dépossédée une somme égale au revenu de cette propriété qui ne lui appartenait pas encore (environ 500 fr.), et lorsqu'elle lui échut, son premier soin fut de la remettre intégralement aux mains de son ancien propriétaire, M. Clausel de Coussergues.

Connait-on beaucoup de traits qui puissent mieux honorer la conscience humaine ? — Il y a là quelque chose de plus haut que la *vertu antique*, quelque chose d'une fleur que le christianisme seul a pu faire éclore, et telle fut, en effet, chez le général la source de cette délicatesse si facile à émouvoir, et c'est au milieu des camps et de leur licence, au milieu des rapines que la guerre entraîne si souvent avec elle, que s'était conservée et développée cette conscience si pure, et qu'il préservait ainsi, dans son noble cœur, les plus purs trésors de la morale chrétienne !

Ceux qui furent placés plus près de lui qu'il ne nous a été donné de l'être, pourraient mieux que nous relever tout ce qui, dans cette noble vie, respira de sentimens généreux, d'inspirations vertueuses, mais il serait coupable de ne pas recueillir pieusement tout ce que de trop rares confidences nous en rapportent.

En 1830, le général Higonet était parvenu à cet âge de la vie où les grades et les honneurs acquis ne font qu'enflammer l'ambition et semblent répéter sans cesse à l'oreille humaine les paroles qui troublèrent l'esprit de Macbeth. Naturellement aimé de ses frères d'armes, dont plusieurs occupaient par la Révolution de Juillet des positions élevées, il était vivement pressé par l'un d'eux de reprendre du service, et tout ce que les bruits de guerre ont de puissant sur un bouillant courage, tout ce que la perspective de nouveaux exploits et de plus hauts grades a de séduisant, était habilement exposé à ses yeux pour le détacher des simples et modestes devoirs de la fidélité. Le général, remué jusqu'au fond du cœur, mais non entraîné par ce vertige, répondait : « J'ai longtemps regretté de n'avoir pas d'enfans ;
» aujourd'hui j'en bénis le ciel, car, en ce moment, je n'ai à
» lutter que contre une ambition personnelle pour rester fidèle
» à la voix du devoir; mais par ce qui m'en coûte, je sens que
» l'épreuve eût été bien forte si au sacrifice de ma carrière il
» eût fallu joindre celui de l'avenir de mes enfans ! »

A défaut d'enfans pour recueillir ce riche patrimoine d'honneur, que ce soit son pays qui le consacre dans ses fastes pour le léguer en exemple à l'avenir !

E. DE B.

NOTE SUR LA MAISON DE VEILLAN.

La maison de Veillan a fini par cinq filles :

1° Marie-Marguerite-Sophie, mariée, en 1801, au comte de Sédaiges, chevalier de Malte et de Saint-Louis, ancien officier dans l'armée de Condé ;

2° Marie-Catherine-Rose, femme, en 1805, de M. Colon de Saint-Thamar ;

3° Marie-Agnès-Pauline, alliée, en 1804, à M. Delpeyron de Bar, chevalier de Saint-Louis, ancien officier dans l'armée de Condé ;

4° Marie-Angèle-Joséphine, mariée, en 1812, au marquis de Léotoing d'Aujoigny, chevalier de Malte et de Saint-Louis, ancien officier de l'armée de Condé ;

5° Marie-Françoise-Augustine, la dernière, qu'a épousée le général Higonet.

De Veillan porte : *D'azur, à la fasce d'or, accompagné de trois étoiles d'argent, 2 et 1.*

M. FRAYSSINOUS, évêque d'Hermopolis.

M. Denis-Antoine-Luc Frayssinous naquit à La Vayssière, dans le canton de Bozouls, le 9 mai 1765. Il sortait d'une famille honorable et ancienne, originaire des environs de Laguiole. Jeune encore, ses parens l'envoyèrent au collège de Rodez où il fit ses études avec distinction. Il trouva sur les bancs où il alla s'asseoir plusieurs élèves qui, plus tard, se sont fait remarquer dans les carrières diverses qu'ils ont embrassées.

De ce nombre était l'abbé Boyer, plus tard directeur du séminaire de Saint-Sulpice; l'abbé Gaston, auteur d'une traduction en vers de l'*Enéide*, etc.

Il eut pour professeur de rhétorique l'abbé Girard, dont le souvenir vivra longtemps au collége de Rodez. Ce maître habile devina ce qu'il y avait de puissance dans les facultés intellectuelles de son élève, dont il se plaisait dans la suite à faire l'éloge.

Aussitôt que le jeune homme fut en âge de faire un choix, sa vocation se déclara pour l'état ecclésiastique et elle le conduisit à Paris où il entra dans une communauté que dirigeaient les prêtres de Saint-Sulpice. Il fut ordonné prêtre en 1789, à la veille, par conséquent, du rude combat qui allait bientôt s'engager entre l'esprit novateur de cette époque et l'attachement aux principes et aux devoirs religieux dont le clergé ne pouvait se départir. On ne sait que trop à quelles persécutions ce combat vint aboutir.

M. Frayssinous n'avait encore rempli aucune des fonctions pour lesquelles le serment demandé au nom de la constitution civile du clergé fut alors exigé, et lorsque l'orage révolutionnaire éclata dans toute sa violence, il put y échapper en regagnant sa terre natale; les montagnes du Rouergue lui offrirent, au sein de sa famille, un asile qu'il partagea avec un parent, avec un ami, ecclésiastique comme lui, qui fuyait devant les mêmes dangers, dont la vie s'associa dès-lors presque entièrement à la sienne. C'était M. l'abbé Boyer, dont la modestie ne voulut jamais franchir les bornes de l'enceinte où il se consacra, avec tant de succès, aux travaux de l'enseignement ecclésiastique. Dans cet asile, dans cette profonde retraite et dans la société d'un tel ami, les méditations du jeune prêtre durent prendre naturellement le caractère qui s'est depuis manifesté dans tous les actes de sa vie.

Lorsque le terme fut enfin venu de l'époque la plus violente dans la terrible crise où se voyait engagée la société française tout entière, il lui fut permis de se consacrer aux modestes fonctions d'un vicariat dans la paroisse de Curières qu'il habitait; son séjour n'y fut pas de courte durée ; huit années de sa vie s'y écoulèrent, et il ne faudrait pas se plaindre d'une retraite aussi profonde, car elle fut très-favorable aux études qui le préparèrent si bien à la mission qu'il devait incessamment remplir. On croit que le plan de ses conférences fut, dès cette époque, arrêté dans son esprit.

Rappelé dans la capitale pour concourir, en 1801, avec les prêtres du séminaire de Saint-Sulpice à l'instruction supérieure qui se réorganisait au sein des études théologiques, M. Frayssinous y arriva dans des circonstances qui ressemblaient peu à celles où il s'était vu obligé d'en sortir. Le pouvoir était enfin redevenu protecteur, et il offrait un abri à tous ceux qui consentaient à le reconnaître, à se ranger sous sa loi. Un besoin de pacification générale avait pénétré dans le plus grand nombre des esprits ; mais les moyens pour y parvenir laissaient encore beaucoup à désirer.

Le mal qui travaillait à cette époque la société française était de telle nature que le chef de l'État, si haut qu'il fût placé, ne pouvait, alors qu'il entreprenait d'y porter remède, se suffire à lui-même. Pour obtenir l'obéissance, il fallait d'abord qu'il fût suffisamment compris de ceux qu'il voulait soumettre à ses commandemens : et comment y parvenir aussi longtemps que de puissantes erreurs n'auraient pas été efficacement combattues ; que de pernicieuses doctrines n'auraient pas été victorieusement réfutées ; que d'aveugles passions ne seraient pas désarmées? Mais de tels résultats ne s'obtiennent ni par des décrets, ni même par des lois, et les plus énergiques volontés y rencontrent des obstacles qu'il ne leur appartient pas de surmonter ; il leur faut des auxiliaires que le ciel heureusement tient en réserve dans sa bonté et qu'il produit quand le jour en est venu. A ceux-là, à ces hommes puissamment inspirés, appartient le droit d'éclairer, de convaincre et d'entraîner. L'époque dont nous rappelons la mémoire, non-seulement n'a pas manqué de ce secours, mais il lui a été magnifiquement accordé.

Un livre parut en 1801, et ce livre était l'ouvrage d'un homme que la terre étrangère rendait enfin à sa patrie. L'impression que produisit ce livre si mémorable (1) surpassa les espérances de ceux-là même qui en avaient le mieux augaré. Le succès qu'il obtint s'étendit à toutes les classes de lecteurs, et malgré les efforts d'une critique passionnée qui ne comprit ni la valeur, ni la portée de ce qu'elle attaquait, il fut populaire dans toute l'étendue de ce mot comme dans sa meilleure acception. La France dut à ce succès le bonheur d'entrer dans une ère entièrement nouvelle et d'y entrer sous les plus brillans auspices : ce fut pour le puissant et précieux essor des idées morales et religieuses une de ces époques de renaissance qui se laissent apercevoir de loin en loin dans l'histoire des sociétés et dans celle de toutes les connaissances humaines.

Beaucoup d'esprits, libres enfin du joug qui leur avait été imposé, laissèrent bientôt connaître qu'ils commençaient à regretter des croyances qu'ils n'avaient point abjurées, puisqu'ils les avaient à peine connues et qu'on leur avait en quelque sorte dérobées; ce fut alors que dut commencer la tâche du prêtre chrétien; c'était à lui, et à lui seul, qu'il appartenait de profiter de ces heureuses dispositions, d'évangéliser, de convaincre ceux en qui elles se déclaraient. L'heure de M. Frayssinous était donc arrivée. Il monta, en 1803, dans la chaire de Saint-Sulpice, et ouvrit les conférences auxquelles son nom est resté attaché.

Le succès de M. Frayssinous répondit à la sagesse des vues auxquelles il s'était arrêté et à la supériorité du talent dont il fit preuve et que personne ne fut tenté de contester. On vit donc bientôt se réunir au pied de sa chaire non-seulement la jeunesse studieuse qui abonde dans le quartier des études, mais celle encore qui, plus abandonnée aux plaisirs du monde, semblait devoir résister davantage à un enseignement si sérieux. L'une et l'autre se firent remarquer par la religieuse attention avec laquelle elles écoutaient ce nouveau maître.

La voix de M. Frayssinous avait ce ton d'autorité qui commande le respect, qui invite à la confiance. Toutes ses paroles

(1) *Le Génie du christianisme.*

respiraient cette conviction profonde et réfléchie qui est d'autant plus communicative qu'elle s'exprime avec plus de modération; et lorsqu'on voyait les rangs si pressés de ces jeunes hommes dont la foule s'assemblait autour de lui, il eût été difficile de ne pas reconnaître qu'il y avait dans ses discours quelque chose de merveilleusement adapté aux instincts de cet âge que les passions peuvent égarer, mais qui presque toujours se soumet assez volontiers et même avec une sorte d'empressement aux démonstrations qui ont un grand caractère de bonne foi. Des hommes d'un âge plus mûr, des hommes graves, dans toutes les professions, dans toutes les situations, ne tardèrent pas à venir juger par eux-mêmes du mérite d'un enseignement dont le retentissement n'avait pu leur échapper, et le jugement qu'ils en portèrent fut une éclatante confirmation des impressions dont ils se trouvèrent environnés.

Ne se parant qu'avec une extrême réserve des ornemens d'une éloquence qui aurait pu donner à sa parole un caractère trop mondain et s'appliquant à ne chercher ses moyens de succès que dans l'exposé même de la doctrine antique et révérée dont le dépôt était confié à son ministère, M. Frayssinous était pourtant écouté avec cette curieuse attention qui ne s'obtient ordinairement que là où se rencontre le puissant attrait de la nouveauté; c'est qu'il racontait l'Évangile aux premiers jours du xixe siècle; c'est qu'il parlait d'une religion révélée, de ses mystères, de sa morale et de son culte divin, devant un auditoire qui ne pouvait plus se rappeler, sans un profond sentiment de honte et de tristesse, que des Français avaient été condamnés à assister aux fêtes de la Raison, et que naguère encore on avait entendu retentir sous ces mêmes voûtes, où dominait enfin la voix de l'orateur chrétien, les misérables chants de ce prétendu culte inventé par un homme assez faible d'esprit pour croire qu'il lui appartenait de fonder une religion. Quel prodigieux contraste! et que d'instructions devaient en sortir, alors que tant de folles jactances, que tant d'efforts impuissans qui n'ont abouti qu'à mieux étaler les misères de l'orgueil humain, étaient remplacés par cette imposante et solennelle discussion, où le prêtre n'aspirait qu'à rendre toujours plus sensible la puissance de Dieu dont il célébrait la gloire et les bienfaits.

Interrompues, en 1809, lorsque vint à éclater si violemment la triste mésintelligence qui subsistait depuis trop longtemps entre Napoléon et le Saint-Siége, reprises en 1814 et terminées en 1822, les conférences de Saint-Sulpice ont été réunies par

M. Frayssinous lui-même en un corps d'ouvrage, sous le titre parfaitement convenable de *Défense du christianisme*. Qui pouvait avoir, mieux que lui, le droit de mettre son nom à la suite d'un tel titre?

Quel que soit le mérite de cet ouvrage, il ne faudrait pas toutefois se laisser aller à croire qu'il rende les conférences telles qu'elles ont été prononcées. Il en donne bien la substance; mais la crainte d'être trop long s'y laisse un peu trop apercevoir, et surtout on ne retrouve pas suffisamment dans ce nouveau texte la trace des mouvemens si animés qui jaillissaient habituellement des morceaux improvisés et qui agissaient sur les auditeurs avec tant de puissance (1).

La première des fonctions que M. Frayssinous eut à remplir en dehors des services religieux auxquels il s'était consacré, fut celle d'inspecteur de l'Académie de Paris. M. de Fontanes l'y avait fait appeler pour tempérer l'effet assez fâcheux qu'avait produit la suppression des conférences de 1809.

Dans les derniers mois de la même année, sur les instances de l'oncle de Napoléon, du cardinal Fesch, et sous sa présidence, M. Frayssinous assista, avec l'homme dont les lumières inspiraient alors le plus de confiance, avec M. Emery, supérieur général de Saint-Sulpice, aux délibérations d'une commission dont faisaient encore partie, avec deux autres cardinaux, des prélats du premier mérite. On y traitait, mais très-infructueusement, des plus hauts intérêts de l'Eglise, si gravement compromis dès cette époque. Une fatale aberration poussait Napoléon à méconnaître le prix de la bonne intelligence qu'il avait, en 1801, si heureusement rétablie entre la France et le Saint-Siége.

Les excès auxquels cette erreur l'a poussé ne sont que trop connus.

M. Frayssinous ne vit point s'écouler dans la capitale les dernières années de l'empire; ses montagnes l'avaient reçu encore une fois. Il en fut naturellement ramené en 1814 et rouvrit, au mois d'octobre, le cours de ses conférences. Interrompues par la crise de 1815, elles ne furent reprises qu'au mois de février 1816; mais dès le mois d'août précédent, le roi Louis XVIII lui

(1) Cet ouvrage a été traduit dans presque toutes les langues de l'Europe, et il a atteint en France la 8ᵉ édition.

avait donné une marque de sa haute confiance : il l'avait appelé à faire partie de la commission d'instruction publique qui devait exercer les pouvoirs précédemment attribués au grand-maître et au conseil de l'Université.

La place du maître des conférences de Saint-Sulpice, de l'instituteur religieux dont la parole, depuis plus de dix années, s'était montrée si puissante sur la jeunesse de la capitale, était naturellement marquée à côté de celle de M. Cuvier, de M. de Sacy et d'un autre homme d'un rare mérite dont la mémoire aussi est restée chère à tous ceux qui l'ont connu, de M. Guenau de Mussy. Sous cette direction, les études se sont étendues et sont devenues plus solides; elles se sont aussi, de jour en jour, plus fortement empreintes des salutaires inspirations qui ne peuvent émaner que de la religion et dont M. Frayssinous enseignait la valeur avec tant d'autorité.

M. Frayssinous prononça, en 1818 (1), l'oraison funèbre du prince de Condé, et il publia, dans le cours de la même année, un livre sur les vrais principes de l'Eglise gallicane. Nous nous bornons à dire que, dans une matière sur laquelle les esprits étaient fort animés, M. Frayssinous, avec la prudence qui le caractérisait, fit de ses profondes connaissances, de sa science incontestable et de l'autorité qu'elle devait lui donner, l'emploi qui pouvait être le plus utile au maintien de la paix dans l'Eglise et dans l'Etat.

L'oraison funèbre du prince de Condé lui avait fourni l'occasion de faire éclater la sagesse et la mesure qui le rendaient éminemment propre à traiter les sujets, où tant de ménagemens étaient nécessaires à garder entre des souvenirs trop facilement irritables.

Nous avons déjà parlé des honneurs qui ne manquèrent pas à M. Frayssinous; il ne les avait point cherchés, il les évita même aussi longtemps que cela lui fut possible, et aucun doute ne saurait exister sur la résistance qu'il opposa, en plusieurs circonstances, aux intentions bienveillantes que le roi Louis XVIII avait manifestées à son égard.

---

(1) Le jour de la fête de Saint-Louis, 25 août 1817, il avait déjà prononcé, dans l'église Saint-Germain-l'Auxerrois, le discours d'usage pour lequel l'Académie française lui vota des remercîmens.

Cette résistance fut vaincue dans les derniers mois de 1821 (1), et il accepta le titre de premier aumônier du roi.

Ce qu'il redoutait surtout dans l'épiscopat, c'était la charge d'âmes qui y était attachée ; cette difficulté fut levée, en 1822, par sa nomination à l'évêché *in partibus* d'Hermopolis ; dans le cours de cette même année (1er juin), il fut grand-maître de l'Université ; l'Académie l'appela dans son sein (27 juin), et la dignité de pair lui fut conférée (8 janvier 1823) ; puis enfin le ministère des affaires ecclésiastiques, qui venait d'être créé, fut, en 1824 (16 août), confié à ses soins.

La vie du prince qui avait réuni sur sa tête tant de hautes faveurs touchait alors à son terme, et le jour ne tarda pas à venir où le dernier hommage, celui qui devait se faire entendre sur les tombes de Saint-Denis, allait lui être rendu. L'accomplissement de ce pieux devoir fut confié à M. l'évêque d'Hermopolis (25 octobre 1824). Les critiques, sans comparer ce discours aux chefs-d'œuvre des grands orateurs de la chaire du xviie siècle, ont cependant signalé quelques traits de la plus haute éloquence.

Le successeur de Louis XVIII, le roi Charles X, continua à M. l'évêque d'Hermopolis toutes les marques de confiance qui lui avaient été précédemment accordées (2). Le ministère des affaires ecclésiastiques lui fut donc conservé, et tout le monde est d'accord sur la fermeté avec laquelle M. Frayssinous repoussa les motifs de préférence qui ne pouvaient pas être pesés au poids du mérite. L'Eglise de France lui doit une notable

---

(1) Il était, à cette époque, grand-vicaire de l'archevêque de Paris depuis le mois de février 1818. Le roi le créa chevalier de la Légion-d'Honneur, le 1er septembre 1819. Au mois d'octobre 1821, il prononça l'oraison funèbre du cardinal de Talleyrand-Périgord, et le roi, à qui il avait fait hommage d'un exemplaire de ce discours, lui adressa, le 9 décembre, ces paroles flatteuses : « Monsieur, une heure après que vous m'eûtes donné votre oraison funèbre, je la lus avec plaisir, parce que tout ce qui est bien écrit me plaît ; je l'ai lue avec sensibilité, parce que vous avez rappelé toute la tendresse et l'amitié qu'avait pour moi M. le cardinal ; je l'ai lue avec admiration, parce qu'on dirait que M. l'évêque de Meaux vous a prêté sa plume. » (*Moniteur* du 17 décembre 1821).

(2) Il lui conféra même, en 1828, la dignité de chevalier de l'ordre du Saint-Esprit.

partie des pontifes dont elle s'honore et dont les vertus et les talens ont porté tant d'heureux fruits.

Dans les luttes parlementaires où il se trouva engagé, il eut à supporter de vives contradictions : il les surmonta plusieurs fois avec bonheur, mais ne parvint pas toujours à faire triompher ses opinions. Il eut au moins la satisfaction de voir la justice que ses adversaires les plus prononcés n'ont pas cessé de rendre à la pureté de ses motifs, à la loyauté de ses intentions.

Son élocution vive, animée et où les raisonnemens s'enchaînaient toujours avec une merveilleuse clarté, fut constamment admirée, et plusieurs de ses discours peuvent être donnés comme des modèles d'une puissante discussion, d'une habile dialectique. On cite, entre autres, ceux qu'il prononça devant la chambre des députés, en 1825 et 1826, au sujet des allocations portées dans le budget pour les dépenses du clergé.

Quand survint, en 1829, le mouvement ministériel qui eut lieu au mois d'août de cette année, M. l'évêque d'Hermopolis ne fut chargé que de la présentation aux titres ecclésiastiques, et c'était la seule part qu'il eût au maniement des affaires lorsque éclata la Révolution de 1830. Il pensa, dès-lors, que son rôle politique ne devait pas se prolonger plus longtemps et il renonça même à siéger dans la chambre des pairs.

Il profita peu après de la liberté qu'il venait de recouvrer pour aller porter aux pieds du Saint-Père l'hommage de son respectueux dévoûment (1).

Au retour de ce voyage qui avait duré trois ans, M. Frayssinous, n'aspirant plus qu'au repos, était allé se fixer à Rodez, et il vivait dans cette paisible retraite, entouré de l'estime et de la vénération publique, lorsqu'une invitation qu'il considéra comme un ordre lui parvint dans le cours du mois de septembre 1833. Le chef de la dynastie déchue l'appelait près de lui au fond de l'Allemagne pour lui confier l'éducation du duc de Bordeaux, son petit-fils. L'évêque d'Hermopolis conservait un souvenir trop tendre des bienfaits de ses anciens maîtres, il portait un cœur trop grand et trop élevé pour hésiter devant cette haute marque de confiance et d'estime. Il accepta donc sans balancer,

---

(1) Ce qui précède est extrait, en grande partie, de l'éloge de M. Frayssinous, prononcé par M. Pasquier, le jour de sa réception à l'Académie française, en remplacement de l'illustre défunt.

et malgré de rudes atteintes qu'avait déjà reçue sa santé, il se mit en route pour Pragues dès le mois d'octobre suivant.

L'évêque d'Hermopolis se dévoua sans réserve à l'éducation de son élève et il sut gagner entièrement son cœur et sa confiance. Le prélat, de son côté, avait conçu la plus vive affection pour le jeune prince; il l'aimait comme un père aime son fils unique; il le chérissait par-dessus tout ce qui lui était le plus cher. Depuis leur séparation, l'élève ne cessa d'entretenir avec son maître une correspondance suivie de souvenirs affectueux et de bons sentimens.

Par un trait de désintéressement conforme aux précédens et aux principes de toute sa vie, le précepteur du duc de Bordeaux ne voulut point, dans la position pénible de la dynastie tombée, accepter de traitement. Pendant six années que dura sa mission, il dut pourvoir avec ses propres moyens à ses besoins et à son entretien, rendant ainsi gratuitement à ses anciens maîtres les bienfaits qu'il en avait reçus pour prix de ses services et de son labeur.

Sa tâche terminée, M. Frayssinous, dont la santé avait achevé de se délabrer sur la terre étrangère, rentra dans sa patrie pour revoir encore sa famille avant de mourir et réunir ses cendres à celles de ses pères.

Après quelques mois passés dans la capitale où ses amis mirent tout en œuvre pour le retenir, il voulut regagner ses vieilles montagnes du Rouergue. Il choisit son habitation à Saint-Côme, dans la maison d'un frère tendrement aimé, qui lui en avait légué l'usufruit. Il y vécut environ quinze mois avec un de ses neveux (1), qui lui prodigua, pendant ce temps, les soins les plus assidus et les plus empressés. Plus tard, le désir d'être plus près du seul frère qui lui restât, et la réputation de l'habile docteur Rogéry, le fixèrent à Saint-Geniez.

C'est dans cette dernière ville que la mort est venue le surprendre. Le 9 décembre 1841, il tomba tout-à-coup dans un état de défaillance; il put cependant recevoir successivement, avec assez de connaissance, tous les secours de la religion. De temps en temps il levait les yeux vers le ciel et semblait prier. Enfin, après trois jours d'agonie, il s'endormit sans efforts dans le Seigneur, le 12 décembre, à cinq heures moins un quart du soir.

(1) M Amable Frayssinous.

Durant les deux dernières années de sa vie, l'évêque d'Hermopolis n'était plus que l'ombre de lui-même. Son corps était languissant et ses facultés intellectuelles singulièrement affaiblies.

Il ne jouissait guère que de quelques éclairs de raison, suscités de loin en loin par quelque événement susceptible d'émouvoir son cœur ou de frapper vivement son imagination.

Les dépêches qu'il recevait périodiquement de son royal élève étaient de ces faits qui le rendaient pour quelques instans à lui-même.

Les obsèques de l'illustre prélat eurent lieu avec une grande pompe, le 21 décembre. Ses dépouilles mortelles furent déposées dans une chapelle de l'église paroissiale de Saint-Geniez (1). Son cœur fut remis aux habitans de Saint-Côme.

« L'évêque d'Hermopolis, a dit l'un de ses biographes, était d'une taille moyenne, parfaitement bien prise et proportionnée. Ses yeux étaient enfoncés dans leur orbite, mais étincelans. Son front large, sillonné de rides, annonçait la réflexion. Sa figure était ouverte, majestueuse et pleine de douceur en même temps, sa tête admirable ; il avait l'habitude de la porter droite. La partie supérieure de son corps était habituellement un peu appuyée en arrière sur les reins. Il avait reçu de la nature ces formes nobles, naturelles et aisées qu'elle refuse trop souvent aux Aveyronnais. »

On a de cet illustre prélat :

La *Défense du christianisme* ou *Conférences sur la religion*, Paris, 1825, 3 vol. in-8° et 4 vol. in-12. — 17e édit., 1846, 3 vol. in-8°.

L'abbé Dassance a publié, en 1843, les *Conférences et Discours inédits*, par M. D. Frayssinous, évêque d'Hermopolis, 1 vol. in-8° ou 2 vol. in-12. C'est dans ce *Recueil*, qui a aussi

---

(1) Le marbre tumulaire de M. l'évêque d'Hermopolis, sorti des habiles mains de M. Gayrard et inauguré au mois de septembre 1844, se montre aujourd'hui dans l'église de Saint-Geniez, sur l'ancien tombeau des Frézals.

La chapelle monumentale a été restaurée, et le même artiste, pour en compléter la restauration et la décoration, a envoyé, au mois d'octobre 1846, trois statues qui représentent saint Denis, saint Luc et saint Antoine, les trois patrons de l'évêque.

Son buste en marbre est au musée de Rodez.

plusieurs éditions, que l'on trouve les trois conférences sur la Révolution française, et la conférence sur la mission, le chef-d'œuvre peut-être de l'auteur et la dernière qu'il ait prononcée dans l'église de Saint-Sulpice, en 1822. Le reste du volume se compose de quelques sermons, des panégyriques de saint Louis et de saint Vincent-de-Paul, et de l'éloge de Jeanne d'Arc, écrit de verve, qui obtint le plus grand succès à Orléans, où il fut prononcé le 8 mai 1817.

Les oraisons funèbres avaient déjà été imprimées. La première a pour titre : *Discours prononcé aux obsèques de Louis-Joseph de Bourbon, prince de Condé*, dans l'église royale de Saint-Denis, le 26 mai 1818.

L'oraison funèbre du cardinal de Périgord fut prononcée dans la basilique de Notre-Dame de Paris, le 29 novembre 1821.

Ce recueil est terminé par le *Discours prononcé par M. l'évêque d'Hermopolis, pour sa réception à l'Académie française, à la place de M. l'abbé Sicard*, le 28 novembre 1822. On y admire une magnifique prosopopée à Louis XIV.

La vie de ce vertueux prélat a été écrite par M. le baron Henrion, Paris, 1844, 2 vol. in-8°.

Il nous reste à dire quelques mots sur sa famille.

FRAYSSINOUS.

ARMES : *Ecartelé au 1 et 4 d'or, au lion de sable, armé et lampassé de gueules; aux 2 et 3 d'argent, au frêne arraché de sinople.*

Les Frayssinous étaient de ces bourgeois d'un honneur antique, qui, sous l'ancienne monarchie française, étaient les nobles du lendemain, car la noblesse finissait toujours par leur ouvrir son sein, en les investissant de certaines charges, grave initiative à la vie publique qu'on ne définissait point comme aujourd'hui : le gouvernement de tous par tous, ce qui est impossible et absurde, mais le gouvernement de tous par quelques-uns, ce qui est possible, moral et intelligent.

La famille de Frayssinous possédait de temps immémorial, comme elle possède encore, le domaine du Puech, situé dans la paroisse de Curières, et ce lieu qui, d'après des titres authentiques, lui servait d'habitation dès le commencement du XIVe siècle, dût être aussi son berceau.

C'est dans les vieux parchemins conservés au Puech et dont la série embrasse une période de 500 ans, que nous avons trouvé les documens nécessaires pour établir la filiation de cette famille.

I. PIERRE FRAYSSINOUS (*Frayssano*), qualifié honorable homme, fut au nombre des habitants de Curières qui transigèrent, en 1347, par l'entremise de l'abbé de Bonneval, avec Jean de Seconzac, curé de cette paroisse, relativement à certains droits curiaux (*Arch. de Bonneval*).

II. PIERRE FRAYSSINOUS, IIe du nom, présumé fils du précédent, reconnut, par acte du 8 février 1395, tenir du seigneur abbé de Bonneval, certains terrains dépendans du domaine du Puech.

Il reçut, le 4 février 1425, quittance de quatre florins d'or, à compte de la dot d'Alasis, sa sœur, et fut père de Pierre III, qui suit, et de Souveraine Frayssinous, mariée, le 18 juin 1427, avec Guillaume Constans, de Laguiole, fils de Géraud (1).

III. PIERRE FRAYSSINOUS, IIIe du nom, acquit, le 17 avril 1436, de Guyon Cassan, la directe d'une certaine terre dite *Parra*, et le 11 juin 1448, l'abbé de Bonneval approuva un échange que lui et son fils Etienne firent avec divers habitans du pays. Ses enfans furent :

1° Pierre, IVe du nom; 2° Etienne; 3° Hélène Frayssinous.

IV. PIERRE FRAYSSINOUS, IVe du nom, traita, le 17 janvier 1463, avec sa sœur Hélène, relativement aux droits paternels et maternels de cette dernière. Le 23 avril 1472, il fit l'achat d'un terrain à Durand Maffre. On ne lui connaît pas d'autre enfant que Pierre, qui suit :

---

(1) Cette famille, fort ancienne comme on voit, a été la souche des Constans del Seguy, de Sanhes et Delbru.

V. PIERRE FRAYSSINOUS, Ve du nom, figure dans un acte du 9 décembre 1506, où il est qualifié *providus vir*. Il eut pour fils Bernard.

VI. BERNARD FRAYSSINOUS consentit, le 26 novembre 1528, une reconnaissance à l'abbé de Bonneval pour sa maison et domaine du Puech. Il eut une fille nommée Marguerite qui, dans un acte du 21 janvier 1532, se reconnut suffisamment dotée.

VII. Ici se trouve une lacune dans les papiers de famille aucun titre ne faisant connaître le nom du fils de Bernard qui dut continuer la filiation.

VIII. JEAN FRAYSSINOUS, du Puech, et Catherine Brenguier, sa femme, sont mentionnés dans le contrat de mariage d'Antoine, leur fils, qui suit. Jean était, selon toutes les apparences, petit-fils de Bernard.

IX. ANTOINE FRAYSSINOUS, fils de Jean Frayssinous, del Puech, épousa : 1° par contrat du 13 mai 1607, Anne Carrié, fille de François Carrié, del Duc, paroisse de Curières.

Cette famille Carrié était ancienne et honorable. Elle donna à cette même époque un abbé à Bonneval dans la personne de messire Etienne de Carrié, docteur en Sorbonne, qui devait être frère de ladite Anne. Il mourut au commencement de l'année 1661 dans un âge très-avancé. En 1660, une religieuse sortie de cette maison et nièce présumée de l'abbé de Bonneval, Hélix-Marie de Carrié, religieuse Bernardine au couvent de Leyme, en Quercy, fut appelée à fonder, en qualité de prieure, le couvent de *La Falque*, près de Saint-Géniez. La famille de Carrié s'est éteinte vers la fin du dernier siècle.

Antoine Frayssinous se maria, en deuxièmes noces, avec Françoise Capoulade.

Premier lit.

1° JEAN-AYMARD FRAYSSINOUS, prêtre, qui fut reçu religieux profès à Bonneval, et après avoir été coadjuteur de l'abbé

Etienne de Carrié, devint abbé titulaire de cette abbaye dont il prit possession le 18 février 1661. Il mourut dix-huit ans après, en 1679. C'était un homme distingué par son savoir. On le voit qualifié dans les actes de *docteur en sainte théologie de Paris, professeur royal et doyen de l'Université de Tholose* ; 2° MARGUERITE FRAYSSINOUS.

Deuxième lit.

ANTOINE FRAYSSINOUS, qui continue la filiation.

X. ANTOINE FRAYSSINOUS, IIe du nom, s'allia, par contrat du 25 septembre 1662, à Cécile de Roquefeuil, fille de noble François de Roquefeuil, seigneur de Montpeyroux, et de Marguerite de Bourzès d'Alquiè. De ce mariage vinrent :

1° CHARLES, ci-après ; 2° ANTOINE FRAYSSINOUS, qui se fit prêtre.

XI. CHARLES FRAYSSINOUS, del Puech, épousa, le 22 janvier 1693, Hélène Clausel de Coussergues, dont il eut :

1° ETIENNE, dont l'article suit ; 2° ANTOINE-CHARLES FRAYSSINOUS, marié à Françoise de Layac, fille de noble N..... de Layac, de Puech-Redon, et de N..... de Laparra.

XII. ETIENNE FRAYSSINOUS, du Puech, épousa, par contrat du 23 septembre 1732, Marie-Anne Flandrin, fille de Jean-Antoine Flandrin, de Saint-Chély, avocat en parlement, dont la famille très-ancienne, autrefois venue du Vivarais, a donné dans le XIVe siècle deux cardinaux à l'église : Pierre Flandrin, doyen de l'église de Bayeux, et Jean Flandrin, archevêque d'Auch (1).

Etienne Frayssinous eut pour enfans :

1° JEAN-ANTOINE, né le 30 novembre 1733 ; 2° JEAN-BAPTISTE, né le 26 mars 1739, marié, vers 1772, à Marie Malet, d'une ancienne famille de Laguiole, chef d'une branche dont il sera parlé ci-après.

---

(1) Le chapeau de cardinal de l'un d'eux s'était conservé dans la famille, à Saint-Chély, jusqu'au commencement de la Révolution, et il existait encore naguère diverses personnes qui se rappelaient l'avoir vu.

XIII. JEAN-ANTOINE FRAYSSINOUS, du Puech, avocat en parlement, prit alliance, le 15 février 1762, avec Marguerite Pons du Cros, fille de Jean-Luc Pons du Cros, seigneur de Rochegrès, et de Marie Saltel, habitants du château de Vayssettes. De ce mariage sont issus :

1° MARIE-JEANNE, femme de M. Jaoul, de Méjanès, dont le fils, juge de paix du canton de Salles-Curan, a été membre du conseil général ; 2° DENIS-ANTOINE-LUC, évêque d'Hermopolis, né le 9 mai 1765, décédé le 12 décembre 1841 ; 3° JEANNE-ANTOINETTE, mariée à M. Blanc, de Livinhac-le-Haut, dont le fils, maire dudit Livinhac, avait épousé Mlle de Marmiez, d'Aurillac ; 4° MARIANNE-LOUISE, femme de M. Séguret, de La Vayssière, dont le fils est en ce moment juge au tribunal de Rodez, et la fille a épousé M. Rodat de Druelle ; 5° JEAN-ETIENNE-AYMARD, marié à Mlle Benoit de la Salle, et décédé sans postérité ; 6° JEAN-AMABLE-FRANÇOIS-DENIS, né le 17 octobre 1774, sous-préfet de Saint-Flour sous la Restauration, chevalier de la Légion-d'Honneur, mort à Saint-Côme, le 4 octobre 1836, laissant une fille unique, Victoire-Laurence-Mathilde, issue de son mariage avec Antoinette-Victoire Le More, de Saint-Etienne-en-Forez, dont le père avait été garde-du-corps sous Louis XVI.

BRANCHE CADETTE.

XIII. JEAN-BAPTISTE FRAYSSINOUS, du Puech, eut de son mariage avec Marie Malet :

1° JEAN-ANTOINE, qui a épousé Sophie Pons de Vayssettes ; 2° JEAN-JACQUES-LOUIS-AYMARD, présentement maire de Bozouls ; 3° PIERRE-CLÉMENT, ancien sous-préfet de Rambouillet, chevalier de la Légion-d'Honneur ; 4° JEANNE-ANTOINETTE-CHRISTINE, mariée à M. Groc, de Salmiech, près d'Albi, décédée, laissant un fils unique, Henri Groc, qui a épousé Lucie de Bellerive, de Montauban ; 5° JEAN-FRANÇOIS-MARIE-AMABLE, ancien juge au tribunal de la Seine, membre du Conseil général de l'Aveyron, qui avait épousé, en août 1835, Victoire-Laurence-Mathilde Frayssinous, du Puech, sa cousine, veuve de Claude Desjoyaux, et a hérité des biens de l'évêque d'Hermopolis, son cousin-germain.

MAYNIER.

Armes : *D'or à deux tours crénelées de sable, girouettées d'argent ; coupé d'azur à une tige de lis au naturel, terrassée de sable, senestrée d'une levrette assise d'argent accostée de gueules. L'écu timbré d'un casque taré de profil orné de deux lambrequins.*

Pierre-Louis-Joseph Maynier, avocat, procureur du roi près le tribunal de première instance de Rodez, chevalier de la Légion-d'Honneur (1), reçut des lettres de noblesse le 27 septembre 1823. C'était la récompense de son dévouement bien connu à la cause monarchique et des services qu'il avait rendus en 1798 et 1799 dans l'*organisation royale dite du midi*, où il avait occupé les fonctions d'administrateur (2).

Voici la teneur des lettres patentes :

Louis, etc.

« Voulant donner une marque de notre bienveillance au sieur Louis-Joseph Maynier, procureur pour nous près le tribunal civil de Rodez, département de l'Aveyron, et chevalier de notre ordre royal de la Légion-d'Honneur, nous l'avons, par notre ordonnance du 24 août dernier, décoré du titre de noble. En conséquence et en vertu de cette ordonnance, le sieur Maynier, né à Rodez le 10 septembre 1759, désirant profiter de la faveur que

---

(1) M. Maynier fut nommé procureur du roi, par ordonnance du 29 novembre 1815, et chevalier de la Légion-d'Honneur le 1er mai 1821.

(2) Cette organisation contre-révolutionnaire, connue aussi sous le nom *de l'institut*, comprenait le Vivarais, le Gévaudan, le Rouergue, le Velai et la Haute-Auvergne. Le général Willot, le comte de Noyant et le marquis de Puivert en étaient les principaux chefs. Il y avait un commandant par province, et cet emploi avait été confié en Rouergue à M. de Curlande.

nous lui avons accordée, s'est retiré par-devant notre garde-des-sceaux, ministre secrétaire d'Etat au département de la justice, à l'effet d'obtenir nos lettres patentes nécessaires pour jouir de son titre et en faire jouir ses descendans.

» A ces causes, nous avons de notre grâce spéciale, pleine puissance et autorité royale, anobli et par ces présentes signées de notre main nous anoblissons le sieur Louis-Joseph Maynier, voulons qu'il soit censé et réputé noble tant en jugement que hors jugement, ensemble ses enfans, postérité et descendans mâles et femelles, nés et à naître en légitime mariage ; que comme tel il puisse prendre en tous lieux et en tous actes la qualité d'écuyer, et jouir du rang et honneurs réservés à notre noblesse et qu'ils soient inscrits en cette qualité aux registres ouverts à cet effet par notre commission du sceau. Permettons audit sieur Maynier, à ses enfans, postérité et descendans de porter les armoiries timbrées telles qu'elles sont désignées et figurées aux présentes et qui sont, etc.

» Mandons, etc.

» Donné à Paris le 27e jour de septembre de l'an de grâce 1823 et de notre règne le 29e.

» Signé : Louis. »

Par le roi : Le garde des sceaux, ministre secrétaire d'Etat au département de la justice.

Comte Peyronnet.

Scellé du grand sceau de cire verte.

Enregistré devant la cour royale de Montpellier, le 19 novembre 1823.

M. de Maynier est décédé à Rodez, le 24 janvier 1844, âgé de 85 ans. Il avait eu de son mariage :

1° N..... de Maynier, mariée à M. de Cahuzac, du département du Tarn ;

2° Pauline, restée fille ;

3° Urbain, avocat, ancien substitut, marié à Mlle Zoé Delauro, de Rodez ;

4° Eulalie, femme, en août 1844, de M. Louis Dubruel, de Villefranche.

Le docteur ALIBERT.

Alibert, Jean-Louis, baron, premier médecin ordinaire des rois Louis XVIII et Charles X, professeur à la faculté de médecine de Paris, médecin en chef de l'hôpital Saint-Louis et du collége Henri IV, inspecteur en chef des eaux minérales d'Enghien-les-Bains, membre de l'Académie royale de médecine et de presque toutes les Académies de l'Europe, officier de la Légion-d'Honneur, chevalier de l'ordre de Saint-Michel, etc., né à Villefranche le 2 mai 1766, mort à Paris le 4 de novembre 1837, âgé de 71 ans.

Jean-Louis Alibert fit ses études dans sa ville natale avec Laromiguière et Sicard, sous la direction des pères de la doctrine chrétienne. Il avait été admis dans cette congrégation lorsque la Révolution vint disperser les ordres religieux et changer sa destinée. A l'époque de la fondation de l'école normale, il alla à Paris, accompagné du philosophe qui l'a précédé de si peu de jours dans la tombe, se ranger parmi les élèves appelés à faire partie de ce célèbre établissement, et ce fut en se séparant d'eux, qu'animé par l'exemple et l'amitié de Roussel et de Cabanis, il embrassa les sciences médicales. Alibert avait alors vingt-six ans : ses premiers pas furent heureux, et sa thèse inaugurale commença déjà la réputation qui, plus tard, devait lui valoir tous ses titres.

Alibert, cédant d'abord à ses premiers penchants, écrivit *La Dispute des Fleurs* et un poème sur l'émulation. Forcé de prendre ensuite une direction différente, il chercha à concilier l'inclination et le devoir en faisant choix du genre *médico-littéraire*, auquel se rattache une grande partie de ses ouvrages. Tels sont les *Réflexions sur les poèmes médicaux*; la *Dissertation sur la vieillesse*; le *Discours sur les rapports de la médecine avec les sciences physiques et morales*; les *Éloges historiques de Spallanzani, de Galvani et de Roussel*; la *Physiologie des passions*, etc.

Mais d'autres publications prouvèrent bientôt qu'à l'élégant écrivain se trouvaient réunis chez Alibert le profond observateur et l'homme de science.

C'est en 1804 qu'il fit paraître ses *Elémens de thérapeutique et de matière médicale*. Dans cet ouvrage, où se déploient toutes les ressources de l'art médical, le savant écrivain a eu encore le mérite de répandre les considérations physiologiques et de donner une heureuse impulsion à une branche jusques-là trop négligée.

En 1806, parut la *Description des maladies de la peau et des meilleures méthodes suivies pour leur traitement.*

Placé à la tête de l'hôpital Saint-Louis, Alibert avait entrevu la richesse de cette mine non encore exploitée, et il eut la gloire de tracer, le premier en France, le cadre nosologique si important des maladies cutanées. « C'est sous les tilleuls de l'hôpital Saint-Louis que, chaque printemps, Alibert faisait voir à ses nombreux élèves les infortunés qui lui servaient à établir son système. Voulant transmettre à ceux qui ne pouvaient l'entendre les leçons qu'il donnait, il emprunta le secours des artistes les plus distingués pour représenter les infirmités humaines, et dans deux ouvrages où brillent tous les charmes du style le plus noble et le plus pur, à côté de cette concision austère et philosophique qui convient si bien à ceux qui font, comme il le dit, de l'histoire naturelle avec les maux de l'humanité, il représente les maladies de la peau comme un arbre immense dans lequel tout vit à la fois d'une vie propre et d'une vie commune (1). »

Le moindre mérite de cet ouvrage remarquable était une classification que son auteur appela naturelle et qui devint, plus tard, le sujet de beaucoup d'attaques. On disait que pour l'établir, Alibert avait obéi à la nature de son esprit plutôt agréable et superficiel que sérieux et profond; qu'il avait pris pour base les caractères les plus apparens, mais aussi les plus variables des affections cutanées; qu'il n'avait tenu compte que de leurs formes extérieures, et qu'en cédant ainsi au plaisir de les décrire, il avait répandu un peu trop de *pittoresque* dans une œuvre qui ne pouvait que gagner à la simplicité de style.

Ces critiques, empreintes à coup sûr d'exagération, portent

---

(1) Article publié dans la *Revue de l'Aveyron*, en 1837, par le docteur Daugnac, de Villefranche.

d'ailleurs sur un point accessoire et n'ôtent rien au mérite de l'ouvrage qui a obtenu une réputation européenne.

Inspecteur des eaux d'Enghien, l'illustre professeur voulut se mettre en état de remplir sa mission ; il étudia avec sa pénétration habituelle cette autre matière médicale, et bientôt il publia sur les eaux minérales un traité plein de vues ingénieuses et de considérations importantes.

La célébrité du docteur Alibert fixa l'attention du roi Louis XVIII qui l'attacha à sa personne en qualité de premier médecin ordinaire. Il remplissait cet office avec l'illustre Portal. Son entrée à l'Académie royale de médecine, le cordon de l'ordre de Saint-Michel (1), la croix de chevalier et bientôt d'officier (2) de la Légion-d'Honneur, enfin le titre de baron (3) furent la récompense honorifique de ses services. L'ordonnance qui lui conférait ce dernier titre porte que c'est « pour ses bons et loyaux services pendant le règne et la maladie de S. M. Louis XVIII. »

Peu de temps avant sa mort, il accepta avec une grâce toute bienveillante le modeste titre de membre de la *Société des Lettres, Sciences et Arts de l'Aveyron*, qui venait de se former à Rodez.

Vif, enjoué, spirituel, aimant les lettres et les arts, Alibert avait une conversation piquante et anecdotique, qui recevait un nouveau charme de l'élégance de sa parole. Doux, bienveillant, il oubliait le mal en faisant le bien, et le souvenir de sa bonté devra vivre longtemps dans le cœur d'un grand nombre de ses élèves et de ses compatriotes.

Son tableau, peint par Berton, se voit à l'Hôtel-de-Ville de Villefranche. Il y est représenté faisant panser un malade à l'hôpital Saint-Louis. Il avait fait lui-même ce don à sa ville natale (4).

Les dépouilles mortelles de M. le docteur Alibert, transportées, d'après ses dernières volontés, à Marin, près de Villefranche, ont été déposées, au mois de juin 1838, dans une chapelle construite à cet effet.

(1) En 1817.
(2) Le 25 avril 1821.
(3) Ordonnance royale du 31 octobre 1827.
(4) Il est à regretter que ce beau tableau occupe une si mauvaise place. Plus tard, le musée de Rodez a été doté, par Mme de Corneillan, née Alibert, d'un excellent portrait de cet homme célèbre.

Alibert a publié les ouvrages suivans :

Dissertation sur les fièvres pernicieuses et ataxiques intermittentes, thèse de Paris, 1799, reproduite en 1 vol. in-8°, Paris, 1801 ; deuxième édition en 1804.

Traité des pertes de sang chez les femmes enceintes, traduit de l'italien de Pasta, 1800, 2 vol. in-8°.

Nouveaux élémens de thérapeutique et de matière médicale, 1804, 2 vol. in-8° ; deuxième édition, 1808, troisième édition, 1826, in-8°, 3 vol. ; le troisième volume est formé par un précis des eaux minérales et a été publié à part.

Eloges historiques de Spallanzani, de Galvani et de Roussel, suivis d'un discours sur les rapports de la médecine avec les sciences physiques et morales, 1806, in-8°.

Description des maladies de la peau et des meilleures méthodes suivies pour leur traitement, 1806, in-8°.

Précis théorique et pratique sur les maladies de la peau, 1810, 2 vol. in-8°.

Nosologie naturelle sur les maladies du corps humain, distribuées par familles, Paris, 1814, in-folio. Cet ouvrage n'a pas été achevé.

Physiologie des passions, Paris, 1825, 2 vol. in-8° ; deuxième édition, 1827 ; troisième édition, 1837.

Alibert a encore inséré dans le *Magasin encyclopédique* :

La dispute des fleurs.

Poème sur l'émulation.

Quelques réflexions sur la valeur des systèmes dans l'étude des sciences.

Quelques réflexions sur les poèmes médicaux.

Dans les mémoires de la société médicale :

Considérations sur les odeurs, t. 1, p. 57.

Observations et expériences sur quelques médicamens purgatifs, diurétiques, etc., appliqués à l'extérieur, p. 246.

Dissertation sur la vieillesse, p. 337.

Mémoire sur l'usage économique du coignassier, p. 379.

Considérations physiologiques sur le fruit du coignassier, p. 413.

Du pouvoir de l'habitude dans l'état de santé et de maladie, p. 481.

Enfin, il a publié six éditions du *Système physique et moral de la femme*, par Roussel.

VERNHETTE (de Millau).

Armes : *D'azur, au chevron d'argent, chargé de trois étoiles de gueules et accompagné de trois étoiles d'or, deux en chef, une en pointe.*

Cette famille établit sa filiation par titres depuis Pierre Vernhette, sieur de la Serre, qui vivait en 1579, et fut père d'autre Pierre, qualifié sieur de Montaranie, vivant en 1608.

De lui descendait au sixième degré.

Jean-Pierre Vernhette, avocat en parlement, marié en premières noces, le 13 février 1741, à Marie d'Aumière de Roquecave, et, en secondes noces, le 19 juin 1761, à Claude-Angélique de Grailhe-Canalettes, qui le rendit père de vingt-un enfans.

Jean-Blaise Vernhette, l'aîné, avocat, administrateur du district de Millau en 1790, membre de la chambre des députés et conseiller à la cour royale de Montpellier sous la Restauration, décédé à Montpellier le 12 février 1839, avait épousé, en 1794, Elisabeth-Henriette de Raymond, fille de Henri de Raymond, seigneur de Montjaux, et de Marie-Anne de Julien de Roquetaillade. De ce mariage sont issus :

1° Blaise-Joseph-Henri-Amédée, dont l'article suit;

2° Antoine-Maurice-Auguste, né le 27 septembre 1797, chef de bataillon en retraite, chevalier de la Légion-d'Honneur;

3° Louis-Maurice, avocat, ancien magistrat, membre du conseil général de l'Aveyron, député à l'assemblée constituante en 1848, et puis à la législative, marié, en 1829, à Laure Balzac, fille de N..... Balzac, officier de l'Université, professeur et doyen de la faculté de droit d'Aix, dont plusieurs enfans.

Blaise-Joseph-Henri-Amédée Vernhette, né à Montjaux le 14 avril 1795, avocat, sous-préfet de Rambouillet le 12 septembre 1824; préfet des Vosges, par ordonnance royale du 25 septembre 1829, puis des Hautes-Pyrénées, chevalier de la Légion-d'Honneur, créé vicomte par le roi Charles X en 1829, député à l'assemblée législative en 1849, conseiller à la cour impériale de Toulouse en 1858, avait épousé, le 30 novembre 1820, Zélie Capelle, sa cousine, fille aînée du baron Capelle, ancien ministre de Charles X. De ce mariage, entre autres enfans :

1° Henriette-Vernhette, mariée, en juillet 1854, à Octave Guibal;

2° Armand Vernhette, auditeur au conseil d'Etat, qui a épousé, en septembre 1855, Alix Grenouillet-d'Entraygues.

NOBLESSE IMPÉRIALE.

Lorsque Napoléon, après le traité de Presbourg, reconstitua le royaume de Naples, il s'y réserva, par la déclaration du 30 mars 1806, six duchés, grands fiefs de l'Empire, pour être à perpétuité à sa nomination et à celle de ses successeurs. Il s'appropria également dans les anciens états de Venise les douze provinces de Dalmatie, d'Istrie, de Trévise, de Conigliano, de Bellune, de Feltre, de Frioul, de Bassano, de Vicura, de Cadore, de Rovigo et de Padoue, qu'il destinait à être concédées plus tard à ses généraux ou à ses ministres, comme grands fiefs immédiats de l'Empire, transmissibles à leur descendance mâle par ordre de primogéniture.

Ce premier pas vers la réorganisation de la noblesse fut suivi du sénatus-consulte du 14 août 1806, qui rétablit les majorats et les substitutions affectés à des titres héréditaires.

Enfin ces lois furent complétées par le décret du 1er mars 1808, qui déclara que les grands dignitaires de l'Empire auraient le titre de prince ou de duc; que les ministres, sénateurs, conseillers d'Etat, présidens du Corps législatif, archevêques, auraient celui de comte; que les présidens des colléges électoraux, les évêques, les présidens des cours des comptes, d'appel et de cassation, les maires des trente-sept *bonnes* villes auraient celui de baron : que les membres de la Légion-d'Honneur auraient celui de chevalier. Ces titres étaient transmissibles par ordre de primogéniture à la descendance mâle de ceux qui en étaient revêtus, à la condition d'instituer des majorats d'un chiffre déterminé. L'Empereur se réservait en outre d'accorder ces qualités aux officiers civils et militaires qui auraient rendu des services à l'Etat.

« L'objet de cette institution, disait Napoléon dans son décret, a été non-seulement d'entourer notre trône de la splendeur qui convient à sa dignité, mais encore de nourrir au cœur de nos sujets une louable émulation, en perpétuant d'illustres souvenirs, et en conservant aux âges futurs l'image toujours présente des récompenses qui, sous un gouvernement juste, suivent les grands services rendus à l'Etat. »

Le majorat attaché au titre de duc devait être de 200,000 fr. de revenu.

Les comtes devaient justifier d'un revenu net de 30,000 fr. en immeubles ou rentes sur l'Etat, dont le tiers était affecté à la dotation de leur titre.

La dotation du titre de baron était de 5,000 fr.; tiers de 15,000 de revenu net dont devait justifier le titulaire.

Quant au titre de chevalier accordé à tous les légionnaires, l'article 12 portait : « Ce titre sera transporté à la descendance directe et légitime, naturelle ou adoptive, de mâle en mâle par ordre de primogéniture, de celui qui en aura été revêtu en se retirant devant l'archichancelier de l'Empire, afin d'obtenir à cet effet nos lettres patentes, et en justifiant d'un revenu net de 3,000 francs au moins (1). »

Mais par l'article 22 d'un autre décret du 3 mars 1810, la transmissibilité fut restreinte à l'aîné de ceux qui auraient réuni une *dotation* au titre de chevalier, et à la charge d'obtenir confirmation jusqu'à la troisième génération (2).

Il résulte de ce qui précède que les titres de création nouvelle attachés de droit à certains emplois pendant la vie du titulaire ou conférés spontanément par l'empereur, ne devenaient héréditaires dans les familles que par l'érection d'un majorat, sorte de domaine inaliénable et transmissible tant que se perpétuait la lignée.

De là deux sortes de noblesse : la noblesse à vie et la noblesse héréditaire.

Dans la Légion-d'Honneur, on appelait les chevaliers qui avaient obtenu des lettres patentes et constitué une dotation, *chevaliers de l'empire*.

La charte de 1814 confirma les collations de titres faites par l'empereur dans son article 71.

---

(1) Il arrivait souvent, surtout dans l'armée, que l'Empereur faisait lui-même la dotation des titres qu'il accordait.

(2) Une ordonnance royale du 8 octobre 1814 confirma ces dispositions et ajouta que lorsque l'aïeul, le fils et le petit-fils auraient été successivement membres de la Légion-d'Honneur et auraient obtenu des lettres patentes en justifiant qu'ils possédaient un revenu net de 3,000 fr. en biens (quoique non dotés), le petit-fils serait noble de droit, et transmettrait sa noblesse à toute sa descendance.

COMTES DE L'EMPIRE.

BERGON, conseiller d'Etat, directeur général des eaux et forêts, grand-officier de la Légion-d'Honneur.

MATHIEU (Maurice), comte de la Redorte, lieutenant-général, pair de France, grand-croix de la Légion-d'Honneur.

D'ALBIGNAC (Philippe-François-Maurice), lieutenant-général, commandeur de l'ordre de Saint-Louis, gouverneur de l'école militaire de Saint-Cyr, sous la Restauration (1).

CASSAIGNES DE BEAUFORT; lettres patentes du 25 mars 1810, qui confèrent le titre de comte à Jean-Louis-Gaspard de Cassaignes de Beaufort de Miramont, chambellan de l'Empereur, préfet d'Evreux (Famille originaire du Rouergue, mais établie en Auvergne).

NAJAC (Benoît-Georges), né en 1748, conseiller d'Etat dès l'origine, après le 18 brumaire, intendant général de la marine en 1811, commandeur de la Légion-d'Honneur, mort sous la Restauration (Originaire de l'Aveyron par son père).

BARONS DE L'EMPIRE.

NOGARET (Pierre-Barthélemi-Joseph), commandeur de la Légion-d'Honneur, ancien préfet de l'Hérault, député de l'Aveyron.

VILARET (Jean-Chrysostôme), ancien évêque de Cazal, chancelier de l'Université, officier de la Légion-d'Honneur.

(1) Le général d'Albignac avait reçu de Jérôme, roi de Wesphalie, le titre de comte de Ride.

SOLIGNAC (Jean-Baptiste), lieutenant-général, grand-officier de la Légion-d'Honneur.

RICARD (Etienne-Pierre-Sylvestre), lieutenant-général, pair de France, grand-croix de la Légion-d'Honneur (n'a eu son titre de comte qu'en 1817).

CARRIÉ DE BOISSY (Jean-Auguste), maréchal-de-camp, commandeur de la Légion-d'Honneur.

DORNES (Joseph-Philippe-Marie), général de brigade, officier de la Légion-d'Honneur.

CAPELLE (Guillaume-Antoine-Benoît), préfet du Léman, ministre des travaux publics sous Charles X, commandeur de la Légion-d'Honneur.

TARAYRE (Joseph), lieutenant-général, commandeur de la Légion-d'Honneur *(Lettres patentes non expédiées)*.

BÉTEILLE, maréchal-de-camp, commandeur de la Légion-d'Honneur *(Lettres patentes non expédiées)*.

NOUGARÈDE, conseiller à la cour royale de Paris.

CHEVALIERS DE L'EMPIRE.

VIALA (Sébastien), général de brigade, officier de la Légion-d'Honneur, chevalier de l'Empire par lettres patentes du 22 octobre 1810.

CLAUSEL DE COUSSERGUES (Jean-François-Amable-Claude), conseiller à la cour impériale de Montpellier, député au corps législatif, membre de la Légion-d'Honneur.

ROGÉRY (Marie-Joseph-Bernard), né à Saint-Geniez, le 16 août 1775, lieutenant-colonel, le 5 avril 1809, officier de la

Légion-d'Honneur, le 14 mars 1806, chevalier de l'Empire, le 15 mars 1810, décédé à Saint-Geniez, le 17 novembre 1823.

ESCUDIER (Joseph), du Pont-de-Salars, chevalier de la Légion-d'Honneur, le 1er mars 1806, capitaine dans la garde impériale, chevalier de l'Empire avec dotation, mort en 1850, laissant plusieurs enfans dont l'un est officier.

CARRIÉ-CANCÉ (Bernard), de Crozafonds, près d'Entraygues, né le 29 juin 1763, avocat, conseiller au grand bailliage de Villefranche avant la Révolution, administrateur du district du Mur-de-Barrez en 1793. Président de l'administration centrale en l'an VI et VII, sous-préfet d'Espalion après le 18 brumaire, chevalier de l'ordre de la Réunion en 1812, chevalier de l'Empire, le 11 septembre 1813, chevalier de la Légion-d'Honneur, le 18 janvier 1815. Décédé, le 20 septembre 1827, à Crozafonds, sans enfans, de Gabrielle Bessière, de Rodez, sa femme.

Des notices historiques et détaillées sur la vie des personnages qui figurent ici sont insérées dans un ouvrage consacré aux légionnaires du département de l'Aveyron ; ce qui suit n'est qu'un court sommaire destiné surtout à faire connaître l'état des familles.

LE GÉNÉRAL COMTE MAURICE-MATHIEU DE LA REDORTE.

Armes : *Burelé d'argent et de sinople, au chef de gueules, chargé de trois étoiles d'or. Couronne de comte sur l'écu et couronne de baron sur le manteau.*

Maurice-David-Joseph-Mathieu de la Redorte, né à Saint-Affrique, en 1768, d'une famille de bonne bourgeoisie, sous-lieutenant dans la légion de Luxembourg en 1786; aide-de-camp de M. de Barrau-Muratel, son oncle, en 1792; adjudant-général, le 13 juin 1793; général de brigade, le 28 septembre 1798; promu au grade de général de division, le 17 avril 1799, à l'âge de 30 ans; grand-officier de la Légion-d'Honneur et comte de l'Empire, le 14 juin 1804; chevalier de Saint-Louis en 1814; pair de France au titre héréditaire de baron, le 9 mars 1819; grand-croix de l'ordre de la Réunion; commandeur de l'ordre de l'Epée de Suède, etc., est mort le 1er mars 1833.

Il avait épousé Mlle Clary, belle-sœur du roi d'Espagne Joseph, dont il a eu un fils qui, après avoir siégé à la chambre des députés, a été promu à la pairie, le 20 juillet 1841, et a rempli diverses missions diplomatiques.

LE GÉNÉRAL COMTE RICARD.

ARMES : *Coupé au 1 parti d'azur, à l'épée d'argent, garnie d'or; et d'or, au lion d'azur, adextré en chef d'une étoile du même; au 2 d'azur, à un trophée de sept étendards d'argent; de gueules et de sable.*

SUPPORTS : *A dextre, un lévrier; à senestre, un léopard lionné et couronné d'une couronne de comte.*

DEVISE : *A la vie et à la mort.*

Etienne-Pierre-Sylvestre Ricard, né le 13 décembre 1771, à Castres, lieutenant-général, pair de France, conseiller d'Etat, grand-croix de la Légion-d'Honneur, chevalier de Saint-Louis, grand-croix de l'ordre de Saint-Ferdinand d'Espagne et grand-cordon de celui de Saint-Henri de Saxe, décédé, le 6 novembre 1843, au château de Varès, était baron de l'Empire, et il obtint du roi Louis XVIII le titre de comte en 1817.

Il avait épousé, le 14 février 1816, Marie-Louise-Elisabeth-Adrienne de Faigous, fille unique de Pierre-Jean-Joseph d'Alingrin de Faigous (du Vabrais), ancien capitaine de cavalerie, chevalier de Saint-Louis, et de Jeanne-Marie de Pardailhan-Gondrin.

C'est par sa femme qu'il est devenu possesseur du château de Varès, dans le Séveragais.

Le titre de comte est passé à son fils Etienne-Jules-Edouard, qui a épousé Mlle Rouvelet, de Millau.

LE GÉNÉRAL BARON SOLIGNAC.

Jean-Baptiste Solignac, né à Millau, le 22 janvier 1775, enrôlé volontaire dans le régiment de Vermandois en 1789; général de division, le 17 novembre 1805; grand-officier de la Légion-d'Honneur, chevalier de Saint-Louis, commandeur de l'ordre de la Couronne de Fer, grand-croix de l'ordre de la Tour et de l'Epée, baron de l'Empire, membre de la chambre des députés pendant les Cent-Jours, général en chef des troupes de don Pédro, roi de Portugal, en 1833, retiré vers la fin de la même année, est décédé à Montpellier, le 10 novembre 1850, dans la 78e année de son âge.

Il avait épousé à Limoges, vers 1808, Mlle Aventurier, nièce du maréchal Jourdan, dont il a eu cinq garçons et trois filles:

1° Eugène Solignac, l'aîné, licencié en droit, héritier du titre de baron, a épousé une anglaise et habite le château de Grandval, dans le canton d'Alban (Tarn). Ce château, ancienne propriété des généraux de Fréjeville, était passé à M. Charamaule, de Montpellier;

2° Napoléon Solignac, chef d'escadron d'artillerie, sous-inspecteur des forges du Midi;

3° Auguste, contrôleur des contributions directes;

4° Oscar, commandant de place à Perpignan;

5° Camille, capitaine au 60e de ligne, puis receveur particulier des finances à Limoux. Une des trois filles fut mariée à M. Dunal, banquier à Montpellier, et l'autre à M. Serre, négociant de la même ville.

La terre de La Beaume, sur le Larzac, achetée par le général Solignac, vers 1812, à la famille Muret, de Sainte-Eulalie, a été revendue, il y a quelques années, à M. Hippolyte de Pégayrolles, déjà propriétaire, dans le voisinage, du château de Lescure.

LE GÉNÉRAL BARON CARRIÉ.

Armes : *Ecartelé, au 1 d'or, au croissant d'azur surmonté de deux étoiles du même; au 2 de gueules, à l'épée haute en pal d'argent (1); au 3 d'azur, au casque en abîme d'argent accompagné de deux branches de laurier du même; au 4 d'or, au lion léopardé de sable. L'écu surmonté d'une toque de velours noir, retroussé de contre-vair; porte aigrette d'argent surmontée de trois plumes du même, accompagné de deux lambrequins aussi d'argent.*

Jean-Augustin Carrié de Boissy, né à Entraygues d'une famille honorable, le 7 juillet 1764, commandeur de la Légion-d'Honneur en 1805, général de brigade en 1807, baron de l'Empire en 1808, chevalier de Saint-Louis, retraité en 1815, membre du conseil général de l'Aveyron en 1833, est mort, le 9 juillet 1848, sans laisser de postérité, et son titre de baron s'est éteint avec lui.

Il était fils de Joseph-Raymond Carrié et de Jeanne de Veyrières, de Crozafonds. Celui-ci avait fait partie de la première administration départementale sortie du suffrage populaire en 1790, et avait exercé les fonctions de président du tribunal criminel du département jusqu'en 1792, époque de sa mort.

Il avait pour frères MM. Carrié-Lassale, membre du conseil du département, sous le règne de la Convention, mort au Mur-de-Barrez, le 31 mai 1810, et Carrié-Cancé, président de l'administration centrale du département en l'an VI, sous-préfet d'Espalion après le 18 brumaire, homme distingué autant par son goût pour les lettres que par ses qualités aimables et ses talens administratifs.

(1) Le texte du brevet signé de la main de l'empereur porte : *Au deuxième des barons tirés de l'armée.*

LE GÉNÉRAL BARON DORNES.

Joseph-Philippe-Marie Dornes, né à Camboulas d'une famille bourgeoise, lieutenant dans le régiment royal-Navarre, cavalerie, au commencement de la Révolution, colonel du 12e régiment de cuirassiers en 1807, officier de la Légion-d'Honneur la même année, général de brigade à la bataille d'Esling en 1809, baron de l'Empire, mort à Wilna à la suite de la campagne de Russie, en 1812.

Il avait épousé Marie-Louise-Marguerite Probst, dont un fils qui, après avoir exercé avec distinction la profession d'avocat au barreau de Metz, devint collaborateur du journal Le National, fut élu représentant du peuple à l'assemblée constituante, et périt victime des anarchistes dans les néfastes journées de juin 1848.

Sa mère obtint alors, comme récompense nationale, une pension de 3,000 fr. reversible sur Elvire Dornes, sa fille.

BARON CAPELLE.

Armes : *De sable, terrassé à la chèvre d'argent surmontée d'une étoile du même ; au canton senestre de gueules aux archières d'argent maçonnées, surmontées d'une branche de chêne. L'écu timbré d'une toque de baron. Croix de commandeur de la Légion-d'Honneur.*

La famille Capelle, d'ancienne bourgeoisie, était originaire de Canabières et possédait plusieurs domaines dans les environs de ce lieu.

Guillaume Capelle, avocat en parlement, fils d'autre Guillaume et d'une demoiselle de Bonald, de Salles-Curan, s'allia, vers 1770, à Marie-Jeanne-Joséphine Julien de Roquetaillade, qui le rendit père de Guillaume-Antoine-Benoît Capelle, qui fait l'objet de cette notice.

Celui-ci, né le 3 septembre 1775, à Salles-Curan, entra dans la carrière de l'administration en l'an IX, sous les auspices du ministre Chaptal qui le protégeait, fut successivement préfet de Livourne en 1807, baron de l'Empire en 1810, préfet de l'Ain en 1814, conseiller d'Etat en 1815 et, la même année, créé vicomte par Louis XVIII, titre qu'il ne porta jamais, ministre des travaux publics le 19 mai 1830 et commandeur de la Légion-d'Honneur. Il est décédé à Montpellier, le 25 octobre 1843. De son mariage avec N. Carthaillac, de Millau, il avait eu :

1° Emile Capelle, né à Millau en 1795, chef d'escadron en retraite, chevalier de l'ordre de Saint-Ferdinand d'Espagne, ancien page de l'empereur, marié à Charlotte Ceracly of Monarthy, fille du secrétaire-général d'Irlande, dont : Sophie Capelle et Dieudonné, filleul du comte de Chambord.

Emile Capelle est décédé à Toulouse, le 23 août 1850, à l'âge de 54 ans ;

2° Zélie Capelle, femme d'Amédée Vernhette, de Millau, ancien préfet sous la Restauration, aujourd'hui conseiller à la cour impériale de Toulouse ;

3° Hersilie, mariée à Auguste Jammar, directeur des contributions directes à Caen.

LE BARON NOGARET.

ARMES : *Ecartelé au 1 d'azur, au croissant d'argent, accosté de deux étoiles du même, posées en fasce; au 2 de gueules à la muraille crénelée d'argent surmontée d'une branche de chêne du même; au 3 d'or à l'arbre terrassé de sinople; au 4 d'azur à la foi d'argent en bande. L'écu timbré d'une couronne de baron (1).*

I. La famille de Nogaret, d'ancienne bourgeoisie, remontait par titres suivis jusqu'à BARTHÉLEMI NOGARET, notaire royal et docteur en droit, habitant au village de Nogaret, en Gévaudan, qui mourut en 1442, laissant de son mariage avec Anne Benoît :

1° BARTHÉLEMI, ci-après; 2° PIERRE; 3° IGNACE.

II. BARTHÉLEMI NOGARET, IIe du nom, le premier qui s'établit à Saint-Laurent-d'Olt, notaire royal comme son père, vivait encore en 1490, comme il conste de ses notes et particulièrement des reconnaissances féodales de la terre du Besset. Il épousa Raymonde Vernhet, dont sept enfans :

1° PIERRE; 2° JEAN; 3° ANTOINE, qui fut prêtre; 4° CHARLOTTE; 5° ANTOINETTE; 6° GUILLAUMETTE; 7° AGNÈS.

(1) Ces armes sont celles qui se trouvent décrites dans les lettres patentes du titre de baron.

Il testa le pénultième février 1506, devant Guillaume Frédard, notaire.

III. PIERRE NOGARET fut aussi notaire et s'allia à Agnès Layssague, de Sévérac-le-Château. Il fit ses dernières dispositions le 10 janvier 1546 (Rotgier, notaire de Campagnac), laissant de son mariage :

1° BARTHÉLEMI ; 2° PIERRE ; 3° LAURENS, qui fut prêtre ; 4° CÉCILE ; 5° GUILLAUMETTE ; 6° MARIE.

IV. BARTHÉLEMI NOGARET, IIIe du nom, notaire comme ses devanciers, se maria, le 14 février 1545, avec Mérique Girbalde, de la ville de Saint-Geniez, acte reçu par Jean Layssac, notaire de Sévérac, son oncle maternel. Il testa le 9 mai 1560 devant Jean Rotgier, notaire de Campagnac, laissant de son mariage :

1° MARC NOGARET, établi à Saint-Geniez ; 2° BARTHÉLEMI, qui fut son héritier.

V. BARTHÉLEMI NOGARET, IVe du nom, notaire royal, prit alliance, le 9 octobre 1575, avec Antoinette de Frezal, fille d'Anselme Frezal et de Catherine Austruy, de la ville de Saint-Geniez. Il testa le 8 janvier 1587, étant atteint de la peste dont il mourut, devant Charles Preget, notaire de Saint-Laurens. Il eut pour enfans :

1° BARTHÉLEMI, qui suit ; 2° AGNÈS NOGARET, femme de Gabriel Noyrigat, notaire de Saint-Laurens, décédée le 22 juillet 1609 ; 3° ANNE, mariée à Pierre Agret, marchand du même lieu.

VI. BARTHÉLEMI NOGARET, V^e du nom, notaire, épousa, le 4 juin 1607, contrat reçu par Pierre La Rouquette, notaire, Marie Bastide, fille de Guillaume Bastide, notaire, et de Catherine Massebiau, de Saint-Geniez, et décéda le 8 avril 1647, après avoir eu quatorze enfans qui moururent en bas âge, excepté :

1° CHARLES, dont on va parler ; 2° BARTHÉLEMI, qui suivra ; 3° CATHERINE, mariée, le 7 juin 1648, à Jean de Lauret, docteur en droit, de Sévérac ; 4° JEANNE, décédée en 1651.

VII. CHARLES NOGARET fut marié, le 29 novembre 1640, à Isabeau de Bonal, fille de Jean-François de Bonal, juge de la ville de Rodez, et de Hélix de Rey. Il devint lui-même juge audit siége et mourut en 1644, laissant trois enfans, savoir :

1° BARTHÉLEMI-CHARLES, qui épousa, en 1672, Françoise de Ferrier, fille de Joseph Ferrier, et de Françoise Rous, de Rodez, et fut fait, quelque temps après son mariage, président au siége présidial de ladite ville ; 2° JEAN-FRANÇOIS, marié, en 1673, à Marguerite Galy, fille d'Alexandre et de Marguerite Planhes, du village de la Blaquière, paroisse de Banassac ; 3° JACQUES, prêtre et chanoine en l'église collégiale de Marvéjols.

VII. BARTHÉLEMI NOGARET, frère de Charles ci-dessus, né le 21 mai 1630, a continué la descendance. Il fut avocat en parlement et baillif au marquisat de Canillac. Il épousa, le 8 octobre 1654, Françoise de Frescasals, fille de Barthélemi et d'Antoinette de Vayssone, de la ville de Mende, et mourut le 20 octobre 1689. De ce mariage :

1° ROBERT, né le 2 décembre 1655 ; 2° BARTHÉLEMI, né le 19 janvier 1659, prêtre et chanoine à Marvéjols ; 3° FRANÇOIS, né le 31 juillet 1662, docteur en médecine ; 4° CHARLES, né le 22 mai 1666, prêtre.

VIII. ROBERT NOGARET, avocat en parlement, juge de la baronnie de Pomayrols et viguier du marquisat de Canillac, épousa, par contrat du 17 mars 1687, reçu par Antoine Boudon, notaire de Saint-Laurens, et Bertrandy, notaire de Ségur, Marie-Anne Trémolières, fille de Jean Trémolières et de Marie Pons, mariés, du village de la Trémolière, paroisse de Notre-Dame-d'Arques, dont il eut :

1° BARTHÉLEMI, né le 15 mai 1688 ; 2° FRANÇOISE, née le 9 mars 1691 ; 3° JEAN-JOSEPH, dont l'article suit ; 4° MARIE, née le 11 octobre 1694 ; 5° CHARLES-IGNACE, né le 7 août 1697, dans la suite avocat en parlement et décédé le 11 septembre 1741 ; 6° JEANNE, femme, en 1759, de François Pons, maire de La Roque-Valsergues, décédée en 1760 ; 7° MARIE-ANNE, dite Mlle de Brouzes, née en 1702, décédée en 1760, après avoir vécu dans la pratique de toute sorte de vertus ; 8° THÉRÈSE, née en 1704, décédée en 1773 ; 9° CÉCILE, née en 1706, mariée à M. Monestier, bourgeois de Saint-Rome, morte en 1743; 10° CHRISTINE, née en 1708, décédée en 1715; 11° PHILIPPE-ROBERT, né en 1711, mort l'année suivante.

IX. JEAN-JOSEPH DE NOGARET, seigneur dudit lieu, de Canillac et Lespinouse, avocat en la cour du parlement de Toulouse, s'allia, le 30 novembre 1723, à Suzanne de Paradan, du lieu du Bruel d'Esclanèdes, diocèse de Mende, morte en 1727, à l'âge de 24 ans, laissant trois enfans en bas-âge :

1° FRANÇOISE-ROSE, mariée, le 1er avril 1745, à Joseph-Maurice de Moriez, seigneur de Saint-Félix-de-Caramau, près de Toulouse, et autres places, décédé en 1752, laissant postérité; 2° MARIE-ANNE, née en 1726, religieuse au couvent des Annonciades de Rodez, en 1743; 3° BARTHÉLEMI-ROBERT, ci-après :

X. BARTHÉLEMI-ROBERT DE NOGARET, né le 13 octobre 1727, seigneur de Canillac, du village de Nogaret et Lespinouse, avocat en parlement, épousa, en 1761, Victoire-Aimar de Jabrun, fille de Pierre-Aimar de Jabrun, de Marvéjols, et d'Antoinette Castanier. Il acheta, au mois de mars 1783, la charge de conseiller à la cour des aides de Montpellier, qu'il occupa jusqu'à la fin de 1790, époque de la suppression de cette magistrature. Pendant la Révolution, il fut maire de Saint-Laurens et mourut, le 20 avril 1799, fort regretté de ses concitoyens, surtout des pauvres, dont il s'était toujours montré le bienfaiteur. Il laissait le fils qui suit :

XI. PIERRE-BARTHÉLEMI-JOSEPH DE NOGARET, né le 28 juin 1762, licencié en droit en 1787; l'un des rédacteurs du cahier des doléances du tiers-état de la sénéchaussée de Rodez et bailliage de Millau en 1789; élu administrateur du département de l'Aveyron, le 7 juillet 1790, et membre du directoire en septembre suivant; député en 1791 à l'assemblée législative où il vota constamment avec le côté droit; président de l'administration du district de Sévérac à la fin de 1792; destitué par les représentans Bô et Chabot en mars 1793; membre de l'administration centrale du département au commencement de l'an VI; au mois de floréal de la même année, député au conseil des Cinq cents jusqu'à la journée du 18 brumaire pendant laquelle il se trouvait absent par congé; préfet de l'Hérault le 25 mars 1800 ; porté deux fois candidat au sénat par le collége électoral de l'Aveyron ; commandeur de la Légion-d'Honneur le 14 juin 1804 ; baron de l'Empire le 13 août 1809, avec une dotation de 4,000 fr. en Hanovre, titre renouvelé et confirmé par lettres patentes du roi Louis XVIII du 1er février 1817 ; retiré volontairement de sa préfecture en 1813 et nommé alors maître des requêtes; pensionné du roi en 1814 (4,000 fr.) pour ses anciens services ; maire de la commune de Saint-Laurens sous la Restauration ; député de l'arrondissement de Millau en 1828, et successivement réélu par le même collége jusqu'en 1839 ; membre et président du Conseil général de l'Aveyron de 1830 à 1837; décédé à Saint-Laurens, le 31 août 1841, âgé de 79 ans. M. de Nogaret s'était toujours fait remarquer par la modération et la sagesse de sa conduite politique, l'aménité de ses mœurs, l'obligeance de son caractère, et son administration laissa notamment dans l'Hérault les plus honorables souvenirs.

Il s'était marié, le 9 août 1808, à Montpellier, avec Louise-Marie-Julie Boudon-La-Roquette (1), fille de Jean-Joseph Boudon-La-Roquette, ancien avocat du roi au sénéchal de Nîmes, et de Marie-Antoinette Puigsec, de Montpellier, dont :

1° JULES DE NOGARET, avocat, né le 21 juillet 1812, décédé ; 2° GABRIEL DE NOGARET, né le 15 octobre 1824, marié, en septembre 1855, à Mlle Virginie Affre de Saint-Rome, conseiller de préfecture à Rodez en 1857, aujourd'hui le seul représentant mâle des nom, titres et armes de sa famille ; 3° ÉMILIE, née le 14 août 1814, femme de Denis Nogaret, juge de paix à La Canourgue ; 4° ARMANDINE, née le 1er novembre 1817, veuve, à 21 ans, de Fortuné Nogaret, capitaine de cavalerie ; 5° ELISA DE NOGARET, née le 15 novembre 1826.

(Titres de famille.)

---

(1) Mme de Nogaret est morte au mois de mai 1842, neuf mois après son époux.

BARON NOUGARÈDE.

Nougarède, ancien député, conseiller à la cour royale de Paris. On voit au *Bulletin des Lois* des lettres patentes du 1er avril 1809 qui confèrent à M. Nougarède, de Fayet, le titre de baron.

Par l'acquisition de Fayet, ancienne terre de la maison d'Arpajon, cette famille avait pris, dès 1789, son droit de cité parmi nous.

M. de Nougarède le fils, député de l'Aveyron au corps législatif le 1er mars 1852, est décédé l'année suivante à Paris.

LE GÉNÉRAL VIALA, CHEVALIER DE L'EMPIRE.

ARMES : *D'argent, au palmier arraché de sinople, fruité de sable, bordure de gueules du tiers de l'écu, au signe de chevalier légionnaire posé au troisième point en chef. Pour livrée, les couleurs de l'écu ; le verd en bordure seulement.*

Sébastien Viala, né à La Mouline, sous Rodez, le 11 mars 1763, nommé commandant du 2ᵉ bataillon de l'Aveyron en 1792, chevalier de la Légion-d'Honneur au camp de Boulogne en 1804, et officier du même ordre le 26 prairial de la même année, général de brigade sur le champ de bataille d'Iéna en 1806, chevalier de l'Empire par lettres patentes du 22 octobre 1811, avec dotation en Allemagne (1), maire de Rodez dans les dernières années de l'empire, décédé à Rodez, le 26 janvier 1849, âgé de 86 ans, sans postérité.

Sa petite nièce et son héritière, fille du capitaine Viguier, a épousé M. Lunet.

(1) D'un revenu annuel de 4,000 fr.

ADDITIONS ET CORRECTIONS

Aux articles contenus dans les précédens volumes.

DE VIGUIER.

T. II, p. 34.

Dans les courtes notes sur la famille de Viguier, tome II, p. 34, il est dit qu'il existait trois familles de ce nom, en Rouergue.

M. H. Affre, dans son ouvrage, t. II, p. 260, fournit quelques éclaircissemens que nous allons reproduire :

Pierre Viguier, seigneur de Condat, était notaire à Entraygues en 1462. Il testa le 26 avril 1507 et laissa trois enfans :

1° Hector, notaire, vivant encore en 1538, qui hérita de la seigneurie de Condat;

2° Autre Hector, marchand à Entraygues :

3° Agathe, femme de Déodat Maysset.

Hector Viguier fut père de François qui épousa Catherine de Montcausson et testa en 1572.

M. Affre fait observer que la qualification de noble n'est donnée dans les actes publics à aucun des Viguier qui précèdent. Leur nom est accompagné des seuls qualificatifs *discretus, providus* qui marquaient une position au-dessus du commun dans les rangs de la bourgeoisie, par suite d'un peu plus de fortune ou d'un peu plus de culture intellectuelle.

Brenguier Viguier, fils de François, fut le premier à l'accoler au sien.

Nous ferons remarquer à notre tour que la famille de Viguier, sieurs de Condat, fut maintenue dans sa noblesse, le 4 juin 1701, par l'intendant Legendre, sur preuves remontant à 1542.

Brenguier testa le 12 mars 1610, ayant eu de Madeleine de Glandières de La Boissonade :

1° Jean, seigneur de Condat, auquel nous reviendrons bientôt; 2° noble Guillot de Viguier, sieur de Crozafonds, docteur ès-lois, juge du Bousquet, allié à Marie de Codercy, fille d'Antoine, praticien de Soulages-Bonneval, où dès-lors il fit sa résidence (1). Ses enfans furent : A Guion de Viguier, seigneur de Crozafonds et de Grieudas ; B Anne de Viguier, mariée, en 1675, à Louis de Puel, seigneur de Porcarèsses ; 3° Françoise de Viguier, qui épousa, le 6 mai 1637, Jean Pomarède, marchand d'Espalion, fils de feu Pierre et de Jeanne d'Espeyrac; 4° autre Françoise, mariée, en 1639, à Pierre Calsat, d'Austrac, auquel elle apporta 1,500 livres de dot.

Jean de Viguier, seigneur de Condat, vice-sénéchal de la sénéchaussée de Rodez, vendit la place de Condat, le 8 janvier 1628, à Mathieu Fresquet, bourgeois d'Entraygues, qui s'en dessaisit au profit de Jeanne de Cayron, veuve du baron de Roussy. Il épousa Anne de Raynal, fille de Fulcran, sieur de Paliès, dont :

Jean de Viguier, II° du nom, seigneur de Grun, vice-sénéchal, comme son père, qui se maria, en 1719, avec Marie de Fajole, de Saint-Geniez, décédée à Rodez, le 11 juin 1771, âgée de 72 ans.

Jean-Hilarion de Viguier, seigneur du Brueil, gouverneur des pages de la grande écurie du roi, chevalier de Saint-Louis, mort à Rodez après la Révolution, eut de Thérèse-Françoise-Gabrielle-Félice de Salles de La Beaumelle, Louis-Charles-Eugène de Viguier, né le 22 juillet 1770, tué dans l'émigration, le 13 août 1793, à l'affaire d'Oberkamlac, âgé de 23 ans, laissant, de Marie-Augustine-Victoire de Boissière, une fille unique, Jeanne-Victoire-Henriette de Viguier, qui a épousé M. de Valady.

Ces Viguier ont pour armes : *De gueules, à l'aigle éployé d'argent, au chef d'azur, chargé d'un croissant et de deux étoiles du même.*

---

(1) Ce Guillot et Guion, son fils, sont portés sur le rôle de la noblesse de 1668.

A la famille qui précède, se rattachait, toujours d'après M. H. Affre, celle des Viguier, d'Espeyrac.

Pierre de Viguier, sieur d'Espeyrac, eut de Gabrielle de Raynal, de Laguiole :

1° Pierre, sieur des Valatz, qui fut tué par noble Claude de La Gardelle, seigneur dudit lieu ;

2° Antoine, sieur de Soulages, qui épousa, le 17 février 1703, Catherine Prat, fille de Jean Prat, de Laguiole, et de Marie de Glandières ;

3° Laurens, sieur des Monts, curé de Saint-Chély-d'Aubrac ;

4° Guion, sieur de Puech-Blanc, prêtre, successeur du précédent ;

5° Jean ;

6° Antoinette, mariée en premières noces à messire Claude de Truchet, baron d'Esparrou ; et en deuxièmes, en 1660, à Louis-Hercule de Malvin de Montazet, baron de La Roque.

Jean de Viguier, seigneur de Puechblanc, Espeyrac, Lavayssière, le Laussié, etc., fils d'Antoine, écuyer, seigneur d'Espeyrac, et de Thérèse Barthe, vivait en 1783. Il avait épousé en premières noces Elisabeth Delastic, et en deuxièmes, Françoise d'Esparvins qui se retira, après la mort de son mari, à Paulin, dans le Cantal. Il avait un frère du nom de Jean, *conduché* de l'église de Narbonne et prieur de Célés de Fontès.

Thérèse Barthe testa le 28 janvier 1752.

DE SOLAGES.

Addition à l'article sur cette famille, t. II, p. 113.

La terre de Tholet advint aux Solages par noble Ricarde, qui avait épousé Adhémar de Solages, et qui testa en 1292. Cette famille de Ricard existait pour sûr à cette époque, d'après quelques actes du pays, à Tholet, et avait fondé une chapellenie dans l'église de Gabriac.

DE MONTPEYROUX.

Addition à l'article sur cette maison, t. II, p. 234.

Guillot de Montpeyroux, enfant naturel de Guillot, seigneur de Montpeyroux, etc., épousa, le 7 janvier 1574, Catherine de Cusuelh, dame du château de Barbe. Ce Guillot fut baron de Roussy en 1575, et eut de nombreux enfans :

1° Guillot, l'aîné, épousa, le 2 décembre 1617, Françoise de Volonzac, fille de noble Claude de Volonzac, seigneur dudit lieu. Il eut, entre autres enfans, Françoise, mariée à noble Pierre de Filiguier, sieur de la Verrière, et Antoinette qui devint la femme de noble Françoise-Charles de Laparra, sieur d'Aunac ;

2° Rose, qui épousa M. Jubin, chirurgien-royal de Montpellier ;

3° Melchior, sieur de Balayssac, dans la paroisse d'Espeyrac, mari de Catherine de Rivière. Il testa le 11 octobre 1626, et fut enseveli, le 17, dans l'église de Coubisou ;

4° Antoine, sieur de La Borie, demeurant au Cayrol ;

5° François, sieur de Banroque, près d'Entraygues, dont il prenait le nom. Il eut de Jacqueline de Loubayrac : Françoise, qui épousa, en premières noces, le 20 octobre 1652, noble Pierre de Laparra, qui fut assassiné, le 20 avril 1653, au pied de la côte de Falguières, et, en secondes noces, le 20 janvier 1659, Jean de Roquefeuil, seigneur de Pinet et du Bousquet ;

Il eut encore Marthe, qui épousa, le 20 février 1661, noble Louis de Volonzac ;

Antoinette, femme de noble Jean de Taurines (H. Affre, t. II, p. 9).

D'ESPARROU.

Addition à l'article sur cette famille, t. II, p. 236.

Anne d'Esparrou, dernière de son nom, épousa, en 1471, Guillaume V, vicomte d'Estaing, auquel elle apporta les biens de sa maison.

On trouve ensuite noble et puissant homme Guibert d'Anbrussy, seigneur d'Esparrou, de l'Escaillou et autres places, en 1601.

En 1618, c'était Florimond du Truchet (famille noble du Vivarais), descendant, par femmes, d'Anne d'Esparrou, et qui s'allia à Catherine d'Aubusson. Celle-ci testa le 1er décembre 1652, voulant être enterrée, à Bonneval, dans la chapelle de la maison d'Esparrou, et laissant deux enfans, Claude-François et Claude du Truchet, qui fut son héritier universel.

Claude épousa, le 5 août 1651, Antoinette de Viguier, fille du sieur d'Espeyrac, mourut assassiné peu de temps après, et sa veuve se remaria avec Louis-Hercule de Montazet, seigneur de La Roque-Rocozel, en Albigeois.

Un soir, comme il se rendait à Espalion accompagné de quelques domestiques, arrivé à la hauteur de Pussac, il fut soudainement attaqué à coups de fusil par plusieurs hommes armés placés en embuscade. Les voyageurs ainsi assaillis ripostèrent vigoureusement. Après un échange précipité de coups de feu, la mêlée eut lieu, mêlée horrible et sans merci, dans laquelle plusieurs des combattans trouvèrent la mort. Le chef de ce guet-à-pens était le sieur de Laparra, accompagné de Jean de Montpeyroux, bâtard du sieur de La Banroque, du nommé Justin, officier du régiment de Saint-André, et de six fusiliers bien armés.

La seigneurie d'Esparrou appartenait, dès 1656, à Claude-François du Truchet, frère aîné de Claude, qui, étant sur le point de faire le voyage de Toulouse, testa dans le château de l'Escaillou, le 23 mars de la susdite année. Il avait épousé Madeleine d'Arbalestrier, qui le rendit père de six enfans : Florimond, Charles, Catherine, Madeleine, Jeanne et Claudie.

Claude-François eut, en 1658, avec un autre gentilhomme, un duel qui occasionna des poursuites de la part de M. de Saint-Luc, gouverneur de Guienne, et du parlement de Toulouse, qui envoya sur les lieux M. Olivier, un de ses membres, pour informer.

Le château d'Esparrou fut entièrement pillé et dévasté, le 19 août 1665, par douze hommes armés qui forcèrent les portes une heure avant jour, en l'absence du maître du logis. C'étaient noble Jean de Viguier, prévôt ou vice-sénéchal en la sénéchaussée de Rodez, le chevalier d'Espeyrac et son frère, le sieur de Soulages, appartenant aussi à la famille de Viguier, suivis de plusieurs archers et de quelques hommes affidés. Les grains, les meubles, les bestiaux et tout le butin furent transportés à Soulages, dans la maison d'un des chefs de l'expédition.

On ignore les suites de cette affaire.

Esparrou ainsi que l'Escaillou appartenaient, en 1757, à Jean Camboulas, père du conventionnel.

(H. Affre, t. II, p. 11).

DE CAMBON,

Barons de Roussy.

Additions à l'article sur Roussy, t. II, p. 237.

La famille de Cambon était originaire de Cabrespines, dans le canton d'Estaing. Ses commencemens furent fort modestes, comme on va le voir; mais, à Toulouse où elle se transplanta de bonne heure, elle acquit de l'importance et de la considération, grâce aux talens de ses membres, aux emplois éminens dont ils furent revêtus, à leurs alliances, à leur fortune. Quand la Révolution éclata, elle avait donné un évêque à l'église de Mirepoix, neuf conseillers et un premier président au parlement. Sa lignée masculine s'est éteinte pendant le règne de Louis-Philippe.

I. AMANS CAMBON, notaire à Cabrespines, vivait en 1665.

II. JEAN DE CAMBON, Ier du nom, sieur d'Annat, mari de noble Jeanne de Cayron, y instrumentait aussi en 1595 et 1608. Il devint, par échange de propriétés, baron de Roussy. Ses enfans connus sont :

1° NICOLAS, ci-après; 2° BERNARD DE CAMBON, docteur ès-lois, sieur de Cassagnes.

III. NICOLAS DE CAMBON, conseiller et magistrat présidial en la sénéchaussée de Rouergue, épousa Jeanne d'Annat et en eut :

1° JEAN, qui suit; 2° BALTHAZAR, marié, le 21 juin 1622, avec Gabrielle de Prohenques, fille de Pierre, conseiller et secrétaire du roi en la chancellerie du parlement de Toulouse. La dot de la future fut de 12,000 livres. Nicolas donna à son fils Balthazar la moitié de ses biens et lui promit de compter 30,000 livres le jour où il serait en état d'acheter un office de conseiller. L'office fut acheté (1625), et l'on disait du titulaire, en 1635, qu'il avait beaucoup de *parentelles* au parlement de Toulouse. Il habitait Curières dont il se qualifiait seigneur en 1653 (1), ainsi que de La Gardelle. Il eut un fils nommé Nicolas, seigneur de La Guépie et de Curières.

IV. JEAN DE CAMBON, II° du nom, hérita de la baronnie de Roussy. Il épousa Marie de Masnau, de Rodez, et devint, comme son frère, conseiller au même parlement. Il céda sa charge, le 12 septembre 1661, moyennant 28,561 livres, à Pierre-Paul et Mathias de Riquet, père et fils, seigneurs de Bonrepos ; habitait Cabrespines en 1668, et figure sur le catalogue des nobles de l'élection de Rodez, dressé en ladite année par l'intendant Pelot.

En 1679 et 1707, on trouve Guillaume-Amans de Cambon, baron de Roussy, et propriétaire de la métairie d'Oustrac.

En 1724, Victor de Cambon de Roussy, demeurant à Toulouse, se qualifiait baron de Roussy, seigneur de Condat, Ginolhac, Le Castel, Annat, Cabrespines, La Salle et autres lieux (2).

Les élémens nous manquent pour continuer la filiation ; mais nous pouvons faire connaître d'une manière exacte les

---

(1) Les propriétés et une maison que la famille de Cambon possédaient à Curières furent vendues par elle, en 1740, à la famille Pons.

(2) *Histoire de l'arrondissement d'Espalion*, par M. H. Affre, t. II, p. 400.

magistrats que la famille de Cambon a donnés au parlement de Toulouse :

1° Balthazar Cambon, sieur de Curières, reçu conseiller le 8 février 1625 ;

2° Jean de Cambon, seigneur et baron de Roussy, reçu le 7 septembre 1645. Démis de sa charge, le 12 septembre 1661 ;

3° Jean de Cambon, reçu en septembre 1668 ;

4° Amans-Guillaume de Cambon, seigneur de Roussy, reçu conseiller le 26 mai 1678, décédé le 2 avril 1717 ;

5° Louis-Emmanuel de Cambon, reçu le 19 mai 1695, décédé le 5 juin 1739 ;

6° François-Amable-Balthazar de Cambon, reçu le 22 mars 1724, décédé le 1er septembre de la même année ;

7° Balthazar-Emmanuel de Cambon, reçu à la place du précédent qui était son frère, le 10 septembre 1726, décédé en 1767 ;

8° François-Tristan de Cambon, conseiller-clerc, reçu le 10 juin 1738, évêque de Mirepoix, décédé en 1794 ;

9° Jean-Louis-Emmanuel-Augustin de Cambon, reçu le 12 juin 1758, nommé premier président, en 1787, à la place de M. de Niquet, démissionnaire ;

10° Marie-François-Auguste-Joseph de Cambon, frère du précédent, conseiller-clerc, reçu le 29 août 1768, chanoine de Saint-Etienne, vicaire-général et chancelier du diocèse, décédé sous le premier empire.

Le premier président de Cambon avait épousé Dorothée-Etiennette de Riquet de Bonrepos. Cette infortunée, arrêtée comme suspecte pendant la Révolution, fut conduite à Paris, et porta sa tête sur l'échafaud révolutionnaire, le 8 thermidor an II, comme complice d'une prétendue conspiration des prisons dans la maison d'arrêt de Saint-Lazare où elle était détenue. Son mari lui survécut et mourut pendant l'empire. Ils laissaient plusieurs enfans :

1° ALEXANDRE DE CAMBON, conseiller à la cour impériale de Toulouse, président de chambre sous la Restauration, député, créé pair de France par le roi Louis-Philippe en 1835. De son mariage avec Mlle Baudens, fille d'un négociant de ce nom, il eut trois filles, la première et la troisième non mariées, la deuxième alliée à M. de Mauvis ; 2° TRISTAN DE CAMBON, mort d'une chute de cheval dans une partie de plaisir ; 3° AUGUSTE DE CAMBON, ancien officier dans Navarre, dragons, colonel de la garde nationale de Toulouse, sous-lieutenant des mousquetaires en 1814, député, puis questeur de la chambre à la deuxième Restauration, membre de l'opposition et l'un des deux cent vingt-un qui renversèrent le Trône des Bourbons, avait épousé une espagnole, Mlle Aury, dont il n'eut qu'une fille devenue Mme de Tauriac ; 4° PAULINE DE CAMBON, qui, en prison avec sa mère, fut donnée en mariage, la veille de la mort de cette dernière, à M. Martin d'Aiguevives, fils de l'ancien président au parlement, et devenu lui-même conseiller à la cour impériale et président pendant la Restauration. De ce mariage sont issus : A Alphonse d'Aiguevives, ancien officier au 17e régiment de chasseurs à cheval, jeune homme plein de charmantes qualités, mort à la fleur de l'âge des suites d'un funeste accident, laissant trois fils et trois filles ; B Emma d'Aiguevives, mariée à M. de Saint-Simon, auquel elle a donné deux fils et deux filles.

DE GLANDIÈRES.

Addition à l'article sur cette famille, t. II, p. 415.

Pierre de Glandières, seigneur de La Boissonnade, dans la paroisse de Cassuéjouls, fut ennobli par lettres patentes du roi Charles VIII, datées d'Amboise au mois de juin 1489, en récompense de ses services et de ses mérites.

GAFFIER ou GUAFFIER.

Addition à l'article sur cette famille, inséré au IIe vol., p. 437.

Plusieurs titres authentiques récemment découverts contiennent des renseignemens sur l'origine de cette famille.

Il résulte des trois premiers (en original sur parchemin) que Jean Gaffier, du Bourg de Rodez, fut anobli en récompense des services qu'il avait rendus tant à la personne du roi de France qu'à celle de Jean, son fils aîné, par ledit Jean (1), duc de Normandie et d'Aquitaine, comte de Poitou, d'Anjou et du Maine, à la date du mois de juin 1346, et qu'en même temps l'exemption des droits à payer pour l'anoblissement lui fut accordée; que le roi Philippe de Valois, par lettres patentes de juin 1347, datées d'Arras, confirma les lettres de noblesse accordées par son fils; que les lettres de Jean et leur confirma-

---

(1) Jean II, *dit Le Bon*, roi de France après Philippe (IV) de Valois, son père, et qui tomba au pouvoir des Anglais à la fatale bataille de Poitiers, le 19 septembre 1356.

tion furent *vidimées* à la prévôté de Paris, le 18 juin 1349, et à la sénéchaussée de Rouergue, le 22 novembre suivant.

Tout cela est parfaitement en règle et ne laisse aucun doute sur la nobilité de la famille de Gaffier.

La quatrième pièce en parchemin est relative à un fait qui jeta une éclipse passagère sur l'honneur de cette famille. Ce sont des lettres de grâce et rémission accordées, en 1411, par le comte Bernard d'Armagnac, à Pierre Gaffier (descendant de Jean), que l'on accusait d'avoir, par ses mauvais traitemens, occasionné la mort de sa femme. Voici le résumé des lettres du comte :

« Pierre Gaffier, damoiseau du Bourg de Rodez, mari d'Alaise (Alazia), fille de Géraud Guaffier, aussi du Bourg de Rodez, était accusé d'avoir maltraité sa femme à tel point qu'on craignait que mort s'en suivit. Et, en effet, elle était à l'extrémité. *Eam judicabant de proximo morituram* (juillet 1410).

» Le bailli et les officiers de justice du comte s'en émurent et se mirent en devoir d'informer. Ils se présentèrent au lit de mort d'Alaise, qui, sous la foi du serment et avec toute sa connaissance, *sana memoria*, déclara qu'elle avait été au grenier de sa maison pour chercher de l'avoine et, qu'étourdiment, elle s'était laissée tomber. Dans sa chute, ses jambes avaient été brisées et tout son corps fort endommagé. *Sed ipsa simpliciter et inconsulte ascendens in altum, in arreo hospicii sui queritum avenam, volens descendere gradiarum dicti hospicii cum dicta avena, repentim cecidit seörsum. Ex cujus quidem casus oppressione, ossa sua tibie atque cruris fracta fuere, totumque corpus suum ruptum remansit et dampnificatum.* — Du reste, elle assura que son mari était tout-à-fait étranger à la cause de ses blessures.

» Nonobstant cette déclaration qui établissait l'innocence de Pierre Gaffier et l'impossibilité où l'on était de fournir contre lui d'autres preuves, ce dernier, effrayé par la rumeur publique et suivant le conseil de quelques amis, s'enfuit de Rodez pour un certain temps.

» En son absence, ces mêmes amis s'adressèrent au comte et le supplièrent de réintégrer Pierre Gaffier dans sa bonne renommée et dans ses biens, et de lui permettre de rentrer en toute sécurité et liberté dans son domicile. Ils offraient de sa part de payer cinq cents livres tournois pour les frais d'enquête et d'information, et Gaillard Ebrard se porta pour caution.

» Le comte, ayant égard au manque de preuves, considérant, d'ailleurs, qu'Alaise n'était pas d'une conduite irréprochable, *premissis omnibus consideratis, vitaque inordinata et modici regiminis dictæ Alasiæ*, et moyennant le paiement des cinq cents livres, déclare Pierre Gaffier innocent, le rétablit dans tous ses biens et ses droits et défend qu'on exerce sur lui à l'avenir aucune poursuite. Cependant, comme trois cents livres avaient déjà été soldées, il ajoute que se rendant à la prière de son neveu, Charles d'Albret (1), il lui remet le reste de la dette. »

Les lettres sont datées de Rodez, 28 janvier 1411.

La famille de Gaffier, qui avait jadis possédé la seigneurie de Balsac, existait encore en 1676, époque à laquelle noble Jean de Gaffier, seigneur de Falguières, habitant d'Espeillac, épousa Marie Dumas, de Rodez.

Il paraît que la famille Gaffier possédait à Ceyrac des biens pour lesquels elle fit hommage au seigneur de Calmont-d'Olt en 1347, et qu'une de ses branches s'établit même en ce lieu antérieurement à 1482. On y retrouve sa descendance jusqu'en 1636. (Anciens titres découverts à Rodez et communiqués par M. le professeur Herbert).

---

(1) Anne, fille du comte Bernard d'Armagnac, avait épousé Charles d'Albret, comte de Dreux, dont le père avait été connétable.

D'IMBERT DU BOSC.

Addition au tome II, p. 489.

Pierre d'Imbert, IIe du nom, baron du Bosc, eut de Victoire de Genibrouse, sa femme, outre Jacques et Pierre dont on a parlé, un troisième fils nommé Bernard, qui entra dans l'état ecclésiastique et devint chanoine de Sainte-Cécile, d'Albi. On trouve son nom parmi les administrateurs de l'hospice de cette ville. Il mourut en 1725, laissant une grande réputation de sainteté. Son corps fut inhumé dans la cathédrale d'Albi où l'on voit encore sa pierre tumulaire portant cette inscription :

« Hic jacet vermis in vita, pulvis in terra Bernardus d'Imbert du Bosc, presbyter doctor theologiæ, ecclesiæ Albiensis canonicus, nec non prior et Dominus sancti pastini de Garrigu, diœcesis Agenensis. Obiit die et anno Domini, et viator ora pro eo. Obiit di............, anno 1725. »

Charles-Victor d'Imbert, comte du Bosc, eut pareillement de Marguerite de La Vallée de Pimodan, une fille qui n'a pas été nommée, Anne-Charlotte, née à Toul, le 21 juillet 1751, élevée à Saint-Cyr, et qui épousa, le 21 juin 1780, Jean Seré de Rivières, fils de Raymond Seré, seigneur et baron de Rivières (1).

Il n'y eut de ce mariage qu'une fille, décédée au bout de quelques mois, en 1781.

Une nouvelle alliance eut lieu entre les deux familles en 1803, par le mariage de Charlotte-Guillemine d'Imbert du Bosc, petite-fille de Charles-Victor, avec le chevalier Georges Seré de Rivières, qui était rentré de l'émigration. De ce mariage naquirent sept enfans.

Mme de Rivières, femme distinguée par les qualités de l'esprit et du cœur, veuve dès 1824, mourut à Albi, le 2 décembre 1836, âgée de 85 ans.

Le baron Ed. de Rivières est son petit-fils (Pièces communiquées par la famille de Rivières).

---

(1) Le château de Rivières, près de Gaillac (Tarn).

BÉNAVENT-RODEZ.

Addition à l'article sur cette famille, t. II, p. 535.

Il existait anciennement une famille de Bénavent dont il est fait mention par plusieurs historiens (1), depuis l'année 1186 jusqu'à 1230. Mais cette famille était différente de celle qui subsiste encore de nos jours, et qui tire son origine des comtes de Rodez de la première race, comme nous allons l'établir.

D'ailleurs, la terre de Bénavent, quels que fussent les droits que la première famille pouvait y avoir eus, appartenait, au commencement du XIIIe siècle, à la maison de Scoraille, et passa, vers cette époque, aux comtes de Rodez, par le mariage du comte Henri Ier de Rodez, avec Algayette de Scoraille, dame de Bénavent, etc.

Pour l'intelligence de ce qui va suivre, nous sommes obligés de montrer quelques degrés de la généalogie des comtes.

I. HUGUES II, comte de Rodez, se maria deux fois :

1° Avec Agnès d'Auvergne, dont il eut : 1° Hugues III; 2° Gilbert; 3° Bernard; 4° Guillaume;

2° Avec Bertrande d'Amalon, qui le rendit père de Henri Ier.

II. HUGUES III, fils aîné de Hugues II, associé au Gouvernement par son père, en 1195, mourut, l'année suivante,

---

(1) *Histoire génér. du Languedoc*, t. III, p. 150. — *Gallia Christ.*, nov. édit. t. I, p. 258. — *Histoire de la maison de La Tour*, t. II, p. 84.

laissant quatre fils : Jean, Bernard, Hugues (1) et Richard, qui ne lui succédèrent pas, parce que Hugues II, leur grand-père, fit couronner comte, à leur préjudice, et associa au Gouvernement, en 1196, Guillaume, son quatrième fils.

III. GUILLAUME mourut sans postérité, en 1208, et eut pour successeur Henri Ier, son demi-frère, fils de Hugues II, et de Bertrande d'Amalon.

Henri épousa Algayette de Scoraille, qui lui apporta, comme nous l'avons déjà dit, la seigneurie de Bénavent, et le rendit père de Hugues IV, comte de Rodez, après Henri Ier, vers 1222.

Quant aux quatre enfans de Hugues III, qui avaient été injustement dépouillés de leurs droits, ils furent indemnisés par diverses concessions de terres que leur fit Hugues IV.

Tous les auteurs qui se sont occupés de l'*Histoire du Rouergue* et de notre première maison comtale, tels que Bonal, l'auteur de l'*Abrégé historique*, etc., le père Anselme, Warroquier, Bosc, Gaujal, Bouillet (2), s'accordent à dire que la maison de Bénavent tire son origine des comtes de Rodez de la première race, et ils indiquent plus ou moins clairement le point du départ.

---

(1) Hugues, père de Henri, substitué, en 1271, au comté de Rodez, par Hugues IV, comme on le verra plus loin.

(2) *Mémoires concernant le comté de Rodez, l'établissement des comtes en iceluy, et leur succession jusqu'à présent (1610),* par Bonal, manuscrits grand in-fol., aux archives de la *Société des Lettres*, etc., *de l'Aveyron*, p. 176.

Abrégé historique et généalogique des comtes et des vicomtes de Rouergue et de Rodez, imprimé à Rodez, en 1682, aux mêmes archives, p. 13 et p. 20.

Le Père Anselme, *Histoire des grands-officiers de la couronne*, t. II, p. 698.

Warroquier, *Tableau généalogique, historique de la noblesse*, 1787, t. Ier, p. 211.

Bosc, *Mémoire pour servir à l'Histoire du Rouergue*, t. II, p. 107; t. III, p. 212.

Gaujal, *Essais historiques sur le Rouergue*, t. Ier, p^s. 90, 300, 384.

Bouillet, *Nobiliaire d'Auvergne*, t. Ier, p. 199, et t. II, p. 35.

Le père Anselme dit textuellement : Henri de Rodez, l'aîné des quatre enfans déshérités, fut seigneur de Bénavent, et le comte Hugues IV, dans son testament de l'an 1271, après avoir substitué ses filles à Henri II, son fils, substitua à celles-ci Henri de Bénavent, son cousin-germain, *consanguineum meum*. L'historien Bonal et les autres s'expriment de même.

On ne saurait établir d'une manière plus formelle le premier degré de filiation.

Or, cet Henri de Rodez, seigneur de Bénavent, cousin-germain du comte Hugues IV, eut deux fils, Bernard et Guillaume.

Bernard succéda à Henri dans la terre de Bénavent, et n'ayant pas eu d'enfans de Philippine Pons de Grammont (1), il institua pour héritier, en 1354, au préjudice de ses neveux, le comte de Rodez, Jean Ier d'Armagnac, et réunit ainsi la baronnie de Bénavent au comté de Rodez, avec cette clause qu'elle ne pourrait jamais en être séparée.

Bernard ne vivait plus en 1357.

Guillaume de Bénavent, deuxième fils de Henri et frère de Bernard, chevalier, seigneur de Mels (2), terre démembrée en sa faveur de la baronnie de Bénavent, vers 1292, eut pour enfans, Gaspard et Mirbal, et fut la tige de la maison actuelle de Bénavent. Cette descendance, ainsi rapportée dans les preuves de cour, ressort clairement :

1° D'un accord de l'an 1307, entre Gaspard et Mirbal, fils de Guillaume de Bénavent, dans lequel Bernard de Bénavent, qui se dit fils de Henri de Rodez, seigneur de Bénavent, figure comme médiateur, et se dit aussi *patruus*, oncle paternel de Mirbal et de Gaspard, ce qui prouve que Guillaume était frère de Bernard et descendait comme lui des comtes de Rodez;

---

(1) *Archives du domaine à Montauban*, tit. de 1292.

(2) Hommage de Guillaume au comte Henri, pour la terre de Mels, etc., rapporté au long dans un autre hommage fait, le 26 juin 1384, par Gaspard, son fils, à Jean d'Armagnac, comte de Rodez.

2° D'une donation, sous l'année 1299, de Mirbal à Gaspard de Bénavent de Mels, dans laquelle ils sont dits l'un et l'autre fils de Guillaume de Bénavent de Mels.

Cela posé, il ne reste plus de difficulté sur l'origine de cette maison, et l'on peut suivre pour le reste de la filiation jusqu'à nos jours ce qui est rapporté au tome II des *Documens historiques, etc.*, p. 538, et qui a été établi conformément au mémoire produit par Marc-Antoine-Joseph, vicomte de Bénavent-Rodez, devant M. Chérin, à l'époque où ce gentilhomme demanda et obtint les honneurs de la cour, en 1784 (1).

Nous avons parlé de l'accord unanime des historiens à reconnaître l'illustre origine de la maison de Bénavent. L'un d'eux, néanmoins, M. Laîné, veut que ce soit par ligne féminine, et combat l'opinion commune dans une note rapportée à la suite de la généalogie qui nous occupe, p. 542.

Mais le système de M. Laîné, que nous avions adopté d'abord pour expliquer l'origine de la famille et appliqué aux trois premiers degrés de la filiation, ne saurait tenir contre l'examen attentif des actes si concluans de 1271, 1299 et 1307 (2), et nous l'avons abandonné comme soulevant des difficultés insolubles, pour revenir au sentiment du Père Anselme et des autres auteurs, les seuls, après mûr examen, qui nous paraissent être restés dans la vérité.

La généalogie de la maison de Bénavent commencera donc

---

(1) Ceci nous rappelle un mot de Louis XVIII, qui, comme on sait, s'occupait volontiers de généalogies et passait pour connaître très-bien la noblesse de son royaume : « Des anciens comtes de Rodez, dit-il, il reste encore les Bénavent, qui habitent le Languedoc, à Montpellier ou à Carcassonne ; ils ont fourni des preuves incontestables de leur origine, *ce que Chérin m'a assuré.* » *(Soirées de Louis XVIII,* t. Ier, p. 332).

(2) Testament du comte Hugues IV, en date de l'an 1271, portant substitution en faveur de Henri de Bénavent, son cousin-germain. — Donation de Mirbal à Gaspard de Bénavent de Mels, son frère, 1299. — Accord de 1307, entre les mêmes Gaspard et Mirbal, fils de Guillaume.

seulement à Henri, p. 537, et se terminera à Hugues-Charles-Anne-Barthélemi, comte de Bénavent-Rodez, qui, de Marie-Antoinette-Pauline Martin Dubosc, a eu :

1° MARIE-LOUIS-FRANÇOIS-LÉON, ancien conseiller général de l'Hérault, marié, le 4 mars 1839, à Zélia Clément, dont : A Hugues-Anne-Henri, né le 2 janvier 1840 ; B Marie-Henriette-Augustine-Blanche, née le 5 septembre 1841 ; 2° JULES-JOSEPH-MARTIN ; 3° MARIE-THÉOPHILE, marié, le 30 juillet 1850, avec Amélie Givernis.

Que si l'on demandait pourquoi la famille de Bénavent, dans ces preuves que nous avons sous les yeux, et au moyen desquelles Marc-Antoine de Bénavent établit sa filiation depuis Henri, exhibe des armes différentes (1) de celles des comtes de Rodez, nous répondrions que c'était anciennement l'usage, surtout dans les grandes maisons, que les cadets abandonnassent, non-seulement leur blason, mais encore leur nom de famille, comme on en voit un exemple très-remarquable, précisément dans deux cas qui ont la plus grande analogie avec celui qui nous occupe. Ainsi, les maisons d'Arpajon et de Landorre (premières maisons baroniales du Rouergue), issues, comme celle de Bénavent, de la maison comtale, ne prirent jamais, depuis leur séparation, le nom de Rodez, mais eurent, en outre, jusqu'à la fin de leur existence, des armoiries propres, différentes de celles des comtes, leurs auteurs.

---

(1) *D'argent, à trois bandes de gueules, au chef d'azur, chargé d'un lambel d'or.* — Depuis les preuves de cour, en 1784, cette famille écartelle *au 1 et 4 de gueules au lion d'or*, qui est de Rodez, *et au 2 et 5 de Bénavent*, et porte dans tous ses actes de l'état civil le nom de Rodez-Bénavent comme descendant masculinement des comtes souverains de Carlat-Rodez de la première race.

DE PEYRUSSE.

Addition au tome II, p. 568.

La famille de Peyrusse, qui disparut de Rouergue vers le milieu du xviiie siècle, ne fut pas pour cela éteinte.

Arnaud de Peyrusse, fils de noble Guyon, seigneur de La Case et d'Esclarmonde de Luillière, né le 3 janvier 1552, s'était établi en Guienne, dans la maison noble de Bonnegarde, juridiction de Savignac, en Bazadois, où sa descendance s'est continuée jusqu'à nos jours. La terre de Bonnegarde lui avait été donnée par Jeanne de Marcenac, sa marraine.

Dans un procès-verbal fait par Jean de Marcel, juge au baillage de Peyrusse, le 4 mars 1599, se trouvent mentionnés et analysés tous les titres de la maison de Peyrusse, qui fut maintenue dans sa noblesse d'extraction par l'intendant Le Pelletier, le 28 juin 1698.

Le représentant actuel de cette famille habite le château de Loubens, près de La Réole (Gironde).

(Lettre de M. de Peyrusse, 21 août 1858).

DE BÉRENGER DE MONTMATON.

Addition à l'article sur cette famille, t. II, p. 617.

Marie-Louise-Françoise de Bérenger de Montmaton, veuve du marquis de Malause, mourut en 1738. Le 10 juillet, son cœur fut déposé dans la chapelle de N.-D. du Rosaire de l'église de Saint-Côme, après que son corps eût été enterré dans un caveau de l'abbaye de Bonneval, au tombeau de ses ancêtres.

NOGARET DE SAINT-LAURENS.

Rectification de la note publiée sous ce titre au t. II, p. 634.

Deux familles distinctes se trouvent confondues dans cette note. La famille Nogaret de La Canourgue, et celle de Nogaret de Saint-Laurens.

Augustin de Nogaret de La Canourgue eut, entre autres enfans, de Catherine Vernières, sa femme :

1° Antoine de Nogaret, marié à Hélène de Bancarel, de Rodez;

2° Marie de Nogaret, femme, en 1765, de Jean-Bernard-Albert-Marguerite Rudelle, de Cassanhes.

Voilà ce qu'il y a d'exact dans la note. Le reste doit se rapporter à la famille de Nogaret de Saint-Laurens, à laquelle appartenaient Barthélemi-Robert et Pierre-Barthélemi-Joseph de Nogaret, son fils, ancien préfet de l'Hérault, etc.

GUIRARD DE MONTARNAL.

Branche de Saint-Etienne-de-Maurs, en Auvergne.

2ᵉ supplément à l'article sur cette famille publié au IIᵉ vol. p. 663 (1).

IV. LOUIS DE GUIRARD DE MONTARNAL, seigneur de La Gane, deuxième fils d'Abraham et d'Isabeau du Bousquet, auteur de cette branche, eut d'Antoinette de Saunhac-d'Ampiac, qu'il avait épousée le 7 février 1635, Jean-Louis, ci-après :

V. JEAN-LOUIS DE GUIRARD DE MONTARNAL, seigneur des Angles, habitant au château de Merle ou du Merlé, en Auvergne, épousa Anne-Colombe d'Ortiguier, fille de noble d'Ortiguier, seigneur du Soulier, près de Lincou, et de N..... Ravaille d'Assas, dont il eut :

1º GUILLAUME-HENRI, baptisé le 25 août 1691 ; 2º FRANÇOISE-COLOMBE, baptisée le 13 avril 1692 ; 3º GABRIELLE-CLAIRE, baptisée le 27 août 1693, mariée, le 12 février 1735, à Jean-Pierre-Bernard de Villeneuve, seigneur de L'Etussarie ; 4º JOSEPH DE

(1) Le premier supplément est inséré t. III, p. 783.

Guirard de Montarnal, baptisé le 25 décembre 1695, mort âgé de cinq ans et inhumé dans l'église d'Assas, le 8 octobre 1702 ; 5° Charles, baptisé le 23 août 1701, dont l'article suit ; 6° Joseph, baptisé le 21 décembre 1705 ; 7° Alexis, baptisé le 26 janvier 1712.

VI. CHARLES DE GUIRARD DE MONTARNAL, seigneur des châtellenies de Saint-Etienne-de-Maurs, Merle, Les Angles, en Auvergne ; Assas, Montredon, en Albigeois, épousa, le 23 juillet 1734, devant Lacombe, notaire de Trébas, Marie d'Izarn, fille de feu Jean d'Izarn, de Coupiac, et de Marthe de Brandouin. Ses enfans furent :

1° Louis-Jean-Charles, né le 1er juin 1735, qui suit ; 2° Amable-Joseph-Charles, né le 18 mai 1739, qui suivit la carrière des armes, entra, au sortir de l'école militaire, comme officier dans un régiment de marine, servit en Amérique où il épousa, en 1783, une demoiselle Tacher, parente de l'impératrice Joséphine, revint en France et fut fait major du régiment de Hainault, s'établit au château de La Devèse (paroisse de Saint-Etienne-de-Maurs), que son frère avait acquis de M. des Ondes. Quand la Révolution éclata, il était lieutenant-colonel du régiment de Foix et chevalier de Saint-Louis. Il retourna à la Guadeloupe, et mourut dans un âge assez avancé, vers 1813. Sa femme était morte avant lui ; 3° Anne-Marie-Colombe, née en 1740, mariée, le 20 janvier 1758, à Louis de Curières, seigneur de Sainte-Eulalie.

VII. LOUIS-JEAN-CHARLES DE GUIRARD, comte de Montarnal, seigneur de Saint-Etienne-de-Maurs, de Merle, des Angles, baron d'Assas et de Montredon, habitant au château de Sénergues (1), s'allia, par contrat du 3 janvier 1761, reçu par Me Vic, notaire à Saint-Mamet, à Marie-Anne-Françoise de Capelle, fille de feu Pierre de Capelle, seigneur de Tissandier, et de Gabrielle de Valette. Il mourut à Sénergues en 1771, et fut inhumé dans l'église de Saint-Etienne-

(1) Le château de Sénergues, paroisse de Saint-Etienne-de-Maurs, en Auvergne, avait reçu le même nom que cet autre château des bords du Lot, qui fut le berceau de la famille en Rouergue.

dé-Maurs. Sa femme finit ses jours au château de La Devèse où elle s'était retirée. Leurs enfans furent :

1° Louis-Marie-Joseph-Charles-Hector-Christien-Alexandre-Etienne, né le 9 octobre 1761, dont l'article suit; 2° Marc-Antoine-Etienne-Gédéon, né le 6 février 1763, sous-lieutenant, après sa sortie de l'école militaire, dans un régiment d'infanterie, où il eut pour sergent-major de sa compagnie, le fameux Bernadotte qui, lorsqu'il fut parvenu, dans la suite, au comble des honneurs, n'oublia pas son ancien officier, et lui fit les propositions les plus bienveillantes qu'il ne tint qu'à celui-ci d'accepter. Marc-Antoine mourut dans le département de Seine-et-Oise en 1822; 3° Louis-Marie, né le 18 mai 1764, décédé en bas-âge; 4° Pierre-Armand-Léopold, né le 17 octobre 1765, officier de marine attaché à l'expédition de Lapeyrouse, pendant laquelle il mourut, le 13 juillet 1786 (1); 5° Marie-Anne-Françoise-Eugénie-Philippe, née le 1er mai 1767, femme de M. Dumas, propriétaire à La Salle, commune de Saint-Julien-d'Empare; 6° Victoire-Sophie, née le 17 mai 1768, qui accompagna en Amérique Amable-Joseph-Charles, son oncle; 7° Amable-Bonnet-Géraud-Léopold, dit le chevalier de Montarnal, habitant le château de La Devèse, où il est mort le 14 novembre 1844.

VIII. LOUIS-MARIE-JOSEPH-CHARLES-HECTOR-CHRISTIEN-ALEXANDRE-ETIENNE DE GUIRARD, comte de Montarnal, seigneur de Saint-Etienne, Sénergues, Merle, Les Angles, baron d'Assas et de Montredon, servit dans les chevau-légers de la garde du roi, et se maria, le 19 mars 1787, avec Marie-Louise-Jacquette Arnaldy de Saint-Monteil, fille de Jean-Bernard Arnaldy de Saint-Monteil, coseigneur de Camboulit, conseiller du roi, lieutenant-général de police honoraire de la ville de Figeac, et de feu Marguerite Delfau, de Bouillac. Il émigra en 1790, et servit sous les princes de

---

(1) Une autre branche de la famille de Guirard, celle de La Calmette, revendique la possession de ce jeune marin, à qui elle donne les prénoms de *Louis-Félix*. Nous ne sommes point en mesure de décider cette question d'origine. Tout ce que nous savons, c'est que cet officier, parent du célèbre navigateur, donnait lui-même les plus belles espérances (Voir le t. III, p. 786).

la maison de Bourbon jusqu'en 1801, fut fait chevalier de Saint-Louis à Kinsberg, en Styrie, le 8 janvier 1801, par le duc d'Angoulême.

A sa rentrée en France, en 1802, il trouva tous ses biens vendus, et fut à Figeac rejoindre sa femme qui s'était retirée chez son père.

Il mourut, en 1817, à Cahors, laissant de son mariage :

1° JEAN-FRANÇOIS-EUGÈNE, né à Figeac le 24 juin 1803, ci-après ; 2° et 3° deux autres enfant morts jeunes ; 4° MARIE-LOUISE, née le 11 avril 1805, mariée, en 1826, à César de Pezet, ancien capitaine d'infanterie, dont Adolphe de Pezet, qui habite Figeac.

IX. JEAN-FRANÇOIS-EUGÈNE DE GUIRARD, comte de Montarnal, a épousé, en 1829, Antoinette-Aglaë-Mathilde-Hortense Gamot, dont le père avait été préfet de la Lozère et de l'Yonne, et la mère, née Auquié, de Figeac, était sœur de la maréchale Ney, princesse de la Moscowa.

Mme de Montarnal était filleule de la reine Hortense.

M. de Montarnal, après avoir été receveur particulier à Villefranche-d'Aveyron, à Mayenne et à Villefranche (Haute-Saône), est aujourd'hui receveur général des finances des Pyrénées-Orientales.

Mme de Montarnal, après une longue et douloureuse maladie, est décédée à Perpignan, le 13 mars 1858, emportant les regrets de toute la société dont elle faisait le charme tant par les agrémens de son esprit que par les précieuses qualités de son cœur. De ce mariage :

1° ANTOINETTE-LÉOPOLDINE-MATHILDE, née le 11 mai 1830, unie, le 17 février 1853, au baron Charles Petiet, capitaine au 7e de dragons, et petit-fils du baron Petiet, ancien ministre de la guerre sous le Consulat ; 2° LOUIS-ANTOINE-CHARLES-PROSPER, né le 8 octobre 1833, marié, le 28 février 1859, à Marie, princesse Poniatowska, petite-fille du célèbre général de ce nom qui se noya dans l'Esler. Louis-Antoine a été nommé receveur particulier à Saint-Yrieix (Haute-Vienne), par décret impérial du 9 juin 1859.

(Documens fournis par M. de Montarnal, receveur-général).

GAUTHIER DE SAVIGNAC.

Correction de l'article sur Raymond de Gauthier, t. III. p. 63.

M. Moins, de Villefranche, nous adresse la note suivante :

« Dans l'extrait des Annales Mss de Claude Desbruyères que M. de Barrau a reproduit dans le IIIe volume de ses *Documens*, je trouve non-seulement une erreur chronologique, mais encore des détails contraires à la vérité.

» On dit que Raymond Gauthier de Savignac s'occupait de l'exploitation des mines en 1572, et que c'est en apprenant les massacres de la Saint-Barthélemi qu'il se serait mis à la tête des Calvinistes.

» Tous les documens historiques contredisent le récit de Claude Desbruyères. Raymond Gauthier prit les armes dix à douze ans avant la Saint-Barthélemi. Nous le voyons commander les Calvinistes en 1562, s'emparer de Saint-Antonin, faire prendre Villeneuve par un de ses lieutenans, tenter de surprendre Villefranche et, sur la nouvelle que Montluc arrive au secours de cette ville, se réfugier enfin dans le château de Graves où il fut massacré avec tous les siens en 1562 et non en 1572, comme le prétend Claude Desbruyères. »

DE BERTRAND.

Addition à l'article sur cette famille, tome III, p. 197.

Une famille noble de ce nom vivait anciennement à Castelnau, et les renseignements qui suivent sont empruntés au dernier ouvrage de M. H. Affre sur l'arrondissement d'Espalion, tome I, p. 74.

Noble Raimond Bertrand, damoiseau, qui figure dans des actes de 1323 et 1371, ne vivait plus en 1376. Il eut de sa femme, Hélix Honors, qui lui survécut, Jean, Aldebert et Déodat.

Guillaume Bertrand, damoiseau, vivait en 1374 et 1385.

Jean Bertrand, damoiseau, en 1419 et 1462.

Pierre Bertrand, damoiseau, épousa, en 1453, Flore de Bénavent, qui fut principalement dotée par noble Gaspard de Neuvéglise, son cousin, seigneur de Amelhs (Mels), au diocèse de Rodez. Flore fit son testament le 18 juin 1481.

Ils eurent une fille, Catherine, qui devint la femme de noble Jean Pelamourgues, *alias*, de Malamelha, habitant le repaire de ce nom, dans la paroisse de Chanac.

DE BELVEZET ou BELVEZÉ.

Seigneurs de Belvezet, de Saint-Juéry, de Rochegrès et de La Borie.

Addition à l'article sur cette famille, t. III, p. 339.

Belvezet relevait de la maison d'Estaing. Le repaire de La Borie, dans la paroisse de Saint-Côme où les seigneurs faisaient leur résidence, mouvait du baron de Calmont.

I. GAUCELIN DE BELVEZET figure dans un acte de 1266.

II. ANSELME DE BELVEZET, seigneur dudit lieu en 1270, et propriétaire en même temps d'un tiers de Saint-Chély.

III. BERNARD DE BELVEZET vivait en 1300.

IV. GAUCELIN DE BELVEZET, IIe du nom, seigneur dès 1304, fit un accord, en 1328, par l'intermédiaire de noble Ramond de Pruynes, avec Hugues de Castelnau, baron de Calmont, au sujet de la justice de certains villages. L'accord reçu à Perse, par Raymond Romecz, notaire de la baronnie, se termina par un hommage dans les formes les plus solennelles au profit du baron.

V. BERNARD DE BELVEZET, IIe du nom, vivait en 1366 et 1369. Il fut père de :

VI. JEAN, Ier du nom, chevalier, seigneur en 1384 et en 1406. Celui-ci eut pour successeur son fils Jean :

VII. JEAN DE BELVEZET, IIe du nom, damoiseau, fit hommage, en 1424, au seigneur de Calmont, pour son fief de La Borie et pour tout ce qu'il possédait dans le mandement de Saint-Chély, moins *l'affar* de Belvezet, pour lequel l'hommage était dû au seigneur d'Estaing. Il eut entre autres enfans :

1° HÉRACLIUS, qui lui succéda ; 2° GAUCELIN, prieur de Sainte-

Geneviève, exécuteur testamentaire de l'évêque de Périgueux, abbé en même temps de Bonneval ; 3° LÉONE, qui contracta mariage, le 12 juin 1476, avec noble Ramond Defonts, sieur de Vennac.

VIII. HÉRACLIUS DE BELVEZET eut de son mariage avec noble Hélipde de Mirmont :

IX. JEAN DE BELVEZET, IIIe du nom, seigneur de Belvezet, de Saint-Juéry et de Rochegrès, en 1520.

On trouve ensuite, en 1536, noble Jean de Villate, *dit le bâtard de Jonquières ou Jonchières*, au diocèse du Puy, seigneur de Belvezet.

Le 10 juin 1564, Giliberte de Villate, douairière de Jonchières, veuve de Jean de Belvezet, vendit, de concert avec ses enfans Guion, Gaucelin et François, la terre de Rochegrès à messire Jean de Connort.

Guion, nommé ci-dessus, était seigneur de Belvezet et de Jonchières, et baron de Jalagous, en 1574.

Antoine de Belvezet, seigneur dudit lieu, dans les premières années du xviie siècle, avait épousé Charlotte d'Espinchal, qui le rendit père de François, seigneur de Belvezet, en 1612, baron de Jonchières, l'Ouradou, La Borie, coseigneur de la ville de Pradelles.

Marguerite, fille de François, épousa Gilibert de Bruger, sieur du Rochin, dont une fille, Manuelle de Bruger, fut reçue religieuse Ursuline, à Espalion, le 11 mai 1653, âgée de 18 ans.

Le tombeau de la famille de Belvezet était dans l'église de Saint-Pierre-de-la-Boysse, aux portes de Saint-Côme.

La seigneurie de Belvezet passa ensuite dans la famille d'Aldin, qui possédait déjà celle de Vennac.

Gabriel Dupac, marquis de Badens, se qualifiait baron de Belvezet en 1773, époque à laquelle il vendit les champarts qu'il levait sur l'entier village de Cambrassarts, au prix de 10,600 livres. Le domaine de Belvezet fut également aliéné par le même, peu de temps après 1784, au prix de 10,000 livres.

(H. Affre, t. 1er, p. 270).

DES ONDES.

Addition à l'art. des Ondes, t. III, p. 361.

L'ouvrage de M. H. Affre sur Espalion contient quelques détails curieux sur la mort de Louis des Ondes, assassiné à Rodez, le 1er juillet 1658, événement que nous n'avons fait qu'indiquer à la page 367 du troisième volume de nos *Documens*.

C'est la déposition d'un témoin dans l'enquête qui eut lieu à la suite de ce meurtre.

31 mars 1659. « A dit savoir que étant, il, en la ville de Rodez, le premier jour de juillet de l'année dernière, jour de foire se tenant à Rodez, et près de la porte de l'Embergue, sur les quatre heures du soir, il vit ramasser ensemble les sieurs de Bourran et d'Anhac père et fils (Henri de Scorailles, sieur de Bourran, et le sieur d'Anhac, son fils aîné); les sieurs........ un nommé Johanny, de La Selve; un nommé Vaysse, fils d'un notaire de Cougousse, et autres trois ou quatre au déposant inconnus, qui conféraient ensemble en pleine rue, près ladite porte de l'Embergue; et en même temps il vit les sieurs des Ondes et de La Guioulle, père et fils, qui descendaient le long de la rue

vulgairement appelée de las Menonettes (autrement rue du Couvent de l'Annonciade), et les susdits sieurs de Bourran et de..... dirent : Voici nos gens. Et voulant lesdits sieurs des Ondes et de La Guioulle entrer dans le logis du nommé Antoine, où pend pour enseigne l'épée royale, ils furent attaqués par les sus-nommés Bourran, d'Anhac..... Johanni et Vaysse et autres qui ayant mis au milieu d'eux lesdits sieurs des Ondes et de La Guioulle, auraient meurtri ledit sieur des Ondes de divers coups d'épée et pardevant et par derrière dont il aurait resté mort sur place, et en même temps auraient dit : Nous avons tué le père, il faut avoir le fils, et l'auraient poursuivi à coups d'épées depuis ladite porte de l'Embergue jusques aux Clédas des fauxbourgs, où étant, résolurent ensemble et commandèrent à deux de leurs gens d'aller retirer leurs chevaux, et ils prirent leur chemin vers Bourran. »

Les principaux coupables de ce meurtre furent condamnés à mort par contumace. Après s'être cachés quelque temps, ils se constituèrent prisonniers à Toulouse, lors de la première entrée de Louis XIV dans cette ville. Le roi, en considération de la paix générale, de son heureux mariage, de son entrée et de celle de son épouse dans sa bonne ville de Paris, préférant miséricorde à rigueur, accorda, en novembre 1660, des lettres d'un entier pardon et remise de toutes les peines.

POUZOLS.

Addition à l'article sur cette famille, t. III, p. 521.

Raymond de Pouzols avait épousé Antoinette de Dardes, qui était veuve en 1550, et l'avait rendu père de Jean de Pouzols.

Noble Vital de Pouzols, écuyer, seigneur de Pouzols en 1591.

A cette même date, Jean-Claude de Pouzols se qualifiait baron de La Garrigue.

Vital vivait encore en 1639. En octobre 1621, il reçut l'hommage de Phélise de Thubières d'Arbussel, seigneuresse de la terre de Candèse qui relevait de la baronnie de La Garrigue. Sa femme s'appelait Hélène du Pouget. Sa sœur, Marquèse de Pouzols, veuve du sieur Deldat, en Auvergne, testa en 1639 à Taussac chez sa sœur Ysabeau, femme de noble Nicolas Despels ; elle fit héritière sa nièce Léone Despels, veuve de noble Antoine de Ségui, et fit des legs à sa sœur Jeanne, veuve du seigneur de La Pomarède, et à son autre sœur Jeanne IIe, femme de M. Géraud de Monteilh, docteur et avocat au sénéchal de Rouergue, habitant Ladinhac.

On trouve ensuite, en 1643, Bernardin de Pouzols, seigneur dudit lieu, baron de La Garrigue, dont un frère, Raymond, se qualifiait seigneur de Quinsac.

Jean-Claude de Pouzols, écuyer, baron de La Garrigue, seigneur de Pouzols, Quinsac, Monfol, etc., vivait en 1685. Il avait épousé Marguerite d'Izarn de Frayssinet, sœur de Bernardin, veuve dès 1712.

(H. Affre, t. II, p. 282.)

LAPARRA.

Addition à l'article de Laparra, t. III, p. 555.

Michel de Laparra, Ier du nom, eut de Marie de Salgues, qu'il avait épousée le 5 avril 1551 :

1° Pierre ;

2° Jeanne, mariée, le 17 mai 1579, avec noble Claude du Fau, sieur du Bouyssou, près de Flavin ;

3° Françoise, qui épousa, le 4 février 1580, Brenguier de Gourdes, lieutenant principal en la judicature de Sauveterre ;

4° Catherine, seigneuresse de Salgues, femme, le 2 juillet 1595, de noble Nicolas de Borzès, sieur de Réquista, dont le fils, Etienne de Borzès, testa, le 24 février 1638, en faveur de François de Laparra, sieur de Lieucamp, et Guillot de Glandières, sieur de La Boissonnade, son cousin. François de Laparra, qui avait épousé Anne de Rességuier, ne tarda pas à acquérir la moitié de la seigneurie échue à son cohéritier, et rentra ainsi dans la place de Salgues ;

5° Autre Jeanne, qui épousa Antoine Certain, du Cayrol ;

6° Hélène, mariée, le 21 mai 1602, à noble Arnaud de Garceval ;

7° Marie-Anne, alliée à Raymond de Neuffres.

D'un second mariage, contracté le 11 février 1577 avec Charlotte du Cros, fille d'Antoine, seigneur de Lieucoux, et de Madeleine d'Albin de Valsergues, Michel Ier eut :

8° Michel de Laparra, IIe du nom, qui épousa, le 11 avril 1598, Catherine de Fontanges.

Celui-ci testa au château de Cuernègre, le 9 mai 1601, ayant reçu quatre coups d'épée du sieur Jean Chaumel, auquel il déclara *remettre selon Dieu, et pour le surplus se remettre à la justice.*

(H. Affre, t. Ier, p. 350).

TRÉDOLAT DE SELVES.

Addition à l'article sur cette famille, tome III, p. 566.

Les Trédolat ou Trédoulac, seigneurs del Teulet, du Bac, etc., furent maintenus, le 20 décembre 1698, par l'intendant Lepelletier, sur preuves remontant à l'année 1558.

Parti, au 1 de gueules, à deux dauphins d'argent; au 2 d'argent, à la bande d'azur, chargée de trois étoiles d'or.

PLAISANCE.

Addition à l'article sur Plaisance, inséré à la suite de la généalogie de la maison de Durand de Sénégas, t. III, p. 610.

Plaisance appartenait primitivement aux comtes de Toulouse qui y firent bâtir le château au commencement du XIIIe siècle.

Des comtes de Toulouse, Plaisance passa comme fief aux comtes de Rodez, qui le vendirent avec tous les droits seigneuriaux et dépendances à la maison de Castelpers-Panat, en 1460, d'où, en 1608, il passa à la maison de Durand de Bonne de Sénégas, au même titre, moyennnant 4,200 livres. Cette famille n'en jouit que jusqu'en 1666, époque où le château fut rasé par arrêt de la cour des grands jours d'Auvergne, et le baron de Sénégas frappé lui-même d'une condamnation rigoureuse.

SEIGNEURS DE PLAISANCE.

Les comtes de Rouergue et de Toulouse jusqu'en 1271.
Les rois de France depuis 1271 jusqu'en 1410.
Gui de Panat, de 1410 à 1424.
Louis de Panat, son fils, de 1424 à 1429.
Jean de Panat, de 1429 à 1501.
Gaston de Panat, de 1501 à 1569.
Jean et Jacques de Castelpers-Panat, de 1569 à 1608.
Jean de Durand, baron de Sénégas, acquéreur en 1608.

PREMIER SIÉGE. — Jean et Jacques de Castelpers-Panat, chefs calvinistes, fils de Gaston, tenaient Plaisance sous leur domination depuis 1574, lorsque le 13 février 1587 huit cents catholiques, secondés par M. de Trélans, seigneur de La Bastide-Teulat, s'en emparèrent, par surprise, à la pointe du jour, tandis que les Calvinistes dormaient encore. Mais quelques heures après, les Calvinistes, soutenus par un renfort de troupes que leur envoyait de l'Albigeois Montgomery, parvinrent à reprendre la place, et les catholiques se retirèrent sur Saint-Sernin, après avoir essuyé une grande perte et perdu beaucoup de monde dans le Rance, qui se trouvait en ce moment débordé.

DEUXIÈME SIÉGE. — Jean de Durand, baron de Sénégas, zélé calviniste, qui se trouvait seigneur de la terre de Plaisance depuis 1608, ne néglige rien, soit par ruse, soit par violence pour rentrer en possession de tous les droits seigneuriaux anciennement attachés à cette terre, bien qu'une partie eût été aliénée par acte de concession du 12 août 1502, moyennant une redevance de 2,400 livres, payable par les tenanciers au seigneur.

Au fort de ses entreprises, Jean de Durand fut tué au siége de Puylaurens, le 31 octobre 1618.

Charles, son fils aîné, persévéra dans la même voie d'empiétemens et d'usurpations. Des plaintes furent portées au roi qui somma le baron de se désister de ses injustes entreprises et de se retrancher dans la possession des droits qui lui avaient été accordés. Charles n'eut aucun égard à cette invitation, et il se mit au contraire en mesure de résister en se fortifiant dans Plaisance. Les consuls voulurent résister et furent mis en prison. De plus, Charles de Durand les traduisit devant le parlement de Toulouse qui les acquitta et le condamna lui-même au délaissement de ses injustes prétentions, arrêt qui fut confirmé par le conseil d'Etat le 9 septembre 1664, lequel destitua en même temps la maison de Sénégas du droit de justice et le réunit au domaine de la couronne.

Le marquis de Sénégas, exaspéré, se livra alors à divers excès contre les habitans de ce bourg. De là, plainte au roi des consuls qui étaient appuyés par François de Nogaret, vicomte de Trélans, seigneur de La Bastide-Teulat, en guerre ouverte depuis trois ans avec la maison de Durand, et qui avait même été dépossédé par cette dernière, le 31 décembre 1662, de son château, dans lequel il était pourtant rentré le 24 août 1663.

Le sénéchal de Rouergue, commis par le roi pour toutes ces

affaires, en référa au sieur Lagriffoul, juge de Laguiole, qui, le 9 avril 1665, condamna à mort le marquis de Sénégas et ses complices. Mais sur l'opposition que firent ces derniers, le procès fut renvoyé à la cour des grands jours d'Auvergne qui, le 7 janvier 1666, rendit un arrêt par lequel le marquis de Sénégas fut condamné au bannissement perpétuel avec 20,000 livres d'amende, ses châteaux rasés et ses biens confisqués; la dame Marthe de Montcalm, son épouse, ses enfans et complices, condamnés à la peine de mort. Le marquis de Sénégas, nonobstant, continua à demeurer dans le pays et poursuivit ses violences.

Cependant les gens du roi procédèrent, dès le 20 mai 1667, au sequestre de ses biens ainsi qu'au rasement de ses châteaux.

Marthe de Montcalm adressa alors une requête au conseil d'Etat qui, le 28 juillet 1668, renvoya le surplus de l'exécution de l'arrêt des grands jours d'Auvergne au parlement de Paris, lequel ne statua point mais renvoya l'affaire, le 15 mai suivant, à M. Destadens, le plus ancien conseiller du sénéchal de Toulouse, à condition que la dame de Montcalm, ses enfans et consorts se rendraient prisonniers à Toulouse, ce qui eut lieu en effet. En suite de quoi, M. Destadens rendit une ordonnance, le 27 décembre 1670, par laquelle il élargissait les prisonniers et donnait main-levée de la saisie.

Opposition du syndic à cette ordonnance et nouveau pourvoi devant le parlement de Paris qui, le 14 novembre 1672, ordonna que la sentence du juge de Laguiole et l'arrêt de la cour des grands jours d'Auvergne seraient exécutés définitivement.

Les condamnés ne se tinrent pas pour battus et, après avoir eu recours à de nouvelles oppositions et à de nouveaux appels, ils prirent le parti extrême de tirer une vengeance éclatante des habitans de Plaisance en s'emparant de vive force de la place.

En conséquence, le marquis de Sénégas réunit une bande de 400 hommes, la plupart religionnaires, et se mit en mesure d'exécuter son projet.

Les consuls de Plaisance, effrayés de ce nouveau péril, se rendirent, le 25 mai 1671, au château de Verdun, séjour du sieur de Saint-Pierre, frère du marquis, pour l'engager à détourner son frère de ses résolutions et à entrer dans des voies de conciliation; mais tout fut inutile.

Les consuls, rentrés chez eux, se disposèrent à la résistance et envoyèrent demander du secours au vicomte de Trélans, seigneur de La Bastide-Teulat, lequel étant malade dans son lit, envoya son lieutenant Champé, qui se jeta dans Plaisance pendant la nuit avec une petite troupe fidèle.

De son côté, le marquis de Sénégas se mit en mouvement avec les siens et se trouva devant Plaisance, le 26 mai 1671, à six heures du matin. L'attaque fut dirigée du côté du nord, où le succès paraissait le plus facile. Mais les assaillans furent repoussés. Alors le marquis feignit une retraite, et faisant tout d'un coup volte-face il revint à la charge une seconde fois, mais sans plus de succès. Alors il commença un siége dans les formes, au moyen des ouvrages d'approche et de la brèche. Pendant cinq jours il y eut des efforts désespérés de part et d'autre, sans que rien fît pressentir la solution prochaine de cette lutte.

Enfin, le marquis de Sénégas proposa une réconciliation. Les consuls Pasturel et Bonnet se rendirent sous sa tente. Un acte de conciliation fut dressé; mais les délégués de la ville refusèrent de le signer avant qu'il eût été accepté par leurs concitoyens. Ils se retirèrent donc en laissant des otages. La ville ayant pris connaissance des conditions ne voulut point y acquiescer et les hostilités continuèrent.

Mais bientôt les paisibles citadins, fatigués des longueurs du siége et des dures privations qu'il entraînait, se mirent à murmurer, et finirent par demander à capituler.

Le traité, garantissant les droits de part et d'autre, fut signé, et le marquis entra dans Plaisance à la tête de sa bande victorieuse.

On prétend qu'il abusa de ses avantages et qu'il exerça de mauvais traitemens contre ceux des habitans qui lui étaient le plus opposés. Ceux-ci portèrent plainte au Parlement de Paris, qui commit le sieur Cormières, du présidial de Rodez, pour faire le procès audit marquis et à ses complices, qui furent condamnés à mort le 28 novembre 1671. Mais cette sentence ayant donné lieu à une infinité d'oppositions, on eut recours au roi pour la faire exécuter.

Par lettres du 26 octobre 1672, le roi donna l'ordre au sieur de Neuville, grand-prévôt de Rouergue, d'appréhender et rechercher les coupables. Ce magistrat se transporta, le 17 décembre 1672, avec ses archers, au château de Plaisance, où il courut les plus grands dangers, par suite d'un attroupement formé pour la résistance.

Ce nouvel acte donna lieu à divers autres procès criminels, qui traînèrent en longueur à cause des oppositions et des appels qui se succédaient; et même, après un prolongement de 5 ans, le marquis de Sénégas et ses complices étaient parvenus à se faire absoudre par le lieutenant-criminel d'Angoulême, lorsque, sur l'opposition du sieur Blanc, sieur de Las Fargues, syndic de Plaisance, il fut fait défense au magistrat d'Angoulême de continuer à s'occuper de cette affaire. Dans cette occurrence, l'intendant de Guienne, M. de Feydeau de Brun, s'interposa pour amener la fin des hostilités entre le seigneur de Sénégas, celui de La Bastide et le syndic de Plaisance, parties belligérantes.

Il obtint le consentement réciproque de tous les intéressés de soumettre leurs différents au conseil d'Etat, et d'en obtenir renvoi à M. d'Aguesseau, intendant de Languedoc.

Profitant de cette trêve, Pierre Durand, fils du marquis, qui habitait le château de Verdun, conçut et exécuta un acte de vengeance contre le vicomte de Trélans. Suivi de 40 affidés, armés et masqués, il se rend à La Bastide-Teulat, le dimanche 15 juillet 1674. Le vicomte était dans ce moment à la messe. Les conjurés pénètrent dans l'église, enlèvent Trélans au moment même de la consécration, le placent sur un cheval, les yeux bandés, et, arrivés à une lieue de là, ils le massacrent, ainsi que deux domestiques qui avaient suivi leur maître.

Les fils de la victime portèrent plainte au roi qui, en conseil d'Etat, le 3 avril 1675, rendit une ordonnance par laquelle il permettait l'incarcération du marquis de Sénégas, comme auteur du crime, et saisissait exclusivement M. d'Aguesseau de cette affaire avec défenses aux parlemens de Paris et de Toulouse de s'y immiscer. En conséquence, le marquis de Sénégas, qui se trouvait alors à Paris, fut pris, conduit à Montpellier et de là à Toulouse, où il fut élargi sous caution. Plus tard, son innocence fut reconnue, et la rumeur publique désigna le sieur de Saint-Pierre (1) comme l'auteur de cet attentat. A cette nouvelle, Jean-Luc et François de Nogaret de Trélans, fils du vicomte de ce nom, voulant venger la mort de leur père, se mirent à la tête de leur vassaux et allèrent assiéger le meurtrier dans son château de Verdun. Mais celui-ci, après avoir soutenu un siége de six jours, s'échappa, abandonnant aux assaillans sa demeure, qui subit une complète dévastation.

Deux mois après, il fut arrêté près de Castres, conduit ensuite

---

(1) Charles, sieur de Saint-Pierre, fils cadet d'autre Charles et de Marthe de Montcalm.

à Toulouse, jugé et condamné à mort, et transféré à Plaisance où il subit son jugement sur la place Saint-Blaise.

Les différens du premier procès traînèrent encore en longueur, jusqu'à une transaction du 21 juillet 1688, entre Jean-Louis Durand, marquis de Sénégas, et les habitants de Plaisance, d'après laquelle ceux-ci s'engagèrent à payer à leur seigneur 3,400 liv., moyennant quoi ils seraient quittes de toutes demandes. On voit que l'affaire en était réduite à l'action civile et que les instances criminelles avaient été amorties.

> (Documens déposés chez M. Bonnet, notaire de Coupiac, et compulsés par M. Léon Denisy, instituteur, dont le travail a été adressé à la Société des Lettres, etc., en 1857.)

MONTCAUSSON.

Addition à l'article Montcausson, t. III, p. 641.

DE SÉVEYRAC, DE LA GARRIGUE, DE MONTCAUSSON.

Le château de Montcausson est situé dans la paroisse de Florentin, canton de Saint-Amans, non loin et à l'est d'Entraygues. On y remarque une tourelle dont la porte est surmontée d'une coquille en pierre encadrant un buste de femme, avec la date 1573 au-dessous.

Cette place appartenait anciennement à la famille de Séveyrac, qui la tenait, à ce qu'il paraît, de noble Bertrand de Cornac, fils d'autre Bertrand, qui en était seigneur en 1371 et précédemment.

Cette famille de Séveyrac tirait probablement son nom du hameau de Séveyrac (1), situé par-delà Saint-Maris, au levant d'Entraygues.

G. de Séveyrac, le premier connu, vivait en 1311.

Jean de Séveyrac, notaire à Entraygues, mourut en 1383.

Bertrand, son fils, rendit hommage, le 2 mars 1399, au comte de Rodez, comme seigneur d'Entraygues, pour sa terre de Montcausson, qui comprenait aussi Prévinquières, Travassac et autres lieux. Il y possédait en seul la justice basse jusqu'à 60 sous; la moyenne et la haute par indivis avec le comte.

Jean de Séveyrac, II° du nom, fils et héritier du précédent, vivait en 1461.

Guibert de Séveyrac reçut, le 19 août 1500, l'hommage de noble Jean de Montcausson, d'Entraygues, pour des biens que celui-ci possédait à Prévinquières.

(1) On remarque dans le village de Séveyrac un vaste souterrain connu sous le nom de *Cave des Anglais*.

Après cette époque, on ne trouve plus rien, du moins à notre connaissance, dans les archives du pays, touchant à la famille de Séveyrac.

Les premiers seigneurs que l'on voit ensuite à Montcausson sont nobles Guibert et Laurent de Caldegousse, auxquels succéda, avant la fin du xvi° siècle, la famille de La Garrigue (H. Affre, t. II, p. 190 et 265).

Mais il paraît que la famille de Séveyrac avait jeté dans le Lauraguais une branche qui s'est perpétuée avec honneur jusqu'à nos jours. Elle devrait son origine à un Michel de Sévérac, qui, d'après la chronique du conseiller Bardin, assista à Montauban, en 1442, aux Etats généraux de la *Langue-d'Oc*, avec quelques autres nobles du Rouergue.

Ce Michel, fut père de Jean, qualifié seigneur de Montcausson dans la sénéchaussée de Rodez, d'après un acte de l'an 1489, et qui, en mémoire de son origine, aurait donné le nom de Montcausson au château habité par lui en Lauraguais, près de Revel, où ses descendans résident encore (1).

DE LA GARRIGUE.

Seigneurs de Montcausson, des Cayrouses, etc.

(Famille maintenue, le 17 septembre 1715, par l'intendant Langeois, sur preuves remontant à 1397.)

Noble François de La Garrigue, seigneur de Montcausson, vivant encore en 1586, avait épousé Marguerite Aymeric. Son frère, Galhard de La Garrigue, capitaine d'armes de Cabrespines, mari de noble Marie de Fondels, testa, le 19 août 1574. Les enfans de François furent :

1° Pierre, qui suit; 2° Antoine; 3° Gabrielle, veuve, en 1610, de noble Guillaume du Cros, seigneur de Gaillac.

Pierre de La Garrigue, seigneur de Montcausson, épousa, vers 1587, Françoise de Vialar, fille du seigneur d'Entraygues, dont il eut Raymond, ci-après :

Raymond de La Garrigue, seigneur des Cayrouses et de Montcausson, marié à Charlotte de Bouteillier, échangea, en

---

(1) Renseignemens communiqués par M™ la baronne de Sévérac, le 7 juillet 1858.

1636, sa place et seigneurie de Montcausson contre une métairie, situé au hameau de Lougarde-les-Capelle, appartenant au seigneur d'Entraygues. Il eut pour enfans :

1° François, qui suit ; 2° Claude de La Garrigue, mariée, le 15 novembre 1681, à noble Charles de Fonbesse, seigneur de Lavaur, résidant à Montcausson, fils de feu Jean de Fonbesse et d'Hélène de Genieys, habitans d'Entraygues.

François de La Garrigue, nonobstant l'échange ci-dessus, continua à prendre la qualité de seigneur de Montcausson. Il avait épousé Gabrielle de Pouzols.

(H. Affre, t. II, p. 190).

DE MONTCAUSSON.

Noble Bertrand de Montcausson, vivait à Entraygues en 1376. Il acquit du bien à Montcausson de noble Jean de Séveyrac, qui en était seigneur.

On trouve cent ans plus tard, en 1475, noble Arnaud de Montcausson, seigneur de La Vaysse.

Noble Jean de Montcausson, marchand d'Entraygues, fit hommage, en 1500, à noble Guibert de Séveyrac, pour des biens situés à Prévinquières, où il avait, en outre, la justice jusqu'à 30 sous Rodanois. Ce même Jean, seigneur de La Vaysse, obtint de son cousin, Hélion de Laparra, seigneur de La Tour, près de Villecomtal, l'autorisation de faire desservir une chapellenie par lui fondée dans l'église de Laparra, d'Entraygues.

Antoine de Montcausson, seigneur de La Vaysse, figure comme témoin au bas du testament de Charlotte du Cros, femme de Michel de Laparra.

Catherine de Montcausson était veuve, en 1584, de François Viguier, seigneur de Condat.

Jeanne de Montcausson avait épousé, avant 1621, François Boigues, juge d'Entraygues.

(H. Affre, t. II, p. 189).

Une autre famille de Montcausson, peut-être issue de celle dont il vient d'être question, possédait anciennement le château de Saliès dans la commune d'Aguessac, près de Millau, et finit par des femmes au commencement du XVIIe siècle (Voir à son sujet l'article Montcausson, t. III, p. 641.

D'IZARN DE VILLEFORT.

Branche établie et éteinte à Castres.

Addition au t. III, p. 651.

VIII. PIERRE IZARN, III⁰ fils de Jean, et de Jeanne d'Ouvrier, épousa Jeanne de Balaran, dont il eut :

1° JEAN, qui suit; 2° BENOIT, capitaine au régiment de Saint-Luc, mort en 1654; 3° PIERRE, vivant en 1640.

IX. JEAN, seigneur de Causanes, avocat en la chambre de l'édit de Castres, marié, le 3 septembre 1650, à Louise de Toulouse Lautrec, fille de Marquès, seigneur de Saint-Germier, baron de Cestayrols, sénéchal de Castres, et d'Isabeau de Latger, dont :

1° PIERRE, qui suit; 2° MARGUERITE, mariée, le 2 janvier 1672, à Jacques de Latger; 3° ISABEAU, mariée, le 2 septembre 1675, à Daniel d'Alier de la Boulbène.

X. PIERRE IZARN, marié, le 12 février 1683, à Isabeau

de Jaussand, fille de Louis de Jaussand, brigadier des armées du roi, et de Jacquette de Falgayrolles. Il eut :

1° PIERRE, qui suit; 2° LOUIS-IZARN-CAMBON, capitaine dans le régiment de Touraine, retiré du service en 1750; 3° LOUISE, vivant en 1722, et cinq autres enfans morts jeunes.

XI. PIERRE D'IZARN épousa, le 11 août 1718, Anne Auriol, de Castres, dont il eut :

1° N..... IZARN, lieutenant-colonel, tué à la sortie de Cassel, en octobre 1762; 2° N..... IZARN-CAMBON, d'abord major dans le régiment de Touraine, était lieutenant-colonel du même régiment en 1775, mort en 1789; 3° LE CHEVALIER D'IZARN, capitaine de grenadiers, blessé à la sortie de Cassel en 1762; 4° N..... D'IZARN, mort à Châteauferrier en 1762.

MÊME FAMILLE.

Addition à la page 652.

Enfans de Benoît Izarn, seigneur de Varagnes, et de Jeanne de Sajart :

1° JEAN IZARN, seigneur de Varagnes, mort sans postérité, maintenu dans sa noblesse, 1669; 2° ISABEAU D'IZARN, mariée à Louis Brun, conseiller au parlement de Toulouse, sans postérité; 3° MARTHE D'IZARN, mariée : 1° au baron de Serviès; 2° à messire Gilles de La Roque-Bouillac, en qui s'éteignit la branche aînée de cette maison en 1737; 4° MARGUERITE D'IZARN, mariée, en 1673, à Jean de Malhahe, baron de Saint-Sernin, dont la fille aînée, Jeanne de Malhahe, héritière des biens de sa maison, épousa Louis de Bérail de Mazeroles, et la fille cadette, M. de Puységur.

(Titres de la famille d'Izarn de Villefort).

DE MIREMONT.

CHATEAUX DE MORNAC, DE MIREMONT ET DE MONTCHAUSSON.

Additions à l'art. Montvalat, t. III, p. 680, et à l'art. Bessuéjouls-Roquelaure, t. II, p. 467.

Les châteaux et terres de Mornac et de Miremont ou Mirmont furent vendus, le 11 juillet 1518, à messire Antoine de Montvalat, seigneur de Montvalat, par noble Pierre de Miremont. Ces terres étaient situées dans la paroisse de l'Espinasse, diocèse de Saint-Flour.

Un seigneur de la même famille, Tristan de Miremont, vendit, le 29 juin 1570, la seigneurie haute de Montchausson, située dans la paroisse de Faveyroles, même diocèse et non loin de Chaudesaigues, à Guion de Roquelaure ; et, plus tard, Pierre de Miremont, descendant de Tristan, vendit le château même de Montchausson, ainsi que le domaine, à Bernardin de Bessuéjouls-Roquelaure, au prix de 22,000 livres. Ce dernier acte est du 29 avril 1617.

La filiation des seigneurs de Miremont remontait à noble Etienne de Miremont, chevalier, qui, le 11 avril 1410, fit hommage à Jean, fils du roi, comte d'Auvergne, pour son château et terre de Miremont, etc. Son fils Héracle épousa Marguerite de Montchausson, qui apporta dans la famille la terre de ce nom. Celui-ci eut trois fils : Claude, Robert et Guillaume qui formèrent trois branches répandues en Auvergne.

Claude eut en partage Montchausson.

Sa descendance s'est perpétuée jusqu'à Jean-Pierre de Miremont qui, de son mariage avec Monique de Brondel d'Aumières, eut Héracle, mort dans l'émigration ; Etienne-Victor, prêtre, mort en 1836, et Sophie de Miremont, alliée, le 16 mai 1791, à Jean-Joseph Galonié, de Saint-Laurent-d'Olt, dont le fils, François-Eugène Galonié, héritier du nom et biens de cette branche, a épousé, en 1836, Aspasie Nogaret de La Canourgue.

Les armes des Miremont étaient : *Parti au 1, d'azur au lion rampant couronné d'or et lampassé de gueules ; au 2, de sable, à 3 besans d'or, au chef de gueules.*

(Documens transmis en janvier 1858 par M. Galonié de Miremont).

GRÉGOIRE DE GARDIES.

Correction au t. III, p. 701.

VII. ANTOINE DE GRÉGOIRE, Ier du nom, se maria : 1° avec Henriette de Girard (et non de *Guerin*), dame de Souscanton, fille de N. de Girard, seigneur de Souscanton et de Vezenobre, et de Gillette de Narbonne-Pélet. C'est de ce premier mariage qu'il eut, entre autres enfans, Louise de Grégoire, mariée, le 14 octobre 1607, à Jacques du Caylar, de Saint-Bonnet, seigneur de Restinclières et de Toiras, mestre-de-camp d'infanterie, etc., mort en 1647.

(Lettre de M. Ferdinand de Girard, 16 juin 1857).

DE ROSTANG ou ROUSTAN.

Addition à l'article sur cette famille, inséré au t. III, p. 789.

En 1261, vivait Guillaume de Rostang, chevalier du lieu de Lapanouse *(Archives du domaine à Montauban)*.

Le même Guillaume était bailli de la baronnie de Roquefeuil pour le comte Henri, en 1262 *(Archives de la maison de Mathac)*.

En 1302, on trouve un noble Hugues Rostang, chevalier, du lieu de Saint-Grégoire *(Archives de Loupiac)*.

Dans le rôle de 1668 figure Guillaume Roustan ou Rostang, habitant du village de La Salicière, paroisse de Saint-Izaire.

D'ALBIS DE GISSAC.

Addition à l'article d'Albis de Gissac, t. IV, p. 162.

François-Louis-Marie d'Albis de Gissac, marié, le 6 février 1860, à Marguerite de Chastenet de Puységur, fille du comte de Puységur, et de dame Labat de Vivens.

DE BEAUMONT.

Addition à l'article de Beaumont, t. IV., p. 364.

La famille de La Bonninière de Beaumont ayant prouvé, par titres authentiques, la part qu'avaient pris ses ancêtres à la croisade de 1191, a été autorisée, en 1860, à faire placer son nom et l'écusson de ses armes au musée historique de Versailles.

SUPPLÉMENT

Contenant de courtes indications sur des familles nobles dont il n'a pas été question dans le cours de l'ouvrage.

XI° SIÈCLE.

CASTELNAU. — Gausbert prend le nom de Castelnau en 1060 (Bosc, t. I, p. 143).

Il y avait en Rouergue trois châteaux de Castelnau : Castelnau-Peyralès, Castelnau-de-Saint-Côme et Castelnau-de-Lévezou.

D'HECTOR. — Dieudé d'Hector affranchit des serfs en 1060 (*Archives de Conques*, Bosc).

En 1216, Guillaume d'Hector et Ricarz, son épouse, donnent au monastère de Bonnecombe une émine d'avoine de rente sur Jorsac (*Cart.* 11, 68).

1262. Vente faite par Jausions, femme de Guillaume d'Hector, au comte Henri, de tout ce qu'elle possédait au château d'Aubin *(Archives du domaine de Rodez à Montauban)*.

AUBEROQUES. — Vers 1077, Bernard d'Auberoques souscrit à une cession faite aux religieux de Conques, par Bérenger, vicomte, de tous les droits qu'il percevait dans la ville de Marcillac et ses dépendances *(Arch. de Conques, Bosc)*.

CONQUES. — Bégon de Conques et Bégon de Combret assistent, en 1078, à un plaid tenu par le comte Raymond *(Arch. de Conques, Bosc)*.

ARNAUD. — Guillaume et Bernad d'Arnaud ou d'Arnal sont présents à un autre plaid tenu dans le diocèse de Narbonne, en 1080 *(Arch. de l'abbaye de Caunes, en Languedoc, Bosc)*.

RAMES, ERMENGAUD, SEISSET. — Raymond de Rames, Rigald Ermengaud et Aton de Seisset donnent au monastère de Conques l'église de Sainte-Marie et différens biens sur le Tesc, en 1083, sous le règne de Philippe Ier *(Cart. de Conques, 64)*.

RIGUALD. — Hector de Rigualð donne, vers la même époque, un pré sis à Flanhac *(Idem)*.

En 1438, un noble Bertrand de Rigualð, du lieu de Brasc, figure parmi les vassaux du seigneur de Brousse *(Terrier d'Arpajon)*.

MONTMURAT. — Hector de Montmurat, pour lui et pour son fils Guarin, donne à l'abbaye de Conques son village de La Croix, ses dîmes du Fel, etc., xie siècle *(Cart., 489)*.

XIIe SIÈCLE.

VERSOLS. — En 1132, Bernard-Guillaume de Versols *(de Versolio)*, avant de partir pour Jérusalem, donna à l'église de Sylvanès, qui devait être bâtie par Pons de Larazo, tout ce qu'il avait à Théron, *apud Therundum (Gall. Christ.)*.

COMPEYRE. — Ratier et Raymond de Compeyre vivaient en 1132 *(Mss d'Aubais)*.

SAINT-FÉLIX. — Bernard de Saint-Félix, par son testament de l'an 1133, fit donation du village de Cabriac à Bernard de Bégon et à ses frères *(Hist. Mss de la fond. de Sylvanès)*.

En 1140, Raymond de Saint-Félix, Bernard-Raymond de Saint-Caprasi, et Bérengère, leur mère, Raymond et Gag de Vendeloves, donnent au monastère de Sylvanès tout ce qu'ils possédaient aux villages de *Ante-Salellas* et de Therundo, et en l'appendarie de Gallac *(Id.)*.

MONTAGNOL. — Raymond de Montagnol donna, en 1139, la vallée d'Elnonenque aux abbés de Sylvanès *(Gall. Christ.)*.

ANDOQUE. — Didon d'Andoque, en 1110, sous le règne de Louis-le-Gros, donna au monastère de Conques son église de *Plancas (Cart. 504)*.

Il eut un fils nommé Pierre, que, suivant l'usage du temps, il dévoua, encore enfant, au monastère de Conques. Pierre y prit en effet l'habit religieux et devint évêque de Pampelune en 1147.

CANAC. — Bérenger de Canac possédait, en 1161, une maison au bourg de Rodez, dont il paraît que le comte Hugues II s'était emparé, et qu'il lui rendit par suite d'un accord passé avec l'évêque Pierre *(Arch. de l'Evêché)*.

Le dernier jour des Ides de janvier (1250), Gaillarde, fille de feu R.-Aîné de Cambolas, et femme de feu B. de Canac, et Astrugue, leur fille, et B. de Pinet, son mari, vendent à Pierre Mantel et à Hugues de Cansac, son frère, certaine terre et certains fiefs à La Guioule, pour le prix de cent sols rodanois *(Arch. de Planèses)*.

Rodolphe de Canac faisait partie de la 6e croisade, sous le roi saint Louis, en 1248.

En 1344, noble Vivian de Canac baille à fief un terrain situé à Sainte-Radegonde (Id.).

VILLÈLE. — M. Dumége, dans ses additions et notes sur l'*Histoire du Languedoc*, après avoir dit que la famille de Villèle, qui possédait plusieurs seigneuries dans le Lauragais, et dont presque tous les membres portaient au commencement du xiiie siècle le titre de chevalier, avait ses domaines à peu près dans les mêmes lieux où subsiste encore aujourd'hui la famille de Villèle, qui a produit l'un des hommes le plus justement célèbres de ce siècle, ajoute : « On trouve aussi des Villèle en Rouergue durant le xiie siècle. Il existe aux archives de la préfecture de la Haute-Garonne un acte de donation fait, en 1174, du mas de Montbertrand, en Rouergue, par Arnaud de Villèle. » (*Add. et notes du liv. 35, page 8*).

MAYRAN. — On voit dans les cartulaires de Bonnecombe plusieurs donations de vignes, aux environs de Marcillac, de Guillaume de Mayran, en 1168 (Cart. 2., 9.); de Déodat de Mayran, et Odade, sa femme ; de Raymond et Hector, ses neveux, en 1192 (Cart. 2., 23.); d'Hector de Mayran, vers 1217 (Cart. 2., 91). Cette famille tirait son nom du village de Mayran, situé près de Rignac.

DELLESTROA. — En 1179, donation à Bonnecombe, par Bernard Dellestroa, de la moitié du fief del Mas del Mazel (*Cart. 2., 12*).

PONS. — Guillaume de Pons et Hugues, son frère, donnent à Hugues, abbé de Bonnecombe, en 1179, la viguerie des mas d'Emerguil, del Bagueth, de Calmels et des autres terres que le monastère possède dans la paroisse d'Is (*Cart. 2., 15*).

Guillaume Pons était un des combattans de la première croisade, en 1096 (1., 133).

En 1276, Pierre Pons, de Moyrazès, écuyer, fit vente de la moitié du village de La Planiole (*Arch. de Bonnec.*).

En 1277, Raymond Pons, damoiseau, fit hommage à l'évêque pour tout ce qu'il tenait de lui en fief dans le mandement de Moyrazès (*Titre de l'Evêché*).

RAOUL. — Guillaume de Raoul donne, en 1183, au même monastère, la moitié de la viguerie du mas Ozonenc *(Cart. 2., 21)*.

NAUCELLE. — Il est question dans un acte de 1193 d'Astorg, de Naucelle, d'Adhémar et de Guillaume, ses enfans *(Cart. 2., 8)*.

SAINT-MARTIN. — En 1198, l'évêque Hugues acheta, de Frottard de Saint-Martin, le mas de Saint-Martin, près de La Guioule et le moulin de Cardaillac.

Gui de Saint-Martin, vivant en 1203, avait pour femme Ramonde *(Arch. de l'Evêché)*.

Le petit château de Saint-Martin existe encore.

OTON D'AUBIGNAC,
BERTRAND DE SAINT-AMANS,
BERNARD DE LA GUÉPIE,
BERNARD DE BOISSÉSON, } Mentionnés dans divers monumens de la fin du même siècle *(Bosc, 1., 146)*.

Bernard *Boissaso* figure parmi les combattans de la 6e croisade, sous le roi saint Louis, en 1248.

XIIIᵉ SIÈCLE.

GALINIÈRES. — 1201. Bernard de Galinières présent à une donation faite au monastère de Bonnecombe par Raymond Pons et Allemande, sa femme *(Cart. 2., 60)*.

BONFILS. — Pierre Bonfils vend à l'évêque de Rodez, Pierre, pour 120 sous rodanois, les droits seigneuriaux qui lui appartenaient, ou à Fize, sa sœur, dans le château de Salles-Curan ou dans son mandement *(Arch. de l'Evêché)*.

CALDEGOUSSE. — 1222. Pierre de Henri, évêque de Rodez, achète le château de Caldegousse de Gaillarde de Caldegousse et de N..... de Cahuzac, son mari *(Bonal)*.

TAYAC. — 1227. Bernard de Tayac donne tous ses herbages à Bonnecombe *(Invent. des Arch.)*.

AGASSE. — 1227. Gaillard Agasse, chevalier, feudataire noble du comte, au bourg de Rodez *(Bosc)*.

MANDAVIALE. — 1233. Bail à nouveau fief, consenti par le comte Hugues à Hugues de Mandaviale et à Bernard, son frère, de toute la pagésie du village de Floyrac, paroisse de Saint-Félix, au cens de 8 deniers rod. *(Arch. du Dom. de Rodez à Montaub.)*.

MONTESQUIEU. — 1243. Pierre de Montesquieu vend aux religieux de Bonnecombe le masage et fief du Cros, paroisse de Contenson, du côté de Saint-Martial *(Archives de Bonnecombe)*.

MARTEL. — 1255. Hommage de Raymond Martel, damoiseau, du Bourg de Rodez, à l'évêque Vivian *(Archives de l'évêché. Moyrazès)*.

VIMENET. — 1256. Acessat par noble G. de Vimenet. Vente aux religieux de Bonneval, en 1313, par noble R. de Vimenet, de rentes audit lieu *(Arch. de Bonneval)*.

GUI. — Raymond de Gui, chevalier, seigneur de Floyrac, de Sainte-Croix et de Ginouillac, époux d'Aygline d'Hugonis de Balaguier, vivait au milieu du XIIIᵉ siècle *(Courcelles)*.

SAINT-PRIVAT. — Pons de Saint-Privat, chevalier, fait une quittance de lods, en 1261, pour le fief del Puech, près de Najac *(Arch. de Bonnecombe)*.

1290. Raymond de Saint-Privat, de Sévérac, possesseur de certains biens à Lavernhe *(Arch. du domaine)*.

1364. Raymond de Saint-Privat achète la métairie de Gazels, près de Montlaur *(Tit. de Montlaur)*.

POUSTHOMY. — 1263. Bertrand de Pousthomy donne à Astruc, abbé de Bonnecombe, toutes les maisons, terres, honneurs, fiefs, alleus, etc., qu'il possède à Pousthomy et dans la paroisse *(Arch. de Bonnecombe)*.

LIGONS. — Noble Guillaume de Ligons, chevalier de Sainte-Eulalie, vivait en 1267. — Antoine de Ligons, seigneur, en 1471, du mas de Malescombes, *Sobeyra* et *Soteyra*, eut un fils, Pierre de Ligons, qualifié damoiseau dans un acte de 1495 et seigneur des susdits fiefs. — Marguerite de Ligons, femme de noble Jean d'Apcher, seigneuresse de Malescombes en 1520 (Titres compulsés par M. H. Affre).

Il y avait autrefois dans le *Layssaguès* un château de *Ligons* qui fut engagé, en 1208, à Raymond, comte de Toulouse, avec d'autres terres, par Guillaume, comte de Rodez.

CASSERON. — 1268. Bail à cens fait par l'abbé de Bonnecombe à noble Guibert de Casseron, de la moitié du village de Buols *sive* Casseron *(Arch. de Bonnecombe)*.

CABANES. — 1270. Donation du mas de Grefeuille, par B. de Cabanes, au monastère de Bonnecombe *(Idem)*.

D'ALBIAC.

Famille noble existant au xiiie siècle et qui tire son nom du hameau d'Albiac, situé près du château de Roquelaure.

1271. Bérenger d'Albiac.

1307. Raymond d'Albiac. A la même époque vivaient Guillaume et Béral d'Albiac, damoiseaux, et Pons d'Albiac, recteur de Notre-Dame d'Albiac et de la chapelle de Roquelaure.

1336. Vente à Ramond Dupont, d'Espalion, de certaines rentes à lever, dans la paroisse de Gabriac, par Jean et Gaucelin d'Albiac, frères, damoiseaux, fils de Domergue et de feu Gaucelin d'Albiac. Les vendeurs se trouvaient alors sous la tutelle de Guillaume du Verdier (*de Viridario*), chevalier.

1351, 24 février. Hommage de Bérenger d'Albiac au baron de Calmont pour tous les biens qu'il possédait dans les paroisses de Perse, de Saint-Martin-d'Albiac, de Saint-Côme et de Ceyrac.

1370-1425. Noble Pierre d'Albiac. A la seconde de ces dates, Béral Beloayre, de la paroisse de Calmont, lui consentit quittance de la dot faite à noble Taussagrie, sa fille. La femme de Pierre s'appelait Bérengère Sarrou, qui lui donna un fils du nom de Jean.

1449-1474. Noble Jean d'Albiac, fils de feu Béral. Il fit hommage au seigneur de Calmont, le 21 juillet 1474.

1453. Noble Bernard d'Albiac figure comme témoin au bas d'un acte de cette époque.

1490. Noble Béral d'Albiac.

1492. Alaïs d'Albiac, femme de Guillaume Assazat (*Histoire de l'arrondissement d'Espalion*, par H. Affre, t. Ier, p. 106).

D'AYSSÈNE. — 1272. Hommage fait par noble Aldebert d'Ayssène à Ermengaut de Combret, pour les rentes qu'il tenait de lui en fief franc et honoré dans la paroisse de Coupiac, etc. (*Tit. de Combret*).

ESCAFRED. — Bernard Escafred, chevalier, *de la diocèse du Rouergue*, se rend, en 1272, près du roi, à Toulouse, pour le service du ban (Gaujal).

Un riche seigneur du même nom avait fondé le monastère de Rieupeyroux à la fin du xe siècle.

CAZALS. — 1272. Vente faite par Pierre Douzi à Gaubert de Cazals, damoiseau, de trois deniers rodanois de censive, à Rignac (*Tit. de Bonnecombe*).

ESPEYRAC. — Brenguier d'Espeyrac, témoin d'un accord passé entre le comte de Rodez et les nobles d'Aubin, en 1275 (Bosc).

VALLAT. — Le 4 des Ides de juillet 1276, donation par Folquelma, veuve de Hugues Vallat, chevalier, du château de Sainte-Eulalie, à Hugues Vallat, son neveu (Titres compulsés par M. H. Affre).

MERLET. — En 1278, Guillaume de Merlet épousa Fizes de Mandagot. Noble Raymond de Merlet testa en 1367. Cette famille était des environs de Cantobre *(Arch. de M. de Saint-Roman, à Belmont).*

GABRIAC. — 1278. Acessat par noble Guibert de Gabriac *(Arch. de Bonneval).*

Noble Astorg de Gabriac, damoiseau, vivait en 1301 *(Arch. du château de Loupiac).*

Pierre de Gabriac, fils d'Amblard et de Catherine de La Valette-Parisot, seigneur de Gabriac, diocèse de Rodez, neveu de Bégon de Gabriac, commandeur de Vahours, reçu chevalier de Saint-Jean-de-Jérusalem, le 4 mai 1545 (D'Aubais, t. III, *Chevaliers de Malte).*

BESSODES. — 1282. Noble Brenguier de Bessodes, damoiseau *(Arch. du château de Loupiac).*

DEFONTS,

Seigneurs de Vennac.

B. Defonts, chevalier, premier seigneur connu du château de Vennac, aux environs de Castelnau, dans la vallée du Lot, mourut en 1284.

Pierre Defonts, damoiseau, fils de Pons, fit hommage, en 1350, à Jean de Castelnau, pour le lieu de Vennac.

Ramond Defonts, seigneur de Vennac et de Celets, fils de Marguerite de Combret, épousa, le 12 juin 1476, Léone de Belvezé, fille de Jean, seigneur dudit lieu, et reçut en dot 200 écus d'or, *valant chacun vingt-sept sous et demi tournois.*

Vital Defonts, fils des précédens, qui était, en 1491, sous la tutelle de son oncle, Gaucelin de Belvezé, prêtre et prieur de Sainte-Geneviève, épousa Isabeau de Volonzac.

Antoine Defonts, mari de noble Claude de Sévérac, testa le 12 juin 1565.

François Defonts, capitaine de La Roque-Valzergues en mai 1576, épousa Antoinette de Pélamourgues. C'est le même qui, pour se venger de M. de Clermont qui l'avait *expolhié*, se mit à la tête de 2 ou 300 hommes, qui, par ordre du comte d'Apcher, s'emparèrent du château de Calmont-d'Olt et donnèrent pendant quelque temps de vives alarmes aux habitans d'Espalion.

Guion Defonts, seigneur de Vennac, La Pradelle, etc., avait épousé, vers le milieu du XVIIe siècle, Marguerite de Bernard qui, devenue veuve et ayant perdu ses enfans, se maria, en 1652, avec Jean de Lévezou, marquis de Vesins et vendit la place de Vennac à noble Etienne d'Aldin, sieur de Chaldecombe (*Histoire de l'arrond. d'Espalion*, par M. H. Affre, t. Ier, p. 75).

COMPS. — Pierre de Comps, damoiseau, de Saint-Jean-du-Bruel, vivait en 1295. — Brenguier de Comps donna ses biens, vers 1307, au couvent de l'Arpajonie de Millau (*Titres de l'Arpajonie*).

DOULENS. — Le mardi, après la fête saint Mathieu, 1299, Guillaume Doulens, chevalier, fit hommage à Guillaume de Cardaillac, seigneur de Valady, et reconnut tenir de lui, en fief libre, le mas et affar *del Nouguier*, sis dans la paroisse de Goutrens (*Titres du château de Frayssinet*).

XIVe SIÈCLE.

CAJAUX. — 1301. Gaubert de Cajaux, chevalier, donne aux religieux de Bonnecombe une censive dans la paroisse de Rignac *(Arch. de Bonnecombe)*.

LONGUESERRE. — Noble Bégon de Longueserre, damoiseau, vivait en 1302 *(Arch. du château de Loupiac)*.

PELFORT. — Raymond de Pelfort, de Saint-Affrique, était, en 1302, feudataire des Jourdain de Montlaur, pour certains biens situés dans leurs terres *(Arch. de M. de Saint-Roman, à Belmont)*.

AMALVIN et ARTAL. — 1305. Donation de divers fiefs, assis au lieu dit *del Pas del Conté*, en la paroisse de Saint-Amans-de-Paulhe, par noble Bernard Amalvin, du château de Montclarat, Rose, sa femme, et noble Guillaume Artal, à Aigline d'Arpajon, abbesse de l'Arpajonie, pour la somme de 1,050 sous, faisant la moitié de celle qui avait été donnée à demoiselle Artalde, fille dudit Artal, en la faisant religieuse dans ce monastère *(Tit. de l'Arpajonie)*.

CÉDAL. — 1307. Vente de sept émines de blé, faite par Cédal, gentilhomme de Montclarat, à Brenguier de Comps, lequel donna ses biens au monastère de l'Arpajonie *(Idem)*.

D'ALBIGNÉ. — 1307. Noble Idoine d'Albigné possédait par indivis avec le couvent de Bonnecombe plusieurs maisons à Belcastel, près du château *(Arch. de Bonnecombe)*.

MONTRODAT. — Il est question de cette famille dans les titres du couvent de l'Arpajonie de Millau.

Noble Pons de Montrodat, chevalier, vivait en 1309.

Le même Pons, céda, en 1357, une vigne pour l'entrée de sa fille Agnès audit couvent.

Aymon de Montrodat, de Compeyre, vivait en 1342 et 1396.

CAUX (Pons Séguerie de), templier rouergas de la maison de Sainte-Eulalie, arrêté et interrogé en juin 1310 au château d'Alais, par les délégués de l'évêque de Nîmes.

ALBERT (Guillaume), templier Ruthénois, amené dans les prisons de Paris, du pays Toulousain, le 17 février 1310.

BERNARD DE CASTRI, templier du Rouergue, détenu à l'abbaye Saint-Magloire à Paris, en février 1310.

BERNARD DE REVEL, templier du Rouergue, amené du pays Toulousain en février 1310, et détenu dans la maison du comte de Savoie, près de la porte Saint-Marcel.

HUGUES DE CALVIOU, chevalier Ruthénois de l'ordre du Temple, amené de Moissac à Paris, en février 1310.

DURAND DE PISIAC, chevalier Ruthénois, amené du diocèse Périgourdin à Paris, le 2 mai 1310.

AYMERI DE COPIAC, chevalier Ruthénois, au nombre des 544 templiers détenus, à Paris, en mars 1310.

HUGUES DE GAMON, chevalier Ruthénois, faisant partie des 231 templiers qui furent entendus en janvier 1311, comme témoins contre l'ordre *(Procès des templiers)*.

LUSANGAN. — 1313. Vente faite, par Guibert de Lusangan, à Pons, abbé de Bonnecombe, d'une albergue de sept sols sur Balaguier *(Arch. de Bonnecombe)*.

HACBRAND. — Guillaume Hacbrand, damoiseau, de Sainte-Eulalie, fit hommage à l'évêque de Rodez et à Astorg de Montferrand, en 1322, pour certains fiefs qu'il possédait dans le mandement de Pierrefiche ou dans celui de Sainte-Eulalie. — Simon Hacbrand, damoiseau, vivait à Sainte-Eulalie en 1361. Il avait été tuteur de Jean et Gaucelin d'Albiac, frères (Titres compulsés par M. H. Affre).

ROQUEFORT. — 1328. Hugues de Roquefort, de Najac, fait hommage à l'évêque de Rodez pour ce qu'il possède à Teulières et à La Bastide *(Arch. de l'évêché)*.

DU VERDIER. — Guillaume Du Verdier (*Viridario*), chevalier, vivait à Sainte-Eulalie en 1330.

Dans des reconnaissances de 1428, il est question de noble Raymond *de Viridario*, du lieu de Marcillac (*Arch. du domaine à Montauban*).

Noble Jean du Verdier, procureur royal en la baronnie de Sévérac, maria, vers 1449, une fille avec noble Antoine de Ligons, seigneur de Malescombes.

Mayrose Du Verdier est mentionné dans un acte de 1471.

Maurin du Verdier, mari d'Hélène Ayral, vivait en 1493.

On trouve enfin, en 1530, noble Jean du Verdier (Titres compulsés par M. H. Affre).

BONNEVIALE. — 1336. Hommage rendu par Bégon de Bonneviale, au seigneur de Belcastel, pour les villages de Bonneviale et de Lacoste (*Arch. de Bonnecombe*).

AYNI ET PRUNET. — 1342. Nobles Jean Ayni, *alias de Salis*, de Salles-Curan, fils et héritier de Gaillard Ayni, chevalier, et Astorg de Prunet, damoiseau, de la paroisse de Vilars, diocèse de Rodez, font hommage à l'évêque pour ce qu'ils tiennent au mas du Cros, paroisse de Curan, en fief franc et militaire (*Arch. de l'évêché*).

AUDOUIN. — 1351. Rique Audouin, fille de Pierre Audouin, chevalier, femme, en 1351, de Guillaume de Moret, damoiseau (*Tit. de Moret*).

DUJOU.

Famille noble, connue à Mandailles, dès le milieu du xiv° siècle et qui possédait, à cette époque, des rentes sur une petite montagne ou Puy, située dans la paroisse de Tredou, et qui porte encore le nom de *Puy-Deljou*.

Le plus ancien membre connu de cette famille est Jean Dujou, dont le fils, Géraud, fit hommage, en 1350, au baron de Calmont-d'Olt, pour tous ses biens et pour les rentes qu'il avait acquises de Guillaume de Vérières. Géraud vivait encore en 1400.

Bérail Dujou, de Mandailles, figure dans des actes de 1358.

Noble Marc Dujou testa le 29 décembre 1483. Il avait alors trois frères et deux sœurs : Jean, prêtre; Ramond, clerc; Hugues; Marguerite, femme de Jean Bonald, du hameau de Cassagnes; Antoinette, veuve de N..... de Marcillac. Sa femme s'appelait Gaillarde.

Noble Jean Dujou, fils du précédent et son héritier, vivait encore en 1544 (1).

Pierre Dujou, fils présumé de Jean, avait épousé, *de l'agrément du cardinal d'Armagnac*, Marguerite de Mostuéjouls, veuve de Jean de Grangier, fille de Guion de Mostuéjouls et de Jacquette de Caysac de Sédages. Il en eut :

1° Jean Deljou, baptisé le 7 mai 1577 dans l'église du Cambon ; 2° Georges, baptisé le 10 juillet 1783, lequel eut pour parrain le cardinal d'Armagnac, et pour marraine Jacquette de Caysac, veuve de Guion de Mostuéjouls.

Le 25 juillet 1590, naissance d'une fille, *morte abortive*, qui est dite fille de feu sieur Dujou et de D^{lle} des Ondes.

Il paraîtrait que cette D^{lle} des Ondes est la même que Anne des Ondes, dame Dujou, qui épousa (sans doute en secondes noces), le 8 octobre 1598, Jean de Maillan, seigneur de Grand-Lac, dont elle eut, entre autres enfans, Abel de Maillan, qualifié, dans des actes de 1637, seigneur du Jou et de Vinnac, et qui, à cette époque, habitait Mandailles.

Jacques de Maillan, fils d'Abel, ajoutait aux titres de son père celui de seigneur de La Borie et autres lieux.

(Extrait en partie de l'*Histoire de l'arrondissement d'Espalion*, par M. H. Affre, t. Ier, p. 83).

CORNAC. — 1354. Quittance de lods faite par noble Jauffroy de Cornac, chevalier, lieutenant-général, de noble et puissant seigneur Jean, baron de Castelnau, de Calmont, etc. (*Arch. du château de Moret*).

AMAT, en Rouergue. — Lettres patentes de noblesse accordées par le roi Jean à Pierre Amat, de Saint-Affrique, et sa postérité, en mai 1355, expédiées, le 7 juin suivant, moyennant une finance de 600 livres. (*Réveil du Midi*, 1er juin 1847).

---

(1) On trouve un Gaspard Dujou, coseigneur de Peyreleau en 1506 (*Tit. de la maison de Mostuéjouls*).

POUJOL. — 1356, septembre. Reconnaissance faite à noble Raymond Poujol, de Salles-Comtaux, par Huc et Raymond Abbas de Peyrignac. (*Tit. du château mineur*).

MESSAC. — 3 juin 1386. Reconnaissance féodale en faveur de noble Irlande-Ramonde, femme de Hugues de Messac, damoiseau, de Rodelle.

Irlande testa, le 11 mars 1412, et fit héritier noble Rigal de Messac, fils de Louis, du lieu de Saint-Etienne, près de la ville d'Aurillac. Ce dernier fit hommage au comte, en 1413, devant le sénéchal Ratier de Fénayrols, pour les rentes de Rodelle, Muret, Lanhac, La Goudalie, Maymac, etc., provenant de cette succession (*Arch. de La Goudalie*).

La famille de Messac était du Carladez.

FOISSAC. — 1387. Noble Pierre de Foissac, du lieu de Morlhon, fait hommage à l'évêque de Rodez (*Arch. de l'évêché*).

LAGARDE. — 1387. Hommage à l'évêque par noble Hugues de Lagarde, du lieu de Maleville, pour biens à Saint-Igest (*Id*).

GORDIÈGES, seigneurs de Gabriac. — Noble Bertrand *de Gordièja* fit hommage au baron de Ténières, Astorg d'Aurillac, pour le château de Gabriac, en 1391.

Noble Jean de Gordièges, seigneur de Gabriac, paroisse d'Orlhaguet, vivait en 1437 (*Arch. de Bonneval*).

Ce même Jean, fils aîné de Bertrand, fut père de Georges, qui épousa, le 3 octobre 1468, Isabelle de Cocural, fille de noble et puissant homme Antoine de Cocural, chevalier, seigneur de Ceyrac, La Bastide, etc.

Georges eut pour fils Amblard, qui lui succéda et paraît avoir été le dernier seigneur de Gabriac de cette famille, et Bégot *de Gourdésa*, qui fut reçu chevalier de Malte le 7 mars 1511 (D'Aubais, t. III, *Chevaliers de Malte*).

Noble Antoine de Gordièges, de la même famille, fut enterré à Orlhaguet, le 22 avril 1628, et Pierre de Gordièges, le 25 février 1634 (H. Affre).

D'ARTALH. — Noble Pierre d'Artalh, damoiseau, d'Espalion, épousa, en 1392, Améralde Leydier, héritière de Bernard Bras.

Géraud d'Artalh et Jean, son fils, vivaient en 1471. La femme de ce dernier s'appelait Hélipde de l'Albespy.

LEYDIER. — Garin Leydier, d'Espalion, mari de Jeanne de Neuvéglise, vivait en 1395 et 1417.

Noble Jean Leydier, auquel appartenait le hameau de Combes, près de Perse, vivait en 1447 et 1464; il avait épousé noble Jeanne Merle (Titres compulsés par M. H. Affre).

MONCLAUH. — Noble Pierre de Monclauh, damoiseau, habitait le hameau de ce nom, dans la paroisse de Saint-Gervais, au XIVe siècle. Sa veuve *Hélix*, ayant perdu tous ses enfans, donna ses biens, en 1396, à son neveu, Bertrand de Salgues, de la paroisse d'Aunac.

Ce fief appartenait, en 1589, à noble Raymond Pontier, fils de feu Jean de Montézic, et de noble Claude d'Apchier (H. Affre, t. II, p. 185).

VENNAC. — 1396. Hugues de Vennac, damoiseau, fils de noble Jean de Vennac, de Villefranche, fait hommage à l'évêque pour ce que son père avait acquis de Raymond de Rigald, de Privezac, dans les paroisses de La Bastide, de Teullères, etc., ledit Rigald ayant acquis lui-même d'Olivier de Penne, du diocèse d'Albi *(Arch. de l'évêché).*

XVᵉ SIÈCLE.

MURET. — 1405. Noble Amanon de Muret, fils de Raymond, habitait, en 1405, le château de Najac (*Arch. de Bonnecombe*).

GROS. — 1407. Hommage de noble Bernard Gros, seigneur d'Auriac, à Bernard d'Armagnac, comte de Rodez, pour tout le village de Boldoyrès, paroisse d'Estaing *(Arch. de Bonneval)*.

D'AURIAC. — 1408. Noble Jean d'Auriac, damoiseau, d'Espalion, bailli de la terre de Calmont-d'Olt, vivait en 1408.

On trouve ensuite Gui d'Auriac, moine d'Aubrac en 1417.

Pierre d'Auriac, fils de Guillaume, qui fit hommage au baron de Calmont, le 20 juillet 1474, pour sa portion du hameau de La Pradat, acquis de Jean Leydier (Titres compulsés par M. H. Affre).

SIRAC. — 1411. Noble Guillaume de Sirac, habitant du Bourg de Salles-Comtaux *(Arch. du château mineur)*.

PRESSET. — 1421. Guillaume Presset, chevalier, du château de Cabrespines, fait hommage, en 1421, au comte de Rodez, pour le mas de La Bessière, situé dans le mandement de Cabrespines.

Guillaume était fils de Jean Presset, du mas del Viala, paroisse d'Estaing, lequel avait été légataire, en 1381, de Jean Presset, son oncle, prêtre, fondateur d'une chapelle dans l'église d'Estaing (*Terrier du château de Frayssinet*, p. 72. — *Arch. du château de Brussac*).

CAYRAC. — Noble Amblard de Cayrac, chevalier, seigneur de Taussac en 1304. — En 1343, Moïse de Cayrac, époux de Catherine de Bories, rend hommage au vicomte de Carlat pour sa terre de Taussac.

Aaron de Cayrac, fils de Moïse, vivait en 1475.

On trouve, en 1478, Astorg de Cayrac, dont le fils Aymeric épousa, le 19 novembre 1526, Jeanne de Fontanges, fille du seigneur de Croupières. C'est le dernier seigneur de Taussac de cette famille dont on voit les traces dans les actes.

CASTANÈDE (de), seigneurs de La Grégie et de Germès, famille originaire du Quercy, possessionnée en Rouergue et dans la prévôté de Maurs, où elle fut maintenue, en 1666, sur preuves filiatives remontées à Jean de Castanède, marié, le 24 janvier 1436, avec Delphine d'Assier.

Ecartelé aux 1 et 4 d'or, à trois fasces de gueules, à la bande du même, brochante, chargée de trois fleurs de lis d'or; aux 2 et 3 d'azur au lion d'or, s'appuyant sur un arbre ébranché du même (Nobiliaire d'Auvergne).

Jean de Castanède, seigneur de La Grégie et y habitant, figure sur le catalogue des nobles de 1668.

ATHON. — Astorg Athon fit hommage, en 1463, au baron de Ténières pour sa terre de l'Albaret (paroisse de Sainte-Geneviève), que ses descendans conservèrent jusqu'à Jean Athon, fils de Rigal, et de Jeanne de Sénégra, issue du château de Luzençon, au diocèse de Vabres, lequel Jean vendit, dans la deuxième moitié du xvie siècle, de concert avec ses frères, le château et terre de l'Albaret à Jean de Cat, seigneur de Cocural.

BORNAC. — 1438. Noble Pierre de Bornac, de Saint-Izaire, fait hommage à Jean d'Arpajon, seigneur de Brousse (*Ancien terrier*).

GUI. — 1439. Noble Jean Gui, de Calmont de Plancatge, fait hommage à Jean d'Arpajon, pour ce qu'il tient à Manhac, au Pouget, à La Beauguilie, à La Borie et à Brousse (*Terrier de Calmont*).

DES ANGLES. — 1439. Noble Bernard des Angles (*Terrier de Calmont*).

BOUDOUSQUIÉ. — 1440. Noble Barthélemi Boudousquié, du château de Bozouls (*Arch. du château de Loupiac*).

CASTOR. — 1441. Noble Bernard de Castor, de Saint-Beauzély, hommager du seigneur d'Arpajon (*Ancien terrier*).

GUALÈS. — 1439. Noble Gaucelin de Gualès, seigneur de Roquefort, hommager de Jean d'Arpajon, pour fiefs situés dans la baronnie de Calmont (*Ancien terrier*).

Il y a un village de Roquefort, dans la paroisse de Prévinquières, sur l'Aveyron.

MONTAGNAC. — 1452. Noble Hugues de Montagnac, feudataire des seigneurs de Montlaur (*Tit. de Montlaur*).

GUYONES DE LA PROPERCIO, diocèse de Rodez, reçu chevalier de Saint-Jean-de-Jérusalem, le 4 mai 1491.

(D'Aubais, *Pièces fugitives*, t. III, *Chevaliers de Malte*).

Extrait du rôle de la noblesse du Rouergue servant dans la gendarmerie en 1460.

Nobles : Jean Hugonet, de Sévérac-le-Chastel.
Raymond del Serf, seigneur de Paulhe.
Ramond del Tor, de Compeyre.
Jehan de Terron, de Bornac.
Guillaume Gravas, habitant du Pont-de-Camarez.
Pierre Ségala, seigneur de Pradeilhes.
Pierre del Peyrou, seigneur del Peyrou, près de Flanhac.

NOTE. — On voit dans un autre rôle de 1668, un Charles del Peyrou, sieur de La Prunarède, habitant de Vérières.

Guillaume Planhas, habitant de Conques.
Pierre d'Albespy, d'Albin, sieur dels Herms.
Bernard Sentolh, sieur de Rolha (Rulhe).
Messire de Lasmaria, de Saint-Parthem.
Arnal Maladra, coseigneur de Salvagnac.
Jean Blagier, de Combret.
Etienne de Saint-Alary, de Peyrelade, habitant de Saint-Alary.
Jehan de Roset, sieur del Colombier, de Compeyre.

SUPPLÉMENT.

Olivier de Valgelade, de Murasson.

Ricard Prodome, d'Auriac.

Durand, Bertrand et Brenguier de Rayssac, coseigneurs d'Arnac.

Dordé Valespassans, seigneur de Sorgues.

Olivier de Lautier, sieur de Puech-Mignon.

Barthélemi et Jehan Bandieyre, frères, habitans de Saint-Rémy.

Antony Agrec, sieur de Saint-Miquel-de-Malavila.

Dorde Garvi, sieur d'Ols.

Antonie de Villevayre, femme de maistre Pierre Caunet.

Huc Sequier, de Montsalès.

Adhémar Venas, de Murasson.

Gui Espinasse, de Plaisance.

Arnaud Galand, sieur du Célier.

Ramond Cavelh, sieur de La Bastide-Teulat.

Jehan-Mège (Médicis) de Peyrusse, coseigneur de Salvagnac.

Ramond de Puechdou. — Le nom de Puechdou figure aussi parmi les croisés de saint Louis.

Jehan de Bonan, sieur del Bac.

Nous n'avons pris dans ce rôle que les noms des gentilhommes qui ne sont pas mentionnés dans le cours de notre ouvrage.

XVIᵉ SIÈCLE.

COURTOIS. — 1509. Noble Philippe de Courtois, capitaine du château de Verdun (*Arch. de la famille de Saunhac*).

FORNOLS. — 1512. Noble Jean de Fornols vivait à Espalion en 1512 et 1554, capitaine, à cette dernière époque, du château de Calmont. Il avait épousé Marie d'Artalh.

Noble François de Fornols, sieur d'Artalh, vivait en 1576. Il était alors propriétaire de Combes qui ne tarda pas à appartenir à noble François de Volonzac (H. Affre, t. Iᵉʳ, p. 347).

SAINT-FERRÉOL. — 1528. Jean de Saint-Ferréol, fils de Guillaume de Saint-Ferréol, et de Jeanne de Robiac, du diocèse de Vabres, reçu chevalier de Saint-Jean-de-Jérusalem, le 5 mai 1528 (D'Aubais, t. III, *Chevaliers de Malte*).

FERRANDIER (Pierre de), juge-mage à Villefranche, de 1547 à 1562, et ensuite conseiller au parlement de Toulouse, était du Rouergue (*Annales de Villefranche*, par Claude des Bruyères).

FILIGUIER. — 1571. Famille noble qui habitait, au XVIᵉ siècle, dans la paroisse du Monastère-Cabrespines. En 1571, vivait Jacques de Filiguier, *dit de La Verrière*, à cause de la profession de verrier qu'il exerçait non loin de la domerie d'Aurenque. Noble Jean de Filiguier, sieur de Salvanes, mari de Françoise Destours, testa le 14 mai 1629. Pierre de Filiguier, sieur de Roquemièje (1) et Etienne, sieur del Claux, frères, sont mentionnés dans des actes de 1669. Le 3 septembre 1689, Melchior de Filiguier, fils de Pierre et d'Anne Baronne, habitans de La Roquette, paroisse du Tesq, se maria avec Anne Dulac, fille de feu Jean, du hameau d'Irissac (H. Affre, t. II, p. 402).

---

(1) Ce Pierre de Filiguier, sieur de *La Berrerie* (Verrerie) d'Aurenque, est porté sur le catalogue des nobles du Rouergue en 1668.

REYNES. — 1578. Demoiselle Hélix-Régine ou de Reynes était, en 1578, seigneuresse engagiste de Pousthomy, de Balaguier et de Saint-Michel-de-Landesque. L'abbé de Bonnecombe lui avait engagé ces terres pour 19,000 livres.

Noble Jean de Bonnes, seigneur de La Balme, son fils, vivait en 1581. Marthe de Reynes, seigneuresse engagiste des mêmes terres en 1604 (*Arch. de Bonnecombe*).

MARITAN. — Noble Jean de Maritan, trésorier du domaine du roi en Rouergue, en 1598, était propriétaire, à cette époque, du château de Graves. Il contribua, en 1607, à la fondation du couvent des Capucins de Villefranche, en leur faisant don de 300 livres et d'un de ses jardins (*Annales de Villefranche*, par Claude des Bruyères).

Les Maritan, riches marchands de Villefranche, avaient été ennoblis par Marguerite de Valois. Le château de Graves, bâti par les Dardenne, passa, par femmes, dans leur famille, et de là, aussi par femmes, dans celle de Pomayrols.

XVIIᵉ SIÈCLE.

ARCHIVES DE LA GÉNÉRALITÉ DE MONTAUBAN.

Jugemens des intendans de 1660 à 1715.

D'ALDIN, seigneur de Belbèze, maintenu, le 29 mai et 4 décembre 1700, par M. Legendre; le 11 décembre 1715, par M. Langeois, sur preuves remontant à 1552.

Ecartelé aux 1 et 4 d'azur, au coq d'inde d'or; aux 2 et 3 d'or, à une hure de sanglier de sable, allumée de gueules, défendue d'argent, chargé de trois pommes de pin de sinople.

Noble Etienne d'Aldin, sieur de Chaldecombe, acquit de Marguerite de Bernard, veuve de Guion Defonts, dernier seigneur de Vennac, près de Castelnau, cette terre de Vennac qui fut dès-lors possédée par la maison d'Aldin.

BERTIN, seigneurs de La Plane, du Peyron, élection de Millau, maintenus, le 28 avril 1699, par M. Lepelletier, sur preuves remontant à 1458.

D'azur, au château à trois tours d'argent, maçonné de sable.

DOURDOU, seigneurs de Cuernègre, maintenus, le 18 mars 1700, par M. Legendre, sur preuves remontant à 1532.

Bernardin-Jean de Dourdou, seigneur de Pierrefiche, Cuernègre, Mudasons, Lasbordes, etc., et Jacques-François-Noël de Dourdou-Pierrefiche, seigneur du Bex et de Douzalbax, capitaine au régiment de Forez, émigrèrent pendant la Révolution, et ayant trouvé, à leur rentrée, tous leurs biens vendus, ils allèrent s'établir à Saint-Céré, en Quercy, où leur descendance subsiste encore.

BARRASC, seigneurs de La Roquette, maintenus, le 5 mars 1700, par M. Legendre.

Coupé au 1 d'azur, au lion léopardé d'argent; au 2 d'or, à la vache de gueules.

C'est une branche de l'illustre maison de Barrasc, barons de Béduer, en Quercy, connus dès le XIIe siècle, et qui avaient fourni des combattans aux Croisades.

En 1470, Marquès de Barrasc habitait le repaire de Saujac (*Arch. du château du Bousquet*).

Noble Jacques de Barrasc, sieur de La Roquette, épousa, en 1619, Madeleine d'Azémar, dont il eut Gabriel, marié, en 1656, à Marguerite de Montlauseur, fille de Bertrand.

Paul et Gabriel de Barrasc, frères, seigneurs de La Reynie, habitans de Najac en 1668 (*Rôle de la noblesse*).

Louis et Jean de Barrasc prirent part aux délibérations de la noblesse, réunie en 1789, à Villefranche, pour les Etats généraux.

CORCORAL, seigneurs de Masgranet, près de Saint-Affrique, maintenus, le 5 mars 1700, par M. Legendre, sur preuves remontant à 1554.

François-Jean-Albert de Corcoral, seigneur de Masgranet, ancien chevau-léger, capitaine de cavalerie, chevalier de Saint-Louis, et Jean-Louis de Corcoral, officier d'infanterie, vivaient en 1789. Cette famille était originaire de l'Albigeois, où elle possédait la terre de Sainte-Gemme.

DUJOLS, seigneurs de La Roque-Toirac, de Marmont, de Cavayrol, etc., maintenus par M. Pellot, le 17 octobre 1667, et, le 10 juillet 1698, par M. Lepelletier.

La branche de Saint-Affre, le 5 mars 1700, par M. Legendre.

D'ENCAUSSE, seigneurs de La Barthe, d'Ambreil, etc., en Rouergue, maintenus par M. Lepelletier, le 23 septembre 1698, sur preuves remontant à 1524. Une branche de cette famille avait la seigneurie de Gantios, dans le Comminges.

GAYRAUD, sieurs de La Candésie, de Crespin, de Nauzes, en Rouergue, maintenus, le 3 juillet 1716, par M. Laugeois, sur preuves remontant à 1597.

D'azur, au chevron de sable, accompagné de trois canes du même.

GODAILLE, seigneurs de Baylats, famille originaire du Rouergue, maintenue, le 19 juillet 1715, par M. Laugeois, sur preuves remontant à 1603.

D'or, à la bande d'azur.

GROS, seigneurs de Puech-Rodil, de Laspeyrouses, etc., en Rouergue, maintenus, le 10 mars 1699, par M. Lepelletier.

De gueules, au lambel de trois pendans d'argent.

Alphonse de Gros, seigneur de Puech-Rodil et y habitant, figure sur le rôle de la noblesse de 1668.

Jean-Baptiste de Gros, seigneur de Perrodil, et Alphonse de Gros, seigneur de Lez et de Saint-Caprasi, votaient, à Villefranche, pour les Etats généraux en 1789.

HUC, sieurs de Brenne, en Rouergue, maintenus, le 31 janvier 1699, par M. Lepelletier, sur preuves remontant à 1529.

D'azur, à trois chat-huants d'or.

En 1477, noble Hugues Huc, de Brenne, bailla à cens, à Jean Paulhet, plusieurs mas situés dans la paroisse de Taurines. Vers la même époque, Bernard Huc habitait le château de Cassagnes. Raymond Huc, son fils, vendit, vers 1491, plusieurs de ses droits à Guillaume de Guitard (*Arch. de Taurines*).

JOUGLA DU FRESNE, barons de Saint-Rome-du-Tarn, seigneurs d'Auriac, de Lamothe, de Cappien, etc., famille anoblie par lettres patentes du mois d'octobre 1643, confirmées au mois de janvier 1669.

D'azur, à l'épervier d'or, au chef d'argent, chargé de trois étoiles de gueules.

LAYAC, en Rouergue, famille maintenue par M. Pellot, intendant de Guienne, le 5 mai 1668.

D'azur, à quatre vergettes (pals) ondées d'argent, entre lesquelles sont trois flammes d'or.

Antoine de Layac, sieur de Bourgon, Guion, sieur de Lasmayous, et Jean de Layac, sieur de Roque-Séguy, frères, habitaient, en 1668, le lieu de Montézic.

DE LOUBIER, seigneurs de La Loubière, en Rouergue, famille maintenue par M. de Bezons, intendant de Languedoc, le 9 septembre 1669.

D'azur, au loup passant d'argent.

DE MASNAU, seigneurs de Bousignac et de Souyri, en Rouergue. Cette famille a produit l'acte de représentation de ses titres de noblesse devant M. Pellot, intendant de Guienne, du 1er août 1669. Maintenue par M. Legendre, le 22 mai 1700.

Bertrand de Masnau, seigneur de Bousignac, habitant de Rodez, avait marié sa fille Jeanne, le 5 mai 1625, à Jean, sieur de La Serre, seigneur de Castelnoël.

DE MAZARS, sieurs d'Asquieu, élection de Millau, maintenus par M. Legendre, le 7 juillet 1701, sur preuves remontant à 1555.

DE MOLINIER, seigneurs de Las Vialettes, de Fabrègues. Cette famille, originaire du Rouergue, a eu acte de la représentation de ses titres de noblesse de M. Du Gué, intendant du Dauphiné, le 8 novembre 1668. Elle a produit depuis 1530 :

D'azur, au tan d'argent.

Jean-Antoine de Molinier, seigneur des Vialettes, habitant à Salles-Curan, eut de Françoise de Focras, Jean-Joseph de Molinier, seigneur de Fombelle, qui épousa, le 21 février 1772, Victoire-Félicité de Julien, fille de feu Pierre-François de Julien, seigneur de Roquetaillade, Marzials, etc., et de Marie-Elisabeth Dejean.

DE NOZIER, seigneurs de Laval, de La Lande, de Ferrayrolles, en Rouergue. Cette famille a produit ses titres devant M. Pellot, intendant de Guienne, le 22 mars 1669, et a été maintenue le 13 décembre 1697.

D'argent, au noyer arraché de sinople.

A cette époque, François, Jean et Guillaume de Nozier étaient habitans de Saint-Sernin.

DE PONTANIER, seigneurs de Salles, du Saulon, en Rouergue, maintenus, le 26 décembre 1715, par M. Laugeols, sur preuves remontant à 1544.

Habitaient Capdenac en 1668.

LE RENAUD, sieurs de Gronazet, en Rouergue, nobles verriers, ont prouvé jusqu'en 1560. Maintenus, le 24 juillet 1700, par M. Legendre.

DE RIGNAC. Cette famille descend d'Arnaud de Rignac, pourvu d'une charge de maître à la chambre des comptes du Languedoc, le 31 octobre 1571. Maintenu, le 30 mars 1702, par M. Legendre, intendant de Montauban.

DE ROBERT, seigneurs de Saint-Palavy, en Rouergue, gentilshommes verriers, maintenus par M. Legendre, le 18 décembre 1700, sur preuves remontant à 1558.

Cette famille, originaire de Cajarc, existe encore à Flauzins, près de Lunac, et se trouvait représentée, en 1789, par François-Joseph de Robert, seigneur de Naussac, Sept-Fonts, La Rivière, ancien capitaine-commandant de dragons, chevalier de Saint-Louis, père de Joseph-Victor de Robert.

DE LA ROQUE, élection de Millau, gentilshommes verriers, maintenus par M. Lepelletier, le 3 janvier 1699, sur preuves remontant à 1547.

SABATHIER, seigneurs de Montville, en Rouergue, ont prouvé jusqu'à 1499, et ont été maintenus, le 10 décembre 1700, par M. Legendre.

Cette famille existait encore en 1789. On trouve dans le rôle des gentilshommes réunis à Villefranche pour la formation des États généraux :

Jean-Anne Sabathier de Montville, seigneur de Montville et La Roque, dans la paroisse de Saint-Loup;

Jean-Louis Sabathier de La Gardelle, ancien officier de cavalerie, seigneur de Fajoroques, paroisse de Foissac.

DE VILLETTES, seigneurs de Pailherols, en Rouergue. Cette famille eut acte de la production de ses titres de noblesse devant M. Pellot, le 1er août 1699, et fut maintenue par M. Lepelletier, le 12 juillet 1698.

D'azur, au lion d'or.

TARGAS (André), contrôleur général des gabelles au département du Rouergue, habitant à Saint-Antonin, pourvu de la charge de secrétaire du roi, le 22 janvier 1635, en obtint les lettres d'honneur le 19 août 1664. Il fut la souche de cette famille qui fut maintenue le 7 mars 1697.

D'argent, à une gerbe de gueules, liée d'or.

Extrait du catalogue des nobles du Rouergue, dressé en 1668, d'après les preuves produites devant M. Pellot, intendant de la généralité de Montauban.

ÉLECTION DE VILLEFRANCHE.

DE BERNE (Charles), seigneur de La Roque-Cussac, habitant de Saint-Antonin.

MONTBLANC. — Mahieu et Honoré de Montblanc, sieurs de La Capelle et de Saint-Pierre, habitans de Lugans.

Dans le rôle d'hommes d'armes de 1460, on trouve Jean de Montblanc, de Compeyre.

Dans un autre rôle de 1555, il est question du seigneur de Montblanc, près de Compeyre.

CONQUANS (François de), sieur de Maurifon, habitant de Livignac.

PONROY (François de), sieur de La Boutinière, habitant de Villefranche.

DU MOULIN (Jean), sieur de La Gazane, Claude du Moulin, sieur del Terradou, habitans de Conques.

GINESTET (Claude), sieur de Granoulhet, habitant de Najac, et Pierre Ginestet, sieur de Canal.

ÉLECTION DE RODEZ.

DEL PUECH (Jean), sieur de La Tour, habitant de Centrès.

BRUNANCHON (François de), sieur d'Estalapiers, habitant de Monbuse, paroisse de Saint-Félix-de-Lunel.

Cette famille, réduite à l'humble condition de laboureurs, existe encore dans la même contrée.

CANDELIÈRE (François de), sieur del Rieu, habitant de Gages.

MOYSSANDY (Amans de), habitant de Montézic.

MATRAN (Albert), habitant d'Albin.

DU LAC (Pons), sieur de La Clause, habitant de Rodez.

LA PLANIÉ (Antoine de), sieur dudit lieu, habitant d'Albi.

COMBRET (Bernard de), sieur de La Boissière-d'Ayssène.

ÉLECTION DE MILLAU.

CALMONT (Jean), sieur de Montaliès, habitant de Verrières.

D'ANDRÉ (Antoine), sieur du Puget, habitant de Liaucous.

DOUSSEYNE (Jean), habitant de Saint-Izaire.

BAUDIÈRE (Antoine), sieur del Grès, et Alexandre Baudière, sieur de La Plane, habitans de Roquecezière.

PENDARIÉ (Guillaume de), sieur de Paliers, habitant de Saint-Affrique.

DU CLAUX (Jean), sieur de La Grèsière, habitant de Compeyre.

PEYREBESSES (Barthélemi de), sieur de Chabanes, habitant de Ceyras.

BARJAC (Lévy de), sieur del Bruel et de Caumels, habitant dudit Bruel, près de Saint-Jean.

SOUBIRAN (François de), sieur de Las Caselles, habitant de Martrin.

NAJAC (Antoine de), sieur des Plégats, habitant d'Elpy, près de Roquecezière.

D'AURES (François), sieur del Moulinet, habitant audit Moulinet, près de Salles-Curan.

FULCRAND (Louis de), sieur de Roubellac, habitant de Saint-Rome-de-Tarn.

D'ARTUS (Jean), sieur de Bornazel, habitant de Gaignac.

SALIÈRES. — Le sieur de Salières, colonel d'un régiment, habitant de Millau.

M. Chatelard de Salières était colonel du régiment d'infanterie-étrangère, dès 1657. Il avait épousé une sœur de Jeanne de Mathy, femme de Pierre de Bonald.

MAYNIER.

Une famille de ce nom existait dès le commencement du XVIe siècle et possédait des fiefs aux environs de Rodez.

Maître Brenguier de Maynier, docteur ès-droits, fit hommage, le 10 août 1521, à Charles, duc d'Alençon, comte de Rodez, pour la seigneurie de Canac et autres cens et droits qu'il avait dans les mandemens de Salles-Comtaux et de Sébazac.

(*Titres de la maison de Bournazel*, chez M. de Fumel).

Dans le même siècle, Jean-Antoine et Jean de Maynier étaient notaires à Laguiole, où leurs descendans comptèrent longtemps parmi les plus riches habitans.

François Maynier, marchand, épousa noble Françoise de Brenguier, et fit quittance, en 1593, à Fulcrand de Brenguier, seigneur de Montmaton, de 450 livres de dot constituées à sa femme.

Pierre de Maynier, docteur et avocat, juge du Bousquet, Montpeyroux, Esparrou, Brenac, Bez, Monfol et autres lieux, testa le 8 décembre 1644. Sa femme, Jacquette d'Allanche, le rendit père de plusieurs enfans, dont un, noble Antoine de Maynier, sieur de l'Hom, épousa, en 1628, Catherine de Glandières, et testa, à Laguiole, le 21 juin 1683.

Celui-ci laissa, entre autres enfans, Jeanne, mariée à noble Gui de Mialet, seigneur de Cours, en Auvergne; *noble* Pierre de Maynier, sieur de Varennes, conseiller du roi, lieutenant-général de robe courte en la sénéchaussée de Rodez, qui épousa, en juillet 1659, Marguerite d'Enjalbert, fille d'Antoine, sieur d'Algeuse, et de Marie de Morel.

Pierre de Maynier testa en 1697, instituant pour héritier son fils Guillaume, dont le frère, noble Jean-Gui de Maynier, sieur d'Arsses, était, en 1693, lieutenant au régiment de Bourbonnais.

(H. Affre, t. Ier, p. 384).

LUNET.

Sieur de Courry, de Recoulettes, de Pomayrols, de La Malène, près de Sévérac.

Rodez, 30 avril 1694. — Lettre du juge-mage à M. de Lunet, sieur de Courry, de se tenir prêt et en bon équipage pour marcher au premier ordre, avec le ban et arrière-ban.

12 juillet 1694. — Certificat de Jean du Rieu, juge-mage, etc., en la sénéchaussée de Rouergue, portant que le sieur François de Lunet a comparu à Villefranche et a marché effectivement avec les gentilshommes pour le ban et arrière-ban, etc.

Moissac, 1er août 1694. — Certificat de Jean Michel de Tersat de Montberant, sieur de Bernajous, commandant la noblesse de la généralité de Montauban, portant que François Lunet, sieur de Courry, est arrivé à Moissac, le 23e jour du mois de juillet dernier, avec un équipage convenable et propre pour le service de Sa Majesté, et qu'il a servi avec les gentilshommes du Rouergue jusqu'à ce jour.

Ces Lunet avaient des alliances avec la maison de Garceval, d'où leur vint le château de Courry (1). Celui de Recoulettes, dont ils eurent pareillement la seigneurie, entra chez eux par une Bousquet (2). A l'époque de la Révolution, ils portaient le nom d'un autre fief appelé Pomayrols, et ce fut Mme de Pomayrols, née Jourdan des Combettes (de Mende), femme aussi recommandable par ses vertus qu'intéressante par sa jeunesse et sa beauté, que Viton, général de l'armée révolutionnaire, fit brutalement fouetter par ses soldats sur la place de Sévérac, dans l'un des jours néfastes du mois de brumaire an II.

Leurs armes étaient *d'azur à trois croissans d'argent* (3).

Les Lunet ont formé deux branches : l'une représentée par M. Lunet La Jonquière, propriétaire de Courry et de Recoulettes; l'autre qui est fixée à Campagnac.

L'auteur de cette seconde branche est François Lunet de La Malène (4), avocat en parlement, qui avait été, suivant lettres patentes du 6 juillet 1740, nommé, par Louis-Antoine de Gontaud, duc de Biron, juge au marquisat de Sévérac. François

---

(1) 5 février 1630, mariage de Jean Lunet avec Françoise de Garceval.

(2) 27 février 1661, mariage de Gabriel-Hérail Lunet, fils de Jean Lunet, avec Catherine de Bousquet, de Recoulettes. De ce dernier mariage naquit François Lunet, qui fit, en 1694, partie du ban et de l'arrière-ban de la noblesse, et se maria, en premières noces, avec Marie Vivier de Candas, de laquelle il eut un fils qui embrassa l'état ecclésiastique, et, en secondes noces, avec Catherine de Forestier, de Sévérac, sœur de Françoise de Forestier, femme d'Antoine de Sambucy, premier avocat général à la cour des aides de Montauban, et de Marie de Forestier, femme de François de Guérin, seigneur des Arènes, vicomte d'Hauterives, capitaine au régiment de Vermandois. Ce François Lunet, sieur de Courry, qui était lieutenant au marquisat de Sévérac, fut le père de François Lunet, de La Malène, et d'Etienne Lunet, sieur de Courry. Ce dernier eut pour fils Lunet de Pomayrols, frère de Lunet de La Jonquière, dont un fils est en ce moment propriétaire de Courry.

(3) Quittance du droit d'enregistrement des armoiries, en date du 22 novembre 1690.

(4) La Malène est le nom d'un fief que la famille Lunet possédait dans le Gévaudan, ce qui fait que son nom figure dans l'*Armorial général du Languedoc*.

Lunet de La Malène était un oncle du sieur Lunet de Pomayrols, dont il vient d'être question, et le grand-père des frères Lunet qui habitent Campagnac, ainsi que du secrétaire actuel de la *Société des Lettres*, etc.

PERTUY DE MONTRAZAT. — 1699. Bail à cens fait par Antoine de Guiscard de La Bourlie, abbé de Bonnecombe, au sieur Jacques Pertuy de Montrazat, un des gendarmes de la garde ordinaire du roi, du fief de Montrazat, près de Rodez, et de toutes les possessions que le père dudit Pertuy avait au fief de La Bertrandie. (*Archives de Bonnecombe*).

NOGARY, noble verrier, habitant près de Centrès (*Rôle de la capitation pour 1740*).

XVIIIᵉ SIÈCLE.

Assemblée de l'ordre de la noblesse de la sénéchaussée de Rouergue, tenue à Villefranche, le 17 mars 1789, pour l'élection des députés aux Etats généraux. Plusieurs de ces familles n'étaient point du Rouergue, quoique y possédant des fiefs.

CHOSON DE LACOMBE, conseiller du roi en ses conseils, président honoraire de la cour des aides de Montauban.
Joseph Choson de Lacombe, écuyer, conseiller du roi, fut reçu capitoul de Toulouse en 1751.

COLOMB-D'AUTESERRE (Jean-Baptiste).

GUILLEMINET. — Jean-Thomas-Joseph-Antoine-Emmanuel-Romain-Auguste de Guilleminet, ancien capitaine d'infanterie, chevalier de Saint-Louis.
Pierre-Emmanuel de Guilleminet.
Etienne de Guilleminet était conseiller en la cour des aides et chambre des comptes de Montpellier en 1641. Pierre, son fils, occupait la même charge en 1731.

CASSAN. — Jean-Pierre de Cassan, écuyer, seigneur de Verrières.

GRANIER. — Jean-Claude Granier, seigneur de Veusac et Saillac.

MALARTIC. — Amable-Gabriel-Louis-François de Maures de Malartic, comte de Montricous, seigneur de Saint-Geniez, seigneur engagiste de Saint-Antonin, seigneur directe de La Vayssière, Gravenouse, Vivens, etc.
Montricoux, Beau château sur l'Aveyron, près de Saint-Antonin.

LA VOLPILIÈRE. — Bertrand de Greil de La Volpilière, seigneur de Campchiez, Triennau, etc.

MIALET DE FARGUES. — Jean-André de Mialet de Fargues, chevalier honoraire de l'ordre de Malte, ancien capitaine au régiment de Bourbonnais, seigneur de Fargues. — Famille d'Auvergne, possessionnée en Rouergue.

DUPIN-SAINT-ANDRÉ.—Jean-Antoine-François-Gabriel Dupin de Saint-André, seigneur de Pauliac et Belpuech, demeurant à Grenade.

DE VIGNOLLES (Henri), seigneur directe du fief de Lavaur et de partie de celui de Bessodes, situés dans le marquisat de Roquefeuil, habitant à Saint-Jean-du-Bruel.

CAHUZAC DU VERDIER. — Dame Marie-Anne de Turenne, veuve de noble de Cahuzac du Verdier, dame du Bousquet.

Cette famille de Cahuzac appartenait à l'Albigeois.

Paul de Cahuzac, seigneur du Verdier, avait épousé, en 1605, Jeanne de Marcillac, des seigneurs de La Bastide-Capdenac.

Jean-François de Cahuzac du Verdier s'était allié, au commencement du siècle suivant, à Marie de Raynaldy, dont il eut un fils, marié à Françoise de Turenne-d'Aynac.

Vers la fin du XVIe siècle, vivait noble Raymond de Cahuzac, conseiller du roi au siége de Villefranche, qui, d'Anne de Bonald, sa première femme, eut une fille, Catherine de Cahuzac, mariée, le 7 avril 1613, à noble Pierre de Bessuéjouls, seigneur de Castel-Gaillard, fils de Jean, habitant de Rodez (Notes du sieur Cabrol).

Nous ignorons si cette famille avait des rapports de parenté avec celle du Verdier.

Une autre famille de Cahuzac, dont il est question au tome II de ces documens, p. 149, possédait, aux XVe et XVIe siècles, des fiefs aux environs de Saint-Affrique, entre autres, Costrix, Rebourguil, Vendeloves, etc.

SÉNÉCHAUSSÉE DE RODEZ.

Assemblée tenue à Rodez le 17 mars même année.

DE VEDELLY, du Sarret, paroisse de Canet.

DE VALETTE-DESHERMEAUX, de Saint-Laurent-de-Rive-d'Olt.

Antoine-Alexandre Valette, avocat, avait été capitoul de Toulouse en 1766, et avait acheté la terre de Saint-Laurent.

MAZARS DE LIMAYRAC.

DE FAVENTINES.

DE CORNEILLAN, de Fonméjane et de La Loubière. C'est la famille connue sous le nom *de Corneillan de Gages*, et qui est issue de celle de Villefranche.

Supplément aux listes des annoblis par charges, t. Ier, p. 190 et suivantes.

PIERRE DU VIVIER, de Saint-Georges-de-Luzençon, secrétaire du roi, maison et couronne de France, vers 1700.

BERTRAND PLANARD, trésorier-général de France en la généralité de Montauban, avait épousé, le 30 mai 1656, Anne de Bonald, fille de Raymond et de Claire de Baudinel.

FRANÇOIS CAT, sieur de La Boissonnade, bourgeois, reçu capitoul de Toulouse en 1629.

D'AMBES, sieur de Brénac, avocat, reçu capitoul de Toulouse en 1745.

ARMES DE BÉGON.

Les armes énoncées en tête de l'article qui concerne cette famille, t. III, p. 121 appartiennent aux *Bégon de Blois*, et non aux Bégon du Rouergue. Ceux-ci, qui n'ont de commun avec les premiers que le nom, quittèrent leur pays au XVe siècle pour aller s'établir en Auvergne, par suite d'un mariage avec l'héritière de la maison de la Rouzière.

Ils portaient et portent encore : *D'azur, à trois roues d'or, au chef d'argent, chargé d'un lion passant de gueules.*

FIN DU QUATRIÈME ET DERNIER VOLUME.

TABLE ALPHABÉTIQUE

DU IVᵉ VOLUME.

	Pages.
Alary de Tanus	41
Albiac (suppl.)	192
Albis (d')	158
Idem (addit.)	484
Alibert	408
Alichoux	58
Alingrin de Falgous	254
Arribat	18
Audouls de Roquefère	111
Aulhou	218
Aygua	186
Azémar de Mézerac	31
Balsac	227
Bancarel	359
Barrau	95
Barthélemi de Grammont	61
Beaumont (la Bonninière de)	364
Idem (addit.)	485
Belmon-Malcor	321
Belvezet (addit.)	463
Benavent-Rodez (addit.)	449
Benoit	258
Bérenger de Montmaton (addit.)	155
Bertrand (addit.)	462
Bonald, de Rodez	335
Bonald, juge des montagnes	341
Bonnefous de Presque	170

524 TABLE ALPHABÉTIQUE.

	Pages.
Borzès de Laguiole................................	89
Boscary....	374
Bournhiol-Fombonne ..·...........................	33
Bourzès, de Millau..............................	113
Boyer de Sorgues	301
Brassier-Saint-Simon.............................	20
Cabrières......................................	349
Caluzac du Verdier (suppl.)......................	520
Cambefort......................................	88
Cambon (addit.)................................	440
Campmas-Saint-Remy..............................	195
Capelle (baron de l'empire).......................	425
Carbon..	252
Carcenac de Bourran.............................	343
Carrié (baron de l'empire)........................	423
Cassan..	330
Caulet..	181
Cayron..	56
Chaumeil de Dienne..............................	179
Chirac..	286
Clausel de Coussergues	303
Colonges......................................	35
Combettes-Deslandes.............................	180
Créato..	88
Dardenne (Château de Graves ; théâtre de sanglans évé-nemens au XVIe siècle)...........................	46
Dassier.......................................	43
Daudé de la Valette.............................	285
Défonts (suppl.)...............................	494
Déjean..	188
Delfau-Belfort.................................	348
Del Puech.....................................	171
Dorhes (baron de l'empire).......................	424
Dubruel ou Dubreuil.............................	372
Dufau...	345

TABLE ALPHABÉTIQUE.

Pages.

Dujou (suppl.).................................... 498
Du Lac 371
Dumas de Corbières.............................. 222
Dupuy-Montbrun de Montméjan.................... 140
Dupuy-Montbrun du Dauphiné..................... 144
Dupuy-Melgueil.................................. 147
Durand de Sénégas [Notice historique sur le château de
    Plaisance) (addit.]............................ 470

Esparrou (addit.)................................. 438

Fajole... 249
Félzins de Gironde............................... 177
Frayssinous...................................... 391

Gaches de Vensac................................. 220
Gaffier (addit.).................................. 445
Gascq... 262
Gaston... 274
Gaujal... 236
Gaujal de Montalègre............................. 243
Gauthier de Savignac (correct.).................. 461
Gicels... 17
Giron.. 256
Glandières (addit.).............................. 444
Glavenas... 235
Gordièges (suppl.)............................... 500
Goudal de la Goudalie............................ 69
Goudal de Curlande............................... 73
Grandsaigne...................................... 265
Grégoire de Gardies (correct.)................... 482
Grimal... 66
Guérin des Arènes................................ 270
Guirard de Montarnal (addit.).................... 457
Guittard....................................... 27

Higonet	381
Imbert du Bosc (addit.)	448
Izarn de Méjanel	193
Izarn de Villefort (addit.)	479
Joly de Cabanous	75
Jouery de Brussac	271
Jouvence	225
Julien de Pégayrolles	122
Julien de Roquetaillade	130
La Garrigue (addit.)	477
Laparra (addit.)	468
Layrolle	288
Le Normant-d'Ayssène et de Bussy	206
Lisle	264
Loupiac-la-Devèze	64
Lunet (suppl.)	516
Madrières	185
Maillan	13
Malbois	289
Mailhes	278
Maillan	16
Mandagot	137
Manharre	168
Marsa	86
Martin de la Coste	10
Masson	279
Mathat	257
Mathieu de la Rodorte (comte de l'empire)	420
Maynier	406
Maynier, de Laguiole (suppl.)	515
Micheau	5

	Pages.
Miremont (addit.)	481
Moly	323
Monlauseur	1
Mommoton	120
Monseignat	362
Montcausson (addit.)	478
Montheil	94
Montpeyroux (addit.)	137
Neirac	346
Neuvéglise	273
Nogaret (baron de l'empire)	426
Idem (addit.)	456
Nougarède de Fayet (baron de l'empire)	431
Ondes [des] (addit.)	465
Parayre	352
Pas de Beaulieu	205
Pascal de Saint-Juéry	224
Patris	76
Paulhet	68
Pélamourgue	24
Peyrot	292
Peyrusse (addit.)	454
Planard	369
Pomarède de la Viguerie	290
Poux	176
Pouzols (addit.)	467
Pradines	200
Puybérail	11
Raynal	85
Raynaldy	188
Rech-Saint-Amans	233

	Pages.
Ricard (comte de l'empire)	421
Rivier	172
Roche-Flavin (la)	87
Rodat-Druelle	332
Roustan (addit.)	483
Rozier	370
Rudelle	190
Sambucy	293
Segonds-Labrousse	156
Séguret	353
Séveyrac (addit.)	476
Solages (addit.)	436
Solignac (baron de l'empire)	422
Tauriac	149
Trédolat (addit.)	469
Treille	284
Tullier	210
Urre (d')	29
Vayssière-Saint-Martin	367
Valette-Montégut (la)	91
Veillan	390
Verdier (du) de Mandillac, de Marcillac et de Suze	246
Vergnette-d'Alban	174
Vernhette	413
Viala (chevalier de l'empire)	132
Vialar	54
Viguier (addit.)	433
Warroquier	202

Nota. — Le supplément comprend, sous de très-courtes notices, un grand nombre de familles dont quelques-unes seulement figurent dans cette table. Elles sont toutes indiquées dans la table générale qui suit.

TABLE GÉNÉRALE ALPHABÉTIQUE

Des familles mentionnées dans les quatre volumes des *Documens historiques*.

	Volumes.	Pages.
Acher.	III	538
Adhémar de la Garinie.	II	583
Adhémar de Montfalcon.	II	595
Adhémar de Panat.	II	591
Adhémar de la Serre.	II	591
Agasse (suppl., XIIIe siècle).	IV	491
Agens.	III	561
Agrec [sieur de Saint-Michel de Maleville] (suppl., rôle de 1460].	IV	505
Aimery [d'] (v. Vérières].	III	126
Aire [d'] (v. Méjanès].	III	629
Alary du Rouyre (1540).	IV	41
Albert (Guillaume), templier (suppl., XIVe siècle).	IV	497
Albert de Pollier.	III	485
Albespy, sieur dels Herms (suppl., rôle de 1460).	IV	504
Albiac [d'] (suppl., XIIIe siècle].	IV	492
Albignac [d'].	III	231
Albignac [d'] général de division, comte de l'empire (v. sa biographie dans l'ouvrage sur la Légion d'Honneur).	IV	417
Albinet [d'] (suppl., XIVe siècle].	IV	496
Albin [d'] de Valsergues.	II	209
Albi [d'] (1581).	IV	158
Idem (août).	IV	484
Albos [d'] de Montrozier.	III	269
Alborn [d'] [Pierre], croisé en 1248.	I	135
Aldo [d'], sieur de Belbèze (suppl., maintenus, XVIIe siècle).	IV	508
Albert [baron] (1827).	IV	408
Alichoux [d'] (1545).	IV	68

	Volumes.	Pages.
Alingrin de Falgous (1702)	IV	254
Amalvin (suppl., xive siècle)	IV	496
Amat (suppl., xive siècle)	IV	499
Ambès (d')	I	644
Idem (suppl. aux ennoblis par charges)	IV	520
Amblard	III	193
Amels	III	55
Ampiac (d')	II	284
Andoque (suppl., xiie siècle)	IV	488
André (d') sieur du Puget (suppl., rôle de 1668)	IV	514
Anglès [des] (suppl. xve siècle]	IV	503
Annat [d'] (voir Blanc de Montaigut, 1457]	III	725
Apchon [d'] (en note)	II	124
Arjac (d')	III	5
Armagnac (comtes d')	I	230
Armagnac (d') de Castanet	III	573
Arnaud [d'] (suppl., xie siècle]	IV	487
Arpajon (d')	I	361
Arpajon (d') de Lers	I	398
Arpajon [d'] (correct.]	III	773
Arribat [d'] (1518)	IV	18
Artalh (suppl., xive siècle)	IV	496 et 500
Artus (d') habitant de Gaignac (suppl., rôle de 1668)	IV	515
Arzac (d')	III	451
Astugue (d'), barons d'Arvieu	I	453
Athon (suppl., xve siècle)	IV	503
Auberoques [d'] (suppl., xiie siècle]	IV	487
Audiguier [d'] (v. d'Amblard]	III	194
Audonin (suppl., xive siècle)	IV	498
Audouls (d') de Roquefère (1563)	IV	111
Audric (v. Malvin)	III	475
Aulhou [d'] (v. Tullier, 1668]	IV	218
Aurelle (d')	I	739
Aures (d') sieur del Moulinet, près de Salles-Curan (suppl., rôle de 1668)	IV	515
Auriac (d')	I	569
Auriac (Bérenger d'), croisé du Rouergue en 1248	I	135
Auriac [d'] (suppl., xve siècle]	IV	502
Aurillac (d')	I	722
Auzits [Hector d'] (1035)	I	92
Azémar	III	295

TABLE GÉNÉRALE ALPHABÉTIQUE. 531

	Volumes.	Pages.
Azémar de Montréal et de Mézerac (v. d'Urre, 1532).	IV	31
Azémar de la Roque-Sainte-Marguerite	III	305
Aygua [d'] (v. Madrières, 1608)	IV	186
Ayni, *alias* de Salis, (suppl., xiv° siècle)	IV	498
Ayssène (d')	I	295
Ayssènes (suppl., xiii° siècle)	IV	493
Baderon de Maussac, marquis de Saint-Geniez	III	707
Balaguier de Montsalès	II	337
Baldit de Vérières (v. Vérières)	III	123
Balsac, ancien seigneur du château de Balsac	II	440
Balsac d'Entraygues (v. Montvalat)	III	692
Balsac de Firmi (1694)	IV	227
Bancalis d'Aragon	II	457
Bancalis de Pruynes	II	450
Additions	III	778
Bancarel (1635)	IV	359
Bandieyre de Saint-Remy (suppl., rôle de 1460)	IV	505
Banis, del Cerieys (v. Boery)	III	326
Bar, seigneurs de Roumégoux	III	161
Barbeyrac-Saint-Maurice	II	168
Barjac, sieur del Bruel (suppl., rôle de 1668)	IV	514
Barrasc (suppl., maintenus, xvii° siècle)	IV	509
Barrau [de Carcenac] (1557)	IV	95
Barrau-Muratel	IV	109
Barrière (de la)	II	155
Barthélemy d'Auzits	II	671
Barthélemy de Grammont (1546)	IV	61
Barthélemy de Las Cases [v. Carbon] (1702)	IV	252
Baschi, marquis d'Aubais (v. Hèbles)	III	467
Bataillier (v. Landorre)	I	460
Baulière, sieurs del Grès et de La Plane, habitans de Roquevezière (suppl., rôle de 1668)	IV	514
Baudinel, sieur de La Roquette [v. Tullier] (1668)	IV	215
Beaufort, seigneurs de Canillac	I	735
Beaufort-Saint-André	III	157
Beaumarchais ou Bellemarche, seigneurs de Moret	II	646
Beaumont, barons de Ténières	I	719
Beaumont (La Bonninière) (v. Monseignat, 1782)	IV	364
Idem (addit.)	IV	485

	Volumes.	Pages.
Bégon	III	111
Id. (pour l'*Armorial*)	IV	522
Belcastel	II	241
Additions	III	778
Belmon de Malcor (1781)	IV	321
Belvézé	III	339
Additions	IV	463
Belzunce (en note)	II	306
Bénavent	II	535
Idem (addition)	IV	449
Benoît (1704)	IV	258
Bérail de Mazeroles (v. d'Armagnac de Castanet)	III	587
Bérail de Paulhac	III	591
Berbuson	II	669
Bérenger de Malemort	II	577
Bérenger de Montmaton	II	617
Idem (addit.)	IV	455
Bérengues	III	765
Bergon, comte de l'empire, conseiller d'Etat	IV	417
Bernard, seigneur du ixe siècle	I	89
Bernard du Cros	II	361
Berne, sieur de Bertholène (v. Lévezou de Vesins)	II	87
Berne, sieur de La Roque-Cussac (suppl., rôle de 1668)	IV	513
Bertholène (v. Hèbles)	III	463
Bertin (suppl., maintenus, xviie siècle)	IV	508
Bertrand	III	197
Addition	IV	462
Bessodes (suppl., xiiie siècle)	IV	494
Bessuéjouls de Castel-Gaillard	II	474
Bessuéjouls-Roquelaure	II	459
Béteille, baron de l'empire, général de brigade (v. pour la biographie le travail sur la Légion-d'Honneur)	IV	418
Bion de Marlavagne (v. Malhac)	III	512
Blagier (suppl., rôle de 1460)	IV	504
Blanc de Guizard	III	352
Blanc de Montaigut	III	725
Blanchefort-Beauregard	III	645
Blancher de Manhac	II	671
Boisséson (suppl., xiie siècle)	IV	490

	Volumes.	Pages.
Boissière, sieurs de Carcenac-Peyralès	III	745
Bonald du Monna	II	495
Bonald de Rodez (1772)	IV	335
Bonamy	II	512
Bonan	III	647
Bonan, sieur del Bac (suppl., rôle de 1460)	IV	505
Bonayde (v. Landorre)	I	459
Bonfils (suppl., XIIIe siècle)	IV	491
Bonne	III	429
Bonnefous d'Arvieu (en note à l'article Masson)	IV	282
Bonnefous de Presque, branche établie à Millau (1584)	IV	170
Bonnefous de Salmiech	III	107
Bonnet de Jalenques (v. Raulet)	II	172
Bonneviale (suppl., XIVe siècle)	IV	498
Bornac (suppl., XVe siècle)	IV	503
Borne (de la) seigneurs de Saint-Paul	I	312
Bosc (du)	II	485
Boscary de Villeplaine (1814)	IV	374
Boudousquié (suppl., XVe siècle)	IV	503
Bourbon-Malause	II	625
Bourbon-Roussillon (v. d'Arpajon)	I	400
Bournazel (v. Mancip)	III	27
Bournhiol de Fombonne (1533)	IV	33
Bourzès-Dourdou (1564)	IV	116
Bourzès de Laguiole [v. Cambefort] (1552)	IV	89
Bourzès de La Rouvière	IV	113
Boyer ou Boery	III	325
Boyer de Sorgues [v. Sambucy] (1745)	IV	301
Boyer de Tauriac (v. d'Armagnac-Castanet)	III	586
Brandouin du Puget	II	436
Brassier-Saint-Simon (1520)	IV	20
Brenguier de Bertholène ou Puy-Cerner	III	462
Brenguier de Panat	I	662
Brenguier ou Bérenger de Roquelongue (v. Malhac)	III	515
Breuil (du)	III	631
Brondel (v. Roquevaire)	III	297
Brossinhac	III	101
Brunanchon (suppl., rôle de 1668)	IV	514
Brunel de La Roquette	III	211
Brunel de Panat	I	709
Brunel de Privezac	IV	324

	Volumes.	Pages.
Brusque (v. Caylus).	I	554
Brusques (Bertrand de), croisé du Rouergue en 1248).	I	135
Brussac (v. d'Arjac).	III	15
Buffet (en note).	II	243
Buisson de Bournazel.	II	299
Buscaylet, seigneurs de Panat.	I	664
Buzeins.	II	562
Cabanes (suppl., XIIIe siècle).	IV	492
Cabrières (seigneurs de).	III	53
Cabrières de Rodez (1784).	IV	349
Cadars (v. Landorre).	I	465
Cadolle, seigneurs de Cadolle, Roumégoux, etc.	III	117
Cahuzac, seigneurs de Costrix, etc.	II	149
Cahuzac du Verdier (suppl., rôle de 1789).	IV	519
Caisac de Sédages (en note).	II	409
Cajaux (suppl., XIVe siècle).	IV	496
Caldegousse (suppl., XIIIe siècle).	IV	491
Calmont, sieurs de Montaliès (suppl., rôle de 1668).	IV	514
Calmont-d'Olt (barons de).	I	579
Calmont de Plancatge.	I	601
Calviou (Hugues de), templier (suppl., XIVe siècle).	IV	497
Cambefort (1552).	IV	88
Cambiaire d'Esplas (v. Martrin).	III	497
Cambon (en note).	II	237
Additions.	IV	440
Camboulas.	I	292
Campmas-Saint-Remy, vicomtes d'Elves (1635).	IV	195
Canac (suppl., XIIe siècle).	IV	488
Candelière, sieurs del Rieu, habitans de Gages (suppl., rôle de 1668).	IV	514
Canillac.	I	733
Cansac, alias Mantel.	III	167
Cantobre.	III	87
Capdenac.	I	334
Capelle, baron de l'empire.	IV	425
Capluc.	III	173
Capplongue (v. Landorre).	I	459
Capriol (en note).	II	287
Carbon (1702).	IV	252

	Volumes.	Pages.
Carcassonne (v. Hérail)	III	391
Carcenac de Bourran (1772)	IV	343
Cardaillac-Varayre	II	1
Carlat (vicomtes de)	I	279
Carlat [de] (v. Bonnefous)	III	109
Carret (v. Guizard)	III	357
Carrié de Boissy, général de brigade, baron de l'empire (v. pour la biographie le travail sur la Légion-d'Honneur)	IV	423
Carrié-Cancé, chevalier de l'empire	IV	419
Cassan de Floyrac (1552)	IV	330
Cassan de Verrières (suppl., rôle de 1789)	IV	518
Cassagnes de Beaufort, comte de l'empire	IV	417
Cassagnes-Bégonhès (de)	I	325
Cassaignes de Beaufort de Miramont	III	179
Casseron (suppl., xiiie siècle)	IV	492
Castanède (suppl., xve siècle)	IV	503
Castelmary (barons de)	I	609
Castelnau-Brétenous	I	590
Castelnau (suppl., xie siècle)	IV	486
Castelpers	I	697
Castor (suppl., xve siècle)	IV	503
Castri (Bernard de), templier (suppl., xive siècle)	IV	497
Cat de La Boissonnade (suppl., aux ennoblis par charges)	IV	520
Cat de Gotural	II	351
Catellan (v. Guizard)	III	358
Caulet, sieur de Cadars (fin du xvie siècle)	IV	181
Caumont-la-Force	I	597
Caux (Pons-Séguerie de), templier (suppl., xive siècle)	IV	497
Cavelli (Ramond de), sieur de La Bastide-Teulat (suppl., rôle de 1460)	IV	505
Caylus (de)	I	533
Caylus de Blanc et Ronairoux	I	548
Caylus de Castelnau et de Calmont-d'Olt	I	539
Caylus de Clermont-Lodève	I	542
Cayrac (suppl., xve siècle)	IV	502
Cayrodes, seigneurs de Pomairols	II	205
Cayron (v. Vialar) (1554)	IV	56
Cayals (suppl., xiiie siècle)	IV	493

	Volumes.	Pages.
Cazillac (Bérail, barons de), en note à l'article Cassagnes-Beaufort	III	183
Cédal (suppl., xive siècle)	IV	496
Cervières	III	81
Chalendier	II	512
Chalon (en note)	II	628
Chapelain (v. d'Albignac)	III	255
Chaumeil de Dienne (1598)	IV	179
Chaunac de Montlauzy	II	492
Chazelles-Beauregard [1] (v. Blanchefort)	III	645
Chirac, premier médecin du roi (1728)	IV	286
Choson de Lacombe (suppl., rôle de 1789)	IV	518
Ciron (v. Solages)	II	154
Claret, seigneurs de Saint-Véran	II	711
Clausel de Coussergues (1754)	IV	303
Claux (du) de Compeyre (suppl., rôle de 1668)	IV	514
Clermont de Lodève	I	574
Cocural	II	349
Colomb d'Auteserre (suppl., rôle de 1789)	IV	518
Colomb de Bleyssol	III	569
Colonges (1536)	IV	35
Combettes Deslandes (fin du xvie siècle)	IV	180
Combret	II	53
Combret, sieur de La Boissière-d'Ayssène (supp., rôle de 1668)	IV	514
Compeyre (suppl., xiie siècle)	IV	488
Comps (La Grandville)	I	461
Comps (suppl., xiiie siècle)	IV	495
Conquans (suppl., rôle de 1668)	IV	513
Conques (suppl., xie siècle)	IV	487
Copiac (Aymeri de), templier (suppl., xive siècle)	IV	497
Corbières	I	607
Corcoral (suppl., maintenus, xviie siècle)	IV	509
Cormol (Ricard de), croisé du Rouergue en 1096	I	133
Corn-d'Ampare	III	169
Cornac (suppl., xive siècle)	IV	499
Corneillan	III	193

(1) Il y avait une autre famille de Chazelles à Lunac (voir pour celle-ci l'article Montlauseur, t. IV, p. 3, en note.)

	Volumes.	Pages.
Corneillan de Gages (suppl., rôle de 1789)	IV	521
Cornely	II	569
Cornus	I	277
Costi	III	615
Courtois (suppl., XVIe siècle)	IV	506
Créato (1539)	IV	38
Crespon	III	767
Creyssel (vicomtes de)	I	271
Creyssel (Jean de), croisé de Rouergue en 1248	I	135
Gros (du) de Planèses	III	259
Grozat de la Croix (v. Gualy)	III	677
Gruéjouls	II	633
Cruzy-Marcillac	II	545
Curières de Sainte-Eulalie	III	279
Daniel de Puech-Garric (v. Crespon)	III	770
Dardenne (1543)	IV	46
Dassier de Tanus (1540)	IV	43
Daudé de La Valette (1727)	IV	285
Defonts, seigneurs de Vennac (suppl., XIIIe siècle)	IV	494
Dejean	IV	138
Delannay-d'Entraygues (v. Montvalat)	III	693
Dellestroà (suppl., XIIe siècle)	IV	489
Del Puech (v. l'article Bonnefous de Presque (en note)	IV	171
Destresses (v. Du Cros)	III	266
Dissez (addit.)	III	788
Dornes, général de brigade, baron de l'empire	IV	424
Doulens (suppl., XIIIe siècle)	IV	495
Dourdou de Cuernègre (supplément, maintenus, XVIIe siècle)	IV	508
Dousseyne, de Saint-Izaire (suppl., rôle de 1668)	IV	511
Dubruel, de Rignac (1814)	IV	372
Dubruel, de Villefranche, président trésorier de France	I	196
Dufau ou Delfau-Belfort, seigneur de La Roque-Bouillac (1780)	IV	348
Dufau, seigneurs de La Roque-Toyrac (1772)	IV	345
Dujols, sieurs de La Roque-Toyrac (suppl., maintenus, XVIIe siècle)	IV	509

	Volumes.	Pages.
Dujou (suppl., xive siècle)...............	IV	498
Du Lac, de Villefranche (1789)...........	IV	371
Du Lac, sieur de la Clause (suppl., rôle de 1668)...	IV	514
Dumas de Corbières (1669).............	IV	222
Dupin-Saint-André (suppl., rôle de 1789).......	IV	520
Dupont de Ligonnez.................	II	204
Dupuy-Melgueil...................	IV	147
Dupuy-Montbrun..................	IV	144
Dupuy de Montméjan (1571)..............	IV	140
Dupuy de Rebourguil (v. Solages)..........	II	151
Durand de Sénégas.................	III	599
Additions....................	IV	470
Durfort-Boissière (en note)...............	II	306
Ebrard-Saint-Sulpice................	II	347
Elias, seigneur du xe siècle.............	I	90
Encausse (suppl., maintenus, xviie siècle)......	IV	509
Enjalbert......................	I	302
Entraygues....................	II	656
Ermengaud (suppl., xie siècle)............	IV	487
Escafred (suppl., xiiie siècle)............	IV	493
Escudier, chef de bataillon, chevalier de l'empire.	IV	419
Esparrou.....................	II	236
Addition....................	IV	438
Espeyrac (suppl., xiiie siècle)............	IV	493
Espinasse de la Bégonie (v. d'Albignac)........	III	233
Espinasse de Plaisance (suppl., rôle de 1460).....	IV	505
Estaing (comtes d').................	I	503
Etienne (d').....................	III	56
Etienne (d') de Saint-Martial et de Nouville (v. Mailhac).....................	III	514
Euse [d'] (en note).................	II	648
Fabrefort (v. Morlhon)................	I	622
Idem......................	II	215
Fabrègues.....................	III	335
Fajole (1701)...................	IV	249
Falgayrettes de Rebourguil.............	II	152
Faramond....................	II	419
Idem (correction)...............	III	778

	Volumes.	Pages.
Favars (v. Garceval)............................	III	316
Faventines (suppl., rôle de 1789)................	IV	521
Felzins de Gironde (1591).......................	IV	177
Ferrandier (suppl., xvie siècle).................	IV	506
Filiguier (suppl., xvie siècle)..................	IV	506
Firminhac.....................................	III	699
Flavin du Bouyssou (v. Méjanès).................	III	628
Flavin de La Capelle...........................	II	604
Flavin de Villelongue..........................	II	601
Fleyres (v. d'Alboy)...........................	III	275
Flottard, barons de Foissac....................	II	175
Foissac (suppl., xive siècle)...................	IV	500
Folhaquier (en note)...........................	II	692
Folquem de Panat..............................	I	663
Fombesse (v. Cantobre).........................	III	40
Fontanes, seigneur de Saint-Salvadou (v. Du Rieu).	III	412
Fontanges.....................................	I	727
Idem......................................	II	555
Fornols [Jean de] (suppl., xvie siècle]..........	IV	506
Foucras (v. Malvin)............................	III	476
Fouquet de Belle-Isle..........................	II	346
Frayssinous, évêque d'Hermopolis (1822).........	IV	391
Frésarts......................................	III	341
Frottard......................................	II	713
Fulcrand, sieur de Roubellac (suppl., rôle de 1668).	IV	515
Gabriac (suppl., xiiie siècle)...................	IV	494
Gaches de Vensac (1668)........................	IV	220
Gaffuer ou Gaffier.............................	II	437
Idem (addition)............................	IV	445
Galand (Arnaud), sieur du Célier (suppl., rôle de 1460)..	IV	505
Galatrave (en note)............................	II	133
Galinières (suppl., xiiie siècle)................	IV	494
Gamon (Hugues de), templier (suppl., xive siècle).	IV	497
Ganges (v. de Pierre à l'article Hérail).........	III	393
Garceval......................................	III	311
Garde (de la) Chambonas........................	I	729
Garde de Saignes (de la).......................	II	598
Gardelle (de la)..............................	II	575

	Volumes.	Pages.
Garrigue (de la), seigneurs de Montcausson (additions à l'article Montcausson, t. III, p. 641)..	IV	477
Garvi (Dorde), sieur d'Ols (suppl., rôle de 1460)...	IV	505
Gascq [v. Benoit] (1704)	IV	262
Gaston (1716)	IV	274
Gaujal (1698)	IV	236
Gausserand	II	564
Gauthier de Savignac	III	57
Idem (addition)	IV	461
Gayraud, sieurs de La Candésie (suppl., maintenus, xviie siècle)	IV	509
Genebrières	II	389
Germain (v. Landorre)	I	463
Ginestel de Perségals (v. Guitard)	III	425
Ginestet (v. Manharre) (1583)	IV	168
Ginestet de Najac (suppl., rôle de 1668)	IV	513
Girels [v. Maillan] (1516]	IV	17
Girou (1704)	IV	256
Gisclard del Battut (en note)	II	613
Glandièges, seigneur de Canet, etc	II	407
Idem (addition)	IV	444
Glavenas de Montlas (1692)	IV	235
Godaille (suppl., maintenus, xviie siècle)	IV	510
Gordièges, seigneurs de Gabriac (suppl., xive siècle)	IV	500
Gorsac [v. d'Urre] (1532)	IV	30
Gort-Jean	III	617
Goudal de la Goudalie et de Curlande (1549)	IV	69
Goudon, seigneur de Pradeilhes	II	153
Idem (addition)	III	777
Gout ou Goth	II	550
Gozon	II	673
Graille (v. Malhac)	III	515
Grandsaigne (1705)	IV	265
Granger de Montméjan	III	152
Granier de Veusac (suppl., rôle de 1789)	IV	519
Gravas (suppl., rôle de 1460)	IV	504
Grégoire de Gardies	III	701
Idem (correction)	IV	482
Grialou de Pachins (v. Malvin)	III	477
Grimal (1548)	IV	66
Grimoard	I	573

	Volumes.	Pages.
Grolée de Viriville, comte de Peyre............	II	145
Gros de Puech-Rodil (suppl., maintenus, xviie siècle)............	IV	510
Gros d'Auriac (suppl., xve siècle)............	IV	502
Gualès (suppl., xve siècle)............	IV	503
Gualy............	III	665
Guépie [Bernard de la] (suppl., xiie siècle).......	IV	490
Guérin des Arènes [v. Grandsaigne] (1705)........	IV	270
Gui de Calmont (suppl., xve siècle)............	IV	503
Gui, seigneur de Floyrac (suppl., xiiie siècle).....	IV	491
Guibal............	III	257
Guilleminet (suppl., rôle de 1789)............	IV	519
Guirard de Montarnal............	II	663
Idem (additions)............	III	783
Idem (addition)............	IV	457
Guitard de Peyrelade............	III	203
Idem............	IV	27
Guitard de Taurines............	III	415
Guizard de la Guizardie............	III	347
Hachrand (suppl., xive siècle)............	IV	497
Hébles de Céor............	III	424
Hébles de la Vacaresse............	III	457
Hébrard de Saint-Félix............	III	380
Hector (d') (suppl., xie siècle)............	IV	486
Henry, seigneurs de Peyrelade............	III	199
Hérail de Lugan............	III	385
Higonet (baron) (1818)............	IV	381
Huc de Brenne (suppl., maintenus, xviie siècle)...	IV	510
Hugonet (suppl., rôle de 1460)............	IV	504
Hugues [v. Saint-Félix] (en note)............	III	379
Humières (additions)............	III	782
Hya (de l')............	II	389
Icher de Villefort............	III	735
Idem (correction)............	III	790
Imbert du Bosc............	II	487
Idem (addition)............	IV	448

TABLE GÉNÉRALE ALPHABÉTIQUE.

	Volumes.	Pages.
Itier, de Rodez, l'un des guerriers qui accompagnèrent Charlemagne à Roncevaux (VIIIe siècle)	I	87
Izarn de Frayssinet	II	9
Idem (correction)	III	776
Izarn de Méjanel	IV	193
Izarn de Villefort	III	649
Idem (addition)	IV	479
Jean (de), de Roquelongue (v. Malhac)	III	512
Joly de Cabanous (1550)	IV	75
Jonquières (Guillaume de), croisé du Rouergue en 1248	I	135
Jouery de Belcayre	IV	272
Jouery de Brussac (1706)	IV	271
Jouery du Claux	III	227
Jougla du Fresne, barons de Saint-Rome-de-Tarn (suppl., maintenus, XVIIe siècle)	IV	510
Jourdain de Montlaur	II	39
Jourdain de Salles	II	46
Jourdain de Tournemire	II	49
Jouvence de Cambron (1686)	IV	225
Juge	II	72
Julien de Pégayrolles (1568)	IV	122
Julien de Roquetaillade (1568)	IV	130
Jurquet de Montjésieu	II	33
Joulis de La Salle, page 590	II	
Labro	III	595
Lafarelle (v. Solages)	II	153
Lafon de Féneyrols	III	525
Lagarde (suppl., XIVe siècle)	IV	500
La Grave	III	571
Landorre (barons de)	I	423
Lapanouse du Colombier	II	183
Lapanouse de Loupiac	II	177
Laparra de Salgues	III	553
Idem (addition)	IV	468
La Romiguière, seigneurs de Pomairols	II	206
Lasmaria (suppl., rôle de 1460)	IV	504

	Volumes.	Pages.
Lastic-Saint-Jal.............................	III	145
Lauret..	III	733
Lautier, sieurs de Puech-Mignon (suppl., rôle de 1460)......................................	IV	505
Lautrec (vicomtes de).........................	I	343
Lauzières de Thémines........................	III	103
Lavernhe (de), de Montbazen et de Joqueviel (v. Faramond)..................................	II	435
La Vie (de), vicomtes de Villemur.............	II	648
Layac (suppl., maintenus, xviie siècle)........	IV	510
Layrolle (1732)...............................	IV	288
Layssac (Jordan de), croisé en 1284...........	I	134
Lentilhac (en note)...........................	II	187
Lescure.......................................	III	217
Lespinasse (du Bourg de Salles)...............	I	313
Leutade, seigneur du viiie siècle.............	I	88
Levezou de Vesins.............................	II	75
Lévis-Caylus..................................	I	555
Leydier (suppl., xive siècle).................	IV	501
Ligons (suppl., xiiie siècle).................	IV	492
Lille ou Lisle (1704).........................	IV	264
Lion [du] (en note)...........................	II	625
Lodève (vicomtes de)..........................	I	280
Longueserre (suppl., xive siècle).............	IV	496
Lostanges.....................................	III	172
Loubens-Verdale...............................	II	333
Loubier, sieurs de La Loubière (suppl., maintenus, xviie siècle).................................	IV	511
Loupiac-la-Devèse (1549)......................	IV	64
Lunet (suppl., xviie siècle)..................	IV	516
Lusangan (suppl., xive siècle)................	IV	497
Luzençon......................................	II	93
Idem (correction).............................	III	776
Madrières, sieurs de La Garrigue (1608).......	IV	185
Maître de Selgues.............................	III	598
Mailhes (1728)................................	IV	278
Maillan (1516)................................	IV	13
Maladra (suppl., rôle de 1460)................	IV	504
Malartic de Montricoux (suppl., rôle de 1789).	IV	519
Malbois (1733)................................	IV	289

	Volumes.	Pages.
Maleville	I	331
Malhac de Vessac	III	505
Malroux	III	747
Malvin de Montazet	III	469
Mancip	III	17
Mandagot (v. Julien de Roquetaillade)	IV	137
Mandaviale (suppl., XIIIe siècle)	IV	491
Manharre (1583)	IV	168
Marcenac	III	45
Marcilhac de La Bastide-Capdenac	III	729
Maritan (suppl., XVIe siècle)	IV	507
Marlavagne	III	512
Marsa	IV	86
Martel (suppl., XIIIe siècle)	IV	491
Martin de La Coste [v. Michau] (1514)	IV	10
Martin de La Planque	II	616
Martrin	III	491
Mas (du)	II	669
Masnau, sieurs de Bousignac (suppl., maintenus, XVIIe siècle)	IV	511
Masson La Teule (1723)	IV	279
Mathat [v. Girou] (1704)	IV	257
Mathieu-Maurice, général de division, comte de l'empire	IV	420
Matran-d'Albin (suppl., rôle de 1668)	IV	514
Mauritanie ou Mortagne	III	427
Maynier de Laguiole (suppl., XVIIe siècle)	IV	515
Maynier de Rodez (1823)	IV	406
Mayran (suppl., XIIe siècle)	IV	489
Mazars, sieurs d'Asquieu (suppl., maintenus, XVIIe siècle)	IV	511
Mazars de Limayrac (suppl., rôle de 1789)	IV	521
Mazeran	I	571
Médicis de Cantobre	III	41
Médicis de Peyrusse	II	569
Idem (addition)	III	784
Idem (suppl., rôle de 1460)	IV	505
Méjanès	III	619
Mellet (v. Beaufort-Saint-André)	III	160
Mercier [le] (v. d'Agens)	III	561
Méric de Vivens (Voir Laparra)	III	559

	Volumes.	Pages.
Merlet (suppl., xiiie siècle)	IV	494
Messac (suppl., xive siècle)	IV	500
Mialet de Fargues (suppl., rôle de 1789)	IV	520
Micheau de Cabanes (1514)	IV	5
Millau (vicomtes de)	I	215
Mirabel	II	238
Idem (addition)	III	778
Miramont	III	49
Miremont [châteaux, familles) (addition]	IV	481
Molières [v. d'Arjac) (en note]	III	10
Molinery de Murols	III	589
Molinier de Fombelle (suppl., maintenus, xviie siècle)	IV	511
Moly (1765)	IV	323
Mommoton (1566)	IV	120
Monclauh (suppl., xive siècle)	IV	501
Monlauseur (1510)	IV	1
Monseignat (1782)	IV	362
Montagnac (v. d'Alboy)	III	277
Montagnac (suppl., xve siècle)	IV	504
Montagnol (suppl., xiie siècle)	IV	488
Montamat	II	207
Montarnal	II	659
Montaunel (v. Pomayrols)	III	764
Montbazens (Guillaume de), croisé en 1248	I	134
Montblanc (suppl., rôle de 1668)	IV	513
Montboissier	I	738
Montbrun [v. Dupuy de Montméjan) (1571]	IV	140
Montcalm-Gozon	II	691
Montcausson, seigneurs de Saliès	III	641
Montcausson-d'Entraygues (additions)	IV	478
Monteilh, d'Albinhac (1554)	IV	94
Montels	III	697
Montesquieu (suppl., xiiie siècle)	IV	491
Montfaucon	III	229
Montferrier	II	559
Montjaux (v. Prévinquières)	III	77
Montjesieu (v. Izarn de Valady)	II	33
Idem (additions)	III	776
Montméjan	III	149
Montmural (suppl., xie siècle)	IV	487

	Volumes.	Pages.
Montolieu	I	285
Montpeyroux	II	229
Idem (addition)	IV	437
Montrodat (suppl., xive siècle)	IV	496
Montvalat	III	679
Moret	II	637
Idem (correction)	III	782
Morlhon d'Autayrac	I	646
Morlhon de Boussac	I	650
Morlhon de Laumière	I	625
Morlhon-Sanvensa	I	631
Morlhon de Veusac	I	614
Morossio (Hugues de), croisé en 1248	I	135
Mostuéjouls	II	723
Moulin (du), sieurs de La Gazane (suppl., rôle de 1668)	IV	513
Moyssandi, de Montézic (suppl., rôle de 1668)	IV	514
Murasson	I	629
Murat [vicomtes de] (en note)	II	198
Murat de Lestang de Pomairols	II	201
Muret (suppl., xve siècle)	IV	502
Najac	II	573
Najac, sieur des Plégats, habitant d'Elpy, près de Roquecezière (suppl., rôle de 1668)	IV	515
Najac, conseiller d'Etat, comte de l'empire (voir le travail sur la Légion-d'Honneur)	IV	417
Narbonne (vicomtes de)	I	352
Nattes (de)	III	527
Naucase (v. Marcenac)	III	48
Naucelle (suppl., xiie siècle)	IV	490
Navas [v. Durand] (en note)	III	602
Négrepelisse (en note)	II	120
Nérac (1775)	IV	346
Neuvéglise	IV	273
Nogaret de Saint-Laurent	II	634
Idem (correction)	III	782
Idem	IV	456
Nogaret de Saint-Laurent, baron de l'empire	IV	426
Nogaret de Trellans	II	631
Nogary, verrier (suppl., xviie siècle)	IV	518

	Volumes.	Pages.
Normant (le) d'Ayssènes et de Bussy (1648).......	IV	206
Nougarède de Fayet, baron de l'empire..........	IV	431
Nozier, sieurs de Laval (suppl., maintenus, xviie siècle)...................................	IV	511
Oliargues [d'] (en note).......................	II	3
Olmières...................................	II	513
Idem (addition).............................	III	779
Ondes (des).................................	I	314
Idem......................................	III	361
Idem (addition).............................	III	788
Idem.......................................	IV	465
Panat.......................................	I	653
Paraire [en note] (v. l'article Nogaret de Trellans].	II	633
Idem (v. Cabrières).........................	IV	352
Pardiac (comtes de)..........................	I	261
Paris.......................................	II	46
Parisot......................................	II	379
Pas de Beaulieu [v. Warroquier) (1647].........	IV	205
Pascal de Saint-Juéry (1682)..................	IV	224
Patau.......................................	I	554
Idem.......................................	II	72
Patris (1552)................................	IV	76
Paulhet [v. Grimal) (1548]....................	IV	68
Pélamourgue (1521)..........................	IV	24
Pelegry.....................................	III	307
Pelet.......................................	I	596
Pelfort (suppl., xive siècle)..................	IV	496
Pénavayre..................................	III	329
Pendarié (la) (v. Landorre]...................	I	460
Pendarié (sieur de Paliers) (suppl., rôle de 1668].	IV	514
Penne, seigneurs de La Guépie................	III	95
Pertuy de Montrazat (suppl., xviie siècle)........	IV	518
Pestels-Caylus...............................	I	558
Peyre (v. Fabrègues)..........................	III	336
Peyrebesses (suppl., rôle de 1668)..............	IV	514
Peyrebrune..................................	I	668
Peyrolles [Bernard de) (1025]..................	I	92

TABLE GÉNÉRALE ALPHABÉTIQUE.

	Volumes.	Pages.
Peyronenc de Saint-Chamarand (v. Marcenac)	III	47
Peyrot de Vailhauzy (1740)	IV	292
Peyrou [de] (suppl., rôle de 1460)	IV	504
Peyrusse	II	568
Idem (addition)	IV	454
Pierre (de) de Calmont de Plancatge	III	127
Pierre (de), seigneurs de Ganges	III	393
Pisiac (Durand de), templier (suppl., xive siècle)	IV	497
Planard [Bertrand] (suppl. aux ennoblis par charges]	IV	521
Planard de Millau (1789)	IV	369
Planhas (suppl., rôle de 1460)	IV	504
Planié [la] (suppl., rôle de 1668)	IV	514
Podio	I	651
Polier	III	65
Idem (correction)	III	787
Pomarède de la Viguerie (1840)	IV	290
Pomayrols, de Villefranche	III	757
Pouroy, sieur de La Boutinière (suppl., rôle de 1668)	IV	513
Pons (suppl., xiie siècle)	IV	489
Pont (du) de Camarès	III	85
Pontanier, seigneurs de Salles (suppl., maintenus, xviie siècle)	IV	511
Porcelet (v. Malvin)	III	477
Portal (en note)	II	277
Poujol, de Salles-Comtaux (suppl., xive siècle)	IV	500
Poujol, de Salmiech	III	424
Pousthomy (suppl., xiiie siècle)	IV	492
Poux (1590)	IV	176
Pouzols	III	521
Idem (correction)	III	788
Idem (addition)	IV	467
Pradines (1642)	IV	200
Presset (suppl., xve siècle)	IV	502
Prévinquières	III	73
Prodome, d'Auriac (suppl., rôle de 1460)	IV	505
Promilhac	II	72
Propercio [de la] (suppl., xve siècle]	IV	504
Prunet (v. Saint-Félix)	III	383
Idem (suppl., xive siècle)	IV	498

TABLE GÉNÉRALE ALPHABÉTIQUE.

	Volumes.	Pages.
Pruynes...	II	447
Puech (del) sieur de La Tour (suppl., rôle de 1668).	IV	513
Puechdou [Ramond de) (suppl., rôle de 1460].....	IV	505
Idem (Aymeric de), croisé en 1248)............	I	134
Puel de Parlan...	III	369
Puel de Peyrelade.....................................	III	377
Puget (du) de Saint-Alban (v. Lescure)............	III	221
Puybérail (1515)......................................	IV	11
Raffin de la Planque.................................	II	615
Raffin de la Raffinie.................................	II	609
Ram (du)...	I	294
Rames (v. Cassanhes-Beaufort)....................	III	192
Idem (suppl., xie siècle).......................	IV	487
Raoul (suppl., xiie siècle).......................	IV	490
Ratier...	I	332
Raulet de Montpaon..................................	II	171
Raymond de Montjaux...............................	III	29
Raynal de Marsa (1552)..............................	IV	85
Raynaldy (1608).....................................	IV	188
Rayssac, coseigneur d'Arnac (suppl., rôle de 1460).	IV	505
Rech de Saint-Amans (1696)........................	IV	233
Renaud, verriers (suppl., maintenus, xviie siècle)..	IV	512
Rességuier...	III	541
Revel (Bernard de), templier (suppl., xive siècle)...	IV	497
Rey de Salacrous (v. Clausel) (1754)...............	IV	319
Reynes (suppl., xvie siècle).......................	IV	507
Ricard, général de division, baron de l'empire...	IV	421
Ricard de Gourdon de Genouillac..................	III	517
Ricard de Peyrelade..................................	III	207
Riergues (Hugues de), croisé en 1248.............	I	135
Rieu (du)..	III	401
Rigaud de Vaudreuil (en note).....................	II	16
Rignac (suppl., maintenus, xviie siècle).........	IV	512
Riguald (suppl., xie siècle).......................	IV	487
Rivier de la Cazotte (1585).........................	IV	172
Robert de Lignerac..................................	I	567
Robert, verriers (suppl., maintenus, xviie siècle).	IV	512
Roche-Flavin (de la) (1552)........................	IV	87
Rochefort (v. Malvin)...............................	III	475

	Volumes.	Pages.
Rodat de Druelle (1770)	IV	332
Rodelle	I	289
Rodez (comtes de)	I	223
Rodez-Montalègre	III	129
Rogéry, lieutenant-colonel, chevalier de l'empire	IV	418
Rolland, seigneurs de Vallon, etc.	II	551
Idem (addition)	III	780
Roque (de la)	III	1
Roque (de la) verriers (suppl., maintenus, XVIIe siècle)	IV	512
Roque-Bouillac (de la)	II	219
Roque (de la) Senezergues	II	652
Roquecezière	III	87
Roquefort-d'Enguerravaques (en note à l'article Lévezou de Vesins	II	83
Roquefort (suppl., XIVe siècle)	IV	497
Roquefeuil (barons de)	I	673
Roquefeuil de Padiès	I	687
Roquefeuil de Versols	I	692
Roquefeuil de La Bessière, de Villefranche, de Barriac, de Bars (addition)	III	773
Roquelongue	III	511
Roquetaillade de Flavin et de Balsac	III	333
Roquevaire	III	297
Roset, sieurs del Colombier de Compeyre (suppl., rôle de 1460)	IV	504
Rosset de Rocozel de Fleury	III	635
Rossignol de Panat	I	665
Rostang ou Roustan	III	789
Idem (addition)	IV	483
Rotbald	II	147
Rolland, seigneur du IXe siècle	I	89
Rouergue (comtes de)	I	205
Rouget de Nauviale	III	439
Roux (de) de La Loubière, seigneurs de Pomairols	II	204
Rozet (v. Landorre)	I	459
Rozier, de Millau (1789)	IV	370
Rudelle (1607)	IV	190
Ruffy	III	523

	Volumes.	Pages.
Sabathier de Montville (supp., maintenus, XVIIe siècle)	IV	512
Saint-Alary (suppl., rôle de 1460)	IV	504
Saint-Amans [Bertrand de] (suppl., XIIe siècle]	IV	490
Saint-Antonin (vicomtes de)	I	339
Saint-Félix	III	379
Saint-Félix (suppl., XIIe siècle)	IV	488
Saint-Ferréol (suppl., XVIe siècle)	IV	506
Saint-Genieys (v. Landorre)	I	463
Saint-Gery	III	643
Saint-Juery	III	723
Saint-Martin (suppl., XIIe siècle)	IV	490
Saint-Maurice	II	161
Saint-Paul, de Salles-la-Source	I	310
Saint-Privat (suppl., XIIIe siècle)	IV	492
Saint-Rome [de] (en note) (v. Caylus]	I	569
Saint-Rome (Bernard de), croisé en 1248	I	135
Saint-Sauveur (v. Landorre)	I	461
Saint-Véran	II	710
Saisset (v. Cassagnes-Beaufort)	III	181
Salès [del] (v. de Bar)	III	162
Salgues	III	558
Salières, colonel d'un régiment, habitant à Millau, (suppl., rôle de 1668)	IV	515
Salles, seigneurs de Salles-Comtaux	I	310
Salmiech (v. Landorre)	I	457
Sallet, de Saint-Jean-du-Bruel, ennobli en 1817	I	198
Saluste (v. Hébles)	III	462
Salviac de Vielcastel	III	289
Sambucy (1745)	IV	293
Saumade	I	624
Saunhac-Belcastel	II	253
Saunhac de Colombiès	II	295
Saunhac du Fossat	II	268
Saunhac del Périé	II	295
Saunhac de Talespues	II	291
Saunhac de Villelongue	II	272
Scoraille, seigneurs de Bourran	III	67
Sébazac	I	286
Sébrazac (v. d'Azzac)	III	455

	Volumes.	Pages.
Ségala, seigneurs de Pradeilhes (suppl., rôle de 1460)	IV	504
Segonds-Labrousse (1579)	IV	156
Séguret, de Rodez (1781)	IV	353
Seguy	III	321
Seinnorel (v. Landorre)	I	458
Selgues	III	597
Selves	II	565
Senergues	II	661
Senhoret de La Roque-Sainte-Marguerite	III	299
Sennectère	I	625
Sentolh, sieur de Rulhe (suppl., rôle de 1460)	IV	504
Sequier (Huc), de Montsalès (suppl., rôle de 1460)	IV	505
Ser (del), seigneurs de Monnès (v. Combret)	II	71
Serf (Raymond del), seigneur de Paulhe (suppl., rôle de 1460)	IV	504
Sermur, seigneurs de Ténières	I	726
Idem	III	122
Serres, de Rodez, seigneurs de Canet	II	405
Serres-Saint-Roman, seigneurs de Combret	II	67
Sévérac (barons de)	I	409
Idem (addition)	III	773
Sévérac-Bedène	II	217
Sévérac du Fraysse	III	749
Séveyrac de Meyrueis, coseigneurs de Saint-Véran	II	711
Sévérac des Molinières (v. d'Alboy)	III	273
Sévérac ou Séveyrac de Montcausson (additions)	IV	476
Sigaud, de Favars (v. Garceval)	III	319
Sigald, seigneurs de Reilhac	II	654
Siguald, seigneurs de La Capelle-Viaur	III	115
Sirac (suppl., xve siècle)	IV	502
Solages, barons de Tholet	II	113
Idem (correction)	III	777
Idem (addition)	IV	436
Solages de Carmaux	II	130
Solages-Frédault (v. Pomayrols)	III	763
Solages de Saint-Jean	II	126
Solanet, de Rodez, président-trésorier de France à Montauban, en 1781	I	196
Solignac, général de division, baron de l'empire	IV	422
Sorel (Agnès), dame de Roquecezière	III	90
Idem (addition)	III	787

	Volumes.	Pages.
Soubiran, sieur de Las Caselles (suppl., rôle de 1668)	IV	515
Soulié de Vaureilles	II	251
Tarayre, général de division, baron de l'empire, (v. pour la biographie le travail sur la Légion-d'Honneur)	IV	418
Tardieu (en note)	II	679
Targas (suppl., maintenus, xviie siècle)	IV	513
Tarrou de Foissac	III	639
Tauriac (1572)	IV	149
Taurines	III	420
Tayac (suppl., xiiie siècle)	IV	491
Teinturier (le)	III	90
Ténières	I	726
Terron [Jehan de] (suppl., rôle de 1460)	IV	504
Teulat, seigneurs de La Bastide (v. Nogaret de Trellans	II	634
Thouels	I	669
Tor [Ramond de] (suppl., rôle de 1460)	IV	504
Torenne	III	337
Tour d'Auvergne (de la)	I	356
Tour (de la) Saint-Igest	III	489
Tour (de la) de Salles	I	305
Tour (de la) de Sorgue	II	511
Tourlong	III	519
Trédolat	II	566
Idem (addition)	IV	469
Treille	IV	284
Trémouilles	II	670
Truchet, seigneurs d'Esparrou	II	236
Tubières (comtes de Caylus)	I	559
Tullier, seigneurs de La Roquette (1668)	IV	210
Turenne (vicomtes de)	I	356
Turlande	III	55
Urre (d') de Mézerac (1532)	IV	29

	Volumes.	Pages.
Vaissière (de la), de Cantoinet	III	479
Vaissière de Saint-Martin (1784)	IV	367
Valespassans, seigneurs de Sorgues (suppl., rôle de 1460)	IV	505
Valette	II	365
Valette-Deshermeaux (suppl., rôle de 1789)	IV	521
Idem (aux seigneurs de Saint-Laurent)	I	733
Valette (de la) Montaigut (1554)	IV	91
Valette-Parisot	II	375
Valgelade, de Murasson (suppl., rôle de 1460)	IV	505
Valiech de Lacoste	III	537
Vallat (suppl., xiiie siècle)	IV	494
Vassal de Balaguier	III	91
Vedelly du Sarret (suppl., rôle de 1789)	IV	520
Venas de Murasson (suppl., rôle de 1460)	IV	505
Vennac (suppl., xive siècle)	IV	501
Verdier (du) *Viridario* (suppl., xive siècle)	IV	498
Verdier (du) de Mandillac, de Marcillac et de Suze (1700)	IV	246
Vergne, barons de Castelmary	I	611
Vérières	III	119
Vernhes, de La Motte et de Pechméja (v. Faramond)	II	435
Vernhette, seigneurs d'Alban, établis en Normandie (1586)	IV	174
Vernhette, de Millau (1829)	IV	413
Versols (suppl., xiie siècle)	IV	488
Vesins	II	94
Viala, général de brigade, chevalier de l'empire	IV	432
Vialar, seigneurs d'Espinous (1544)	IV	54
Vidal de La Coste	III	538
Vig (Gilbert de), croisé du Rouergue en 1096	I	133
Vignolles (suppl., rôle de 1789)	IV	520
Vigouroux de Barry et d'Arvieu	II	715
Idem (addition)	III	787
Viguier	II	84
Idem (addition)	III	776
Idem (addition)	IV	433
Villaret, seigneurs de Gages au xiiie siècle	II	509
Villaret [v. Tullier] (1668)	IV	211

	Volumes.	Pages.
Villaret, sieur de La Calsade, secrétaire du roi....	I	194
Villaret, évêque de Cazal, baron de l'empire (v. pour la biographie le travail sur la Légion-d'Honneur................................	IV	417
Villèle (suppl., xiie siècle).......................	IV	489
Villepassans (additions)........................	III	777
Villettes (suppl., maintenus, xviie siècle)........	IV	512
Villevayre (suppl., rôle de 1460)...............	IV	505
Vimenet (suppl., xiiie siècle)...................	IV	491
Vissec de Latude de Ganges....................	III	399
Vivier [du] (suppl. aux ennoblis par charges].....	IV	521
Volonzac.....................................	II	355
Volpilière [de la] (suppl., rôle de 1789]..........	IV	519
Warroquier ou Varroquier (1647)...............	IV	202

FIN DE LA TABLE GÉNÉRALE.

Rodez, imprimerie de RATERY, rue de l'Embergue, 21.

www.ingramcontent.com/pod-product-compliance
Lightning Source LLC
Chambersburg PA
CBHW070403230426
43665CB00012B/1225